美国科技创新立法

制度变迁与决策过程

袁立科 著

科学技术文献出版社
SCIENTIFIC AND TECHNICAL DOCUMENTATION PRESS
·北京·

图书在版编目（CIP）数据

美国科技创新立法：制度变迁与决策过程 / 袁立科著. —北京：科学技术文献出版社，2022.5（2023.11重印）
ISBN 978-7-5189-2184-3

Ⅰ.①美… Ⅱ.①袁… Ⅲ.①科学技术管理法规—立法—研究—美国 Ⅳ.①D971.221.7

中国版本图书馆CIP数据核字（2016）第307824号

美国科技创新立法：制度变迁与决策过程

策划编辑：孙江莉　　责任编辑：孙江莉　　责任校对：文　浩　　责任出版：张志平

出 版 者　科学技术文献出版社
地　　址　北京市复兴路15号　邮编 100038
编 务 部　（010）58882938，58882087（传真）
发 行 部　（010）58882868，58882870（传真）
邮 购 部　（010）58882873
官方网址　www.stdp.com.cn
发 行 者　科学技术文献出版社发行　全国各地新华书店经销
印 刷 者　北京虎彩文化传播有限公司
版　　次　2022年5月第1版　2023年11月第3次印刷
开　　本　787×1092　1/16
字　　数　400千
印　　张　23
书　　号　ISBN 978-7-5189-2184-3
定　　价　98.00元

序

习近平总书记在党的十九大报告中明确指出，要深化科技体制改革，建立以企业为主体、市场为导向、产学研深度融合的技术创新体系。这一重要表述揭示了未来我国创新发展的战略路径，为新时期加快建设创新型国家指明了发展方向。目前，各种有形无形的“栅栏”，各种院内院外的“围墙”，抑制了机构、人才、装置、资金、项目的创新活力，为能最大限度释放创新活力，提高创新体系整体效能，必须坚持科技面向经济社会发展的导向，统筹推进科技、经济和政府治理3个方面体制机制改革，把提升创新治理能力作为深化科技体制改革的重要组成部分。破除制约创新的思想障碍和制度藩篱，强化科技同经济对接、创新项目同现实生产力对接，增强科技进步对经济发展的贡献度，营造政策环境和制度环境。

深化科技体制改革，有赖于法律的强制力去排除各种阻力和干扰。通过法律手段调整，促使改革更加有条不紊。改革中形成的新体制，需要用法律形式使之规范化、制度化，从而有助于它的确立和普遍推行。虽然我国科技立法起步较晚，但在全国人大、人大常委会、有关专门委员会、常委会工作机构，以及有关专业单位的共同努力下，在过去20余年间取得显著进展，从宪法、法律到行政法规，初步形成了一个多层次的与科技活动有关的法律规范体系。同时结合中国实际，制定了《科学技术进步法》《专利法》《技术合同法》《促进科技成果转化法》等多部同科技活动直接相关的法律，对于推动科技事业的发展起到了重要作用。但是，同新形势新任务对科技立法工作的要求相比，当前的立法工作还存在一些不相适应的问题，如实用性、可操作性不强问题，关键领域法律法规缺失问题，部门利益争权诿责问题等，需要进一步完善科技立法机制、合理配置立法资源、完善立法程序、规范立法活动，增强科技领域立法的系统性和有效性。

美国之所以成为世界创新能力最强的一极，得益于美国国会为科学技术和发明创新制定的法律制度体系。借助联邦立法的诱导机制、国会立法程序的科学性、与时俱进的立法内容、健全的立法博弈机制等优势，美国的科技立法非常完备，覆盖了科技活动方方面面，支撑着美国成为世界头号科技强国。考察第二次世界大战以来美国科技创新发展背后科技立法形成、发展演化及功能发挥的全过程，无疑为我们提供了一个很好理解美国科技创新发展的视角。

美国科技创新立法演化，是袁立科博士历经3年潜心研究所形成的一部专著。该研究立足美国科技创新立法，从宏观到具体，由外及里，层层剖析，突出历史演化特点，深化了对美国科技创新立法体系的理解，开拓我国科技创新立法的视野。该项研究不仅具有较高的学术价值，也对我国科技创新立法工作具有重要的参考指导意义。

尤其值得一提的是，该书的研究内容具有许多创新性，值得一读。首先构建了不同阶段科技创新立法演进与不同类型立法的二维分析框架，研究立法过程中的影响因素及程度，使这样的研究得以深入，这也是该领域研究方法的拓展，从而更好地揭示美国科技创新立法的内在机制及程序特征。另外，该书除了从纷繁复杂的历史现象中去理解科技创新立法形成与发展的内在机制与影响因素，还强调3个充分认识：一是充分认识立法过程中公开听证会及辩论过程中正反两方面意见和证词，客观认识美国科技创新立法过程及其所起作用；二是充分认识立法过程中院外活动分子的作用，他们通过游说议员以影响立法过程，体现利益集团意志；三是充分认识美国总统在立法过程中的作用，总统和行政机关虽然没有立法提案权，但在实践中，总统和行政机关往往通过向国会提出国情咨文和行政公函的方式来影响国会立法。

总之，“他山之石，可以攻玉”，该书研究成果有助于读者知其然并知其所以然，有很好的参考价值。但是，科学研究是永无止境的，科技创新立法问题尤其是立法演化、影响路径、影响机制等问题研究，仍处于不断发展和完善阶段，有许多问题还有待进一步深入研究。因此，希望作者继续努力，拓展研究范围和加深研究力度，能够有更多更好的成果问世，也期待这份研究能够赢得更多的读者和知音。是为序。

胡志坚

前　言

科技立则民族立，科技强则国家强。当前，世情、国情深刻变化，世界科技发展日新月异，创新驱动发展的任务十分艰巨。面对科技创新不确定性、不稳定性持续增强的新趋势，无论是构建新发展格局，还是推动经济高质量发展，都需要以体制机制激发国内市场强大潜力，释放各类主体科技创新和创新发展活力。美国是当今世界综合国力最强的国家，其强大源于雄厚的科技实力，很重要一方面的原因是美国对科学和技术的重视和善用，政府有一套适时调整并行之有效的科技政策，而“幕后推手”正是这些政策所依据的法律。在此背景下，本书以美国为研究对象，不仅是由于美国科技法律体制完善，科技水平居世界领先地位，更重要的在于其立法过程对我国创新型国家建设、推进科技治理能力现代化可以提供政策层面的经验与支持，具有极高的借鉴意义。

从整个国际科技创新立法的发展脉络来看，20 世纪 60 年代以前，各国科技立法较少，大都散见于其他立法之中。20 世纪 60 年代以后，各国开始制定科技基本法。这一工作是从实行判例法传统的英国和美国开始的。立法内容广泛涉及科技研发、科技成果的管理保护和转化、技术市场和技术贸易、科技进步的环境和条件方面的国家保障、科技奖励、高技术专门领域及国际科技交流与合作等领域。

1945 年 7 月 25 日，著名战略家、美国总统科学顾问范内瓦·布什（Vannevar Bush）向美国总统提交了《科学——无尽的前沿》这一报告，表达了这样一种观点，即科学是政府职责范围内的事情，建议加强对学院、大学和研究机构中的基础研究支持，以实现科学研究为经济增长和国家利益服务。这一报告催生了 1950 年杜鲁门总统签署的国家科学基金会法案。1976 年国会通过《国家科学技术政策、组织和优先法案（1976）》，主要规定了美国科技政策的调整范围、制定原则、实施步骤及相应的政府责任、美国科技发展的重点领域、总统科技政策办公室和国家科学技术委员会的组成与职责等。该法把政府消除革新障碍的意图引入法律，为其他科技立法提供了原则和导向，成为美国的科技基本法。

20 世纪 80 年代以前，美国对政府资助完成的专利，按照“谁投资谁受益”原则，大多数归政府所有，这极大地抑制了科研人员申请专利和进行技术转移的积极性。有鉴于此，美国 1980 年通过《史蒂文森-威德勒技术创新法案（1980）》，但由于该法案只是进行了原则性规定，缺乏具体的措施和手段，未收到预期成效。真正对技术转移起到实质性作用的是 1980 年通过，次年 7 月份生效的《拜杜法案（1980）》。基于该法案，许多发展中国家制定了本国的“拜杜法案”。《拜杜法案（1980）》实施后，1982 年美国行政管理与预算办公室（OMB）发布了 OMB/A-124 号通知，对联邦政府各部门落实《拜杜法案（1980）》进行政策指导。另外，美国公法 98-620 号对《拜杜法案（1980）》进行了修改，删除了原法案中出于政治目的对许可证专有权的限制，商务部成为该法案实质上的主要管理部门。由于《拜杜法案（1980）》的实施和直接影响，美国大学的专利增长很快。美国国会在总结大学技术转移经验的基础上，于 1986 年对《史蒂文森-威德勒技术创新法案（1980）》进行修改，通过了《联邦技术转移法（1986）》，1989 年美国又颁布了《国家竞争力技术转移法（1989）》，修正了《史蒂文森-威德勒技术创新法案（1980）》。

进入 20 世纪 90 年代，科技、经济与社会一体化进程加快，全方位利用全球科技资源以提高本国的技术创新能力和竞争力，成为各国政府制定经济与科技政策的共同课题。主要发达国家逐渐将科技创新政策与法律的调控对象从科研机构、企业和产业技术等微观层次提升到国家宏观层面，强调通过加强国家创新体系建设来提高国家整体创新能力，强调将科技、经济、教育及社会发展各项政策作为一个整体或系统来考虑。2000 年 10 月美国参众两院通过《技术转移商业化法案（2000）》，该法案修改了《史蒂文森-威德勒技术创新法案（1980）》和《拜杜法案（1980）》的部分规定，简化了归属联邦政府的成果运用程序，并增加透明度，其目的在于更进一步地将科技成果运用于社会，加强社会实践与科技政策之间的互动，甚至扩大到整个社会系统之中。

从重视基础科学研究到注重产业技术开发，从产业技术开发到科学与技术融合的科技创新，从科技创新到包括制度创新在内的国家创新体系建设，相应的法律制度建设目标也在不断变化。美国的科技创新立法变迁大致呈现出“科学研究—产业技术—国家创新体系”的轨迹脉络。目前，有不少研究从历史演化的视角研究美国科技创新法律不同阶段的特征及其功能。但我们也看到，在科技创新立法方面研究还很少，尤其是美国科技创新立法成因、影响因素、影响程度等研究方面还存在一系列不足。一是对科技创新立法界定的研究不够准确。学术界大量研究在分析科技创新立法的时候，将立法研究等同于政策或法律研究。实际上，立法主要是制定或修改法律，立法的研究着眼于背景、程序、功能、成效等方面。目前来看，大量学者将立法研究等同于法律制度研究及政策研究，还停留在法律梳理的研究上面，立法背后所隐含的信息挖掘不够。科技创新立法界定不明确导致目前整个研究体系含糊不清，不仅容易出现争论，而且理论说服力和指导性不强。二是美国科技创新立法特征、成因及评价研究不足。目前，针对美国科技创新立法的研究没有突出演化的特点，不能很好地揭示美国科技创新立法的特征及不同时代所具有的立法价值取向。在成因研究中虽然也有从宏观经济社会发展背景去研究，但是缺乏从科技、经济两者动态演变及其相互影响关系研究，也缺乏对其他影响因素的分析，不能很好地揭示美国科技创新立法的成因。三是美国科技创新立法的影响因素及影响程度有待深入研究。目前，对于美国科技创新立法影响因素的研究不够全面，未能从系统的角度去分析。从立法发展的角度来看，美国的科技立法经历了一个从零散到逐步体系化的过程。在这长期的演化过程中，不同阶段的经济社会发展背景、科技发展程度、立法提案、听证辩论、院外游说、总统行政权力影响等都会对科技创新立法产生影响，而且不同影响因素影响程度不一样，这些都需要进一步研究。

这就为本研究提供了填补研究空白的机会。本书围绕研究背景、制度变迁、立法过程、立法机构、外部因素影响、效果分析及结论等 6 个部分展开研究。

第一部分，研究背景介绍。第 1 章主要涉及问题的提出、研究的意义、研究思路。从科技问题独特性分析出发，强调科技创新立法过程中国会的角色，提出基于立法要素的研究路径。第 2 章重点阐释科技立法的国会行为逻辑。本章主要介绍国会和一些静态的制度性架构下的因素，如宪法架构、三权分立、政党体系等，另外还针对影响机构的动态因素，如信息在科技立法中的角色、国会议员的动机等进行分析研究，而真正决定国会决策的并非仅仅是国会议员，还有来自行政部门的影响，以及包括国会助手、游说人员、利益集团、智库、媒体等众多的行为主体。因此，要洞察科技立法的国会行为逻辑，离不开对这些制度因素、主体行为的综合考量。其中，最为重要的工作是根据研究背景提出对美国科技创新立法演化研究的基本问题，为整个研究提供框架和线索。

第二部分，制度变迁分析。第二次世界大战以后到 1957 年的 10 多年间，美国人陶醉在自己的科技优势中。然而，1957 年 10 月 4 日，苏联发射开辟人类航天时代的第一颗人造卫星“斯普尼克”，对美国的震撼非常深远。之后，美国为应对“斯普尼克”而完成的各项制度设计，奠定了今天美国科学运行的基本架构。这将构成本书第 3 章的主要内容，从历史维度阐释美国科技创新制度变迁过程及其科技管理体制的改革。第 4 章将着重分析美国科技创新法律制度演进。科学技术政策制定有法律依据，科研项目实施有法律监督，科学技术评价有法律标准，科学技术成果有法律保护，成为美国科技管理体制的主要优势和鲜明特色，体现了科技法律保障的作用，适应了科技发展的内在规律。美国整个科技创新立法朝向经济化的价值取向，经济化与新自由主义和干涉主义治理方法完全兼容。这同样表现在之后的技术转移法律制度和纳米技术研发计划的分析，书中从“技术转移法律-具体科技计划”不同维度继续探究美国科技创新法律制度变迁。本部分试图在厘清历史的同时，摸索总结美国科技创新政策制度变迁的内在逻辑及特点。

第三部分，立法过程分析。在研究分析美国科技政策、法律制度变迁的基础上，我们更想知道这些法律是如何出台的，也就是美国联邦层次科技创新立法过程的制度设计问题。一份立法建议从酝酿提出到最后获得通过要经过许多道复杂而烦琐的程序，中间遇到的困难与阻力，用“过五关斩六将”形容一点不为过，绝大多数立法提案都在这一漫长的过程中被否决或搁置，能够获得通过的只有那些很重要或具有特殊背景的议案。本书第 5 章首先回答科技创新立法的程序，从议案的形成，到两院的辩论，最后解决分歧，总统签署成为法律。这个过程非常明显的特点就是妥协贯穿于始终。通过两个案例，国会技术评估办公室的设立、《美国竞争法案（2007）》出台的过程分析，有助于更为形象地理解这一充满妥协的科技创新立法过程。值得一提的是，研发预算和拨款的审议、通过并成为预算法案、拨款法案的立法过程，是国会在科技创新领域制约行政权力扩张的重要工具。第 6 章专门针对研发预算“钱袋”形成过程进行分析。美国研发经费的有效配置，得益于相互制约、相互均衡、职责分明、决策严密的研发预算体系。不同政治行为主体可以提出许多新构想和新项目，诸如高性能计算和通信计划、全球变化研究计划等，但美国固有的权利分散结构也意味着新科技计划的提出者必须建立政治联盟并说服其他行为方接受其设想，想通过国会审查批准，赢得广泛支持尤其重要。

第四部分，立法机构影响。立法过程的分析有助于找出影响立法的核心环节。第 7 章重点介绍美国科技创新立法的实际控制者——委员会的运作及其构成。首先，从历史观的角度分析问题，通过分析众议院科技委员会的发展历史，了解不同阶段美国立法的关注重点及其影响因素；其次，分析科技委员会本身的特点，包括小组委员会设置、成员目标、党团影响等；最后，以国会理论为指导，探究众议院科学、空间和技术委员会在构成上和立法行为上的特点并加以解释，以第110届至第112届国会为例，采取量化分析手段，加入个案分析，描述委员会构成和行为的同时，探究委员会立法的动机。紧接着，第8章重点分析了国会内部因应科技不断变化而进行的适应性调整。国会的制度结构、科学的不确定性、科学政策问题的复杂性及支持联邦科研投入的长期共识，都常常制约国会的自主性，使得真正的科学问题迷失在公共讨论的表象之下。国会结构分散了对科学政策的管辖权，可实践证明，这种分散、重叠并且看似随意的管辖权部署，在很多方面很好地服务了科学发展。但是，作为参与直接决策的国会议员，面对科学发展与技术应用带来的积极或消极影响时，解决、理解及评估这些影响方面的信息和分析却十分缺乏。第9章通过国会技术评估办公室的成立背景、过程及影响，分析国会采取独立手段解决科学和技术问题的努力。国会技术评估办公室为国会成员提供信息和分析以支持他们的立法和监管工作。国会技术评估办公室的评估建立了共同的科学和技术基础，在政策制定者方面规划和分析一系列涉及不同价值观、兴趣和优先性的政策选择，并使得不同的政策提议在此基础上得以提出。虽然，1995年该机构关闭，但其在美国科技发展中的作用是不可忽视的，至今仍具有很大的影响力，其影响还延伸到了美国之外的国家和地区。

第五部分，外部因素影响。美国政治制度的重要原则就是三权分立，总统作为国家元首兼行政首脑，与作为立法机构的国会和行使司法权的法院，各自独立又相互制衡。但总统同时又是事实上的重要立法者。总统每年向国会提出的国情咨文和预算咨文都是总统要求国会立法的内容和根据，其中很多内容涉及科技议题。不仅如此，总统也是国会最具影响力的游说者，其游说直接影响府会之间的相互关系，成为影响国会立法和举措的重要因素。对于科技创新立法研究来说，第10章关于总统与国会的关系研究，就是一个“绕不开的话题”。但是，总统如何获取科技建议，形成科技议题主张，向国会施加影响，这就是第11章所分析的总统科技政策办公室的角色。科技政策办公室作为科技分析和判断的支撑，为总统在重要政府决策、计划、方法等方面提供帮助，协调形成科技预算建议，通过向国会提交国会报告等途径影响立法。国会通过每年定期的授权、拨款流程，以及引入特定问题的法案以明确国会成员认为科技政策办公室所需要关注问题、行动和功能，以此来监督科技政策办公室。除了来自上述行政部门的影响之外，利益集团一直处于科技创新立法举足轻重的位置。尤其是20世纪60年代开始，参与科学技术活动的利益集团数量、多样性和政治影响力与日俱增，大量说客及其支持者为自身利益影响政府决策。本书第 12 章将为大家阐释科技创新立法过程中来自利益集团的力量。

第六部分，效果分析及结论。作为美国国会在过去半个世纪中通过的最具鼓舞力的法案，《拜杜法案（1980）》对美国及世界的影响深远。所以，本书第 13 章选取《拜杜法案（1980）》作为评价研究，从背景、相关法律条款回溯了始终处于争议旋涡的法案出台过程，并对其积极效果及不同的声音做评价分析，整理出当前遗留的主要问题和担忧。最后是结论，即第 14 章，对整个美国科技创新立法制度变迁与决策过程进行总结，他山之石，可以攻玉，以期为中国的科技创新立法实践提供经验借鉴。

本书的完成主要依赖于大量的一手素材，即美国和中国等地出版发行的主要报刊和政府、国会公开文献资料，如第 93 至第 114 届国会的科技法律条文。从 11 670 项经过总统签署生效的法律中根据委员会分类和政策领域分类，共整理出 1000 多项科技法律，以时间、内容、提案人、涉及的委员会、过程等细分条目，形成美国科技法律资料集。还收集了近几届国会议员，尤其是科技委员会成员基本资料，包括资历、党团、领袖、政党忠诚度、选区、意识形态、提案情况等；对一些重点法案的听证会及国会记录进行了整理，仅就立法辩论内容，就可以称之为“浩如烟海”，举例来说，仅《美国竞争法案（2007）》国会记录材料就有近 300 页，40 多万字，可见一斑；同时，还有国会研究服务中心（CRS）大量对国会立法程序、科技相关议题等方面的研究成果，以及第二次世界大战以来美国各届总统每年向国会两院提交的国情咨文报告等。本书的研究还参阅了国内外众多专家的优秀成果，在此一并向相关作者致以谢意。

本书研究过程中，我还不时向王宏广教授、杨起全研究员等深谙科技管理工作，对科技政策、科技体制机制有敏锐洞察力的专家进行讨教，使我对整个科技政策制度变迁的脉络把握有了一定的底气。当然，还要感谢一些经常参与讨论的优秀研究员，如王革研究员、韦东远研究员、许晔研究员、李振兴研究员、李修全研究员、谢飞副研究员、韩秋明博士等，不再一一枚举。还要感谢科学技术文献出版社的孙江莉副编审、刘亭编辑、宋红梅编辑等对本书出版的支持和帮助。

特别感谢我的家人在本书准备和写作过程中，给予我研究、工作及生活上的支持与帮助，他们的理解、支持和帮助是无法用言语表达的。

由于作者水平有限，要吃透美国科技创新立法的精髓，还有待进一步的深化、细化，书中不足之处在所难免，欢迎广大读者批评指正。

目 录

第1章 问题的提出

第二次世界大战后，美国的科研系统发生根本改变，联邦大幅提高对于工业技术与学术研究的支持力度。这不仅开创了政府规模介入科研的先例，推动了战后科学研究的大规模兴起和研究型大学的迅速发展，引致美国进入真正的大科学时代，成为世界上首屈一指的科技强国，而且催生了一系列促进美国经济增长的前沿技术，推动着世界经济和社会的发展。在短短的200年里，美国能够取得如此科技成就，并且利用科技进步迅速发展成为世界头号经济强国，原因有很多，其中相当重要的原因是美国建国以来，尤其是第二次世界大战后，科技创新立法不断调整，适应了不断变化的国际、国内形势的需求。

政府对科技问题进行立法调控的初衷是为了解决“市场失灵”问题，但是，政治制度固有特征提醒大家在执行公共政策时可能会遇到“政府失灵”问题，为此，科技政策不仅仅停留在国家层面讨论，而是已经进入大众视野。尤其是20世纪七八十年代以来，美国科技法律、战略计划制定出台处于爆发期，极大释放各类生产要素的创造力，但对具体项目的价值争论也随之增多。美国国会技术评估办公室（Office of Technology Assessment，OTA）酝酿、成立、关闭，《拜杜法案（1980）》（Patent and Trademark Law Amendments Act of 1980 或称为 Bayh-Dole Act）的出台，超级碰撞机项目搁浅等，都是一个个鲜活的例子。这些都与立法相关，涉及科技创新法律如何制定出台的问题。如果不了解美国的政治制度、不熟悉美国的立法过程，就不能真正理解这些事件背后错综复杂、盘根交错的关系。美国宪法设置的多元化权力结构使得多种力量在科技决策过程中起作用，美国的政治过程表现为众多权力中心之间的相互作用。总统如何影响国会科技立法、国会需要怎样的科技决策信息支撑、为什么要成立国会技术评估办公室、科技利益集团的主张是什么、《拜杜法案（1980）》应运什么情境而出台，这些争论不仅贯穿于当时的整个立法过程，甚至直到现在还不绝于耳。

1.1 科技问题的独特性

一些学者把科学技术视为一个统一的政策领域，也有学者反对这种统一，他们将“科学”定义为纯粹的研究，“技术”是指科学在实践中的应用，以此区分。实际上，这种区分是很难的，因为“科学”和“技术”之间的差异微妙又复杂。在政治学或国会场景中，常常将科学和技术视为一大类政策。

随着科学认识对象的日益复杂，以及科技和社会的相互影响日益加强，科学认识能力的历史局限性凸显了出来，使得在知识的生产、应用，以及利用知识进行决策的过程中，显示了种种不确定[①]。不确定性在现代科技中普遍存在，这同时也意味着风险，以至于安东尼·吉登斯（Anthony Giddens）和乌尔里希·贝克（Ulrich Beck）等社会学家称后工业化社会为“风险社会”，借以表明风险的存在性和普遍性。在制定科技难题的政策解决方案时，这种不确定性问题也使得科技问题成为独特的研究领域。当然，政府关心的任何领域的政策制定都存在不确定性。我们很少能够从长远来看，确定解决某一特定政策问题的方案是适当的。但是，科技政策制定中的“不确定因素”往往被认为是比其他领域更为严重的问题。而且，科学和技术政策影响可能波及整个国家、其他国家与尚未出生的一代人的健康和福祉[②]。这就使得国会议员和其他决策参与者在科技决策过程的每个阶段需要综合考量各种因素来降低不确定性风险，争取做出“正确”的选择。[③]

1.2 国会的角色

在政治学研究方面，学者对于国会决策过程的理论研究是相当可观的。大量的文献为学者提供了评估政策形成的作用模型，但其中很少直接将科学和技术作为一

① 徐凌，2006. 科学不确定性的类型、来源及影响 [J]. 哲学动态，(3)：48-53.

② BRYNER G，1992. Toward more effecitve policy making for science and technology [C] //BRYNER G，BOULDER. Science，technology and politics：policy analysis in congress. CO：Westview Press.

③ KAY W D，1992. Congressional decision making and long-term technological developent：the case of nuclear fusion [C] //BRYNER G，BOULOER. Science，technology and politics：policy anaysis in congress. CO：Westview Press.

个学科领域开展研究。问题可能是学术界更多地关注行政部门在这个领域的作用。正如帕特里克·哈姆雷特（Patrick Hamlett）所说的那样：现在的文献研究往往忽视了美国国会在制定科技政策中的作用，关注点很大程度上集中在美国国家航空航天局（NASA）、国防部（DOD）、国家卫生研究院（NIH）等“更有魅力”的美国行政部门及白宫对科技政策的制定。从行政部门涌现的科技政策更具显示度，当然值得关注和评论。实际上，国会对科学技术及与之相关的各种问题做出了许多关键性决定[①]。

为试图解释为什么要提出科学技术创新立法，为什么有关科学技术创新的某些立法可以获得通过，有些则未能成为法律，有哪些影响因素，效果怎样等问题，必须确定一个合理的理论基础，形成有内在逻辑的分析框架。

首先当然是确定什么是科技立法，旨在根据选定的研究视角对政策进行分类。科学在特定类型学中的位置可以告诉读者什么是科技立法、科技立法在国会决策过程中的独特地位如何。其次是谁来立法、怎么立法的问题。宪法独创性的分权设计及以权力制约权力的制衡机制是美国政治的特色。国会、总统、最高法院所代表的立法、行政、司法都会和立法有着或多或少的关系。大法官可以超然姿态通过判决方式解释宪法，或通过法官法“造法”确立或否决某项法律以确立治理原则、影响治理环境、改变治理过程，最高法院便与治理紧密地联系在一起，成为国家治理过程中的平衡器。显然，对于科技立法来说，最高法院的“解释法律”，相较而言较散，本书暂且绕过该环节，重点关注国会、总统的科技立法影响。再次是信息在国会政治中的影响，包括国会议员个人及整个机构对技术和非技术信息的使用问题。信息在科技政策制定中的作用和价值是什么？国会成员需要什么样的科技信息？科技政策的技术特征是否会影响国会决策的形成过程？然后是关于国会议员立法活动的动机方面的研究。是什么促使国会议员成为科学和技术研究的支持者或者反对者？这些动机如何影响议员对众议院或参议院的特定科学研究法案的看法？最后，支持科技创新立法的动机与激励立法者支持其他政策领域立法的动机有何不同？还有就是，国会不会真空制定政策。国会的政治环境中有许多参与者，如媒体、利益集团和选举组织。这些参与者对科学和技术政策问题有什么影响，影响程度有多大？这些都是本研究通过国会这一核心角色，以此展开，试图一一剖析的。

---

① PATRICK H，1987. Technology policy making in congress：the creation of the U. S. synthetic fuels corporation［C］//YANARELLA E，GREEN W. The unfulfilled promise of synthetic fuels：technological failure，policy immobilism，or commercial illusion. Westport：Greenwood Press.

1.3 研究的逻辑

上述的研究思路可以为美国科学技术创新立法研究提供线索，最终帮助我们回答什么是科技立法？谁参与科技立法？如何立法？重要环节在哪里？有哪些影响因素？立法效果如何？总结起来，本书研究的科技立法问题核心部分可分为以下5点：①科技政策；②立法制度设计；③决策过程的信息价值；④国会决策中议员动机；⑤决策过程中的内外环境影响。

科技立法

从历史上看，20世纪60年代以前，尚未见到明确的“科技立法”提法，有关科学技术方面的法律规范也大多零散地规定在宪法、民事法律、刑事法律等传统法律门类中。1965年英国制定《科学技术法（1965）》（Science and Technology Act of 1965）在法律文献中明确提出了“科技法”概念。此后，世界各国开始制定科技领域的一些专门性法律，如美国在1976年通过的《国家科学技术政策、组织和优先法案（1976）》（The National Science Technology Policy，Organization，and Priorities Act of 1976）等。与此同时，一系列科技单行法也陆续出台，内容广泛，涉及科学研究、开发与应用、科研机构设置与管理、科技投入、教育与技术转移、产业技术政策等领域。进入20世纪90年代，科技法律体系逐步完善的同时，美国为确保世界科技领先优势，对基础研究、战略高技术和关键技术领域的研究与开发高度重视，陆续出台相应的法案予以保障发展。这方面，在信息技术、生物技术和新材料技术方面表现得尤为明显。

如果学者根据已有的政策类型学体系研究科技政策，恐怕结果会有所失望。例如，以往一些对类型学的分析总是倾向于将政府科研拨款理解为一种分配过程。这种类型学（及其提出者）认为，对于那些有利于本地发展的政府科研项目，国会议员只关注其中的科学价值。实际上，如戴维·梅休（David Mayhew）指出的，议员也会为某些有利于所代表地区发展的科研项目争取政府拨款，以此拉选票而达到连任的目的[①]。这就意味着科研项目的规模会直接影响其是否能在国会上得到通过——项目越大，意味着政府拨款越多，惠及的民众就越多。一些学者认为美国的航天科研事业发展就是代表。例如，迈克尔·施拉格（Michael Schrage）认为阿波罗号飞船升空后进入的航天黄金时代就是"粉饰过的航天探索交易化时代"[②]。他的结论来自政府大量拨款用于制造航天飞机及建设自由号空间站案例。每次社会舆论指责政府浪费财政用于美国国家航空航天局进行航空科研时，都不可避免提到这两个事实。

但究竟有多少科研项目能像航天飞机那样宏大？尽管迈克尔·施拉格将航天项目视为"交易化"这一做法并不一定完全合理，但他的确未找到任何证据证明所有与科学技术研究有关的项目最终都只建立在向大多数人提供利益、收买人心的基础上，对政府拨款挥霍无度。与其他科研项目相比，氢燃料研究项目重要性可能要弱些，如果这一项目能为选区带来巨大利益，支持通过该项目立法的众议员是可能超过半数的。但类似外伤性脑损伤治疗研究呢？这类项目能为地区提供的科研经费很少，是不是就很难通过两院投票，成为法律？如果这种假设成立，那如何解释国会多数议员支持对各地区毫无普遍利益的科研项目呢？罗兰·彭诺克（Roland Pennock）认为这种模式下，看似没什么利益的科研项目的冲突较小，决策者在解决问题时容易达成共识。有关法案表决结果的分析表明，将其置于理想的共识环境下，能促进法案的通过。[③]

立法过程

罗兰·彭诺克预想决策者能达成共识，前提是所有决策者都认可该科研项目意义重大，足以让政府采取行动。但这些决策者却可能无法就政府干预程度达成共识。有时，议员要花很长时间才能认同政府在这一项目上的拨款数额或实现科研目标所采取的方法。只有在议员间达成了某种平衡的共识后，科技议案才会在国会批准通过。因此，有些科技议案会一次又一次提交到国会上，长期无法通过，但突然

① MAYHEW D，1974. Congress：the electoral connection［M］. New Haven：Yale University Press.

② SCHRAGE M，1993-04-16. Why we don't want to boldly go where no man has gone before［N］. The Washington Post，3.

③ PENNOCK J R，1979. Another legislative typology［J］. The journal of politics，41：1206-1213.

就在某次议案会上获得了多数支持，表决通过正式成为法律。

法案之所以不断被提交至国会可能还有另一层原因。只要简单统计就会发现，每次国会会议期间提交的法案清单中，大部分法案都无法通过成为法律。因此，几乎所有法案在第一次提交国会审议时都不会通过也是合理的。但仅仅因为第一次提交未通过，国会议员便断定在以后的提交中永远不会通过的可能性也不大。相反，提交“未通过”法案的议员会在下一次议会期间再次提交，希望当下的政治环境有所变化，法案能够更有吸引力。随着某一科技法案不断提交至国会，议员对其中的内容越来越熟悉，最初对法案中一些内容的抵触情绪就会逐渐瓦解。法案就可能在立法议程中走得更远，相关的立法活动也就越来越多。

信息渠道

理查德·芬诺（Richard Fenno）的研究强调国会议员对信息的垄断，认为这种垄断的形成源于国会委员会事务的专业化，最终导致某一委员会对某些信息具有独有的专业认知[1]。委员会内议员就这一问题利用委员会外议员对自己的尊重、服从及互惠的承诺，通过自己掌握的专业能力，扩大自身影响达成连任的目标。这种情况尤其存在于科研政策制定委员会的议员中。大量的论证表明，科研政策比其他领域的政策具有更强的技术性，其研究的内容往往被视为“神秘无比”。如果负责其他立法的议员认为花费大量精力去研究科技立法，以使自己与专业立法议员的能力看齐，这种做法意义不大。但是，即使议员缺乏科技立法的能力及兴趣，也总是不愿放弃干涉科技立法的权利。

布鲁斯·宾伯（Bruce Bimber）做过一项实证研究表明，实际信息在决策中的价值远不如单纯以获得信息为目的的价值大，所以掌握信息尤为重要[2]。委托代理模型分析表明，掌握信息对国会决策有很强的影响力。与缺少信息资源的委托人相似，非科技类立法委员会不得不考虑是否愿意为获得相关科研信息而承担一定的机会成本。许多议员不得不从别处获取“适当”的科学信息。戴维·奥斯丁-史密斯（David Austen-Smith）和威廉·赖克（William Riker）研究认为，由于掌握专业

① FENNO R，1973. Congressman in committees［M］. Boston：Little，Brown and Company.

② BRUCE B，1991. Information as a factor in congressional politics［J］. Legislative studies quarterly，16（4）：585-605.

知识的人往往有权决定信息的保密或公开，因此信息掌握者通常具有重要的影响力。[①] 国会委员会是信息传播的把关人，参众两院就是以此为基础制定政策并规范国会决策辩论[②]。如果两院采取严苛的立法辩论及法案修正规则，那么反对"委员会占据重要位置"的人提出委员会立法修正案议案的难度就会变大。此外，由于这样一来辩论的时间和内容受到限制，要想拿出有力证据反对委员会支持的法案也不是件容易的事。国会领导人影响下制定的两院规则能够帮助委员会确定其上交至国会法案的辩论内容。这些规则能够确保相关委员会在没有其他领域委员会的干扰下通过法案。

议员特质

当然，如果国会议员本身并无意愿对某些科技立法投赞成票，那么所有关于通过立法的决定因素的研究便都是无用的。前面论述中提到，议员以实现连任为目的支持"交易化"科研项目，从而在本地区公众中建立声望[③]。但若法案通过的理由确实是议员认为其能为自己所代表选区带来福利，那么这一项目必须有足够的资金支撑，以使其能在参众两院得到广泛而多数的支持。

一般来讲，获得投票通过且能够促进公共卫生及国家经济发展的科研项目对议员代表地区的民众几乎没有任何消极的影响，特别是在美国民众一直以来高度认可科技对社会发展的贡献及政府在推进科研项目中的作用的前提下，更是如此。[④]

公众对理查德·芬诺所称的全心全意制定"优质政策"的议员也会给予大力支持[⑤]。由于许多科技法案在全国媒体宣传中通常并不显眼，因此议员通常不应为自己对科研立法的赞成或反对承担任何任职风险，议员应具有广泛的自主权决定政府在一切科学领域的政策。

---

① AUSTEN-SMITH D, RIKER W, 1987. Asymmetric information and the coherence of legislation [J]. American political science review, 81 (3): 897-917.

② 同①。

③ MAYHEW D, 1974. Congress: the electoral connection [M]. New Haven: Yale University Press.

④ GEORGINE P, LIPSEY M, 1981. Public attitudes toward science and technology: what have the surveys told US [J]. Public opinion quarterly, 45: 303-316.

⑤ FENNO R, 1973. Congressman in committees [M]. Boston: Little, Brown and Company.

在议员投票的内在动机中，最有趣的当属理查德·芬诺提出的“个人受益”[①]。“个人受益”也可理解为“个人利害”，是指议员获得的非经济利益或满足个人特殊情况所需。在诸多领域中，与个人利害尤其相关的是健康领域科研。简单来说，议员不会从健康领域科研中为自己及其所代表地区争取到任何金钱利益，但考虑到自身（或家人朋友）未来随时可能感染上某些疾病，故而投出与该疾病科研相关法案的赞成票。

此外，一些科研也可能与议员的个人情况有关，因为它牵涉到某个国会议员的利益。举例说，如果一项宠物立法对于其尊敬的同事或朋友意义重大，那么比起反对法案会让同事或朋友失望，不如投赞成票。当然严格意义上讲，议员支持某项法案并非全部出于个人人际关系的原因。议员关注的某些法案通常与议员在加入国会前一直从事某个领域工作有关，或者也可以视为议员对过去专业领域坚持的一种态度。

环境因素

影响国会议员立法决策的内部外部因素还有很多。党派正式领导人可能会试图说服议员支持某些立法提案以争取本党派或其所在选区的“福祉”。也有一些非正式领导人会利用其在委员会的领导地位、专业知识、资深经验或作为国会具有影响力特别小组成员的资格来试图说服其他议员。如果议员确实由于时间不足和信息匮乏而在决策中左右为难，那么他们就会转向“引导者”以确定自己在立法中的立场，不论这些“引导者”是正式还是非正式领导人，这种做法并不令人意外[②]。就这一点而言，科技问题于其他问题并没有什么不同。

但是，正式及非正式领导人在不同科研立法辩论的活跃度却各不相同。由于党派正式领导人通常比较在乎公众对于本党派的看法，因此在遇到公众普遍关注的问题时，这些领导人往往会投入更大的精力。正式领导人在显示度较弱的问题上不会耗费太多精力，因此非正式领导人就恰好补充了这一部分空缺，通过“引导性”活动向其他议员施加影响。

---

① FENNO R，1973. Congressman in committees［M］. Boston：Little，Brown and Company.

② KINGDON J，1989. Congressmen's voting decisions［M］. 3rd ed. Ann Arbor：University of Michigan Press.

在某些立法中，党派领导人对国会普通议员施加影响，这种影响可能出现在国会外。毋庸置疑，选民支持率在议员选举中起着关键性作用，特别是对于有志连任的议员。问题在于如何确定议员在乎的多数赞成票群体。在约翰·杰克逊（John Jackson）提出的“复杂代表”模式中，选区的多数赞成票群体取决于面临的问题①。如果要解决的问题在公众中具有代表性，那么议员就会高度集中，这种情况下，议员（或许是在党派领导人的呼吁下）就可能不得不跟从这一多数意见。但若意见并不集中，选民中有一少部分群体坚持自己意见，那么议员就可能在这一问题上偏向听从少数意见。

以上任何一种参考因素都不能作为理论依据孤立地解释国会科技立法过程及效果。但每种因素都有参考价值，组成了一个综合的理论分析框架。

① JACKSON J，1974. Constituencies and leaders in congress：their effects on senate voting behavior［M］. Cambridge：Harvard University Press.

第 2 章　科技立法的国会行为逻辑

总体上说，美国的科技法律可以分为两类，一类是由科技研发法律制度、科技成果法律制度及科技创新激励机制等几种类型构成的科技创新法律制度体系；另一类则是科技计划决策，其过程是在一套庞大、复杂的系统中按照不断演化的模式进行。从科技立法的角度来看，国会特有的制度结构当然是重要因素，提供了科技委员会、议员等社会行为者活动的机会与制约条件，而这些行为者也在特定的制度框架下进行社会交易。同时，要研究美国科技立法，除了了解国会那些静态的制度性架构因素，如宪法架构、三权分立、政党体系等，更应该主动研究影响机构的动态因素，如信息在科技立法中的角色、国会议员的动机等，而且真正决定国会决策的并非仅仅是国会议员，还包括来自行政部门的影响，以及国会助手、游说人员、利益集团、智库、媒体等众多的行为主体。因此，要洞察科技立法的国会行为逻辑，离不开对这些制度因素、主体行为的综合考量。

2.1　经济化取向的科技立法

科技政策

伊丽莎白·波普·伯曼（Elizabeth Popp Berman）认为从美国科技政策历史可以看到新自由主义政策的影子，但是因此就将科技发展历程视作政府政策向新自由主义转型的标志，这种理解是片面的[①]。有人认为限制政府权力，加强知识产权保

① BERMAN E P，2014. Not just neoliberalism：economization in US science and technology policy [J] . Science，technology & human values，39 (3)：397-431.

护，维护自由市场的运行是发展科学的最好方式，也有人认为，完全依赖市场并不能将研发预算的经济效益发挥到最大，政府需要干预解决此类问题。政策制定者既包括自由市场和私有权的维护者，也包括对新政府项目心怀期待的政客。

新自由主义科技政策和干涉主义科技政策反映的是经济化趋势。“经济”及其类似生产力、竞争力等概念的政治意义日益突出，这在科技政策领域尤为如此。科技作为创新的源泉，被视为经济增长的关键因素，政府日益重视利用科技提升经济效益。完善市场机制和增设新政府项目都可能提升经济价值，无论哪种方式，都是科技政策经济化的体现。将经济因素纳入考量范围，为科学发展提供更多支持，成为科技政策制定过程的常见现象。总统科学顾问约翰·马伯格（John Marburger）在2008年呼吁开展“量化科学政策跨学科研究”。他认为该研究很大程度上属于经济学的一个分支，做好“量化科学政策跨学科研究”有利于巩固以技术为基础的经济稳健运行，“维持美国的国际竞争力”[①]。“科学政策的科学”这一概念由此产生，成为国家科技投资项目决策的最佳模型[②]。

由此，科技政策领域出现一些变化，知识产权也不再仅指专利权，技术转移协议越来越常见[③④]。其他变化则体现在政府为了扩大科学的经济影响力，干预力度不断加大。美国州政府为了推动地区经济发展，不断将资源向大学与行业间的合作项目倾斜，即便在政府缩减预算期间也是如此[⑤⑥]。根据杰米·派克（Jamie Peck）和亚当·迪科尔（Adam Tickell），尼尔·布伦纳（Neil Brenner）和尼克·西奥多（Nik Theodore）的研究，新自由主义并不意味着政府隐退，而是要在完善市场机

① MARBURGER J，2005. AAAS S &T policy forum keynote address ［M］. Washington，DC：American Association for the Advancement of Science.

② National Science and Technology Council，Subcommittee on Social，Behavioral and Economic Sciences，2008. The science of science policy：a federal research roadmap ［Z］.

③ WALSH J P，COHEN W M，CHO C，2007. Where excludability matters：material versus intellectual property in academic biomedical research ［J］. Research policy，36（8）：1184-1203.

④ MIROWSKI P，2011. Science-mart：privatizing American science ［M］. Cambridge：Harvard University Press.

⑤ SÁ C M，2011. Redefining university roles in regional economies：a case study of university-industry relations and academic organization in nanotechnology ［J］. Higher education，61：193-208.

⑥ SSTI，2011. Tech-based economic development and the states：legislative action in 2011 ［M］. Westerville：SSTI.

制中扮演重要作用①②。政府支持高校与企业开展合作以促进地区经济发展，表明政府欲寻求一种非市场方式的解决方案。决策者重视政府的干预行为，但实际上，即使得到政府的支持也不容易做到。此后，政府制定的干预政策，体现出对科学目的的再思考。

科技计划

洛伊·西奥多（Lowi Theodore）在政策类型方面提供了开创性的研究工作，对政策“竞技场”的解释一直以来都是社会对政策争论的基础，其核心论点是，决策者期望的政策类型决定了该问题的政治类型。洛伊·西奥多认为，类似科学家这样的特殊群体，不难想象会高度关注科学技术有关的政策类型立法。③

兰德尔·瑞普利（Randall Ripley）和富兰克林·格瑞斯（Franklin Grance）根据洛伊·西奥多的“政策类型产生政治”的理论，以及对政策类型文献的阅读整理，将国内政策分为分配型、竞争监管型、保护监管型和再分配型。从他们对这些政策类型的解释中，科学和技术研究立法唯一可能属于的类别是分配型，他们认为分配政策和计划的目的是促进私人活动，这些活动被认为是整个社会所需要的，至少在理论上不会或者不能以其他方式进行。④ 同时，兰德尔·瑞普利和富兰克林·格瑞斯描述分配型政策时考察了所有的适用条件，发现科学和技术研究有时候并不完全适合这一类。例如，并非所有经国会批准的科学研究政策和计划都只能使私营部门及其活动受益。政府部门和机构也可能会从国会获得研究经费和支持来开展他们的工作。同样，政府提供的用于科学技术研究的资金，并没有给予那些预想的从研究中获益最多的特定“接受者”。以疾病研究为例，政府资助一般提供给第三方“接受者”，如私人和政府实验室，而他们并不是该研究的目标受益者（指患疾病的患者）。

---

① PECK J，TICKELL A，2002. Neoliberalizing space［J］. Antipode，34：380-404.

② BRENNER N，THEODORE N，2002. Cities and the geography of actually existing neoliberalism［J］. Antipode，34：349-379.

③ THEODORE L，1964. American business，public policy，case studies and political theory［J］. World politics，16：677-715.

④ RIPLEY R，FRANKLIN G，1990. Congress，the bureaucracy and public policy［M］. 5th ed. Pacific Grove：Brooks/Cole.

此外，在兰德尔·瑞普利和富兰克林·格瑞斯对分配政治的解释中，科学研究资助是否仅仅基于短期考虑，这一点是有争议的。在立法者决定是否支持某个具体项目时，项目短期目标可能会影响立法者，但考虑到科学项目通常是长期性的资本密集型活动，如果没有看见解决这类长期问题的承诺，国会不会轻易根据短期目标审议通过该项目。很多情况下，国会可能因选举收益以外的原因而通过立法。

在预算削减盛行年代，国会中越来越多的人将包括科学研究在内的可支配项目资金看作零和游戏。有时候一个项目通过的钱，就是另一个项目被拒的钱。例如，1993年对是否继续为空间站提供资金的立法。这在当时激起热烈争论。众议院反对者，声称这笔钱是从低收入住房、环境保护和退伍军人计划中抽走的。① 在超级碰撞机项目的争论中，一些国会议员认为该项目的设置正在从健康研究和生命科学研究中转移资金。②

另一种直观上吸人眼球的政策类型学是由罗兰·彭诺克提出的。他试图在对政策内容进行成本收益分析的基础上对其进行分类。具体而言，他想确定一种政策的成本和收益是否有被“广义化”或被“特殊化”。他没有明确讨论科学研究在这种政策类型学中所处的位置，但他的确将“资助”归于受广义成本和特殊收益所定义那一类。③ 对政策成本收益的感知通常反映了它们在社会中的现实分布情况。当然，也会有一些利益集团对项目成本在社会上的分布情况进行扭曲，他们希望通过这一战略对国会议员施加压力，阻止该条立法对其组织成员而言可能增加的成本。

尽管对成本收益的感知成为政策类型的研究视角，但它会使这些分类更加不稳定，也不利于把科学研究政策归类到单一项目下。如前所述，不应认为科学研究的好处仅仅是帮助特定群体。资助大学开展关于可替代燃料来源的研究，大学这个特殊群体并不是唯一的受益者。这项研究还可以为工业和公众提供低成本、易获得的燃料来源。因此，这貌似可以成为罗兰·彭诺克的政策类型学，对科学研究进行归类，即要么可以把科学研究归于受广义成本和特殊收益所定义那一类，要么把它归于受广义成本和广义收益所定义那一类。这种关于收益集中度的感知差异，可以帮助立法者评估科学项目提案的价值，并决定是否要在政府实施这些项目时提供

---

① KATZ J，1993. Space station back in orbit after surviving key vote [J]. Congressional quarterly weekly report July，3：1740.

② MILLS M，1993. Super collider backers cave after pivotal house vote [J]. Congressional quarterly weekly report October，23：2866-2870.

③ PENNOCK J R，1979. Another legislative typology [J]. The journal of politics，41：1206-1213.

线索。

乍看之下，科学研究政策似乎并没有很好地嵌入到常被讨论的政策类型下的任何一个类别。但科技立法的经济价值取向很明显，这也是科技立法研究的重要参考点。

2.2 国会的行为逻辑

信息的角色和价值

政策专业化及与这些专业知识相关的信息，尤其是对科学技术这样专业的领域，在国会决策过程中的重要性是不言而喻的。

经验主义的观点

理查德·芬诺是经验主义学者，他将信息和信息概念的重要性融入关于国会委员会体系及其工作的研究中。他得出结论认为，国会委员会的结构不仅反映了议员之间的分工方式，而且促进了这些成员在特定政策领域的专业化。这种专业化促使议员提升专业知识，从而帮助他们实现自己的政治目标，如连任、制定良好的公共政策及提升在同事中的影响力和地位。①

信息（和专业知识）的价值在各委员会心目中是不相同的。例如，根据理查德·芬诺的说法，众议院教育委员会（House Committee on Education）并不会因为成员专业知识的提升对其进行奖励，而拨款委员会（House Committee on Appropriations）不仅会对提升专业知识进行补助，还会赋予成员高度的影响力，同时尊重非委员会成员。专业化委员会制度的建立，给所有国会议员提供了政策问题上的尊重和互惠。这种尊重和互惠可帮助议员实现其主要目标——选举、政策制定和提升在国会的影响力。正如布鲁斯·宾伯所说："成为专家并获取信息可以帮助实现目标，尤其是在这个时代，因为大量政策问题都具有一定技术含量"。②

20 世纪 60 年代末和 70 年代初国会改革倡导者的论点表明，"改进后的"国会

---

① FENNO R，1973. Congressmen in committees［M］. Boston：Little，Brown and Company.

② BIMBER B，1991. Information as a factor in congressional politics［J］. Legislative studies quarterly，16：585-605.

的一个重要工作内容，就是纠正国会因缺乏必要信息而不能有效制定政策的情况[①]。为了能够有效获取信息，信息收集方面的短板必须得到解决。许多人谴责这种信息短板，认为这是阻碍国会跟上行政机构处理复杂性政策和掌握信息优势的绊脚石[②]。这种观点促使国会扩大员工规模，建立国会支撑机构，如美国国会技术评估办公室、国会预算办公室（Congressional Budget Office，CBO）和国会政府问责办公室（GAO）[2004年之前的名称是国会审计总署（GAO）]。

罗杰·戴维森（Roger Davidson）和沃尔特·奥勒斯泽克（Walter Oleszek）的研究指出，原有的员工、技术手段和其他资源都不足以让国会做出明智的政策决定，任何拓展信息渠道、增强信息质量的努力都值得尝试[③]。勒罗伊·里瑟贝克（Leroy Rieselbach）认为国会需要加强信息获取和处理能力，很早就建议将计算机引入国会工作场来帮助实现这一目标[④]。

很多学者认同各类收集信息的方式、途径，认为国会可以通过各种渠道得到想要的信息，但也有学者对国会关于改善信息需求和收集信息的手段并不持乐观的态度。一般来说，增加新员工和新的支撑机构可能会提供更客观的政策信息，但设有证据表明，这类政策报告或政策评估信息提高了“知情”议员的决策能力。布鲁斯·宾伯指出：许多人已经注意到实质性或技术性的信息和专业知识通常价值有限。技术判断很少成为国会决策中的主要因素，即使对那些科学技术相关的国会决策同样如此。同时，无论是在国会辩论还是地方会议上，最知情的议员并不总是胜于不那么知情的政治竞争者。[⑤]

20世纪80年代后期，美国国会技术评估办公室主管约翰·吉本斯（John Gib-

---

① SUNDQUIST J，1981. The decline and resurgence of congress [M]. Washington：The Brookings Institution.

② COHEN R，1973. Information Gap Plagues Attempt to Grapple with Growing Executive Strength [J]. National journal，5：579-588.

③ DAVIDSON R，OLESZEK W，1977. Congress against itself [M]. Bloomington：Indiana University Press.

④ RIESELBACH L，1977. Congressional reform in the seventies [M]. Morristown：General Learnings Press.

⑤ BIMBER B，1991. Information as a factor in congressional politics [J]. Legislative studies quarterly，16：585-605.

bons）坦言，“事实”很少成为机构政策辩论的焦点[①]。查尔斯·琼斯（Charles Jones）认为，议员利用国会支撑机构提供的信息和技术建议，仅仅是为了支持他们先前的政治倾向和立场，而不是为了制定更客观的政策[②]。国会对信息的获取及信息在政策制定中的使用，很大程度上取决于机构的组织结构和改革，以及政治家为实现特定目标而制定的战略。

形式理论

布鲁斯·宾伯从另一个角度看待国会的信息获取问题，也就是对个人获取信息和使用信息的能力做出假设，研究政治行动者所知道的及促使他们采取行动的原因[③]。在政治分析框架中，“成本”衡量了获取信息所需付出的努力；信息不对称体现为谁拥有某些信息、谁没有掌握这些信息；信息的确定性会影响决策者对拟议立法结果的满意程度。换句话说，立法者认为自己拥有的信息越完整，他们政策决定的后果不确定性越小。接下来的问题是，在国会议员制定政策的过程中，获取信息的成本、信息在议员间的分布差异及可用信息的“完整性”是如何起作用的呢？

能给这些问题提供答案的理论模型是委托-代理模型，该模型的中心议题是假设委托人（国会议员）和代理人（政府机构）之间的信息不对称[④]。理论上，委托人对代理人的知识和行为的信息要少于代理人。如果委托人想要获得这些信息，他们必须以某种方式对此进行收集。这很难做到，而且收集这些具体信息要花费很多时间。委托-代理模型表明，委托人没有这些信息也可以，因为对他们来说，收集信息的成本太高，或许他们会试图通过有关机构来获取所需要的信息[⑤]。

虽然委托-代理模型通常被用来描述立法者与政府机构之间的信息关系，但在个人立法者/立法者群体之间存在着同样的信息不对称。立法者之间的这种关系并

---

① GIBBONS J，1988. Science，technology and law in the third century of the constitution [C] // GOLDEN W. Science and technology advice to the president，congress，and the judiciary. New York：Pergamon Press.

② JONES C，1976. Why congress can't do policy analysis [J] . Policy analysis，2：251-264.

③ BIMBER B，1991. Information as a factor in congressional politics [J] . Legislative studies quarterly，16：585-605.

④ SHEPSLE K，1985. Prospects for formal models of legislature [J] . Legislative studies quarterly，10：5-19.

⑤ 同④。

不符合典型的委托-代理模型的所有标准，但它确实与之相似。由于国会委员会体系中的分工及由此产生的固有专业化，一些成员（类似于代理人）会比其他成员拥有更多的关于科学技术问题的信息。如果“非专家”（类似于委托人）需要同样的信息，他们可能得自己去收集信息，或发挥“代理人”的优势，这些“代理人”可以是其他成员，或是研究科学技术问题的机构组织，如国会技术评估办公室、国会审计总署。相反，如果没有这些信息的人认为获取信息的成本太高，或者压根没有兴趣获得这些信息，他们别无选择，只能转向其他决策标准。

戴维·奥斯丁-史密斯和威廉·赖克假定议员通过立法的愿望并不满足于仅仅是愿望，立法者也关心其立法决策结果对其选民的影响①。他们必须对决策结果保持关注，因为选民不仅会根据立法者宣称的政策立场对其进行评估，还会考量立法者的决定如何影响自身②。这使得形式理论建模者的观点不同于像戴维·梅休这样的传统经验主义者，戴维·梅休认为立法者很大程度上并不关心政策结果③。

尽管可以认为立法者对他们希望看到的政策影响有信心，这并不表明他们确信自己审慎制定的政策能产生预期的影响④⑤。这时候信息的价值就凸显了，因为它可以改变立法者对他/她最终希望看到通过的政策的看法。如果立法者拥有技术信息，这就增加了他/她关于立法对选民影响的确定性。将这些信息分发给其他立法者可以增加他们的确定性，由此可能导致首选政策的改变。然而，立法者乐意把自己拥有的信息扩散给其他人的情况并不多见。戴维·奥斯丁-史密斯和威廉·赖克的模型中的一个关键因素就是考察立法者决定将技术信息传播给其他人还是据为己有。信息的战术性使用还取决于国会中使用的辩论规则，以及特定委员会为满足该

---

① AUSTEN-SMITH D，RIKER W，1990. Asymmetric information and the coherence of legislation：a correction [J] . American political science review，84：243-245.

② GILLIGAN T，KREHBIEL K，1990. Asymmetric information and legislative rules with a heterogeneous committee [J] . American journal of political science，33，459-490.

③ MAYHEW D，1974. Congress：the electoral connection [M] . New Haven：Yale University Press.

④ GILLIGAN T，KREHBIEL K，1987. Collective decisionmaking and standing committees：an informational rationale for restrictive amendment procedures [J] . Journal of law，economics and organization，3：287-335.

⑤ AUSTEN-SMITH D，RIKER W，1990. Asymmetric information and the coherence of legislation：a correction [J] . American political science review，84：243-245.

委员会目标所需的专业化程度[①]。如果国会修正案规则是公开的，那么各委员会就制定政策而收集技术信息的动机很小。收集信息并将其应用于制定经过深入研究的政策的成本可能太高，因为这一立法很容易被那些不那么知情的人所提出的修正案推翻。另一方面，修正案规则的有限公开对委员会和大多数国会议员都有益。对国会议员的好处体现在更加封闭的规则能推动知情政策的通过（并且提高国会的行动效率），对各委员会的好处体现在其可以通过控制立法的内容增加影响力和自主权。

托马斯·吉利干（Thomas Gilligan）和克雷比尔·基思（Krehbiel Keith）认为，国会委员会不是可以自行安排立法程序的自主权力机构[②③]。相反，他们认为，尽管委员会能够获得专门的信息，它们仍只是党派领导人用来实现自己目标的工具。考虑到这一点，可能会出现两种类型的立法机构。一是希望有效利用信息的立法机构可能会建立一些特别委员会，然后在这些委员会中使用封闭规则。在这些委员会中，多种不同偏好都将得到表达，其他一些信息并不充分的立法者，一般很难对此进行干涉。二是如果立法机构倾向于国会的信息共享，他们也会提议建立特别委员会，不同的是将实行公开的规则。

议员个人动机

理查德·芬诺研究了众议院议员在职期间个人目标追求问题。具体而言，议员在选择国会委员会席位时主要想实现如下 3 个主要目标：连任、内部影响力和制定好的公共政策。他认为国会议员的个人价值观很重要，但他们赋予这些政治价值观的重要性有很大不同。即使这样，理查德·芬诺认为大家可以通过每个国会议员的委员会选择来判断出这些议员的个人目标偏好。[④] 这些目标同样可以应用于议员关心的委员会以外的立法活动。在将理查德·芬诺关于成员目标的讨论跟科学技术研究立法结合起来时，最好弄清楚科学技术研究法案的支持如何帮助议员在国会最大

① GILLIGAN T，KREHBIEL K，1987. Collective decisionmaking and standing committees：an informational rationale for restrictive amendment procedures [J] . Journal of law，economics and organization，3：287-335.

② GILLIGAN T，KREHBIEL K，1989. Organization of informative committees by rational legislature [J] . American journal of political science，34：531-564.

③ GILLIGAN T，KREHBIEL K，1990. Asymmetric information and legislative rules with a heterogeneous committee [J] . American journal of political science，33：459-490.

④ FENNO R，1973. Congressman in committees [M] . Boston：Little，Brown and Company.

化实现他们的职业目标。科学技术问题是否有为议员提供寻求连任、影响力或通过良好公共政策的立法机会？对于国会议员来说，某些科技政策领域是否比其他领域更有助于实现这些目标？

连任

所有议员都不由自主地对连任感兴趣。议员如果要继续实现理查德·芬诺提及的其他两个目标，连任至关重要。戴维·梅休认为，议员会通过宣传、提高声望和明确立场等特定活动来提高他们的连任机会[1]。当议员为实现自己的连任目标而参与这些活动时，会如何利用科学技术研究问题？乍看之下，科学技术研究似乎对提高议员的宣传效果没有多大作用。正如戴维·梅休所定义的那样，议员需要宣传自己诸如经验、反应能力、关切和诚意方面的优点，从而在选民中塑造良好形象。虽然科学研究在宣传活动中并不像诸如就业、医疗、教育等议题管用，但它却能在提高声望这一活动中起潜在性作用。对于想提高声望的议员来说，重要的是他们尝试去建立这样的印象，即他们可以完成对该选区个人和团体有益的某些政府业绩。有两种途径可帮助议员提高声望，一个是为提升生活质量所做的环境调查；另一个则是为该地区揽来项目建设经费。但是，某个特定的科学研究法案很难与直接解决具体选民生活的环境问题挂钩，因此对这类法律的支持也很难让议员在提高声望方面受益。

项目建设经费的获得跟科学研究之间的联系比较清楚。国会议员可能会试图通过为当地带来科学研究项目资金，以提高他们在本地区或所在州的知名度。如果议员选区的大学、公司或政府机构有可能参与到这些研究项目中，这可能会激励议员支持那些联邦支出的分配法案。实践表明，对这类法案的支持已经使这些议员获得了选民广泛支持，就是因为那些政策能为议员选区创造就业和经济收益[2]。

同样，科学研究立法与戴维·梅休提到的通过明确立场来获取连任，可能存在紧密联系。戴维·梅休将其定义为“对政治行为者可能感兴趣的任何事情进行评判

---

① MAYHEW D，1974. Congress：the electoral connection［M］. New Haven：Yale University Press.

② DOUGLAS A R，1979. Congress and the bureaucracy：a theory of influence［M］. New Haven：Yale University Press.

的公开声明”[①]。“声明”并不总是口头或书面形式，还可以包括政治行为，如唱名表决或向国会共同提出议案。“立场”问题的关注可以激励议员将自己塑造成行动者和勤勉者，从而建立良好声誉。

因此，就利用科学技术研究立法来满足议员的连任动机而言，议员似乎可以做两件事。第一，他们可以努力推动项目建设资金的通过，这可以为他们在为当地谋福利方面建立声望。第二，他们可以通过在科学技术问题上表明“立场”来提升形象。

如果对两年国会任期内有关科学技术问题的活动分析，可以发现很多关于争取项目经费落地的议案讨论。联邦政府在合成燃料公司（Synthetic Fuels Corporation）、超导超级碰撞机（Superconducting Supercollider）等项目上进行了巨额投资，资金分散到许多州和其中的众议院地区。反过来，这一做法将保证国会对这个能对选民带来经济收益的特定项目提供广泛支持。

但是，在这种政策情景下，也存在一些问题。科学技术研究项目无法简单地通过常规方法保证给选区带来收益，而某些福利计划，能够为众多个体受益者带来诸多裨益，支持者众多，能够对抗项目流产的风险。社会保障就是这类计划，大量民众为未来领取社会保障金而纳税，因而民众坚决反对任何削减该项福利支出的提议[②]。对科学技术研究项目的投资无法产生类似的支持基础。即使在诸如超级对撞机、空间站和哈勃太空望远镜这样的巨额支出项目中，其资金也只集中在少数几个国会选区和州，以致无法得到那些希望将联邦支出用于自己选区的议员的广泛支持[③④]。但是大多数资金计划用于华盛顿特区国家卫生研究院，为什么有人支持为研究特定的健康问题而提供资金呢？这个问题在后续的议员动机分析中将会有进一步的解释。

需要思考的第二个问题是，国会考虑并在立法中得以确定的大多数科学技术研

① MAYHEW D, 1974. Congress: the electoral connection [M] . New Haven: Yale University Press.

② LIGHT P, 1985. Artful work: the politics of social security reform [M] . New York: Random House.

③ SMITH R, 1989. The space telescope: a study of NASA science technology and politics [M] . New York: Cambridge University Press.

④ KUNTZ P, 1990-04-28. Pie in the sky: big science in ready for blastoff [M] . Congressional quarterly weekly report.

究似乎缺乏公众影响力。除了哈勃太空望远镜[①]、心脏病研究[②]等引人注目的项目，科学领域内很多问题较少受到媒体关注，还有些问题则根本得不到关注[③]。因此，公众获得的关于科技政策方方面面的信息一般都非常有限。如果人们没有把注意力放在与科学技术研究项目相关的决策上，或者由于信息限制而无法关注决策，那么为什么有些议员还是会支持规模小、影响力小的项目呢？除了项目的政治价值考量之外，议员在决策考量上肯定存在其他动机。

在国会的影响力

议员利用他们对科学研究的兴趣和立法的支持，以此作为在国会获得影响力的一种方式。虽然这看起来有些不可信，但还是存在可能性。理查德·芬诺谈“影响力”，尤其提到了著名的众议院拨款和筹款委员会成员的权力和威望。这两个委员会的支出和税收职能使其成员获得其他委员会成员的尊重和敬意，而这些议员即使在其他众议院委员会中占有席位是无法获得同等尊重的。

但是，如果国会议员长时间在某个特定的委员会拥有席位，进而处于领导地位，理查德·芬诺认为该议员也能够获得一定程度的尊重。这种尊重的获得并不一定要求达到委员会领导职位，而是以资历为基础的尊重。因此，如果长期担任委员会的委员，该议员也可能在外构建起一定影响力。

科学委员会对个人成员在国会获得的影响力方面并没有与其他委员会有所不同。事实上，在科学委员会可能更容易获得影响力，因为在科学委员会的资历能够让委员会成员获得专业知识。对那些未专心研究科学问题的人而言，这一专业知识是难以获得的。由于国会缺乏具备较好科学素养的议员，因此很少有“专家”能够在科学问题上提供快捷有用的咨询。科学委员会议员的资历，与研究其他问题的众议院议员相比，具有明显的专业优势。对科学问题感兴趣的国会议员身边围绕着可能拥有技术专长的国会工作人员，他们还会寻求并获得国会支撑机构（如前国会技

---

① SMITH R，1989. The space telescope：a study of NASA science technology and politics［M］. New York：Cambridge University Press.

② STRICKLAND S，1972. Politics，science and dread disease［M］. Cambridge：Harvard University Press.

③ NELKIN D，1987. Selling science：how the press covers science and technology［M］. New York：H.H. Freeman and Company.

术评估办公室）的信息和建议。[①] 换句话说，尽管很多议员会自负地认为自己对经济问题了如指掌，而且不认为他们需要与一个专注于经济问题的委员会密切联系以充分掌握这些经济信息，但是科学问题所具有的不确定性，议员愿意承认他们对这些问题的理解并不透彻。在科学委员会的资历及随之而获得的专业知识可能会使这些委员会在其成员关注的主要科学领域，呼吁对议案的支持时，能够对其他议员施加一定的影响。

制定好的公共政策

除了寻求连任并发挥影响力外，理查德·芬诺还发现一些国会议员把制定良好的公共政策作为工作目标之一。那些强调工作目标的议员表现出了对议题的浓厚兴趣及对国会在该领域制定的公共政策实质内容的关注。优先考虑有意义的立法并不一定妨碍国会议员利用立法来实现连任和影响力的目的。然而，一些国会议员承担了委员会的任务，主要议题领域也可能会损害他们的连任机会。科学技术研究问题是否在实际上会降低一个议员连任的可能性？这种可能性是存在的。在受到全国媒体关注的“大科学（需要耗费巨资）”专项（如空间站）上，如果没有针对该项目价值提供强有力的论证支持，投入的联邦资金有可能被视为是一种浪费[②]。别有用心的挑战者或利益集团或许能够通过强调现任者在“浪费”纳税人资金方面所扮演的角色，而使现任者失去一些关键选票。另一方面，对于几乎没有媒体关注的小型研究项目，获得资金支持的赞成票似乎也不大可能，因为谁支持都会引发强烈反对。

虽然没有国会议员会故意提出或支持一项会对他或她的连任前景造成重大损害的法案，但他或她有时也可能无心站在了以失去一些选票为代价的立场面。约翰·杰克逊提出了一个对国会及其工作的某种理想化愿景[③]，假设立法机构是一个论坛，可以真诚善意地讨论立法，而且，在提供解决方案判断什么对公众最有利时，

---

① SMITH R，1989. The space telescope：a study of NASA science technology and politics［M］. New York：Cambridge University Press.

② KATZ J，1993. Space station back in orbit after surviving key vote［J］. Congressional quarterly weekly report，7（3）：1740.

③ JACKSON J，1974. Constituencies and leaders in congress：their effects on senate voting behavior［M］. Cambridge：Harvard University Press.

国会议员可基于他们自己的认知来投赞成票或反对票。议员的认知是由他或她自己的个人经验和价值观所塑造的，各个议员接受受托人决策职责的原因形形色色[①]。一些议员仅仅是乐于扮演受托人的角色，而有些议员认为他们被迫担任这个角色，因为议题太复杂。由于党派领导人和选民的需求经常互相冲突或无法实现共存，所以立法者必须自行决定最佳的行动方案。当然，某些议员的方案的确是由高尚，而非愤世嫉俗的意图驱动，议员对科学和技术研究议案的支持归结于其帮助他人的愿望。健康研究就是一个很好的例子。国会议员可能会支持研究治疗杀伤性疾病，因为这类疾病会对儿童、老人、退伍军人等造成伤害。这并不是说在推动这种立法方面不会有选举利益，但这可能不是议员支持的主要原因。

如果我们看一下国会提出的法案，很明显并不是所有的科学和技术研究法案都能顺利通过成为法律。因此，这种立法可能带来的选举利益，加上政治影响力有限，似乎不足以使科学研究法案转化为法律。

私人收益

国会议员可能的另一个政策目标是私人收益。理查德·芬诺提到了这一点，但并未将此作为研究的重点。虽然理查德·芬诺没有详细说明他所指的“私人收益”究竟是什么，但据推测他正在谈论议员及其家庭的个人经济利益。在此意义上拥有私人利益的一个很好的例子是，参议员斯特罗姆·瑟蒙德（Strom Thurmond）在1992年完成的，关于美国国家卫生研究院是否应该为了治愈或减缓某些遗传性疾病恶化而对胚胎组织进行研究的问题。作为一位声名鹊起的决策者，斯特罗姆·瑟蒙德通过提倡和投票赞成废除乔治·沃克·布什（George Walker Bush，又称小布什）总统对这种政府赞助研究的禁令，给大家留下了深刻的印象。斯特罗姆·瑟蒙德在这个问题上逆转的原因是什么？原来他的女儿患有糖尿病，通过胚胎组织细胞治疗，该疾病显示出很好的疗效。虽然斯特罗姆·瑟蒙德确实没有因法案的通过获得个人利益，他的支持也没有给他带来任何金钱上的补偿，但他肯定在这项研究的预期结果中拥有私人收益。

---

① WAHLKE J，EULAU H，BUCHANAN W，et al，1962. The legislative system：explorations in legislative behavior［M］. New York：John Wiley and Sons.

国会内外因素

国会立法不是在决策真空中实施的，众议员和参议员自由衡量某一特定立法的优点和缺点，完全不受外界因素的干扰是不可能的。

众议院和参议院中特定领导人的权力有不同来源。很多研究集中在众议院和参议院的正式领导人身上，如众议院议长和两院多数党和少数党的领导人[①]。这个领导群体还包括这些政党领袖的助手，如党鞭、委员会主席和少数派领袖。林登·贝恩斯·约翰逊（Lyndon Baines Johnson）常常给予议员特殊“待遇”，试图让国会议员支持某些特定事项，而经常被选为领导者。一般来说，这些领导者通常拥有说服同事支持其主张的能力[②]。

除了他们个人的说服力外，国会领导人还能够对其同事施加影响，因为他们控制着议员极为关切的资源，包括立法时间安排、机构常规成员分配等，都提高了普通议员对国会领导人期望的关注。此外，领导人还可以帮助他们在国会大厅外有需求的朋友。凭借其高知名度，领导人可以获得党派和政治行动委员会的竞选资金，并可以利用他们的职位吸引这两类组织的官员为议员提供资助。最后，国会领导人有能力得到总统的关注，并可能通过某种途径让总统认识到初级议员所关心的问题。在提高初级议员立法事业知名度的过程中，领导人同时也提高了该议员在该区选民心中的地位。

根据约翰·杰克逊的观点，非正式领导人是那些在他人身上发挥影响力的人，不是因为他们在各自的参议院或众议院中担任领导职务，而是因为他们拥有个人专长、资历或是担任国会内部有影响力的委员会委员。[③] 由于缺乏受过科学训练的议员，那些可宣称拥有科学“专业知识”的人可能仅限于几个研究此类问题的委员会，如参议院商业、科学和交通委员会（Senate Committee on Commerce，Science，and Transportation）与众议院科学、空间和技术委员会（House of Repre-

---

① TRUMAN D，1959. The congressional party：a case study［M］. New York：John Wiley and Sons.

② BURKE J，GREENSTEIN F，1989. How presidents test reality：decisions on vietnam，1954 and 1965［M］. New York：Russell Sage Foundation.

③ JACKSON J，1974. Constituencies and leaders in congress：the effects on senate voting behavior［M］. Cambridege：Harvard University Press.

sentatives Committee on Science，Space，and Technology）。在这些委员会中有资历的成员都拥有专业知识，因此他们可以通过众议院或参议院议案审议过程中表现出来的专业素养优势，大幅提高影响力。

专题研究小组领导人也被认为是可能对具体科学问题产生影响的非正式领导人。例如，如果委员会拒绝全额资助载人空间站的启动费用，国会太空专题研究小组成员就会准备与众议院拨款委员会进行抗争[①]。最终，美国国家航空航天局获得了他们要求的全额资助。尽管在 1995 年，国会专题研究小组的资助被取消，但他们仍然以非正式形式成为议员的重要信息源或影响成员决策的投票游说组织。

立法机构结构复杂，随着时间的推移，需要决策的主题越来越多，越来越复杂。总体而言，立法机构对这种错综复杂决策的反应，是为了提升国会议员的专业化。因此，将议员分配到特定专题委员会和小组委员会，可以提升一定程度的专业知识[②]。

不幸的是，委员会制度的结构及其培育的专业化并不能解决立法的复杂性，许多国会议员必须转向其他个人或团体，以获得有助于其决定投赞成还是反对票的信息。这些个人，通常是前面讨论过的正式和非正式的领导人，扮演着“提示者”的角色[③④]。他们向不明确自己立场的议员提供关于该法案如何影响国家及其选民的具体信息、立法与利益集团的关系，以及法案的价值。简而言之，议员并不自己阐释其立场，而是依靠具有类似信念的人的判断来表明立志的态度。

约翰·杰克逊提出的第二点是从代表的角度出发[⑤]，认为选民对其选出代表的行为具有重要的影响。戴维·梅休提出，立法者的工作动力最终来源于连任的期望[⑥]。因此，国会议员把制定满足大多数选民意愿的立法作为首要任务。

---

① MCCURDY H，1990. The space station decision：incremental politics and technological choice ［M］. Baltimore：Johns Hopkins Press.

② MATTHEWS D，STIMSON J，1975. Yeas and nays：normal decision：making in the U. S. House of Representatives ［M］. New York：John Wiley and Sons.

③ HECLO H，1978. Issue networks and the executive establishment ［C］//ANTHONY K. The new american political system. Washington：American Enterprise Institute.

④ KINGDON J，1989. Congressmen's voting decisions ［M］. 3rd ed. Ann Arbor：University of Michigan Press.

⑤ JACKSON J，1974. Constituencies and leaders in congress：the effects on senate voting behavior ［M］. Cambridege：Harvard University Press.

⑥ MAYHEW D，1974. Congress：the electoral connection ［M］. New Haven：Yale University Press.

由于不同问题对于个体的重要性也各不相同，在问题比较突出时，代表应该支持多数意见。但若问题没那么突出，则代表可以选择满足在意这一问题的少数群体的意愿。与上述“多数角度”模式类似，议员对立法的意见首先取决于选民的意见。

代表性角度的观点是基于选民的外部压力，而非前面组织角度观点所提到的内部压力。代表性角度认为，立法者的首要任务是优先考虑选民群体的意愿，并据此对众多的公共项目计划做出表决。因此，如果选民的实际意愿（或预期意愿）是首要的，那么议员所在党派领导人的意见及其所能提供的平台重要性便次之。

2.3 谁参与了科技政策制定

科技政策的制定是一个复杂的过程，涉及国会委员会和众多联邦机构，虽然多元主体好处很明显，但也使得科技政策的制定和理解变得更为复杂。造成这种复杂情况及带来的理解困难，主要原因在于科技政策或影响科技活动的政策，常常产生于广泛的公共政策讨论，来自超出科技领域的关注。例如，很多与国防、国土安全、健康、教育、资源环境等相关的法案，科技仅仅是实现其目的的手段。总的来说，过去50多年的科技政策在帮助美国保持科学技术的全球领先地位方面提供了重要支撑。因此，在了解了立法者的行为逻辑之后，我们要明晰到底谁是科技立法的行为主体，与之相关的决策者包括哪些？国会研究服务中心（CRS）有关科学技术政策制定的报告总结了参与政策制定的各类主体及扮演的角色。[①]

国会

国会的决定影响诸多涉及科技的问题，如对研究和技术开发的资助，确立资助的优先顺序，以及支持科学、技术、工程与数学教育等。在决策的制定过程中，国会收到来自内源如国会员工、听证会，以及国会支撑机构的建议，也会收到来自下文提到的外源建议。

① CRS Report RL34454, Science and Technology Policymaking: A Primer, 2008, Deborah D. Stine.

委员会

几乎每一个国会委员会都在某种程度上涉及科技政策决策或使用那些目前可用于帮助他们做决定的科技知识。这些问题一般被归类为政策的科学或政策的技术。举例来说，如何改善公立学校的营养品和食品安全、实施《濒临灭绝物种法案》、确立饮用水指标、应对桥梁坍塌、创造就业等都属于这类问题。

主要关注科学政策和技术政策的委员会包括，众议院科学、空间和技术委员会与参议院商业、科学和交通委员会。众议院科学、空间和技术委员会的活动通常包括很多与科技政策相关的领域，包括能源、航天和民用航空、环境和海洋的研究，也包括对技术的应用，以及一般范畴的科学研究、开发和应用①。因此，众议院科学、空间和技术委员会成了授权联邦机构非军事国防研究活动的委员会②。参议院商业、科学和交通委员会一般包括科学、工程和技术研发及政策③。不过，这些委员会的活动通常不直接包括生物医学的研发。生物医学研究政策问题通常由众议院能源和商业委员会（The House Energy and Commerce Committee）④ 及参议院健康、教育、劳工和退休金委员会（Senate Committee on Health，Education，Labor and Pensions）⑤ 进行讨论。同样，军事国防研究也由众议院军事委员会（The House Armed Services Committee）、参议院军事委员会等进行讨论，而不是那些名字中带“科学”字眼的委员会。

众议院和参议院委员会在科技政策拨款方面扮演着重要的角色。尽管对联邦研究资金的授权常常受到两党的广泛支持，但当需要和其他联邦项目竞争有限的选择性拨款时，也可能会遇到不小阻力。此外，一些拨款小组委员会也会讨论与科技政策相关的议题。例如，给美国国家科学基金会（NSF）、美国国家航空航天局、美国国家标准与技术研究院（NIST）及总统科学技术政策办公室（OSTP）的资金通常由众议院和参议院委员会商业、司法、科学拨款小组委员会和相关机构进行讨论

---

① House Rule X（1）（o），September 14，2007.

② House Committee on Science and Technology，“About the Committee on Science and Technology”，http：//science. house. gov/about/history-and-jurisdiction.

③ Standing Rules of the Senate，Rule XXV（1）（f）（1），September 14，2007.

④ House Rule X（1）（f），September 14，2007.

⑤ 同③。

决定。对能源研究活动的资助通常由众议院和参议院委员会能源和水资源开发拨款小组委员会讨论决定。对美国国家卫生研究院来说，是由众议院和参议院委员会劳工、卫生与公共服务、教育拨款小组委员会和相关机构讨论决定。对美国国防部来说，是由众议院和参议院委员会军事防御拨款小组委员会讨论决定。

所有的委员会都在自己的职权范围内对问题进行监管和调查。除上述介绍的委员会外，众议院监管和政府改革委员会，参议院国土安全和政府事务委员会同样在科技政策和应用科技知识、信息方面起到了积极的作用。

领导层会议

科技相关领导层会议时常通过组织座谈会的方式，为国会工作人员更好地理解科技话题提供有效机制，也为对该话题感兴趣的工作人员提供了社交机会。由于讨论科技政策的国会委员会有很多，领导层会议和其他非正式小组可以将那些对科技政策问题感兴趣的人聚集到一起。

众议院领导层会议名单，正式的名称是“国会成员组织”，可以在众议院管理委员会网站上找到。[①] 虽然没有一个类似的参议院领导层会议名单，但一些众议院网站名单上的领导层会议是两院制的，同时受到来自参议院和众议院成员的赞助。一些与科技政策相关的领导层会议包括：生物医学研究领导层会议；国会竞争力领导层会议；国会多元化和创新领导层会议；国会高新技术领导层会议；国会互联网领导层会议；国会研发领导层会议；国会机器人技术领导层会议；国会科学领导层会议；众议院航空航天领导层会议；众议院生物技术领导层会议；众议院多元化和创新领导层会议；众议院科学、技术、工程与数学教育领导层会议；参议院科技领导层会议；参议院科学、技术、工程与数学教育领导层会议；美国参议院可再生能源和能源转换效率领导层会议。

这份领导层会议名单一直随着成员的兴趣发生改变。主持每次领导层会议的国会成员也被贴在网上。

---

① CRS Report RL30301，Informal Congressional Groups and Members Organizations：Selected Questions and Responses，and CRS Report RL30288，Informal Congressional Groups and Member Organizations，106th Congress：An Informational Directory，by Sula P. Richardson.

行政

当科技政策问题涉及多重机构或者是达到一定预算规模，有经济或国家安全的重要考量，或涉及重大外交政策，抑或要求对公众高度透明时，会引起总统这一层级的关注。最近几年中，诸如联邦对干细胞研究涉及的伦理问题，也都得到了这一层级的关注。

总统和白宫

虽然宪法并没有明确授予总统在制定科技政策方面的责任，但是科学技术发展日益增强的重要性，要求总统在重要科技决策方面发挥积极作用①。其中也有一些总统积极参与科学政策决策，但也有不以为然的。如理查德·米尔豪斯·尼克松(Richard Milhous Nixon)总统对科学政策没有什么兴趣，甚至表达对科学共同体的不信任，而其他总统，如杰拉尔德·鲁道夫·福特（Gerald Rudolph Ford)，更愿意接受科学共同体，并准许参与国家管理②。美国总统行政办公室（Executive Office of the President，EOP)、总统科学技术政策办公室、行政管理与预算办公室、环境质量委员会（Council on Environmental Quality，CEQ）及经济顾问委员会（Council of Economic Advisers，CEA）在为总统、副总统和其他高级行政官员关于科技政策相关问题提供建议方面起到了至关重要的作用。总统和其他白宫领导，连同联邦机构的领导和其他与科技政策无关的人，都会将自己的观点加入考虑。每个行政办公室组织在科技政策决策中的作用会随着不同的总统而发生变化。

总统科学顾问

总统科学顾问的职位可追溯至范内瓦·布什在第二次世界大战期间担任的非正式职务。苏联第一颗人造卫星“斯普尼克”发射之后，德怀特·戴维·艾森豪威尔

---

① 尼尔，斯密斯，麦考密克，2017. 超越斯普尼克：21世纪美国的科学政策［M］. 樊春良，李思敏，译. 北京：北京大学出版社：43.

② 福特总统通过签署1976年《国家科学技术政策、组织和优先法案（1976）》重新定义了联邦在科学政策中的角色。

(Dwight David Eisenhower) 总统改变了以往设置于国防管理办公室的总统科学顾问，将顾问办公室移至白宫，并任命麻省理工学院（MIT）校长詹姆斯·吉利安(James Killian) 为总统科学顾问。自此以后，总统科学顾问的影响力时涨时落，主要依赖于总统个人对科学的兴趣，也与总统在多大程度上愿意把相关议题包含到政治和立法议程中有关。由于总统科学顾问没有直接管理预算和政策的权力，主要手段仰仗于说服的力量。

关于总统科学顾问的地位与作用问题已在科技界展开了很多讨论。科学顾问所扮演的角色是作为总统的支持者和传声筒么？或者科学顾问的作用是使总统知晓科技界关于国家政策的看法？或者科学顾问的作用是向总统提供他们自己的关于科技政策问题的观点？又或者是这三者的结合。过去的科学顾问们承担了以上所有的作用。例如，乔治·凯沃思（George Keyworth)，在里根政府任职，一般被看作政府政策的支持者；弗兰克·普雷斯（Frank Press)，在卡特政府任职，一般被看作科技界声音的代表。

总统科学技术政策办公室

美国总统科技政策办公室是“在主要政策、计划和联邦政府项目方面，为总统提供科技分析和判断的来源”的机构。科技政策办公室将其主要的目标定义如下。

(1) 就科技在国内外事务方面的影响向总统和总统行政办公室内的其他人提供建议。

(2) 为发展和执行健全的科技政策和预算，领导跨部门间的工作。

(3) 与私营部门合作，以确保联邦在科技中的投资有助于经济繁荣、环境质量改善和国家安全。

(4) 在联邦、州和地方政府、其他国家、科学界间建立牢固的伙伴关系。

(5) 评价联邦科技工作的规模、质量和效率。

总统科学术技政策办公室主任由总统任命，由参议院批准，并设有至少 4 位副主任。这也表明是国会建立了总统科学技术政策办公室，因此总统科学技术政策办公室需要同时向国会和白宫报告。如果一个人只出任总统科学技术助理（APST)，就不需要得到参议院的批准。然而，因为总统科学技术政策办公室的主任是由国会批准的，该主任可以被要求在国会前作证，而只被任命为总统科学技术助理的人则不需要，国会就不会要求其作证。

总统科学技术政策办公室主任同时又是总统科学技术顾问委员会（President's Council of Advisors on Science and Technology，PCAST）的共同主席，国家科学技术委员会（National Science and Technology Council，NSTC）主要负责协调各政府机构间的科技政策，由总统亲任委员会主席。这两个委员会都是根据行政命令成立，每任总统都需要决定是否保留这些组织，以及如何使用这些组织提供的建议。总统科学技术顾问委员会是一个联邦顾问委员会，设立总统科学技术顾问委员会的目的在于把杰出科学家、工程师和其他政府外专家的观点和意见带进来，解决国家科技政策问题。由于顾问委员会的独立性，使其成为外部人影响科技政策发展和方向的最佳途径，也能帮助总统获得专家对具体科学技术问题的看法。因此，总统科学顾问委员会是连接白宫和科学共同体的重要纽带①。国家科学技术委员会是一个行政部门内阁级别的委员会，依据1993年11月23日的12881号行政命令成立，用以协调联邦政府内各部门的科技政策。国家科学技术委员会为联邦科学投资设立了国家目标，并筹备协调研发战略。

国家科学技术委员会

国家科学技术委员会主要负责：协调科学技术政策制定过程；保障科学技术政策决定和计划与总统的陈述目标一致；帮助整合跨联邦政府间的总统科学技术政策议程；确保科学技术在联邦政策和计划中的位置；拓展国际科学技术合作②。在此之前，已有诸如联邦科学、工程和技术协调委员会（FCCSET）进行这种协调工作。该委员会也是根据1976年《国家科学技术政策、组织和优先法案（1976）》创建的，目的在于为更有效地规划和管理联邦科学、工程和技术计划相关的政策建议"③。国家科学技术委员会的主席由总统亲自担任，成员包括副总统、总统首席

---

① 尼尔，斯密斯，麦考密克，2017. 超越斯普尼克：21世纪美国的科学政策［M］. 樊春良，李思敏，译. 北京：北京大学出版社，47.

② Executive Order 12881, November, 23, 1993, Establishment of the National Science and Technology Council, Federal Register 58 (November 26, 1993): 62491.

③ The National Science and Technology Policy, Organization and Priorities Act of 1976, P. L. 94-282, Title IV.

科学顾问、内阁部长和负有重要科学技术职责的机构主管[①]。国家科学技术委员会自创立以来，在协调有关纳米技术、信息技术和气候变化的跨机构计划中，发挥了重要作用。

行政管理与预算办公室

行政管理与预算办公室是行政部门的办公室，主要职责是管理总统向国会汇报预算的准备工作，并且负责随后与国会的协商[②]。在执行自己的任务中，行政管理与预算办公室确定所有联邦机构的优先资助领域，并且权衡相互竞争的需求，也负有监督管理行政部门各机构预算的责任。特定的行动包括制定总统的支出计划，考评机构项目、政策、程序的效率，评估机构间相冲突的资金需求，设立资助的优先顺序，并确保机构的报告、条例、证词和立法案与总统预算和政府政策相一致。

行政管理与预算办公室承担着对科学计划有效性和效率评估的责任，具体选用的评估工具包括《政府绩效和结果法案（1993）》《总统管理议程》（The President's Management Agenda）《计划评估分级工具》（Program Assessment Rating Tool）等，评估结果为预算做准备。

每年，总统科学技术政策办公室和行政管理与预算办公室的主任会发布一个联合备忘录来阐述总统的优先顺序和研发投资准则。行政管理与预算办公室贯彻总统预算优先顺序，其中就对联邦科技项目资金的减少或增加提出建议。

其他白宫科技政策相关办公室

其他若干白宫组织也在科技政策中起到作用，如国家安全委员会（NSC）、经济顾问委员会和环境质量委员会（CEQ）。涉及国家安全和外交政策问题，国家安全委员会为总统举行座谈会，在国家安全和外交政策上向总统提供建议，并在各政

---

① 按照12881号行政命令，委员会成员应该包括美国总统、副总统、商务部部长、国防部部长、能源部部长、卫生与公共服务部部长、国务卿、内政部部长、国家航空航天局局长、国家科学基金会主任、行政管理与预算办公室主任、环境保护署署长、总统科技助理、国家安全顾问、总统经济政策顾问、总统国内政策顾问，这些部门官员均由总统任命。

② CRS Report RS20167, The role of the office of management and budget in budget development, Bill Heniff Jr.

府机构间协调这些政策。经济顾问委员会为总统提供国内外经济政策问题的客观分析和建议。环境质量委员会协调联邦的环境议题并与机构和其他白宫办公室就环境政策和开发紧密合作。总统还能获得来自白宫员工及由总统任命的国家科学基金会主任，国家卫生研究院院长和国家航空航天局局长的建议。

联邦机构

联邦机构一般可被分为两类：管理或赞助研究的机构和承担科技相关任务的机构。主要致力于管理或资助研究的机构，包括：国家科学基金会，国家卫生研究院，国家航空航天局，国家标准与技术研究院（NIST），国家海洋与大气管理局（NOAA），美国地质调查局（USGS）。此外，还有很多重要的联邦研究机构和开展研究活动的综合性部门，包括：国防部，能源部（DOE），卫生及公共服务部（HHS），农业部（USDA），国土安全部（DHS），运输部（DOT），退伍军人事务部（VA），教育部（ED），司法部（DOJ），内务部（DOI），劳工部（DOL）。国家卫生研究院、食品和药品管理局（FDA）、疾病防治中心（CDC）、有毒物质与疾病登记局（ATSDR）、医疗保健研究与质量局（The Agency for Healthcare Research and Quality，AHRQ）等都是卫生及公共服务部的机构。其他支持研发的独立联邦组织包括：环境保护署（EPA），社会保障总署（SSA）；美国国际开发署（USAID），消费品安全委员会（CPSC），史密森学会（Smithsonian Institution，SI）等。有时候，很多联邦机构会因解决某一问题而需要共同合作。例如，类似纳米技术和气候变化问题[①②]。

司法

司法部门虽然不直接参与政策制定过程，但解释法律法规的宪法权力，使其对

① CRS Report RL34401，The Nanotechnology Initiative：Overview，Reauthorization，and Appropriations Issues，John F. Sargent.

② CRS Report RL32997，Climate change：federal expenditures for science and technology，Michael M. Simpson and John R. Justus.

科学技术未来的影响不可忽略[①]。司法部门会将科技知识用于其决策过程。科技界通过论著和专家证词的方式向司法部门提供这些知识。科技知识起作用的案例多见于产品、债务、医疗事故、环境诉讼，以及公共政策辩论，还包括政党间涉及统计分析的选举与投票的分歧等。在科学和工程学界不断地通过实证检验来完善其理论的同时，司法部门必须及时基于科学“事实”做决定。司法部门所做的决定也同样影响科学和工程学界[②]。如最高法院法官史蒂芬·布雷耶（Stephen Breyer）在《科学》（*Science*）杂志上发表的文章指出：科学的实践依赖于健全的法律——法律为科学家提供舒适的空间开展科学研究，科学家可以自由地寻求所有知识所依赖的真理。同样的事实是，法律本身也日益需要获得科学的支持。科学技术成为对我们所有人都有重要意义的法律问题的基础，贯穿了整个法律系统[③]。

联邦司法中心为法官们在专家证据管理、统计、经济评价、DNA 鉴定及工程实践等方面提供参考手册、训练和音像制品，来帮助指导法官们管理以科技问题为主题的案件。美国科学促进会（American Association for the Advancement of Science，AAAS）成立了一个法院指定的科学专家组（Court Appointed Scientific Experts，CASE），来协助联邦和州法官、行政法官及仲裁员鉴别高水平的科学家、工程师和医疗专业人员作为科学专家。

司法系统也影响科技。法院主要涉及两类科学问题案件：对学术不端行为的指控案件；以及有关受宗教或道德反对的特定科学研究或科学教学的案件，如生物技术研究或学校中的进化论教学[④]。有关技术的司法活动还包括专利政策，特别是对于从基础研究领域转移到可授予专利阶段出现的新兴技术，如最高法院决定允许通过基因工程获得的微生物专利[⑤]。

---

① 尼尔，斯密斯，麦考密克，2017. 超越斯普尼克：21 世纪美国的科学政策［M］. 樊春良，李思敏，译. 北京：北京大学出版社：66-67.

② Carnegie Commission on Science，Technology，and Government，1993. Science and technology in judicial decision making：creating opportunities and meeting challenges［Z］. New York：Carnegie Commission on Science，Technology，and Government.

③ BREYER S，1998. The interdependence of science and law［J］. Science，280（5363）：537-538.

④ JASANOFF S，1995. Science at the bar：law，science，and technology in American［M］. Cambridge：Harvard University Press.

⑤ GARLAND B，FRANKEL M，2005. “Law and technology” in science，technology，and society：an encyclopedia，edited by Sal Restive［M］. New York：Oxford University Press.

其他组织

那些向决策者提供科技建议的组织，可以帮助提出针对科技知识和信息的建议，并提供他们对科技界共识性的看法。科技界意见是大批科学家、工程师所达成的共识，是基于可获得的经验证据，从不同角度对一个问题进行讨论的结果。如果对这一证据及其含义形成广泛的一致意见，共识就达成了，结论会被转达至决策者，这样他们就可以结合其他因素做出决策。如果在科学界还存在较多不一致意见，那么，共识的缺乏会使决策者在回应某一问题时面临不确定性。

根据联邦政府或国会要求，提供科技政策建议的组织包括：联邦顾问委员会（Federal Advisory Committees）、国会特许重要组织（Congressionally Chartered Honorific Organizations）及联邦资助的研发中心。这些组织一直在变动着。这里所说的联邦顾问委员会和国会特许重要组织都受《联邦咨询委员会法案（1972）》（Federal Advisory Committee Act of 1972）（P. L. 92-463）管辖[①]。美国联邦资助研发中心（FFRDCs）由联邦政府资助。联邦政府的官员和科技界成员也会参加国际组织的活动，这也是决策者获得知识和建议的来源。

此外，还有很多其他组织和个人——政策研究院、公众、专业组织和专业社团、大学和学院、特殊利益集团、产业界、商业团体及劳工等——也会提供他们的想法（图 2-1）。这些组织可能会在科技知识方面达成一致，但却在针对某一科技政策采取何种行动方面产生分歧，这是因为他们就某一政策提议的价值标准可能不同。比如说，为了回应对环境问题的担忧，需要采取一些行动的想法可以达成一致，但是相应的政策提议可能差别很大，即使对一些政策达成共识，依然可能会在达到这一目标的最佳方式上产生分歧。

① CRS Report RL30260，Federal Advisory Committees：a primer，2005，Stephanie Smith.

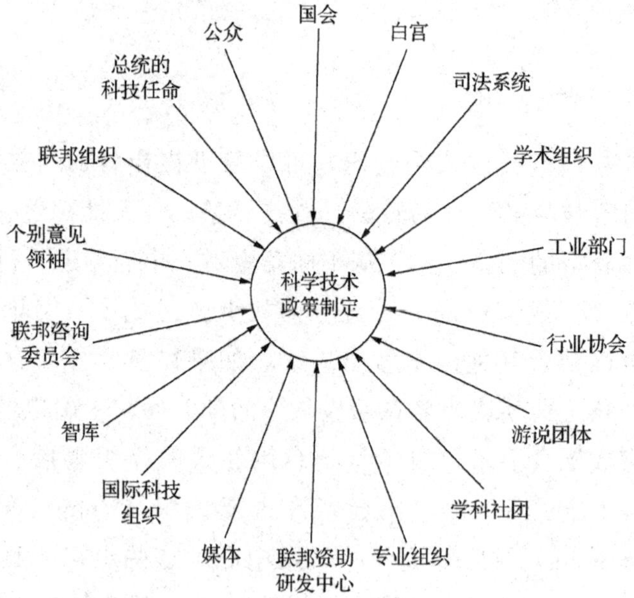

图 2-1 影响科技决策的组织和个人①

联邦顾问委员会

联邦顾问委员会由国会、总统、内阁秘书、独立机构的行政主管等组成，提供独立意见和建议。根据一份国家研究院的报告，科技政策相关的顾问委员会可以被分为 5 类（表 2-1）。②

表 2-1 联邦科技政策相关顾问委员会的分类

类别	由国会创立的顾问委员会实例
政策的科学	美国环境保护署清洁空气保护法案顾问委员会
科学的政策	美国国土安全部科技顾问委员会
项目评估和指导	美国核管理委员会（NRC）反应堆安全技术顾问委员会
建议审核	美国农业部森林恢复合作计划顾问小组
事件驱动	美国恐怖袭击国家委员会——“9·11”委员会

① CRS Report RL34454，Science and Technology Policymaking：A Primer，2008，Deborah D. Stine.

② National Academies，2005. Science and technology in the national interest：ensuring the best presidential and federal advisory committee science and technology appointments［M］. Washington：National Academy Press.

正如前文所提到的，两个重要的联邦顾问委员会即总统科学顾问委员会和国家科学理事会（NSB）。它们的成员都来自产业界、教育界、研究机构及其他非政府组织，并发布关于科技政策的报告。

每位总统都会决定是否拥有一个科学顾问专业委员会或一般委员会，它们一般专注于科学问题的政策。20 世纪初，很多总统，但不是全部总统，决定设立这样的委员会。例如，西奥多·罗斯福（Theodore Roosevelt）总统在 1903 年创立了科学作品组织委员会。总统科学顾问委员会始建于乔治·赫伯特·沃克·布什（George Herbert Walker Bush，又称老布什）总统，并在其后的总统政府中反复建立，每一次都有行政命令支持。

国会通过 1950 年《国家科学基金法案（1950）》（National Science Foundation Act of 1950），创立了国家科学理事会，同时也创立了国家科学基金会。根据该法案，国家科学理事会的任务是“建议和鼓励出台政策，推动科学和工程学的研究和教育”。国家科学理事会还在总统和国会所设立的框架下，监督和制定国家科学基金会政策，并在每一个科学、工程研究和教育相关的政策问题中充当一个独立的顾问角色。每两年，国家科学理事会要从联邦政府的各部门间收集信息和数据，编撰《科学与工程指标》。该报告是指导科技政策的重要参考。

其他联邦部门和机构也拥有类似的顾问委员会，向他们提供科技建议。例如，国家卫生研究院的主任顾问委员会（ACD）、环境保护署的科学顾问委员会（SAB）及国防部的国防科学委员会（DSB）。当然，并不是所有的政府部门都决定拥有这样的顾问委员会。能源部的科学顾问委员会就在 2006 年被解散了。

国会特许重要组织

由国会特许建立的非营利组织是科技政策建议的另一来源[①]。其中的首要组织是 1863 年国会特许建立，由亚伯拉罕·林肯（Abraham Lincoln）总统批准的国家科学院（NAS），就科技问题提供独立的建议。国家科学院是一个非营利性组织。与国家科学院类似的组织还包括国家工程院（NAE）和医学研究所（Institute of Medicine，IOM），统称“国家学院（The National Academies）”，每年就广泛的

---

① CRS Report RL30340，Congressionally Chartered Nonprofit organizations（Title 36 corporations）：what they are and how congress treats them，Kevin Kosar.

科技相关问题发布约200份报告。国家学院通常被认为是科技政策方面的公正顾问，国会和行政部常向它们咨询议题和项目[①]。应国会要求，一些报告以法律、信件或非正式讨论的方式，由国家研究委员会（National Research Council，NRC）发布。

另一个发布与科技政策相关报告的重要组织是国家公共管理研究院（NAPA），是一个由国会在1984年特许（P. L. 98-257）建立的独立非营利性组织。研究员通过选举产生，包括行政官员、公共政策及公共管理学者、企业经营者、国会成员、理事、市长、州议员等。国家公共管理研究院的任务是致力于改善政府效益和管理，有时也会响应国会需求开展相关研究。国会所要求的研究流程和资金都和国家研究院类似。

联邦资助研发中心

联邦资助研发中心是一些非营利性组织，主要以联邦政府的一个机构提供资金。每个中心都是通过一个企业，或一所大学，或一个非营利性的研究所与联邦机构发起者之间建立合同开展活动[②]。能源部发起的研发中心占了大多数，随后是国防部。其他发起联邦资助研发中心的联邦机构包括卫生与公共服务部、国土安全部、国家航空航天局、国家科学基金会、核管理委员会、运输部及财政部（Department of the Treasury）。联邦资助研发中心的实例有洛斯阿拉莫斯国家实验室（Los Alamous National Laboratory，LANL）、林肯实验室（Lincoln Laboratory）、喷射推进实验室（Jet Propulsion Laboratory，JPL）及国家大气研究中心（National Center for Atmospheric Research，NCAR）。

巴特尔纪念研究所（Battelle Memorial Institute）、米特雷公司（The MITRE Corporation）、航空航天公司（The Aerospace Corporation）及防御分析研究所（IDA）都是受联邦资助研发中心管理的，包括一些为联邦政府提供建议和分析的非营利性独立研究机构。巴特尔纪念研究所的科技政策分析主要关注能源和国家安全问题。米特雷公司关注防御、信息技术和航空问题。航天航空公司关注空间和发

---

① 尼尔，斯密斯，麦考密克，2017. 超越斯普尼克：21世纪美国的科学政策［M］. 樊春良，李思敏，译. 北京：北京大学出版社：68-69.

② CRS Report RS21542，Department of homeland security：issues concerning the establishment of federally funded research and development center，Michael E. Davey.

射系统。防御分析研究所管理着一所联邦资助的研发中心，名叫科技政策研究所(STPI)。科技政策研究所为总统科学技术政策办公室和其他政府部门提供建议和分析。国会于1991年创立科技政策研究所，最初名称是关键技术研究所。兰德公司（RAND）在1993—2003年管理着科技政策研究所，现在的科技政策研究所已被防御分析研究所接手。

国际跨政府组织

国际跨政府组织也会提供科技政策建议，如经济合作与发展组织（OECD）和联合国教育、科学及文化组织（UNESCO）。

另一个涉及科技政策的联合国办公室是联合国外太空事务办公室(UNOOSA)，主要通过和平利用外层空间委员会（COPUOS)，与外层空间相关的国际条例秘书处来管理论坛讨论。联合国外太空事务办公室还助力发展那些对空间技术感兴趣的发展中国家。

世界气象组织（WMO）和联合国环境规划署（UNEP）建立政府间气候变化专门委员会（IPCC）作为跨政府团体，提供对气候变化起因、潜在的环境和经济社会的影响评估，并提供减排措施来回应这种评估。

政策研究机构

政策研究机构，有时被称为“智库（think tank）”，是提供政策分析和建议的组织。智库报告可以由个体学者、团体学者或委员会授权发布。很多智库都是非营利性组织，有些则是受利益团体赞助。一些智库的工作是在科技政策中保持专家意见的连续性，包括未来资源研究所（Resources for the Future)、战略与国际研究中心（CSIS)、公民组织（Public Citizen)、世界资源研究所（World Resources Institute)、威尔逊国际学者中心（Woodrow Wilson International Center for Scholars)、城市研究所（Urban Institute）及竞争力委员会（The Council on Competitiveness)。还有一些智库对很多政策领域，包括对科技政策发表评论，如美国企业研究所（AEI)、美国进步中心（CAP)、遗产基金会（HF)、布鲁金斯学会（BI)、外交关系协会（CFR）及卡托研究所（Cato Institute，CI）等。

公众及个人意见领袖

有时候，公众舆论也会影响科技政策制定。公众会影响科学研究是否能导入确切的研究领域，如胚胎干细胞研究等。公众的态度还可以影响有关技术应用的公共政策，如将转基因生物技术用于农作物或辐照食品。

基于国家科学基金会的调查，大多数美国人相信：科学研究的利大于弊；科技使我们的生活更加健康、简单和舒适；得益于科技，我们的下一代将获得更多机会；美国民众过多地依赖科学，却过少地依赖信仰；联邦政府应该投资基础研究。2006年，对科学界领袖表示信任的美国民众占41%，仅次于对军队领袖的信任(47%)[①]。

有时候，个人意见领袖会成为某一科技政策议题的主要代言人。虽然他们并不代表某一特殊组织，但由于他们过去在政府、商业、产业或非政府组织的领导地位，提高了他们在某些议题上的权威性。前国务卿科林·鲍威尔（Colin Powell）就是其中的一个例子，他常以个人身份发言而不是代表组织。[②]

专业组织和学会团体

有很多科学和工程学专业组织及学会活跃在科技政策的决策过程中。这些组织或学会的目标通常是推动和强调其专业领域内的研究。这些非营利性组织和学会在国会活动中会表达他们的专业观点。虽然这些团体都有自己的利益诉求，但这不代表他们的科技建议可以不受重视或被质疑。

专业组织包括国家科学教师协会（NSTA）、国家数学教师协会（NSTM）及国家专业工程师学会（NSPE）。专业组织对活动的管理类似于学会，在某些情况下，会提供专业资格认证活动。

科学和工程学学会的目标是促进科学、工程学领域，或多学科领域发展。例如，美国物理学会（APS）的任务就是促进和传播物理学知识。美国化学学会

---

① National Science Board, Science and Engineering indicators 2008, Rosslyn, VA: National Science Foundation, Chapter 7.

② CRS Report RL34454, Science and Technology Policymaking: A Primer, 2008, Deborah D. Stine.

(ACS) 的目标是激励化学的进步，推动化学科学及工业的研究，提升化学家的能力水平等。美国科学促进会的任务是，代表科学和工程学界，造福人民，促进世界科学、工程学进步和创新。华盛顿地区的其他学会还有美国实验生物学会联合会(FASEB)、美国数学学会 (AMS)、美国地球物理联合会 (AGU)、美国土木工程师协会 (ASCE)、电气与电子工程师协会 (IEEE) 及美国机械工程师协会(ASME)。

还有一些组织虽然代表科技专业，但不限于特定的学科。例如，一些致力于提高女性及未被充分代表的群体地位的组织，如女性科学协会 (AWIS)、女性工程师学会 (SWE)、工程学少数民族国家行动委员会 (NACME)、西班牙裔科学及工程学教育促进中心 (CAHSEE) 等。

很多科学和工程学学会及专业组织都是国会奖学金的赞助者，这些奖学金帮助那些有科学和工程学背景的人有机会去花时间了解国会的决策过程，反过来，他们能为国会提供科学和技术的专业知识及分析。

高等院校

大学、学院及其他专科以上的教育机构也会影响科技政策。这些机构通过发行教材和立场声明以支持他们在各种问题上的观点。一些大学在华盛顿设有办公室或驻有代表，他们会关注国会的活动，这些活动反过来也影响他们机构的发展。还有一些代表教育机构的组织，如美国教育委员会 (ACE)、美国大学联合会 (AAU)、国家州立大学及赠地大学联合会 (NASULGC)、美国高等院校联合会(AAC&U)、研究生院委员会 (CGS) 及美国医学院协会 (AAMC) 等。

美国教育委员会作为各团体联合在一起的组织，在促进高等教育政策议题达成共识方面起了很大作用。美国大学联合会代表主要的研究型大学，国家州立大学及赠地大学联合会代表州立大学和赠地大学。美国高等院校联合会致力于自由的本科教育，研究生院委员会主要关注研究生教育，美国医学院协会则是医学教育。此外，一些组织可能专注于特定议题。例如，政府公关委员会 (COGR) 专注的是有关联邦资助研究的财政和管理方面的议题。

游说团体

活跃于科技政策的游说团体各式各样，如忧思科学家联盟（UCS）、美国科学家联合会（FAS）及公共利益科学中心（CSPI），还有一些特定问题组织，如倡导增加卫生研究资金的“研究！美国（Research！America）”，宣传环境政策问题的自然资源保护委员会。还有一些由一批组织就某一特定问题进行合作而形成的联盟，如美国未来创新委员会，提倡加强联邦对自然科学和工程学研究的支持。

工业与贸易协会

产业部门在华盛顿可以有多种选择来表明自己的立场，可以单独表明立场，也可以通过华盛顿办公室或国会选区，或者可以和贸易协会中的其他组织合作来表明立场。贸易协会是指在某一特定商贸或商会中为了促进其共同利益而由个人或企业组织的协会①。可能涉及科技问题的贸易协会包括美国商会（COC）、全国制造商协会（NAM）、生物科技产业组织（BIO）、电子工业联盟（EIA）、美国石油学会（API）及美国化学委员会（ACC）等。

劳工

劳工团体也可能影响科技决策。劳工团体可以是专业协会，或是工会。很多劳工团体都非常关注安全问题，如制造工厂的工人安全，什么样的技术能对安全做出预警，提升安全水平等。美国劳工联合会-产业工会联合会（AFL-CIO），对这类科技议题就很活跃。

劳工团体还对影响就业市场和就业竞争力的议题感兴趣，如外来移民问题或不

① CRS Report RL33377，Tax-exempt Organization：Political Activity Restrictions Anddisclosure Requirements Erika Lunder.

断增长的 H-1B 签证①。除劳工团体外，一些专业组织也对这些问题感兴趣，包括程序员协会（PG）、美国工程学协会（AEA）及电气与电子工程师协会。活跃的工会有华盛顿技术工作者联盟（WATW）及美国通信工作者协会（CWA）。

教师、研究生及博士后也会作为工会或专业组织的一部分，在华盛顿及大学校园中宣扬他们的观点。例如，全国博士后协会是一个代表博士后的专业机构，而美国大学教授协会代表了全体教员的观点。哥伦比亚大学的研究生是美国汽车工人联合会（UAW）分会的代表。

2.4 问题研究的支点

200 年前制宪者想象出的国会与现在的国会肯定不同。今天的国会是一个规模庞大、错综复杂的机构。然而，国会的功能初衷不改，而且国会的高效运作对宪政民主的健康发展至关重要。

美国的科技政策历史，反映了那些持有新自由主义的一方与持有干涉主义科技政策观点的另一方之间的不断争执和妥协，但有个共同点，经济化价值取向越来越明显。科技立法的使命不完全等同于一般的立法，一方面要执行确认和维护现存的社会关系的职能；另一方面科技立法具有促进发展、实现效益最大化的直接影响，这是由其使命或任务决定的。所有法律规范都有其经济根源，利益需求构成立法的内在逻辑，其他立法亦如此，科技立法强化了这一诉求，凸显了经济化价值取向。这种趋势反过来也反映出作为立法主体的国会及议员的动机变化。

由于议员受赢得连任欲望的驱动，以至于人们认为似乎大部分的国会活动是为了重新选举。对议员们来说，科技立法不仅能为所在区带来经济效益，也能提升其政治形象，这些努力通常会带来回报，多数参加重选的议员都能如愿以偿。同时，这对国家的民主进程也大有裨益。议员们对重选的关注使他们更加富有责任心，更多地为选民着想。535 名国会议员在科学技术问题上代表各方面的意见进行辩论、

① CRS Report RL31973，Programs Funded by the H-1B Visa Education and Training Fee，and Labor Market Conditions for Information Technology（IT）Workers，by Linda Levine and Blake Alan Naughton；CRS Report RL30498，Immigration：Legislative Issues on Nonimmigrant Professional Specialty（H-1B）Workers，by Ruth Ellen Wasem. H-1B 是美国签证的一种，指的是特殊专业人员/临时工作签证。H-1B 签证是美国最主要的工作签证类别，发放给美国公司雇用的有专业技能的外国籍员工，属于非移民签证的一种。

宣传主张，也为议员寻求连任、提升影响力，或是制定好的公共政策提供了很好政策渠道。

但是，也要看到，从“三权分立”政治视角来说，美国国会独立于行政机构而单独存在和运作着，两者之间有着千丝万缕的联系，但是又为了权力而相互争夺。从国会具体两院制结构来看，国会的权力比较分散，权力中心林立，国会议员享有很大的独立性，自由发表意见，这也为美国国会内部党团运作奠定基础。结合上述特点，考虑到科技立法的价值取向，研究科技立法仅限于国会是远远不够的，需要明晰各类行为主体，这就从整体上勾勒了美国科技立法的整个演进过程及“国会权力”草图轮廓。在考察这些西方政治文明的产物时，不仅要注意科技立法的价值取向变化和国会议员行为动机的局部特写，还应了解影响整个科技立法的行为主体及其产生的影响。

第 3 章　“斯普尼克”带来的政策影响

科学既影响政府政策，也受政府政策的影响。科学的政策与政策的科学的区分成为科学家与政策制定者互相理解彼此工作的重要分析路径。在第二次世界大战末期及应对“斯普尼克（Sputnik）”发射而完成的各项制度设计，奠定了今天美国科技政策的基本架构。

3.1　科技政策的多维视角

国家科技政策不仅仅是开展科学技术研究的联邦规则、规章、方法、惯例和准则，还包括政府内外那些动态的、复杂的和互动的过程和程序，它们会影响着这些规则、规章、方法、惯例和准则的设计与实施①。简单来说，国家科技政策就是管理科学事务的公共政策，包括研究、发展、规范及对科学共同体的支持等方面。经济合作与发展组织的报告就指出：“科技政策涉及科学研究和技术发展的资源配置。它包括政府鼓励科技作为工业发展和经济增长战略的根基，以及科学在解决公共部门相关问题中的作用。由于基础研究和高等教育之间的密切联系，这方面的科学（和技术）政策很难从教育政策和科学及技术劳动力政策中分离出来”②。

国家科技政策是一种系统性安排，以决定给支持研究的联邦机构划拨多少资

---

① 尼尔，斯密斯，麦考密克，2017. 超越斯普尼克：21 世纪美国的科学政策［M］. 樊春良，李思敏，译. 北京：北京大学出版社：13.

② OECD，1971. Science，growth，and society：a new perspective，report of the secretary-general's Ad hoc group on new concepts of science policy. Paris：OECD：37-38. This report is called the “Brooks report” for the chair of the committee that developed the report，Harvey Brooks，then a well-known S&T policy scholar at Harvard University.

金、如何使用和分配资金，以及管理使用联邦资金开展研究的政策和规定等。美国科技政策的重要内容还包括建立促进科学教育和技术转移的机制。技术转移通过科技成果扩散转移到其他部门，进一步获取商业用途，促进经济增长。从本质上说，国家科学技术政策的目的是为促进公共利益而开展的活动提供保障，支持和促进国家科研事业，用一个统一的标准指导美国国内开展研究①。

由于科技知识影响公共政策决策中的很多其他问题，一些人认为科技政策不需要作为一个单独的领域来探究。还有一些人认为科技政策与其他公共政策问题领域不同。这些不同之处包括：科技变化的快速性；科技问题的新颖性；很多科技影响的不可逆性；公众担心的健康和安全威胁；以及新兴科技发展对社会价值观基础的挑战②。目前，大家基本形成的共识是科技政策至少与“公共政策”的普遍准则一致，涉及行政、立法和司法，是政策制定者与科学共同体持续对话的结果③。

科技政策维度

美国第一个正式的科技政策决定出现于1787年的美国宪法中，当时的国会给予权力，保障作家和发明家对其著作和发明在限定期间内的专有权，以促进科学和实用艺术（技艺）的发展④。应乔治·华盛顿（George Washington）总统的要求，1790年，国会通过了第一项与科技政策相关的法案，主要涉及专利问题。这些行动最终促使成立了今天的专利商标局（PTO）。宪法同时还定义了国会在权力意义上的科技政策指导作用，“以铸造货币，厘定本国货币和外国货币的价值，并确定度量衡的标准”⑤。这就是现在的国家标准与技术研究院（NIST）的起源。此外，宪法还规定：“除依本宪法上文规定的人口普查或统计的比例，不得征收人头税或其他直接税。⑥”这是现在的美国人口调查局（USCB）的起源。其他未被颁布的宪法提案，还包括国会建立一所大学和高级中学的权力，以促进科学发展，并鼓励

① 尼尔，斯密斯，麦考密克，2017. 超越斯普尼克：21世纪美国的科学政策［M］. 樊春良，李思敏，译. 北京：北京大学出版社：17.

② NICHOLS G K，1979. Technology on trial：public participation in decision-making related to science and technology［M］. Paris：OECD. The OECD analysis was based on a survey of developed nations.

③ 同①。

④ U.S. Constitution，Article I，Section 8，Clause 8.

⑤ U.S. Constitution，Article I，Section 8，Clause 5.

⑥ U.S. Constitution，Article I，Section 9，Clause 4.

“以额外奖励和条款的方式，促进实用知识和发明的进步”。科学进步还曾被用作言论自由的部分理由。在该宪法出台以前，国会就曾要求进行一次地质勘查，在《1785年土地条例》中界定阿拉格尼山脉以西的土地，已成为制定十三州联邦宪法中争论的源头之一——这也成为现在的美国地质调查局的先驱。

在第二次世界大战时期担任富兰克林·德拉诺·罗斯福（Franklin Delano Roosevelt）总统科学顾问的范内瓦·布什，应总统要求，完成报告《科学——无尽的前沿》，提交给继任者哈里·S. 杜鲁门（Harry S. Truman）总统，在报告中，范内瓦·布什提议，政府对研究的支持应推动面向3个领域的进步：国家安全、国民健康和经济发展。美国科学政策一直聚焦于这3个领域。

科技政策包含4个层面的含义：政策的科学、政策的技术、科学的政策、技术的政策（表3-1）。不同层面的含义无法轻易隔裂，这也为更好地理解政策决定提供一个分析框架，将决策者带入一个既定的情境中去。反过来，这一框架可以影响决策者考虑那些从科技界获得的政策建议。

表3-1 科技与决策之间的关系

	政策影响科技	科技影响政策
科学	科学的政策 例如，美国联邦政府应该支持胚胎干细胞研究吗？	政策的科学 例如，美国应该就气候变化采取行动吗？
技术	技术的政策 例如，纳米技术的新兴领域应该被支持和管制吗？	政策的技术 例如，新的车辆技术可以减少国家的矿物燃料消耗，政策应该采取行动来加强其应用吗？

政策的科学和政策的技术是指科学家、工程师等科研人员为了提高决策者做出明智决策的能力，向决策者提供分析、知识和数据。这种科技支撑几乎在所有公共政策领域都适用，类似全球气候变化议题。决策者们争论的问题，如缓解温室气体排放问题，应该采取哪些行动？如果不采取任何行动，全球气候变化对于美国和其他国家可能会有哪些影响？如果决策者决定采取行动，美国可以采取怎样的政策步骤以缓解温室气体排放或适应全球气候变暖？决策者是决定应该采取哪些步骤来控制这些风险的人，而他们的决定是以科学、技术工程的指导为基础的。

相反，科学的政策和技术的政策是指决策者采取行动影响科学技术。决策者采取的行动包括类似科学研究或科技商业相关的活动（如专利立法）。例如，在气候变化的例子中，上文所说的同一批决策者所做的决策就是联邦政府应在何种程度上资助与气候变化相关的科学研究，是否应该成立组织来为这些研究设立优先顺序，以及联邦机构应研究哪些技术，如何设计安排好有关缓解温室气体排放的机制等。

科技界和决策者

科技界和决策者，不时地会从不同的角度看待科技决策。例如，科技界趋向于从长远的角度出发，而决策者则通常必须基于可得知识快速做出决定。有时也会出现相反的情况，科技界可能出于风险考虑认为需要快速做决定，而决策者关心的是，若根据科技界的建议采取行动，可能带来的政治和经济意义。科技界可能还认为，他们所传递的知识应该作为影响决策者决定的首要因素，但决策者认为还需要考虑其他那些他们认为同样重要的因素。

根据互动的程度，可以将科学家和决策者间的互动分为 4 个等级，具体如下。

（1）纯科学家——仅聚焦于探寻事实，与决策者毫无互动。

（2）科学仲裁者——回答一些由决策者提出的具体现实问题。

（3）问题倡导者——为决策者缩小可选项的范围。

（4）政策选择的调停人——为决策者扩大或至少是阐明可选项的范围。

然而，事实上科技决策并没有清晰的界限。科学家、工程师和决策者之间的互动更多是以上各类的混合。科学家和工程师，像美国的其他公民一样，会倡导那些与科技界本身有关或有助于其个人观点的政策行动。例如，科技界的成员都是联邦资助研究的受助者，受雇于大学或学院，受高等教育政策的影响，为受税收政策影响的产业工作，并相对于未来教育和劳动力需求，通常从中小学（K-12）阶段高质量的科学、工程、技术和数学教育中普遍受益。科学家和工程师对公共政策还有个人偏好，这也会影响他们在如气候变化、干细胞研究或其他问题上的政治行动。

研究的联邦资金

在讨论用于研究的联邦资金分配时，很多分析都集中在研发上。这对联邦资金流向研究的程度形成一个错误的印象，因为它未能区分致力于研究的联邦资金和致力于非研究活动如测试和评估活动的联邦资金。图 3-1 显示了各机构在每种研发中的联邦资金占比。如图所示，国防部的研发资金超过所有研发资金的一半，并主要用于主系统开发，而国防部的研发资金中有约 9％的资金用于基础和应用研究。而大部分非国防部（民用）研发资金则致力于研究，特别是基础研究。

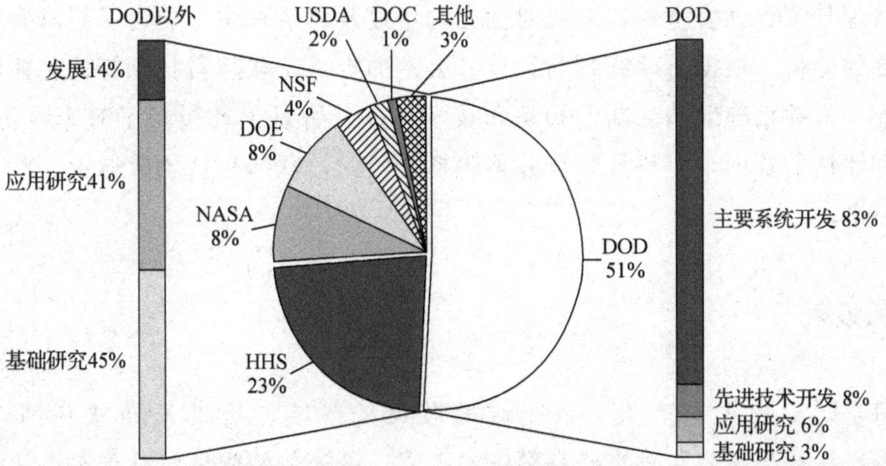

DOC=商务部（Department of Commerce）；DOD=国防部（Department of Defense）；DOE=能源部（Department of Energy）；HHS=卫生及公共服务部（Department of Health and Human Services）；NASA=国家航空航天局（National Aeronautics and Space Administration）；NSF=国家科学基金会（National Science Foundation）；USDA=农业部（U.S. Department of Agriculture）

图 3-1　2013 财年联邦研发预算机构分布情况

（资料来源：National Science Foundation，National Center for Science and Engineering Statistics，Survey for federal Funds for Research and Development，FYs，2013-15）

另一种对研发预算的看法是，研究的联邦资金由联邦科技（FS&T）预算提供。预算是针对科学研究的政治争论核心地带，不同的政治优先性集中地表现在对预算的诉求上[①]。科学政策对于预算问题，太多陷入“多少”的问题，因而忽略了“怎样”的问题。研究资助的“多少”是在总体预算之下小幅增减所解决的问题，而“怎样”的问题变得更加重要。科技领域的联邦机构在新财年开始前的春季和夏季开始准备预算提案。大部分准备工作都是基于内部机构评估和优先考虑事项，但是在白宫也会在临近春季结束时，通过发布年度行政管理与预算办公室备忘录的形式，实现最高层次的政治和预算指导。大部分科技领域的联邦机构都依据所在部门的目标，同时编制研发和非研发项目的预算。对于研发投入，顶层指导的最重要形式是由总统科学技术政策办公室和行政管理与预算办公室联合发布的研发首选项备忘录，这个备忘录列出了联邦政府预算科技投入的重点领域。总统科学技术政策办公室和其他白宫办公室，利用各自的专业特长，为以上过程提供决策建议[②]。白宫

① 古斯顿，2011. 在政治与科学之间：确保科学研究的诚信与产出率［M］. 龚旭，译. 北京：科学出版社：16.

② 费林，莱恩，马伯格Ⅲ，等，2015. 科学政策学手册［M］. 王海燕，周华东，译. 北京：科学出版社，204-205.

行政管理与预算办公室，在总统对国会的年度预算请求中，包含了对研发和联邦科技预算的分析。根据行政管理与预算办公室的定义，联邦科技预算比整体的研发数据更能一贯并精确地凸显新的知识和技术创造。研发预算包括了对军事防御发展、测试和评估的资助，但科技预算并不包括，因此，联邦科技预算通常比联邦研发预算少一半。

科学和政策

科学既影响政府政策，也受政府政策的影响。哈维·布鲁克斯（Harvey Brooks）是科学与公共政策研究领域的先驱，最著名的成果就是首次将“科学的政策”与“政策的科学”区分开来，认为“科学的政策”指那些关于如何资助或组织系统地追求知识的决策，而“政策的科学”则关注运用知识来支持或改进决策①。科学的政策中有两个基本政策问题，分别是：需要多少联邦资金才足以达到国家目标，以及与世界大多数国家相比，美国从其投资的研究中获益的程度。

科技界时常对科学的政策问题有本质不同的观点（图 3-2）。这些不同观点并不代表科技界不同阵营的对抗。相反，他们代表了多元化的群体以多种方式秉持的观点。例如，年轻的研究者在提及研究基金时热衷于冒险，而与此同时，这些研究者在职业生涯之初参与项目竞争容易失败，但这也会增强他们与那些已有机会接受联邦资助的资深研究者之间竞争，进而提升以后获得资金的能力。

政策的科学也有争议，因为它反映的政策决定有时候会和应当采取的政策行动产生分歧。同一本科学著作可以以不同的方式解读，这取决于支持者的不同视角。有时候，对科技界就某个特定问题所保持的一致程度就有不同的看法。因此，当政策的科学问题在某种政治环境下被讨论时，问题双方都会出现激进的观点。

---

① BROOKS H，1964. The scientific advisor in scientists and national policymaking［M］. New York：Columbia University Press：76-77.

集中的联邦计划		多元、分散的机构
集中的长处	⟷	区域性和体制上的发展（以扩大容量）
“市场”迫使系统轮廓的确立	⟷	政策干预（受目标、机构、程序、制度定向）
对资深研究者资助的连续性	⟷	对年轻研究者的培养
基于同行评议的分配	⟷	其他分配资金决策机制（机构管理者裁决，国会裁决资金分配）
搁置程序	⟷	除科学价值之外的主流标准（如人种/种族、性别、主要研究者的年龄）
资金分配中的保守主义	⟷	冒险精神
对“研究预算整体”的洞察	⟷	投资决策无组织的事实
设备或培养的经费	⟷	研究计划的经费
大规模的、长期的、投资密集的、高成本的、全研究者主动的行动	⟷	个别研究者和小团队的，1～5年计划
培养更多的研究者及为资金制造更多的竞争	⟷	培养较少的研究者及为资金缓解竞争
效仿导师的职业轨迹	⟷	鼓励多样化的职业路径
依赖于历史性的方法来打造研究团队	⟷	扩大传统上未被充分代表的群体的参与

图 3-2　科技界关于研究资源配置两种主要的对立视角

技术的政策和政策的技术

美国经济分析局（BEA）估计，如果将研发看作投资，它将占1959—2004年实际国内生产总值（GDP）增长的5%，占1995—2004年的7%。斯坦福大学胡佛研究所（Hoover Institution）的研究表明，如果美国的学生在科学和数学教育中和世界领先国家的学生一样出色，美国的GDP能保持较好的增长。因此，决策者重视能产生效益的创新过程，同时包括技术的政策和政策的技术，尤其是对科学、工程学、经济、教育和创造就业之间的关系感兴趣。

就技术的政策来说，因为对创新模型的观点不同，对一个已出台的政策就可能有不同视角。从线性创新模型视角看创新政策，会使一些决策者相信，使用联邦资源去投资技术发展是不合适的，私有资源应该用来投资创新过程，私营企业也将收到投资的回报。另一种观点认为，研究和创新之间是如此息息相关以至于无法将二者分离开来。从这一视角看创新政策的决策者认为，将联邦资源投资到加强技术创新方面是合适的，并且是联邦资金使用的明智之举。

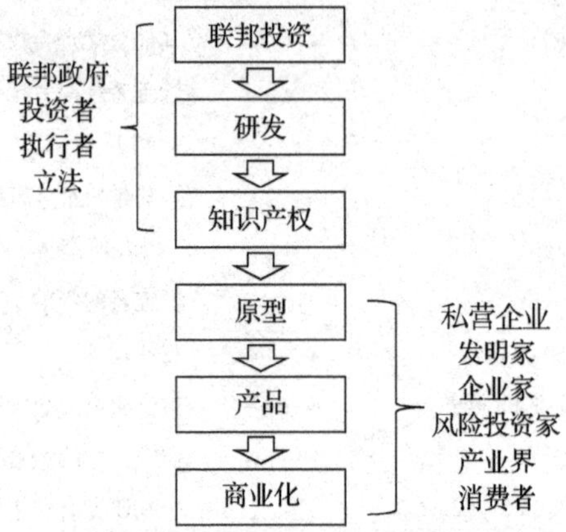

图 3-3 联邦投资到创新的关系

图 3-3 介绍了线性创新模型。如图所示，联邦政府在研发中的投资，是从基础研究流向应用研究再到发展创造知识产权。之后私营企业的责任包括发明家、企业家、风险投资家和产业界使用知识产权来获得理念，并将其转化为技术，推动其在几个阶段中的流动：原型，随后是产品，最终向着消费者感兴趣、愿意购买的方向商业化。

由于知识产权转化为技术的过程中，获取知识产权并将其转移到那些不一定感兴趣的私营企业并不容易，存在“死亡之谷（valley of death）”。科学和技术创新之间的联结比较复杂，线性模型在当下作为科技政策决策的基础是不够的。有个关于科学创新理论的可视化观点，被称作“巴斯德象限（Pasteur's Quadrant）”模型，描述了研究和其预期结果之间的紧密联系（图 3-4）。

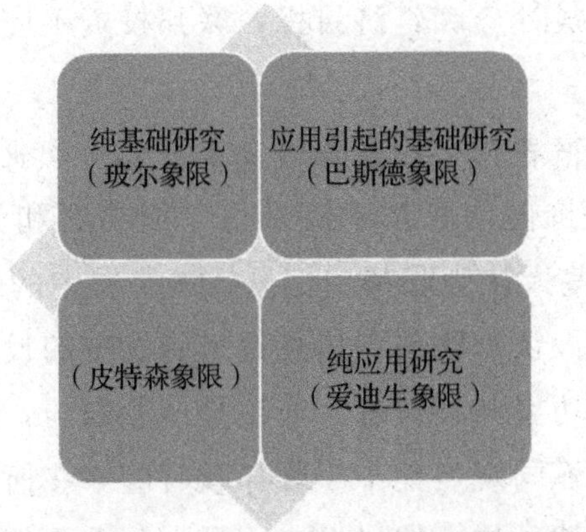

图 3-4 科学和工程学研究的巴斯德象限模型

研究可以分为以下 **4** 种类型。

第一象限代表传统上被视为纯粹的、基础的或主要是理论性的研究，在这种研究中心，研究者并没有兴趣追求研究结果的潜在应用，而是单单推进知识的进展，[如尼尔斯·玻尔（Niels Bohr），他的目标就是增进我们对原子结构的认识]。

第二象限代表纯应用研究，即那些以实用为目的的研究，不考虑基本认识［如托马斯·爱迪生（Thomas Edison），他的目标就是商业上有利可图的电器照明设备]。

第三象限内的研究既不是基础，也不是应用的研究，可以称之为应用驱动的基础研究，同时追求基本认识和使用，但并不以产生新知识或寻求实用解决方案为目的［如路易·巴斯德（Louis Pasteur）将他在微生物水平上发现的传染过程，发展成作用机理，以对抗牛羊炭疽热、鸡霍乱、牛奶、啤酒和醋的腐败，以及人的狂犬病]。

第四象限也是最后一个象限，代表现象探究，既不是受认识也不是受使用的启发，而是出于对特定现象的好奇心。在这一象限，研究者的工作在推进科学知识进展的同时，对其发现的实际应用保持敏锐的意识（如鸟类的标记和发病率，或为什么苹果会从树上落下）。这些探究可以引向玻尔象限或爱迪生象限的研究类型。

在上面所述的模型中，有人认为其所阐释的各象限之间的界限并非牢不可破，而是相互渗透的。巴斯德早先提出的例子中，研究可以轻易地从一个类别转移到另一个类别。例如，基础研究、应用研究、开发和商业化之间有时只有些许差别。尤其是，受风险投资资助的生物技术研究可能并没有多少区别。

因此，一些决策者认为，在知识经济中，对研发的联邦投资不仅应受基本认识目标的激发，有时，也应该受应用目标的激发。此外，为了使国家获得在研发上的联邦投资回报，以及达成社会和经济目标，联邦投资不应停留在原型和产品技术开发阶段之前的环节①。

另一方面，一些决策者担心，投资研发于一个与产业紧密相连的部门——或是技术商业化的阶段——将促使联邦政府挑选“成功者和失败者（winners and losers）”。例如，尽管一些人认为联邦在信息技术研发中的投资使国家获益并帮助建立了产业标准，但也有人认为联邦在信息技术研发中的投资是不恰当的，因为决定研究方向和技术的“成功者和失败者”应该是产业部门，也不是政府②。

关于政策的技术的不同观点集中于联邦政府应该在何种程度上关注某项特定技术较为合适。依据政策鼓励技术的研发应用是十分重要的，但也有人认为，支持一项技术选项甚于另一项的政策行动可能会不恰当地影响市场。例如，有人会问，混合动力汽车、充电式电动汽车、燃料电池汽车，或是对现有汽车的增强版，选择哪个更好？因为公共目标是减少化石燃料消耗，政策可能会更中意不同技术路径中的一个，导致“成功者和失败者”的出现，而一些决策者认为这样的结果是不恰当的。另一些人则认为，政府需要选择技术，否则对企业来说，并没有充分的诱因让他们投资能潜在地减少化石燃料消耗的技术。③

3.2 后“二战”时代的科技政策

战后美国科学家有两个目标，一是倡导公众支持科学，二是控制日益危险的核军备竞赛。科学家运动开始于1945—1946年，试图使得原子能置于民用及国际控制下，结束于1949—1950年有关氢弹的争论，贯穿于期间的是有关美国国家科学基金会的讨论④。

对美国科学家来说，原子弹的出现和在日本的投掷，形成了一个喜忧参半的结果，好的方面是增强了政府对科学的重视和资助，但也给科学和科学家的形象造成

① CRS Report RL33528, Industrial Competitiveness and Technological Advancement: Debate Over Government Policy, by Wendy H. Schacht.

② CRS Report RL33586, The Federal Networking and Information Technology Research and Development Program: Funding Issues and Activities, by Patricia Moloney Figliola.

③ CRS Report RL30484, Advanced Vehicle Technologies: Energy, Environment, and Development Issues, by Brent D. Yacobucci.

④ 王作跃，2011. 在卫星的阴影下：美国总统科学顾问委员会与冷战中的美国［M］. 安金辉，洪帆，译. 北京：北京大学出版社：28-29.

了负面的影响。科学家们面对公众的质疑和责备，开始呼吁科学为和平事业服务的主张，鼓励科学家们离开象牙塔或军事实验室，进入公共领域。科学家的努力，推动了原子科学家联盟的成立（后来变成了美国科学家联盟），促使国会通过《原子能法案（1946）》(Atomic Energy Act of 1946)，建立起一个非军事化的原子能委员会。

范内瓦·布什的报告与国家科学基金会

随着第二次世界大战结束，时任美国科学研究与发展局（OSRD）主任范内瓦·布什提交给总统的科学报告《科学——无尽的前沿》，回答了罗斯福总统提出的有关美国战后科学发展的4个问题[①]，主张创立一个新机构加强政府与科学间的合作。在这份被誉为“美国科技政策的圣经”的报告中，范内瓦·布什强调基础研究的重要性，并且很有说服力地建议联邦政府扩大对基础研究的资助[②]。范内瓦·布什所提议的资助机构称为“国家研究基金会”，认为应该把社会和政治干预排除，保留科学探索的自由，坚持由科学家决定联邦资金的分配，这种主张与哈利·基尔戈尔（Harley Kilgore）参议员及其支持者的意见是有差异的[③]。杜鲁门总统也为复杂的局势增加变数，1946年10月17日，总统签署一个行政命令，在白宫成立总统科学研究委员会（Presidents' Scientific Research Board，PSRB)，职责是评估和建议联邦政府内的研究与发展活动，其优先任务是要推动一个白宫心目中的国家科学基金会[④]。1946年国会改选，共和党在1928年以来第一次同时控制参众两院，哈利·基尔戈尔（Harley Kilgore）卸掉委员会主席职务，由亚历山大·斯密斯（Alexander Smith）负责。1947年2月，亚历山大·斯密斯提出新的国家科学基金会提案S. 526，7月，众议院通过一份与S. 526提案相似的提案（H. R. 4102)，参

① 第一个问题是关于“副产品”，指从军事研究中得来的为民间使用的发明；第二个问题是关于支持医学研究；第三个问题是在目前和未来，政府如何依靠公共和私人的机构来帮助研究工作；第四个问题是政府如何在美国青年中发现、培养人才。

② 宋江杰，王骏，2017. 科学与政治：美国国家科学基金会的成立之争［J］. 科学与社会，4：109-132。

③ 1944年，哈利·基尔戈尔已经开始呼吁建立国家科学基金会，但是将国家在未来科学发展中的作用移交到另一个组织手里而已，科学共同体没有领导权，侵犯科学的自主性。

④ Excutive Order 9791，Providing for a study of Scientific Research and Development Activities and Establishing the President Scientific Research Board，10. 17. 1946

众两院于7月22日达成共识，通过最终版S.526，送交总统签署。国会通过的亚历山大·斯密斯提案到达总统那里之后，杜鲁门总统听取了预算局的建议，于8月初否决该提案。1949年年初，由犹他州的民主党参议员阿尔伯特·托马斯（Elbert Thomas）和哈利·基尔戈尔等提出的S.247号提案在参议院几乎没有经过任何讨论和修改就于3月18日获得了通过。S.247转到众议院之后，在田纳西州民主党众议员佩尔西·普里斯特（Percy Priest）所领导的一个委员会里立即组织了听证会，该听证会前后持续了近一个月。5月24日，佩尔西·普里斯特汇总听证会的意见后，向众议院提交了一份与S.247非常接近的提案，即H.R.4846。H.R.4846经过广泛辩论，补充了好几项修正案，于3月1日在众议院获得通过。大约2个月后，通过参众两院协商，并被正式编号为S.247。4月27日在众议院，次日在参议院，提案最终得以正式通过，成为共同法案。其间，有关原子能控制与国家科学基金会的争论也交织在一起，原子弹的成功给联邦资助科学提供了最有说服力的理由，科学家通过对科学和技术寻求政治上的有利区分来为科学事业辩护。

在成立国家科学基金会持续争论的几年中，联邦政府对基础科学研究的资助随之发展变化，如原子能委员会（AEC）、国家卫生研究院，这些以应用研究和任务驱动为主的研究部门的出现，部分也促成了联邦政府放弃哈利·基尔戈尔转向支持范内瓦·布什建议作为基金会建立的原则①。1950年，民主党重新控制国会，范内瓦·布什提案得以彻底通过，5月10日，杜鲁门总统签署S.247号法案，正式成立国家科学基金会。如果说科学研究与发展局作为战时全国科研机构宣告国家领导科技时代的来临，那么，国家科学基金会的成立则标志着美国现代科技政策的形成和确立②。

“斯普尼克”前的科学顾问

朝鲜战争戏剧性地改变了美国科学界及政府的既有立场。科学家们又发起运动，试图建立一个政府顾问机构来协调与冷战相关的“政策的科学”及“科学的政策”③。第二次世界大战后，科学家开始回到基础研究，科学研究与发展局解体，

① 朱建红，2003. 美国国家科学基金会成立背景述评［J］. 自然科学史研究，(2)：173-184.

② 徐峰，2006. 美国科技管理体制的形成与发展研究［J］. 科技管理研究，(6)：13-16.

③ 王作跃，2011. 在卫星的阴影下：美国总统科学顾问委员会与冷战中的美国［M］. 安金辉，洪帆，译. 北京：北京大学出版社，40-41.

接替者为国防部研发理事会，勉为其难地协调庞大的军事研发。为了能够在总体上检视军事研发现状，经总统批准，预算局任命威廉·戈登（William Golden）进行调查，特别考量是否应该建立一个新的科学研究与发展局。威廉·戈登开始构想一个计划，以总统科技顾问为国家科学活动的焦点。在提交给总统的报告中，他建议既要设立一个全职的科学顾问职位，也应成立一个由兼职成员组成的顾问委员会[①]。然而科学家们对具体的科学顾问机构设置不能达成共识，更倾向于建立一个由科学顾问们组成的委员会。该计划也受到来自国家科学基金会的挑战，负责指导基金会决策的国家科学委员会的忧虑在于任命总统科学顾问会损害该委员会的权力，后被说服放弃反对威廉·戈登的计划。最后，杜鲁门总统接受了部分建议，在卢修斯·D. 克莱（Lucius D. Clay）将军领导的国防动员办公厅（Office of Defense Mobilization，ODM）内部设立了一个科学顾问和一个顾问委员会。1951 年 4 月，杜鲁门总统任命一批不担任行政职务的著名科学家组成战后第一个总统科学顾问委员会。他规定，这个委员会要“不时”地给他提供建议[②]。然而，尽管总统科学顾问委员会有一个出众的成员名单，它在杜鲁门任内却少有建树。其间，成员们较多关注军备竞赛，一如既往地希望在美国国家安全政策中发挥作用。在为政府中科学家地位辩护时，委员会认为并不是科学和技术能够直接为军事力量贡献什么，而是科技在计划和政策制定中的作用[③]，因为他们相信，如果能把科学和科学家整合到政策中，那将有助于减少技术开发中的浪费、混乱和徒劳无功。

随着核军备竞赛疯狂进行，科学事业越来越依赖政府的支持，科学家相信，科学与国家政府之间强有力的合作关系，对冷战中的美国至关重要。艾森豪威尔新政府的到来意味着新的机会和挑战。1953 年，戴维·Z. 贝克尔（David Z. Beckler）被任命为总统科学顾问委员会的主任，兼任与国家安全委员会（NSC）进行技术联系的特别助理，这种双重任命拉近了委员会与决策过程的距离。经过一番努力，委员会的授权也得到扩大，可以主动做些事情，成员数量也有所增加，并且从繁忙的

① HERKEN G，1992. Cardinal choices：the presidents' science advisors form Roosvelt to Reagan［M］. Oxford：Oxford University Press.

② 史密斯，2010. 科学顾问：政策过程中的科学家［M］. 温珂，李乐旋，周华东，译. 上海：上海交通大学出版社，205-206.

③ 王作跃，2011. 在卫星的阴影下：美国总统科学顾问委员会与冷战中的美国［M］. 安金辉，洪帆，译. 北京：北京大学出版社：50-51.

政府科学管理者转移到可以为基金问题奉献更多时间的大科学家①。这些改革增强了委员会的力量，可以为国家安全政策提供极为需要的科学和技术咨询活动中大显身手。这一年，卫生、教育和福利部（DHEW）成立，掌管部分民用科技工作。原子能委员会、海军研究署（ONR）、国防部、国家科学基金会及卫生、教育和福利部成为战后美国科技管理机构最具影响力的“五驾马车”②。

在“斯普尼克”之前，艾森豪威尔对科学家参与决策制定过程是持矛盾心情的，1953年，他提出了“和平利用原子能”的提议，受到科学家的赞扬，同时作为20年来首位共和党总统，公开宣称要削减联邦开支，表现在国防政策上，削减了25%的军事研发费用，对科学研究的资助产生重大影响。预算局为响应这种动机，在1953年试图建议通过两项总统行政命令，逐渐把其他机构的基础研究经费转移给国家科学基金会，并明确授权国家科学基金会批准其他机构的研发计划。总统科学顾问委员会所代表的科学家和基金会以外的政府科学管理者，大家的出发点是不一样的，他们反对预算局的动议。科学家有理由怀疑，国防部和原子能委员会放弃基础研究，国会能否允许基金会填补这个缺口；政府科学管理者，尤其是海军研究署和原子能委员会的代表，则对预算的任何削减表达了明显的拒绝意思。1954年，总统发布了第10521号行政命令，指定由国家科学基金会对普通基础研究方面的联邦支持逐渐增加责任，同时也认为其他机构从事和支持任务导向的基础研究也是重要和有必要的，这样就把战后多元科学资助体系合法化了。

当然，这里有多种原因促成了总统科学顾问委员会在这一时期的成功。最重要的原因就是艾森豪威尔总统想得到科学建议。其他一些重要原因包括：顾问与总统恰当的私人关系，国家出现亟待解决且包含大量技术内容的问题，部门技术能力不足，没有建立起处理白宫自身的这些复杂问题的人员系统，以及顾问的牺牲精神等。1957年总统科学委员会向艾森豪威尔总统提出的建议中，几乎没有一个是为了科学共同体自身谋取利益的，也就是说，没有一个是关于发展新的研究领域，为科研设备提供支持等诸如此类的意见③。

总体来看，总统科学委员会在这个比较动荡的时期建立并且成熟起来，表明科

---

① 王作跃，2011. 在卫星的阴影下：美国总统科学顾问委员会与冷战中的美国［M］. 安金辉，洪帆，译. 北京：北京大学出版社：54-55.

② 王钟伟，2005. 科技革命与国家的作用：以二战以来的美国为例［D］. 济南：山东大学：39-40.

③ 史密斯，2010. 科学顾问：政策过程中的科学家［M］. 温珂，李乐旋，周华东，译. 上海：上海交通大学出版社，206-208.

学在政府和冷战中已经变得越来越重要。接下来“斯普尼克”的出现，将会基本上解决政府和公众对科学和科学顾问的矛盾心理，并将把总统科学顾问委员会所代表的科学家置于能更好地服务美国科学政策的位置。

3.3 “斯普尼克”的冲击

1957年10月4日，苏联发射人造卫星“斯普尼克”1号，震动了世界，美国最强烈地感受到这一冲击。比起美国历史上任何一个事件，“斯普尼克”更使美国民众和政策制定者认识到政府创立支持科学与教育政策的重要性，目的是保持美国在科学、技术和军事方面领先于世界的地位[①]。政治家和科学家很快就向华盛顿发出警告，民主党参议员亨利·杰克逊（Henry Jackson）认为“斯普尼克”“严重打击了美国作为科技世界领袖的声望”。参议院民主党多数派领袖林登·贝恩斯·约翰逊主持了关于国家卫星和导弹计划的听证会，更是直白地宣布说，“斯普尼克”对美国的打击，要比珍珠港事件更严重[②③]。

1958年是美国科技政策历史的一个里程碑。这一年，美国采取的系列措施成为后来半个多世纪国家科技政策的基础。“斯普尼克”发射后的一个多月，白宫发布关于国家安全中的科学的广播和电视演说，艾森豪威尔宣布任命麻省理工学院校长詹姆斯·吉利安（James Killian）为第一任总统科学技术特别助理。他的工作是使科学咨询过程规范化，把科学界和政府联系起来，并监察国防研究计划，帮助国防部部长处理在导弹开发中的军种间竞争[④]。詹姆斯·吉利安的任命标志着科学上升到一个新的重要地位。同时，国防动员办公厅科学顾问委员会升级为白宫中的总统科学顾问委员会的步伐也加快。1957年11月22日，总统宣布把国防动员办公厅科学顾问委员会重建和升级为总统科学顾问委员会。作为一个由科学家们组成的委员会，谁成为其中一员必然会影响总统科学顾问委员会所做出的建议。在总统科学顾问委员会的科学管理者中，科学的、机构的、政治的等几种网络关系重叠存

---

① NEAL H A，SMITH T L，MCCORMICK J B，2010. Beyond Sputnlk：U.S. science policy in the twenty-first century [Z].

② Testimony by Teller，Bush and Doolittle，in US Congress（1958a，4-89，111-141，342）.

③ DRURY A，1957-11-25. Missile inquiry will open today [N]. New York Times，1.

④ 王作跃，2011. 在卫星的阴影下：美国总统科学顾问委员会与冷战中的美国 [M]. 安金辉，洪帆，译. 北京：北京大学出版社，105.

在，不同来源、代表不同利益相关方等事实往往会微妙地影响他们的科学政策建议。值得注意的是，新的科学咨询体系建立并没有把科学界整体或者公众的实质性参与考虑在内，只是涉及总统、助手及几位杰出科学家。但是，新的科学顾问体系还是得到科学界和公众的支持，很多人都认为这是艾森豪威尔针对“斯普尼克”危机所采取的重大举措之一，标志着在联邦政府中科学集中化的一个新高度，对美国国防和科学政策具有深远影响。

随着总统科学顾问委员会于 1957 年在白宫的设立，美国公共科学家从制度上与行政决策的距离越来越近。首要任务是帮助总统恢复对美国太空计划的信心。通过内部广泛讨论和其他利益相关方的外部咨询，最终委员会一致同意支持一个较大规模的非军用太空计划，并希望该计划能够集中在科学研究与探索之上，同时兼顾对国家威望和探索因素的适当考虑[①]。在委员会的领导下，政府内部达成共识，国家航空咨询委员会（NACA）可以进行重组，建立美国民用太空机构。预算局参与起草了该建议的备忘录，并转换成一个立法提案，之后在白宫与国会之间进行几轮协商，国会对议案又做了几项修改，最终获得两院支持通过，并于 1958 年 7 月在国家航空咨委会基础上成立国家航空航天局[②]。

“斯普尼克”同时也标志着大科学政治中的一个转折点，不仅创造了对基础研究和科学探索的新热情，也把总统委员会及其公共科学家带到更有影响的位置。1959 年 5 月 14 日，艾森豪威尔总统在纽约的一个有关基础研究的研讨会发表演说，宣布在科学顾问的建议之下，要求国会拨款 1 亿美元用于斯坦福大学建造大科学仪器——线性电子加速器。20 世纪 50 年代后期和 60 年代前期是资助科学的“黄金时代”[③]，大学联邦资助的基础研究预算从 1958 年的 1.27 亿美元跃升到 1964 年的 5.64 亿美元，远超总研发费用和 GDP 的增长速度。虽然“斯普尼克”和冷战对美国科学有着强烈的加速效果，更为传统的力量如国内党派政治、官僚机构的地盘之争和科学界内部的竞争仍在继续塑造着科学政策[④]。

---

① 王作跃，2011. 在卫星的阴影下：美国总统科学顾问委员会与冷战中的美国［M］. 安金辉，洪帆，译. 北京：北京大学出版社，119.

② KILLIAN J R，1977. Sputnik，scientists and Eisenhower：a memoir of the first special assistant to the president for science and technology［M］. Cambridge：The MIT Press：125-144.

③ REWGOLD N，1994. Science and government in the United States since 1945［J］，History of Science，32（4）：361－386.

④ 王作跃，2011. 在卫星的阴影下：美国总统科学顾问委员会与冷战中的美国［M］. 安金辉，洪帆，译. 北京：北京大学出版社，209.

在“斯普尼克”发射后的数月内，公众的压力不仅导致政府大力加强对科学和教育的支持力度，而且也使得国会对成立一个科技部来集中制定美国科学政策兴趣日浓。有关科技部的想法可以追溯到19世纪80年代，参与的国会议员包括：参议员威廉·埃里森（William Allison），众议员克莱尔·布斯·卢斯（Clare Boothe Luce）和约翰·麦考马克（John McCormack），以及后来的参议员休伯特·汉弗莱（Hubert Humphrey），他们提出了有关该主题的议案，并建议举行听证会[①]。后来经过调查认为，科学健康发展的最主要条件是政府支持的稳定性，多种资金来源和灵活资助政策是美国科技政策的一个优势，成立科技部的提议立脚点不足。但是，联邦的研发计划迫切需要协调，如果不是新内阁部门，由谁来承担此功能呢？经过进一步的内部磋商，艾森豪威尔决定成立联邦科学技术委员会（FCST）[②]。1959年3月13日，总统签署第10807号行政命令，成立联邦科学技术委员会，同时，指定其科学技术特别助理出任联邦科学技术委员会主席[③]。联邦科学技术委员会发挥了联邦研发机构内部信息交流平台的作用，为以总统科学顾问委员会和国家科学院为代表的科学共同体与各个联邦机构之间的思想交流提供重要渠道，扩展了科学咨询和政策体系的范围[④]。

联邦科技活动的规模和复杂程度日益增加，对总统科学政策和科学顾问系统的机构改革，在约翰·肯尼迪（John Kennedy）时代提上了日程。1957—1963年，联邦研发支出翻了一倍多，达到每年10亿美元左右，约占整个联邦预算的10%。国会开始警觉这种趋势，要求知晓行政部门的科学政策并能够到国会做出说明。这种新的导向，又把科技部成立与否的议题搬了出来，为阻止成立科技部，参议院的国家政策机制小组委员会（Subcommittee on National Policy Machinery）在亨利·杰克逊领导下，提议在总统行政办公室内成立一个法定科学技术办公室，将总统科

① 王作跃，2011. 在卫星的阴影下：美国总统科学顾问委员会与冷战中的美国［M］. 安金辉，洪帆，译. 北京：北京大学出版社，210-212.

② L. A. Minnich, Munutes of Cabinet Meeting, and Robert Gray, The Cabinet Record of Action, December 5, 1958, in Eisenhower Cabinet Minutes, reel 8, 344-360.

③ Library of Congress (1976, 222-225), Eisenhower, Order, March 13, 1959, OSAST, box 9, folder, Federal Council for Science and Technology Designation by President of Chairman.

④ 王作跃，2011. 在卫星的阴影下：美国总统科学顾问委员会与冷战中的美国［M］. 安金辉，洪帆，译. 北京：北京大学出版社，231-235.

学顾问制度化，允许其领导到国会作证[①]。1962 年，肯尼迪总统签署成立科学技术办公室（OST），设置一名主任和一名副主任以便在国会作证，把一些原来属于国家科学基金会的法定的科学政策职能移交给科学技术办公室。这样强化了科学顾问的二元性，一方面继续扮演政策中的科学的角色；另一方面又扩展了关于科学的政策功能[②]。最重要的是，冷战紧张局势的缓和和“斯普尼克”效应的递减，意味着国会和其他机构要求美国科学把关注的焦点从国家安全转向民间应用的呼声不断高涨。由于科学成为公共政策的重要工具，科学家成为官方体制的一部分，政治逐步侵入了科学决策领域[③]。

20 世纪 60 年代晚期，由于越南战争造成了两极分化，肯尼迪总统继任者约翰逊总统和他的科学顾问之间融洽的关系发生了逆转并开始恶化[④]。1966 年 1 月，一个由 29 位科学家组成的团体，公开谴责美国在越南使用橙剂和毁坏农作物的化学品[⑤]。约翰逊政府不仅拒绝听从科学家的抗议，而且实际上还引起了进一步的分化。与越战时候起常出现的对军事技术的矛盾立场相反，总统科学顾问委员会在有关反弹道导弹的争论中立场坚定，认为是不恰当运用技术手段解决国际政治问题。上述这些争论不仅造成科学与政府间关系紧张，也使后“斯普尼克”时期繁荣的联邦资助科学的“黄金时代”逐步走向终结。

1968 年，尼克松总统上台，诸如成立环境保护署，宣布放弃首先使用化学战，支持全面禁止生物战等一系列措施得到科学共同体的认可。科学家对这些措施赞赏有加，认为这是抑制技术滥用的明智之举[⑥]。在此期间，为依靠技术科学家和杰出工程师推动技术工程的发展，拉近科技与现实生产力的距离，1964 年根据国家科学院的建议成立了国家工程院；1970 年成立了国家医学科学院（NAM）。国家科技政策逐步转变为面向社会研究，解决环境污染治理、高速运输、资源开发利用、

---

① 王作跃，2011. 在卫星的阴影下：美国总统科学顾问委员会与冷战中的美国［M］. 安金辉，洪帆，译. 北京：北京大学出版社，259-260.

② 王作跃，2011. 在卫星的阴影下：美国总统科学顾问委员会与冷战中的美国［M］. 安金辉，洪帆，译. 北京：北京大学出版社，261.

③ 王作跃，2011. 在卫星的阴影下：美国总统科学顾问委员会与冷战中的美国［M］. 安金辉，洪帆，译. 北京：北京大学出版社，314.

④ 王作跃，2011. 在卫星的阴影下：美国总统科学顾问委员会与冷战中的美国［M］. 安金辉，洪帆，译. 北京：北京大学出版社，345.

⑤ Scientists protest viet crop destruction，Science，151（January 21，1966）：309.

⑥ Nixon，Statement on chemical and biological defense policies and programs，November 25，1969.

医药卫生等重大技术应用问题[①]。1973—1974 年阿拉伯国家石油禁运行动引发的 20 世纪 70 年代能源危机，迫使尼克松政府制订新的能源计划，对核能开发给予了全力支持。1973 年先后设立了总统能源助理、能源政策办公室、能源研究与开发委员会、联邦能源办公室，提出了为期 5 年、投资 100 亿美元的能源研究与开发计划，并于 1974 年成立了能源研究与开发局，1977 年升格为能源部，对能源的研发资助在 20 世纪 70 年代后期达到高峰。然而，重新燃起的关于反弹道导弹的争论很快使这种和谐关系趋于终结。科学家和国会对部署反弹道导弹的决定持反对态度，总统则主张启动反弹道导弹系统。后来，有关超音速运输机的争论进一步加剧了政府与科学顾问之间的关系恶化。1972 年，尼克松再选成功后，开始考虑将总统科学顾问委员会和科技办公室并入国家科学基金会，最后决定撤销这两个机构。1973 年，尼克松发布了“第 1 号重组计划”，撤销了科技办公室，将科技办公室在科技政策方面的很多职能转给国家科学基金会，并且随之附带一并废除总统科学顾问委员会。

在总统科学顾问委员会被逐出白宫的时候，国会中的技术评估办公室在两党共同支持的基础上得以建立，既反映了立法机构对科学咨询的需求，也反映了广泛存在的公众舆论，即技术不能一味提倡，也要加强监管[②]。

1976 年 5 月，《国家科学技术政策、组织和优先法案（1976）》终于在国会通过，并得到福特总统签署生效，授权在总统行政办公室内成立科学技术政策办公室。该法案授权总统科学技术政策办公室主任既可以参与政策中的科学，包括国家安全，也可以参与关于科学的政策，还有国际科学相关事务。法案把联邦科学技术委员会正式化，并改名为联邦科学、工程和技术协调委员会，但它并没有授权建立总统科学顾问委员会。

随着罗纳德·威尔逊·里根（Ronald Vilson Reagan）的当选，共和党政府与科学共同体之间的关系依旧呈现紧张关系。总统科学技术政策办公室里成立了白宫科学委员会，但是它并不是直接支撑总统科技决策，而是向科学顾问报告。很明显，这种设置，即使白宫科学委员会的成员构成上考虑多元化，也很难消除政府与科学共同体之间的分歧。这些分歧表现在基础研究联邦预算的削减、对科学交流的限制、总统提出的战略防御计划等。

---

① 王钟伟，2005. 科技革命与国家的作用：以二战以来的美国为例［D］. 济南：山东大学：39-40.

② SHRPLEY，1972. Office of technology assessment［J］. Science，175（3）：970-973.

在老布什执政期间，耶鲁大学艾伦·布鲁姆利（Allan Bromley）被任命为科学顾问，而且也是总统助理。其间，还成立了一个总统科学技术顾问委员会，由艾伦·布鲁姆利和总统领导。这时候，冷战已经结束，经济竞争在美国国家议程中处于优先位置，科学政策相对趋于稳健。气候变化、艾滋病研究、遗传工程、食品添加等诸多问题使得政府比以往更依靠科学、公正的意见指导。

从里根到老布什主政这一时期，美国开始奉行“自由市场，政府角色越少越好”的信条，强调由“竞争的市场力量”这只伟大的“看不见的手”去决定“美国技术资源的最佳分配”。在科技资源分配上，国家在科技发展中的作用仅限于支持基础研究和国防部、国家航空航天局等开展与军事有关的技术研究，而对于直接涉及经济竞争力的应用研究、产业技术开发则主要依靠市场自发调节。此举导致了美国军工科技、航空航天科技畸重，科技与经济脱节的局面，导致美国在汽车、半导体等部分领域丧失领先优势①。

从 20 世纪 70 年代开始，随着国际环境的变化，美国开始不断受到外部竞争的冲击和挑战，如 70 年代的石油危机，80 年代日本的经济挑战等。面对竞争和挑战，美国采取一系列新的措施，带来了 20 世纪 90 年代的经济和科技发展繁荣时期②。近半个世纪的发展，美国逐渐形成了一套行之有效的政策体系和科技体制。

3.4 后续的影响

进入 20 世纪 90 年代，美国科学界和政界充满危机感，一方面积极应对挑战；另一方面反思和讨论冷战以后形成的科学政策。应该说，美国对科学政策的反思在克林顿政府执政时期就已开始，但“9·11”恐怖事件强化了这种反思。随着一些新兴国家科学技术实力的上升对美国构成挑战，美国对本国科技政策的反思和讨论已不像 20 世纪 90 年代主要限于美国自身的因素，而是放在全球化发展的新背景下，讨论改革和发展之路，突出的代表就是美国国家科学院的报告《站在风暴之上》(Rising above the Gathering Storm，2005)。虽然美国相关各方并没有形成一个统一视野，但是要超越“斯普尼克”以来的科技政策成为科技政策界的共识。

1992 年克林顿总统上台，延续了老布什的科学顾问系统。长期担任国会技术

① 王钟伟，2005. 科技革命与国家的作用：以二战以来的美国为例 [D]. 济南：山东大学：39-40.
② 樊春良，2017-07-19. 头号科技强国是怎样炼成的：科学政策的作用 [N]. 中华读书报，9.

评估办公室主任的约翰·吉本斯（John Gibbons）成为科学顾问，总统科学技术委员会继续保留。1993 年 11 月 23 日，克林顿颁发 12881 号行政命令成立了一个由总统本人担任主席的国家科学技术委员会，取代联邦科学技术委员会（FCST），负责联邦层次科技政策的整合及科技发展规划、计划、经费的协调。其间，国家科学技术委员会与联邦最高决策组织的国家安全委员会、国家经济委员会、对内政策委员会（DPC）并列，使得科技政策首次被提升到与国家安全、国内政策和经济政策同样的战略决策高度。同时，克林顿总统还以 12822 号行政命令批准建立了总统科学技术顾问委员会，除主席由总统科学技术事务助理担当外，其 19 名成员均来自学术界、产业界和民间的精英，使工业界、科技界的代表能够直接对重要的科技政策提出有益的咨询。

因为冷战的结束，一些传统项目开始落幕。例如，当 1993 年国会投票停止资助耗资数十亿美元的“超导超级对撞机”项目，高能物理学研究也遭受挫折。但是，耗资巨大、缺少科学论证而饱受科学家诟病的空间站项目，却因为议员的活动得以幸存[①]。

到了小布什总统执政，老布什与克林顿时期的亲密关系发生戏剧性转变。约翰·马伯格被任命为总统科学技术政策办公室主任，但不再享受总统助理或科学顾问的头衔。总统科学技术顾问委员会的大部分成员来自社团和工业界，与冷战时期的总统科学顾问委员会形成鲜明对照。政府与科学共同体之间的关系在小布什任期内滑到最低点[②]。“9·11”事件发生后，小布什政府加大了对国防的投入，这就使其对基础研究的投入相对减少，在一定程度上影响到美国科技的发展。同时，为了抵御恐怖威胁，小布什政府采取了更为严格的绿卡制度和移民政策，阻止了优秀人才来美国的步伐，这也导致科技人才的缺乏，使这个时期美国的科技创新力呈现下滑趋势，这可以从当时美国专利数量和科技论文数量的下滑看出端倪。

2009 年 4 月 27 日，奥巴马总统宣布成立总统科学技术顾问委员会。这一决定由一年后奥巴马总统的 13539 号行政命令（2010 年 4 月 21 日）[③] 得以合法化。该行政命令规定，总统科学技术顾问委员会的成员不超过 21 名，其中一位是总统科学技术事务助理（科学顾问），其余 20 人是来自联邦政府以外的各部门杰出代表，

---

① MARSHALL E，1991. Tilting at the space station [J]. Science，253 (5017)：256-258.

② 王作跃，2011. 在卫星的阴影下：美国总统科学顾问委员会与冷战中的美国 [M]. 安金辉，洪帆，译. 北京：北京大学出版社，427.

③ Executive Order 13539：President's Council of Advisors on Science and Technology.

由总统任命，并先后提名多名科学家在推动科技进步和创新方面承担要职，形成了新政府的科技团队，以为其提供科技相关建议。2009 年 3 月 9 日，奥巴马签署了一份总统备忘录，要求总统科学技术政策办公室制定“加强联邦机构决策的科学性”方针，确保政府公共政策有坚实的科学依据，践行科学顾问选拔基于个人资历和经验，而非政治取向或意识形态的用人原则，体现了其政治与科学研究分离，强化科学在决策议程中作用的执政理念。这些方案，与小布什政府削减科技顾问专家数量、弱化科技在决策过程中的影响形成鲜明对比，对美国科技决策的科学化和民主化进程产生深远影响。

特朗普上台后，在 2017 年 5 月 1 日，白宫宣布特朗普总统签署了一项行政命令，成立了美国科技委员会（American Technology Council），它的目标是让政府数字化服务顺利过渡，变得更加现代化。科技委员会属于白宫创新办公室（White House Office of American Innovation）的一部分，创新办公室由特朗普的女婿贾里德·库什纳（Jared Kushner）领导。根据行政命令的介绍，特朗普将会主持委员会的会议。它的总目标包括“协调愿景、战略和方向”，在联邦政府使用信息技术方面向总统提供与政治决策有关的建议。

第4章 不断演进着的科技创新法律

从1900年伟大科学理论——量子力学假说提出开始，到2000年重大科技成就——人类基因组计划完成测序结束，这是一个科学的世纪，一个由科学革命推进产业技术革命、由产业技术革命驱动经济增长和社会进步的世纪。20世纪以来，科学技术迅猛发展，对人们生产和生活方式带来了广泛而又深刻的变革；特别是第二次世界大战以来，科技政策随着各国科技政策总体演变轨迹大致呈现“科学研究—产业技术—国家创新体系”趋势。这一趋势以“创新”为基点展开，表现为：从重视基础科学研究到注重产业技术开发，从产业技术开发到科学与技术融合的科技创新，从科技创新到包括制度创新在内的国家创新体系建设，相应的制度建设目标就是要完善科技政策体系，实现制度创新与科技创新的融合。美国科技法律也在做着相应调整。

美国科技发展的历史，见证了科技管理体制不断加强、科学与国家利益高度吻合的历史进程。科学决策、高效运转、监督考核是美国科技管理体制的突出特点，科学法治、责任政府、公开透明是美国科技运行体制的基本理念，这一切都离不开科技法律的保障。科学技术政策的制定有法律依据，科学技术研究项目的实施有法律的监督，科学技术的评价有法律标准，科学技术的成果有法律的保护，成为美国科技管理体制的主要优势和鲜明特色，确保了科学技术政策的权威性、连续性、科学性及科技计划执行过程中的刚性，适应了科技发展的内在规律。

4.1 朝向经济化的立法取向

过去40多年来，科学研究组织发生了变化，其特点是从模式1到模式2的转变[①]，形成关于大学—产业—政府三者关系的三螺旋结构[②]，朝不对称收敛方向[③]，建构全球化的私有化制度[④]。学者们认为这一变化体现了新自由主义的特点[⑤⑥⑦]。

美国的科学技术政策被贴上新自由主义标签，这不仅是因为这些政策背后的信仰，也因为支持这些政策的主体，还有其他诸如政府积极支持大学与行业间甚至是行业与行业间研究合作等考虑。这里存在一个假设，即政府应该介入解决科学市场失灵的问题[⑧]。

在科学技术政策等领域，经济化与新自由主义和干预主义治理方法是兼容的。新自由主义认为，政府主要通过维护产权、建立自由贸易条件等来鼓励市场的自由发展。这也能轻易认识到科技创新投入的重要性。科学技术政策中的新自由主义强调知识产权保护的重要性、私营部门的重要作用，并鼓励在科学界引入市场机制。但是，经济化并不完全认同强大而有限的以自由市场为导向的政府是取得理想经济产出的最佳途径。区分新自由主义趋势和经济化走向对于理解美国的科学技术政策

---

① GIBBONS M, CAMILLE L, HELGA N, et al, 1994. The new production of knowledge: the dynamics of science and research in contemporary societies [M]. London: Sage Publications.

② LEYDESDORFF L, ETZKOWITZ H, 1996. Emergence of a triple helix of university-industry-government relations [J]. Science and public policy, 23 (5): 279-286.

③ KLEINMAN D L, VALLAS S P, 2001. Science, capitalism, and the rise of the 'knowledge worker': the changing structure of knowledge production in the United States [J]. Theory and society, 30 (4): 451-292.

④ MIROWSKI P, ESTHER-MIRJAM S, 2008. The commercialization of science and the response of STS [C] //HACKETT E J, AMSTERDAMSKA O, LYNCK M, et al. The handbook of science and technology studies. Cambridge: MIT Press.

⑤ ATKINSON-GROSJEAN J, 2006. Public science, private interests: culture and commerce in canada's networks of centres of excellence [M]. Toronto: University of Toronto Press.

⑥ GOVEN J, 2006. Processes of inclusion, cultures of calculation, structures of power: scientific citizenship and the royal commission on genetic modification [J]. Science, technology & human values, 31 (5): 565-598.

⑦ FELLER I, 2009. Performance measurement and the governance of academic science [J]. Minerva, 47 (3): 323-344.

⑧ BLOCK F, 2008. Swimming against the current: the rise of a hidden developmental state in the United States [J]. Politics and society, 36 (2): 169-206.

至关重要。这有助于弄清为什么那些看起来并不特别像新自由主义的政策，以及那些不是新自由主义政治议程所推动的政策，最终却可能会更多关注科学投入带来的经济回报。

一般来说，关注经济化能帮我们更好地诊断科学技术政策的现状和未来。将当代科学视为新自由主义会使我们期待政策制定者将科学私有化，或寻找方法使市场机制更好地发挥作用。普遍认可的是，科学技术政策的主要目标应该是帮助推动不断扩大的竞争性经济。持这种观点的人可能会支持新自由主义或干预主义的科技政策。丽贝卡·莱夫（Rebecca Lave）等学者将新自由主义的“共同核心”简化为："推广适应于诸多问题的基于市场的解决方案"，并将“古典自由经济学信奉市场正常运行能改善社会福利这一承诺，与将市场关系扩展到传统公共领域这一新的政治承诺结合起来，积极采取行动扩大和促进‘自由市场’”，而这需要的不是自由放任，而是一个强大（却有限）的政府①。遵循这种意识形态的政策，将通过加强知识产权保护和减少公共资金等途径，鼓励私人投资进入科学及大学与行业间合作领域。最后，新自由主义的影响在如下方面有所体现：大学所受公共资助减少；研究和教学任务分离，临时教职人员数量增加；专注于商业主体需求的研究议程减少；越来越多地依靠市场调节来裁决知识产权纠纷；知识产权保护加强，促进知识商业化等。

新自由主义政策

1977—1985年，美国科技政策制定者做出了一系列改变科学与市场关系的重大立法尝试。如果这一政策转变符合新自由主义的观点，那么国家应该采取最少的干预或者采取旨在促进市场机制的干预措施，以保护产权、维护契约关系，且鼓励市场化运作。然而，从对美国科技法律的梳理可以发现，虽然一些关键政策促进了市场发展，并得到了商业利益集团的支持，但也有大量政策在试图利用政府力量解决市场无法解决的问题，并且这些政策是由政治左派人士发起的。

《拜杜法案（1980）》及其1983年的附加部分、戴蒙得告查克拉巴蒂（Diamond v. Chakrabarty）一案判决、美国联邦巡回上诉法院（The Court of Appeals

① LAVE R，MIROWSKI P，RANDALLS S，2010. Introduction：STS and neoliberal science [J]. Social studies of science，40 (5)：659-675.

for the Federal Circuit）的创建都属于前者。他们加强并拓展产权，且其支持者不是商界人士就是自由企业的有力支持者。放宽反托拉斯规则的《国家合作研究法案（1980）》（National Cooperative Research Act of 1984，NCRA），既符合新自由主义理念，又符合商界的偏好。

但是美国国家科学基金会鼓励大学与行业间研究合作的项目、小型企业创新研究项目（Small Business Innovation Research Program）都不是很符合新自由主义的特征，这些项目都强调政府在鼓励产业创新方面发挥直接作用。《史蒂文森-威德勒技术创新法案（1980）》（Stevenson-Wydler Technology Innovation Act of 1980）授权联邦机构积极推动技术转让。1983 年通过的旨在促进针对罕见疾病药物开发的《奥芬药物法案（1983）》（Orphan Drug Act of 1983），得到了患者维权组织的支持，却遭到制药业的反对。这些法案是由政治左派推动的，虽然其大多数都得到了两党的支持（新自由主义政策也是如此），但却遭到最致力于新自由主义科学技术政策愿景的人反对。

虽然一些改变科学与市场关系的政策符合新自由主义思想，但也有一些政策却并不明显。这一整波政策浪潮是被 20 世纪 70 年代对美国技术创新状态重新审视所推动的①②。当时的形势下，左右两派积极出台政策以促进创新③。一批代表大型研发密集型企业，如通用电气（General Electric）、贝尔实验室（Bell Labs）、杜邦（DuPont）的团队努力将创新纳入政策议程。这些支持者促进了政府决策对创新的关注，包括加强专利权保护、放松反垄断执法、放松管制及调低税率。他们可以被称为新自由主义者，尽管也可以称之为商业利益组织。但另一组对推进创新起重要作用的团体则不能被合理地称为新自由主义者，就是经济学家群体。那些经常在科学政策辩论中发声的经济学家，以及主导经济学创新的经济学家，并不是芝加哥学派的新自由主义代表人，而是像罗伯特·索洛（Robert Solow）、肯尼思·艾罗（Kenneth Arrow）和理查德·纳尔逊（Richard Nelson）这样有民主倾向的技术专家。这些经济学家担心市场失灵，认为政府应该对此进行优化。

---

① TURNER J，2006. The next innovation revolution：laying the groundwork for the United States [J]. Innovations：technology，governance，globalization，1：123-144.

② ABRAMSON B D，2007. The secret circuit：the little-known court where the rules of the information age unfold [M]. New York：Rowman & Littlefield Publishers.

③ BERMAN E P，2008. Why did universities start patenting? institution-building and the road to the Bayh-Dole act [J]. Social studies of science，38（6）：835-871.

然而，这些不同的政策集团和利益集团仍然有一些共同点：它们都反映了美国科学技术政策中的经济化过程。新自由主义政策和干预政策都是基于对经济和相关概念（如生产力和贸易平衡）的考虑，强调科学推动的技术创新是经济增长和出口的主要来源。两种政策都不仅只是把科学与技术看作国防或健康这些特定问题的解决方案，或是认为其对特定行业有益处，而是将其视作对抽象概念“经济”的投入。双方存在的分歧是何种科学技术政策能达到预期的效果：是加强产权保护、降低税率、减少反垄断执法、减少管制的商业友好型战略，还是能积极促进跨部门研发合作、培育具有重要经济意义的行业政策。

经济化价值倾向

20 世纪 50—70 年代，科学技术政策中的经济化倾向显现，那就是“经济”的政治意义更明显，政策制定者将科学技术政策视作可以影响经济投入的重要因素。这包括：①发布经济统计数据，准确衡量科学技术政策的经济影响；②经济学家将科学技术与经济之间的联系理论化，并反馈给政策制定者；③20 世纪 70 年代不利的经济环境，提高了经济问题的政治关注度；④大型研发密集型企业推动技术创新是另一个重要的政治关注点。这些发展和变化，对美国政策制定者制定科学技术政策有了新认识。尽管难以置信，但事实就是 20 世纪 40 年代以前，很少有人从当代意义出发来理解“经济”这一术语。虽然美国的科学技术政策始终关注经济问题，意识到技术对行业发展的重要性[①]，《研究——一项国家资源》（Research—A National Resource）和《科学——无尽的前沿》这些具有里程碑意义的报告，都讨论了科学与行业发展、技术与就业之间的关系，但都没有提及科学技术与经济的关系。

然而，到 1950 年，“经济”已经成为政治和专家话语中被广泛提及的内容[②]，并且，在 20 世纪 50—60 年代，经济学家利用新近提供的数据量化科学和经济活动，理论化科学投入与经济产出之间的联系[③]。他们开始就技术创新对经济增长做

① HART D M，1998. Forged consensus：science，technology，and economic policy in the United States［M］. Princeton：Princeton University Press.

② SUTTLES G D，2010. Front page economics［M］. Chicago：University of Chicago Press.

③ GODIN B，2007. Science，accounting and statistics：the input-output framework［J］. Research policy，36（9）：1388-1403.

出的重大贡献[①]、研发投资的经济回报[②]，以及技术知识与贸易模式之间的关系[③④⑤]展开了大量卓有成效的研究。20世纪60年代，一个以创新经济学为目标的知识社群开始形成。

虽然支持创新的知名经济学家在政治上享有一定影响力——罗伯特·索洛（Robert Solow）、肯尼思·艾罗（Kenneth Arrow）和理查德·纳尔逊（Richard Nelson）都曾在肯尼迪总统任下的经济顾问委员会工作，但他们的想法对政府决策却没有太多直接影响。想要最大限度地发挥技术对经济的影响，能做的事情有限，例如，肯尼迪创建了科学技术贸易助理部长（Assistant Secretary of Commerce for Science & Technology）这一新职位，所起的作用不明显[⑥]。

1970年以后，这种情况开始发生变化。美国在20世纪50年代和60年代经历了非同寻常的繁荣。但是，随着美国失去其相对于被重创的德国和日本的战后优势，美国经济从1970年开始增长乏力，1973年爆发石油危机后经济危机加重[⑦]。失业率增加、通货膨胀加重、贸易逆差、工人生产效率趋于停滞[⑧⑨⑩]，这一切都使得在政治上，对经济问题的关注度不断提高[⑪]，而且“经济”定量、投入-产出等概念的广泛运用，也使得人们开始关注各种政策对经济的影响。

---

① SOLOW R M，1957. Technical change and the aggregate production function［J］. Review of economics and statistics，39（3）：214-231.

② MANSFIELD E，1965. Rates of return from industrial research and development［J］. American economic review，55：310-322.

③ POSNER M V，1961. International trade and technical change［J］. Oxford economic papers，13（3）：323-341.

④ VERNON R，1966. International investment and international trade in the product cycle［J］. Quarterly journal of economics，80（4）：190-207.

⑤ KEESING D，1967. The impact of research and development on United States trade［J］. Journal of political economy，75（1）：38-48.

⑥ NELKIN D，1971. The politics of housing innovation：the fate of the civilian industrial technology program［M］. Ithaca：Cornell University Press.

⑦ National Bureau of Economic Research，2010. Business cycle expansions and contractions［Z］.

⑧ U. S. Department of Labor，Bureau of Labor Statistics. 2008. Employment status of the civilian noninstitutional population，1942 to date［Z］.

⑨ U. S. Department of Labor，Bureau of Labor Statistics. 2010a. Consumer Price Index（CPI）：historical data［Z］.

⑩ U. S. Department of Labor，Bureau of Labor Statistics. 2010b. Labor productivity and costs［Z］.

⑪ SMITH M A，2007. The right talk：how conservatives transformed the great society into the economic society［M］. Princeton：Princeton University Press.

显而易见，科技政策可能会直接影响“经济”这一观念，并不是一直就有的，随着从经济影响的角度重新审视教育、农业等问题[①]，科技政策的作用机制引起决策者的注意。例如，1970 年，美国贸易顺差接近于零。政府经济学家迈克尔·博列茨基（Michael Boretsky）认为，事实上大多部门多年来都存在贸易逆差，只有高科技部门是贸易顺差，而该部门在 20 世纪 60 年代中期以后，也趋于贸易平衡了。这一解释表明，技术创新水平不足，可能会导致新的贸易逆差，而这反过来又意味着旨在鼓励创新的政策可能会对经济产生有利影响[②]。20 世纪 70 年代，有学者引出了科学技术与经济产出（如创造就业与企业成长）之间的因果联系[③]。

与此同时，大型研发密集型企业也大力声援创新问题。这些企业通过美国国家工程院、工业研究所等机构进行动员，指出美国许多经济问题可归结于创新不足，创新努力不够，相对其外国竞争对手而言结果尽显颓势[④]。到 1976 年，商业媒体对这一问题的关注凸显，不断推出报道，“美国创新崩溃”如何导致经济涨幅减少、就业机会减少、国外市场流失、国内市场进口竞争加剧，以及严重贸易逆差不断增加。

因此，到了 20 世纪 70 年代后期，美国科学技术政策的经济化进展顺利，科学技术日益被视为一项经济投入，许多立法在国会获得一致或几乎一致的支持[⑤]。

科技政策的新自由主义

联邦政府于 1977—1985 年出台了几项与科学技术相关的重大立法，可归为新

---

① SMITH M A，2007. The right talk：how conservatives transformed the great society into the economic society［M］. Princeton：Princeton University Press：123-130.

② BOFFEY P M，1971. Technology and world trade：is there cause for alarm［J］. Science，172：37-41.

③ FLENDER J O，RICHARD S M，1975. The role of new technical enterprises in the U. S. economy［C］//Select Committee on Small Business U. S. Senate，Committee on Small Business U. S. House，Subcommittee on Antitrust，Consumers，and Employment，and Committee on Small Business U. S. House，Subcommittee on Energy，Environment，Safety and Research. Small business and innovation. Washington：U. S. Government Printing Office：594-606.

④ Gellman Research Associates，Inc.，1975. Indicators of international trends in technological innovation［Z］. Washington：National Science Foundation.

⑤ SLAUGHTER S，1998. Federal policy and supply-side institutional resource allocation at public research universities［J］. Review of higher education，21（3）：209.

自由主义主张（表 4-1）。每一项决定均反映出经济化倾向。国会于 1977 年做出决定，放宽对脱氧核糖核酸（DNA）重组技术的管制；1982 年通过《联邦法院法案（1982）》（Federal Court Improvement Act of 1982），专门成立专利法院，有效加强知识产权保护；1984 年通过《国家合作研究法案（1984）》（National Cooperative Research Act of 1984），放宽反托拉斯规定，鼓励企业间展开研发合作。这 3 项政策的制定出台，尤其注重科技政策产生的经济影响。

表 4-1 1977—1985 年美国制定的重要科技政策

年份	新自由主义	干涉主义
1977		国家科学基金会创立小型企业创新研究项目
1978	国会决定不对 DNA 重组技术施加管制	国家科学基金会创立产业—大学合作研究中心项目
	《收入法案（1978）》（Revenue Act of 1978）大幅削减资本利得和税率	
1979	劳工部准许将退休金用于投资风险资本	联邦政府于 1979—1985 年开始扩大对产业—大学研究中心的资金支持力度
1980	《拜杜法案（1980）》准许高校和小企业申请开展政府资助的研究项目	《史蒂文森-威德勒技术创新法案（1980）》要求联邦机构完成技术转移，创建（不是资助）通用技术中心
	高等法院裁决戴蒙得告查克拉巴蒂一案：生命形态属于可取得专利的范围	
1982	《联邦法院改进法案（1982）》设立美国联邦巡回上诉法院（一个专利法庭）	《小型企业创新发展法案（1982）》将国家科学基金会成立的《小型企业创新研究计划》拓展至其他机构
1983	《拜杜法案（1980）》开始在大型企业得到应用	《奥芬药物法案（1983）》（Orphan Drug Act of 1983）制定税收抵免政策，减少了药物公司治疗罕见疾病时所需的行政审批事项
1984	《国家合作研究法案（1984）》放宽反托拉斯政策，支持企业间开展研发合作	国家科学基金会成立工程研究中心项目

关于 DNA 重组技术的决定

国会 1977 年就是否对使用 DNA 重组技术开展研究施加限制进行热烈讨论。一些地方出于对公众健康问题的担忧对 DNA 的使用加以限制，国会发现这类问题后，意识到需要联邦政府参与解决此问题。公众对于使用DNA重组开展研究一事的争论愈演愈烈，恐惧情绪蔓延，在上半年的法案草拟过程中，大多数人（即使有些人反对限制政策）同意通过法案。科学家对使用DNA的危险程度持有不同见解，倾向自主决定如何使用DNA重组技术安全开展工作，成为法案最强烈的反对者；制药行业则认为法院施加管制在所难免，力求通过的法案不与本行业并行不悖[①]。

1977年年末，对DNA重组技术的讨论主要是如何缓和潜在风险与技术突破间的矛盾。潜在的经济影响不在考虑之列。同年11月，基因泰克公司（Genentech）使用DNA重组研发出荷尔蒙生长激素抑制素，向DNA重组技术商业化迈出关键一步。美国国家科学院院长在国会听证会针对该医学突破的讲话，成功改变了政治家对DNA重组研究蕴含经济意义的看法。此后争论的焦点多强调管制对DNA重组研究行业的政策威胁，以及其他国家借助DNA重组技术取得技术竞争优势的问题。于是政治风潮转向，1978年春，国会关于使用DNA重组进行研究的规定不再受到强烈质疑[②]。事实证明，DNA重组技术的经济影响论调比其实现医学突破愿景的论调更为有力。因此，拒绝实施管制的决定虽然具有新自由主义的色彩，同时也反映出科学技术政策的经济化倾向。

美国联邦巡回上诉法院成立

1982年国会通过了《联邦法院改进法案（1982）》（Federal Court Improvement Act of 1982），法案决定成立一个全国性的专利法庭，此举被社会各界普遍视为意在加强专利权保护，但其初衷只是为了防止出现“择地诉讼”（forum shopping）的行为。20世纪70年代中期以来，改革者一直致力于成立全国性的专利法庭，但是该计划的发起者，司法部律师却难以获得司法委员会的支持，而司法委员

---

① WRIGHT S，1994. Molecular politics：developing american and british regulatory policy for genetic engineering，1972-1982［M］. Chicago：University of Chicago Press.

② BERMAN E P，2012. Creating the market university：how academic science became an economic engine［M］. Princeton：Princeton University Press.

会的支持又是推进立法进程不可或缺的一环[①][②][③]。

司法部律师发现，司法委员会“相较于联邦巡回上诉法院的建议，对行业创新更感兴趣”，这也引起司法委员会主席罗伯特·卡斯腾迈耶（Robert Kastenmeier）的注意。罗伯特·卡斯腾迈耶同意成立一个全国性质的专利法庭，认为对专利问题的持续关注及有预见性的决断对于激励创新而言很有必要[④]。司法部律师同样获得各行业的支持，认为专利法庭或将加强专利权保护，最终，全国3/4的行业领域支持成立专利法院的法案[⑤]。为了加强知识产权保护，成立美国联邦巡回上诉法院的做法颇具新自由主义色彩，但罗伯特·卡斯腾迈耶认为，通过该法案“不只是考虑到专利权律师，也是为了美国各行业的研究机构能实现技术突破，提高美国的国际竞争力”[⑥]。左右两派政客均认为持续强势地推进专利权保护很有必要，对于实现技术创新、发展经济而言具有重要意义。

《国家合作研究法案（1984）》的出台

20世纪60年代末以来，商界普遍担忧反垄断法限制企业间开展研发合作，损害技术创新[⑦]。《国家合作研究法案（1984）》于1984年10月正式签署为法律。为鼓励企业间开展研发竞争与合作，法案设定核心条款：基于反垄断法，企业间开展研发合作不属于当然违法（illegal per se）；研发合资企业违反反垄断规定时不再偿

① MEADOR D J，1992. Origin of the federal circuit：a personal account［J］. American university law review，41：581-620.

② JAFFE A B，LERNER J，2004. Innovation and its discontents：how our broken patent system is endangering innovation and progress，and what to do about it［M］. Princeton：Princeton University Press.

③ ABRAMSON B D，2007. The secret circuit：the little-known court where the rules of the information age unfold［M］. New York：Rowman & Littlefield Publishers.

④ 同①。

⑤ NEWMAN P，2001. “Origins of the federal circuit：the role of industry［J］. Federal circuit bar journal，11：541-543.

⑥ U. S. House，Committee on the Judiciary，Subcommittee on Courts，Civil Liberties，the Administration of Justice. 1981. Court of Appeals for the Federal Circuit［Z］. Washington：U. S. Government Printing Office.

⑦ U. S. Department of Commerce. 1967. Technological innovation：its environment and management（Charpie Report）. Washington：U. S. Department of Commerce.

付 3 倍于已致损失的罚款[①]。这一法案通过的直接动力来自一个特殊群体：微电子和计算机联盟，是美国英特尔公司（Intel）、超微半导体公司（AMD）、美国国家半导体公司（National Semiconductor）的代表。上述公司希望彼此展开研发合作，与日本各行业进行技术竞争[②]。

虽然各行业团体对改革的呼吁和放宽反托拉斯限制的做法具有新自由主义的色彩，但是推进改革进程确实与两党共同参与有着密不可分的联系。左翼民主派代表皮特·罗迪诺（Peter Rodino）带头肯定《国家合作研究法案（1984）》，参众两院一致通过[③④]。法案得以顺利推行，还得益于大众对其“助力加速技术创新进程”的期待，相关人士指出“保持美国技术国际竞争力显然比维持美国经济的平稳运行更为重要”[⑤]。改变法律条款就其本身而言虽是微小的举动，但此举给各行业吃了一颗定心丸：研发合作不会受到权威机构的质疑，同样也是反托拉斯政策方面的创新之举。技术创新是重要的经济助推力，这种在社会大众新近流行起来的看法，促使自由市场和行业政策的拥趸都来支持新法案的相关规定，推动技术创新。

20 世纪 70 年代末至 80 年代初，研发政策领域的改革与两个因素分不开：对经济形势的日益关注及技术创新作为经济助推力成为社会新焦点，这两个因素在一些案例中甚至起决定性作用。与新自由主义政策无异，每一项研发政策均得到商界支持，其他如科学家、各大高校，以及左翼政客也都纷纷支持。总之，该时期的研发政策充满新自由主义色彩，同时赢得左翼政客和右翼政客的支持。

科技政策的干涉主义

同一时期，美国政府出台另外几项政策，还具有干涉主义色彩。与上述的新自由主义政策无异，干涉主义政策基于政府在经济运行中所应扮演角色的假设，反映出研发政策的经济化走向。下面 3 种干涉主义政策的出台表明技术创新驱动的重要

---

① WRIGHT C O B.，1986. The national cooperative research act of 1984：a new antitrust regime for joint research and development ventures［J］. High technology law journal，1：133-193.

② GIBSON D V，EVERETT M R，1994. R&D collaboration on trial：the microelectronics and computer technology corporation［M］. Cambridge：Harvard Business Press.

③ CRANE D A. 1984. Joint research and development ventures and the antitrust laws［J］. Harvard journal on legislation，21：405-58.

④ 同②。

⑤ 同③。

性：成立和扩张小企业创新研究项目（为小企业提供联邦研究资金支持）；美国国家科学基金会成立联合研究中心；通过《史蒂文森-威德勒技术创新法案（1980）》，试图创建“共性技术中心”，允准政府实验室实现技术转移。

小型企业创新研究项目的成立和发展

1982年，国会通过《小企业创新发展法案（1982）》（The Small Business Innovation Development Act of 1982），规定联邦机构为小企业专设一笔研究资金。该法案由民主党参议员泰德·肯尼迪（Ted Kennedy）发起，其前身是美国国家科学基金会于1977年设立的小企业创新研究项目。一直以来，国家科学基金会只向学术界提供支持，但随着行业创新成为日益重要的政治议题，泰德·肯尼迪在《小企业创新发展法案（1982）》中增设条款：联邦机构须向小企业提供一笔专项资金[①②]。

小企业团体兴奋之余，力争得到其他机构的专项资金，但是没有成功。为了满足小企业的需求，泰德·肯尼迪起草一项法案要求其他机构设立自己的小企业创新研究项目，并将法案转交给华伦·拉德曼（Warren Rudman）（届时民主党人已于1980年失去对参议院的掌控权）。里根政府虽然极力反对泰德·肯尼迪的干预政策，但1981年该干涉法案仍以参议院90∶0的投票结果获得通过[③]。

参议院一致通过干涉法案后，各大高校开始反对，声称专项资金支持会干扰市场规律，导致研究成果低劣，而且会减少对基础研究和教育的投资力度[④]。代表小企业利益的美国电子协会也对法案提出异议，呼吁“施行税费刺激计划和监管救济策略”[⑤]。支持者则从经济角度出发，认为“小型高科技公司是美国开拓进取、不断创新的源泉。因此干涉法案会刺激经济增长，提振萎靡的生产力，创造就业岗

① U. S. House，Committee on Science and Technology，Subcommittee on Science，Research，and Technology，1983. The national science board：science policy and management for the national science foundation 1968－1980 [Z] . Washington：U. S. Government Printing Office.

② OBERMAYER A S，2009. Senator ted kennedy's role in the birth of the small business innovation research program [Z] .

③ REINHOLD R. 1981. Bill would require research aid for small companies [N] . New York Times.

④ RUSSELL C. 1982. On the hill，a battle over R&D funding [N] . Washington Post.

⑤ 同③。

位”[①]。最终该法案以353票支持，57票反对的结果在众议院获得通过，里根总统正式签署成为法律[②]。之后，《小企业创新发展法案（1982）》历经修订，几次扩大政府资金支持规模，凯勒·R. 马修（Keller R. Matthew）和弗莱德·布洛克（Fred Block）的研究表明，年资金支持为20亿美元的小型企业创新研究计划对美国创新体制的转型具有重要意义[③]。

美国国家科学基金会的联合研究中心项目

泰德·肯尼迪也参与发起了国家科学基金会倡议组织的“产业—大学间合作研究中心项目（I/UCRC）”，该项目于1978年成型，国家科学基金会举办其他大型合作中心项目时将其奉为圭臬。为了推动行业创新，泰德·肯尼迪还打算在拨款法案中增设条款：允许大型企业与获得资金支持的高校平等竞争，而美国国家科学基金会对此想法嗤之以鼻。虽然这一想法未被采纳，但是国家科学基金会认同政客为支持行业基础研究所做的权宜之计，于是对“产业—大学间合作研究中心项目”提出修改建议：修改后的项目会照顾行业需要，但不允许各行业企业与各高校为资金支持展开竞争[④]。国家科学基金会负责人理查德·阿特金森（Richard Atkinson）将新计划推销给国会，称该计划“有海量经济数据作支撑，反映了研发活动与国内生产总值间的关系”[⑤]。

政策制定者对新计划反应热烈，欲促进行业创新改善经济。卡特总统任期内出台的《国内产业创新政策回顾》建议对“产业—大学间合作研究中心项目”创新升级，并推广至其他机构，扩大实施范围。最终，促成了《史蒂文森-威德勒技术创

① RUSSELL C. 1982. On the hill，a battle over R&D funding [N]. Washington Post.

② SLAUGHTER S. 1998. Federal policy and supply-side institutional resource allocation at public research universities [J]. Review of higher education，21 (3)：209-244.

③ KELLER M R，BLOCK F，2012. Explaining the transformation in the U. S. innovation system：the impact of a small government program [J]. Socio-economic review，11 (4)：629-656.

④ U. S. House，Committee on Science and Technology，Subcommittee on Science，Research，and Technology. 1983. The national science board：science policy and management for the national science foundation 1968—1980 [Z]. Washington：U. S. Government Printing Office.

⑤ U. S. House，Committee on Science and Technology，Subcommittee on Science，Research，and Technology. 1978. 1979 national science foundation authorization [Z]. Washington：U. S. Government Printing Office.

新法案（1980）》出台，但是该法案始终没能得到资金支持[①②]。国家科学基金会一直致力于“钻研基本的学术工程知识，为提高国家生产力寻找解决方案，重塑美国在国际市场的竞争力”，于是在1983年成立规模更大的工程研究中心项目（Engineering Research Centers Program)[③]。虽然里根政府对此项目有很大质疑，基础科学界对国家科学基金会将资金支持扩大至工程界这一做法也极为不满，但是此项目“的确兼具经济指导意义和现实操作的可行性”[④⑤]。因此，科技政策的经济化趋势促使政府设立新项目，支持更多行业科技工作的开展。

通过《史蒂文森-威德勒技术创新法案（1980）》

1980年通过的《史蒂文森-威德勒技术创新法案（1980）》旨在规定美国国家实验室预留出0.5%的研发预算用于技术转移。但是法案通过的初衷却并非如此，而是要扩大国家科学基金会的“产业—大学间合作研究中心项目（I/UCRC）”。该项目80%的资金用于支持成立“技术中心”，提高各行业的技术竞争力，因而，关于《史蒂文森-威德勒技术创新法案（1980）》的新闻报道几乎都是关于技术中心的内容。

《史蒂文森-威德勒技术创新法案（1980）》关注国家经济的运行状况，也得到了两党的支持，毕竟“技术创新在国内外都是推动经济增长的重要引擎”[⑥]。虽然该干涉法案的目标得到推崇，但是一些人对其提出质疑。化工行业对此态度不一，“有人质疑，有人态度中立”，另有人则认为支持成立的“技术中心”会成为“绝对的灾难”。《拜杜法案（1980）》的设计者称《史蒂文森-威德勒技术创新法案

---

① Advisory Committee on Industrial Innovation. 1979. Final report of the advisory committee on industrial innovation [Z] . Washington: U. S. Department of Commerce.

② U. S. General Accounting Office. 1983. The federal role in fostering university-industry cooperation [Z] . Washington: General Accounting Office.

③ BELANGER D O. 1998. Enabling American innovation: engineering and the National Science Foundation [M] . West Lafayette: Purdue University Press.

④ National Research Council, Cross-Disciplinary Engineering Research Committee, 1986. The new engineering research centers: purposes, goals, and expectations [M] . Washington: National Academy Press.

⑤ 同③。

⑥ U. S. House, Committee on Science and Technology. 1980. Stevenson technology innovation act of 1980 [Z] . Washington: U. S. Government Printing Office.

(1980)》是“非但没有解决问题而且会滋生腐败”的“垃圾”[①]。

《史蒂文森-威德勒技术创新法案(1980)》最终还是获得了参众两院的一致通过[②],其目标却未曾实现。里根政府虽然同样认为“技术创新会对经济产生积极影响”,但是“对联邦政府直接干预会提高行业创新能力这一想法嗤之以鼻”,于是选择不对“技术中心”提供资金支持。阿德雷·史蒂文森(Adlai Stevenson)和约翰·威德勒(John Wydler)的《史蒂文森-威德勒技术创新法案(1980)》没有遇到多少阻力,但实际上,只有该法案第二项有关实验室的规定产生了实际影响。但是《史蒂文森-威德勒技术创新法案(1980)》计划成立的“技术中心”在20世纪80年代通过其他途径得以创建,这些途径包括:国家科学基金会的工程研究中心、公共专用半导体制造技术联盟、美国商务部制造业扩展伙伴关系(MEP)及先进技术发展计划(ATP)。

因此20世纪70年代末至80年代初,美国制定了新自由主义性质的科技政策,旨在加强知识产权保护,放松管制,放宽反托拉斯政策,并鼓励发挥市场作用推动研发工作;同时出台了干涉主义法案推动技术创新(表4-1)。具体措施包括:为小企业寻求政府资金支持,为政府部门、各行业及各高校间展开研发合作提供平台,并敦促联邦机构完成技术转移。这些措施也想通过提高全国的技术创新水平推动经济发展。干涉主义措施同新自由主义政策一样,也得到了两党的广泛支持,但也会有部分认为自己肩负着限制政府在市场上的角色的人则予以反对。

不管如何,新自由主义科技政策和干涉主义科技政策反映的都是经济化趋势。“经济”及其类似生产力、竞争力等概念的政治意义日益突出,这在科技政策领域和其他领域都是如此。科技作为创新的源泉,被视为经济增长的驱动力量,政府也日益重视利用科技改善经济效益。完善市场机制和增设新项目都能奏效,无论哪种方式,都是科技政策经济化的体现。总统科学顾问约翰·马伯格在2008年呼吁开展“量化科学政策跨学科研究”,认为该研究很大程度上属于经济学的一个分支,做好“量化科学政策跨学科研究”有利于巩固以技术为基础的经济稳健运行,“维持美国的国际竞争力”[③]。新项目“科学政策的科学”由此产生,成为为国家科学

① LATKER N J, 2005. Interviews by author [Z]. Bethesda, MD.

② SLAUGHTER S. 1998. Federal policy and supply-side institutional resource allocation at public research universities [J]. Review of higher education, 21 (3): 209.

③ MARBURGER J. 2005. AAAS S&T Policy Forum Keynote Address [Z]. Washington: American Association for the Advancement of Science.

投资项目决策的最佳模型[①]。

自此以后，科技领域最重要的法案就是2007年的《美国竞争法案（2007）》和2010年的再修订法案。2010年再修订法案首次明确规定了国家科学基金会提供资金支持欲达成的目标，其中4个目标是传统目标，包括改善科学教育、提高科学参与度等。第5个目标关乎国家安全，最后3个目标则是经济层面："提高美国经济竞争力"，"培养具有全球竞争力的劳动者队伍"，以及"加大学术圈和企业间的合作力度"。

当然，制定科技政策时并非全部出于经济化的考量，国家科学基金会制定政策时还会着眼于推动科学发展。科技政策范围甚广，尤其是健康和国防领域，制定科技政策是为了解决重大问题，经济影响还在其次。越来越多的人从经济影响范围的大小看待科技的价值，但关注科技政策的经济效益可能忽略其他潜在价值。助推经济是制定经济政策时每个决策者的初衷，具有政治上的可行性，但是，也要看到，抽象经济指数的不断提高并不意味着每个公民都会收益。过去几十年的科技政策反映出一种市场机制优于政府直接干预、私人解决方案胜过公共锦囊的现象。

4.2 技术转移制度变迁

美国科技法律的新自由主义、经济化的趋势，在美国技术转移制度的设计方面显现得更为明显，从美国技术转移制度的梳理演化分析，可以更为清晰地窥看其中的变迁过程。2017财年，联邦政府研发经费支出1474亿美元（不包括被分配到美国复苏与再投资法案下的资金）以满足各联邦部门和专项机构的任务需求，其中大约1/3的资金被联邦实验室用于内部的研发（包括支持联邦资助的研发中心）。考虑到美国公司在国际市场上的竞争压力，技术转移的支持者们认为，在联邦实验室系统中产生的研发成果，如果进一步地被产业界开发，可以拥有市场价值。

技术从联邦实验室到产业、到各州和地方政府的流动，是通过技术转移实现的。技术转移是指由某组织、某领域或出于某目的发展出的技术，被应用于另一个组织、领域或目的的过程。技术转移在不同的语境下拥有不同的含义。在某些情况下，它指的是法律权利的转移，比如专利署名权向承包商的转让，对私有企业的许

① National Science and Technology Council, Subcommittee on Social, Behavioral and Economic Sciences. 2008. The Science of Science Policy: A Federal Research Roadmap [Z].

可。这种转移，包括信息、知识和技能，通过私人间交互的非正式互动等。成功转移的一个重要方面是产品和工艺的实际使用。没有这一点，再有效的商品及服务条款中的利益都难以实现。然而，尽管美国可能已拥有世界上最好的基础研究机构，但其他国家有时候似乎更擅长于将基础研究成果转化为具有商业价值的产品，再卖给美国和世界市场[①]。

尽管联邦实验室系统的成果具有很好的商业化潜力，但在20世纪70—80年代，联邦资助研发成果的商业化却停留在较低水平。导致这一结果的原因有很多，比如说，很多专利并没有实际的商业价值，没能有效对接技术和工艺的市场需求。联邦实验室的研发活动通常是满足某一专项任务，又或是因为政府认为国家的利益反映于公共部门而不是市场需求，没有充足的意愿激励私营部门研究。因此，技术转移常依赖于“技术推动（technology push）”——而不是“市场拉动（market pull）”——来明确哪些被开发的技术应用于市场。换言之，一项技术的开发及确定如何使用它，是因为专家意见，而不是因为对市场需求的感知。对转移产生阻碍的还有一个重要因素是成本。据估计，研究将一项新产品或工艺投入市场的费用约占总开支的25%。[②] 因此，尽管依靠政府资助的研究对公司来说是有益的，但在技术转移之后仍需要不少额外的花销用于商业化。总的来说，技术转移是一个复杂的过程，它涉及许多阶段，充满变数。而参与者常常不知道或不理解彼此的工作环境、规程、技术、报酬和约束条件。只有当技术转移包含了实验室内承担义务的个体与产业界或各州和地方政府之间的一对一的交互，才能获得成功。

向私营企业的技术转移

联邦政府对从政府实验室向私营企业的技术转移颇为重视。很多政府资助的研究是面向知识和专门技术所必需的产品和工艺，然而，政府并没有权力和能力来对联邦研发成果进行商业化。技术转移是一种将联邦产出的技术和技艺知识传递到商业界的机制，而商业界才是这些技术和工艺发展、商业化，并被公共部门加以应用的地方。

---

① CRS Report RL33528，Industrial Competitiveness and Technological Advancement：Debate Over Government Policy，by Wendy H. Schacht.

② CRS Report RL33257，Technology Transfer：Use of Federal Funded Research and Development，by Wendy H. Schacht.

联邦介入技术转移还源于促进经济增长的需要，而这对国家福利和安全极其重要。经济增长的主要方式是“通过科学知识不断取得进展，推动技术进步”[①]，这一点得到大家广泛认同。当一项产品、工艺或服务投放市场，被转让或用于提高生产率，自然会带来经济价值的增长，而且，新的、不同的产品或工艺可以满足或进一步引发市场需要。

此外，与私营企业的合作，为联邦科学家和工程师从产业界获取最先进的技艺信息提供了途径。技术转移还是一条帮助那些依赖于防务合同和采购的企业，转向民用的、商业市场的制造业转型路径。

向各州和地方政府的技术转移

各州和地方政府不断增长的改进商品与服务的需求，使它们意识到，对技术成果的拓展有助于满足很多这样的需求。技术和技术知识从政府实验室到州和地方辖区的转移，可以使那些由联邦研发资助产生的创意和发明，用于更广泛的用途。由于州和地方政府越来越多地寻求技术应对措施，“公共技术（public technology）”的概念应运而生。

州和地方政府关心地区经济的增长，同时也关注技术转移，将其视作提升私营企业创新活动的有效途径。为了培育和发展创业氛围，很多州和地方政府实施高技术企业援助计划，这些都有赖于联邦实验室系统的技术扩散。州和地方为小企业发展“孵化中心（incubator centers）”的努力同样有赖于来自联邦实验室的合作，提供技术专业知识，推动创新项目落地，此外还有一些项目的设立囊括州立大学、私营企业及联邦实验室，将不同参与群体的特定需求调适得当[②]。

立法工作

多年来，联邦层面采取了多种措施推动科技从联邦政府向州和地方辖区，以及私营部门转移。通过梳理发现，授权给联邦实验室系统比较重要的原法（primary

---

① STEELMAN J R. 1947，Science and public policy，Vol. I，A program for the nation，The President's Scientific Research Board，Washington：U. S. G. P. O.

② CRS，Report 98-859，State Technology Development Strategies：The Role of High Tech Clusters，by Wendy H. Schacht.

law）包括：公法 96-480 即 1980 年《史蒂文森-威德勒技术创新法案（1980）》，修订后的《联邦技术转移法案（1986）》（The Federal Technology Transfer Act of 1986）（P. L. 99-502），《综合贸易及竞争法案（1988）》（P. L. 101-418），《国防授权法案（1990）》（P. L. 101-189），《国防授权法案（1991）》（P. L. 101-510），《国家技术转移与促进法案（1995）》（P. L. 104-113）及《技术转移商业化法案（2000）》（P. L. 106-404）。

实验室联盟

为了促进和协调技术在多层级政府与私营部门之间的转移，联邦重要的成就之一就是成立技术转移联邦实验室联盟（FLC）。该联盟最早由国防部于 20 世纪 70 年代成立，用于促进将国防部的技术转移至州和当地政府。几年后，联盟扩展为包括其他联邦部门在内的、约 300 个联邦实验室的自发组织。《联邦技术转移法案（1986）》为该联盟提供了法律制度保障。如今，已有超过 600 多所实验室在列。

联邦实验室联盟的基本任务是将不同的成员实验室与其他联邦实体，州的、地方和区域的政府，以及私人企业“网络化（networking）”，促进对联邦部门和专项机构中开发的技术知识的高效利用。为了实现这一点，该联盟建立了使用户需求得以识别和解决的通道，而且还提供了能使联邦技术和专业知识在个体实验室到私人企业间扩散的途径，以推动知识的进一步发展和商业化。这种途径可以通过实验室代理人、联盟区域协调人、华盛顿地区代理人，也可以通过执行主任，来获取整个联邦实验室系统资源。

公法 96-480，公法 99-502 及修正案

20 世纪 60 年代中期以来，国会指向一个现实问题，即美国在技术创新方面的领导地位正在削弱，具体表现在，研发支出减少、国内专利比例降低、与国外竞争者相比生产力提高的幅度减少、研发密集型产品贸易失衡等一系列指标表现疲软。为缓解不断减少的研发支出，加快技术创新以推动经济增长，国会寻求国家、地方政府和私人产业界将大学和联邦实验室作为重要资源加以利用的方式。参议院商业、科学和交通委员会主席、参议员阿德雷·史蒂文森提出了 S. 1250 号法案，众议院的发起人是众议员约翰·威德勒，因此该法案被称为《史蒂文森-威德勒技术

创新法案（1980）》。尽管参众两院对该法案具体条款的修订来回反复，但是在两党的支持下，参众两院都通过了这一法案，经总统签署成为法律。《史蒂文森-威德勒技术创新法案（1980）》明确声明：确保对国家投资的研发成果有效利用，是联邦政府一直以来的职责。鉴于此，联邦政府应当致力于，将属于或源于（未被分类的）联邦的技术，转移至州和地方政府，以及私营部门。

在该项法案之前，除了美国国家航空航天局外，技术转移并未被纳入其他联邦部门或专项机构的任务要求。《史蒂文森-威德勒技术创新法案（1980）》“法律化（legitimized）”技术转移活动，并要求技术转移作为各专项机构的强制任务来完成。

法案第 11 节规定了可以进行技术转移的联邦专项机构及其实验室，每个部门至少一个实验室，必须实现将其不少于 0.5％的研发预算用于转移活动，但这一要求后来被搁置。不仅经费上有要求，还对于机构设置也规定了相应内容。每个实验室要求设立一个研究与技术应用办公室（ORTA）；每年预算超过 2000 万美元的实验室必须拥有至少一位全职员工在该办公室。研究与技术应用办公室的功能在于识别技术是否有应用于其他方面的潜力。

技术的转移和商业化的其他诱因体现在《史蒂文森-威德勒技术创新法案（1980）》后的多种修正案中。1986 年《联邦技术转移法案（1986）》（P. L. 99-502），修订了 P. L. 96-480，允许政府实验室进入与非联邦组织签订的合作研发协议（CARDA）中，要求联邦雇员接受从其所获专利的发明许可权中得到的部分权利。合作研发协议是一种特殊的法律文书（而非采办合同），用以界定合作的企业范围。对于那些有自己实验室的专项机构，其实验室主任有权决定是否加入合作研发协议来扩散和促进技术转移。通常在那些通过承包商来运作实验室的专项机构中，尤其是能源部，合作研发协议需要得到总部的核准。《国防授权法案（2001）》（P. L. 106-398）允许专项机构规定在合适条件下，合作研发协议可以由实验室自己批准而不是总部。

合作研发协议下执行的工作必须与实验室的任务相一致。为实现各方的通力合作，实验室可能需要吸引来自各方的资助、人员、服务及产权。政府需要负责合作研发协议所产生的管理费用，但是明文禁止向企业合作者提供直接资助。经过合作研发协议授权或批准，实验室雇员创造的发明可由实验室主任批准，进入企业、大学。此外，主任可以提前搁置，任何政府可能拥有的、无关公司规模的合作研发产出的发明所有权。这里，政府在任何情形下都保有一个非独占的、不可转让的、不可撤销的、已结算清的许可，以根据自己的需要使用某项发明。

当与专项机构的规章制度相一致时，实验室人员允许参与商业化活动，但雇员受制于利益冲突的约束。《联邦技术转移法案（1986）》规定只要是科技进步具有商业价值或对实验室的任务有所贡献，并且该技术的转移推动了商业化，可以用现金奖励联邦实验室员工积极推动科学或技术进步的行为。还有一项激励表现为，在任期间拥有发明的联邦雇员，可以收到其工作相关专利许可获利的至少15%的提成。如果政府拥有一项发明的所有权但选择不申请专利，其发明者，只要是现任或前任联邦雇员，也可以获得上述政府许可的署名权。

为进一步促进技术转移，《国防授权法案（1991）》（P. L. 101-510）的一项条款修正了《史蒂文森-威德勒技术创新法案（1980）》，允许政府专项机构和实验室发展合伙人机制，以扩大实验室技术至小企业部门的转移。《国家技术转移与促进法案（1996）》（National Technology Transfer and Advancement Act of 1996）修正《史蒂文森-威德勒技术创新法案（1980）》，阐明了现行政策关于合作研发协议下的知识产权分配问题。

综合贸易及竞争法案

为了回应对新技术发展和应用的关注，《综合贸易及竞争法案（1988）》（Omnibus Trade and Competitiveness Act of 1988）纳入了几项规定来促进技术转移。该法案委托美国国家标准局的国家标准和技术研究院（NIST）强制设立：①一项先进技术计划，以鼓励公共和私有部门共同努力促进产业技术发展，并推动美国国家标准和技术研究院技术和专业知识的使用；②区域性制造技术转移中心；③一所州和地方创新相关活动的票据交换所。而在P. L. 99-502中被搁置的联邦实验室联盟运作经费的规定，也从实验室研发预算的0.005%提升至0.008%。[①]

现已终止的先进技术计划（ATP）提供了与私营部门投资相匹配的种子基金，推动大学、产业及政府实验室之间的合作或联盟，加快应用于交叉产业间的通用技术发展[②]。第一次奖励是在1991年，到2007年计划末期，824个被资助项目，近16亿美元与私营部门15亿美元的融资相匹配，近28%（227个）受到奖励资助。

---

① CRS Report RL 33527，Technology Transfer：Use of Federal Funded Research and Development，by Wendy H. Schacht，2012

② CRS Report 95-36，The Advanced Technology Program，by Wendy H. Schacht，2008

2007年通过的《美国竞争法案（2007）》（P.L.110-69）创立了新技术创新计划（TIP）以取代先进技术计划[①]。与先进技术计划推进高风险研发为国家带来经济利益这个意图相似的同时，新计划的实施还有几处不同。新技术创新计划下的资助被限制在中小企业，先进技术计划下的资助则无关企业的规模。此外，先进技术计划中的合资风险项目被要求由两个分开的国有营利性公司组成，当然也可包括大学、政府实验室和其他专项研究机构，不过是作为项目的参与者而非拨款的接收者。技术创新计划还首创了新的组织方式，合资风险项目可以包含两个分开的国有营利性公司，也可以由一家中小型企业和一所大学组成。在先进技术计划中，中小型企业未被要求分担成本（大型企业承担项目总经费的60%），而新技术创新计划下，中小型企业需分担50%的经费需要，同样，这只适用于那些符合条件的中小型企业。先进技术计划下，合资风险项目的5年资金并没有资助限制；而新技术创新计划限制合资风险项目的资助是5年900万美元。先进技术计划下创立的咨询委员会包括产业代表、联邦政府人员及从其他研究组织中选派的代表，而在新技术创新计划下的咨询委员会则仅由私营部门成员组成。

《综合贸易及竞争法案（1988）》（P.L.100-418）还设立了一个区域性中心项目，使用由美国国家标准与技术研究院和其他联邦专项机构主导下开发出的知识和技术[②]来支持小型企业发展。这些中心由联邦资金支持，与包括州和地方政府及产业的非联邦资源相匹配。起初，有7家制造技术转移的区域性中心被选中参与运作，包括：俄亥俄州克利夫兰先进制造计划的五大湖制造技术中心；纽约州特洛伊伦斯勒理工学院的东北制造技术中心（现名为纽约制造业延伸合伙企业）；哥伦比亚南卡罗来纳大学的南卡罗来纳州技术转移合作社；密歇根州安阿伯市工业技术研究所的中西部制造技术中心；堪萨斯州托皮卡技术实业公司的美国中部制造技术中心；托伦斯市埃尔卡米诺学院的加利福尼亚制造技术中心；以及明尼阿波利斯市的制造技术中心。

专利法案

美国宪法第8节陈述道，“国会有权规定……为促进科学和实用技艺的进步，对

① CRS Report RS22815，The Technology Innovation Program，by Wendy H. Schacht，2010

② CRS Report 97-104，Manufacturing Extension Partnership Program：An Overview，by Wendy H. Schacht，2009

作家和发明家的著作和发明，在一定期限内给予专利权的保障……”，专利系统通过同时保护发明者和培养竞争环境，来鼓励创新。最初，该系统为发明者提供 17 年的前置时间（自发布日期算起）以发展他的创意、商业化，并因此获得的他最初投资回报。如今，为了响应《乌拉圭回合协议法案》（Uruguay Round Agreements Act），专利条例把时间改为自文件归档日期起的 20 年内。专利可以看作一个信息披露系统，鼓励其他公司或发明者发明现有专利的“周边（around）”，以提供类似的技术开发或满足类似的市场需求。

联邦资助下的研发成果专利所有权问题影响着从联邦实验室到私营部门的技术转移。一般而言，政府保留有这些发明的所有权，并可以将其授权拥有独占许可或更普通的非独占许可公司。然而，受争议之处在于，没有一项发明的所有权（或至少是独占许可）及其保护，公司不需要投入商业化必要的、额外的时间和资金。这一争论背后的事实是，尽管很多联邦政府授权专利具有进一步开发、应用和商业化的潜力，但只有约 10％的创意能够被用在私营部门。

《专利和商标法修正案（1980）》(P. L. 96-517，通常被称作《拜杜法案（1980）》）应运而生，部分授权承包商获得所有权，只要他们是小企业、大学或非营利性机构，并要求他们在一个经双方议定的时间内完成商业化①。《拜杜法案（1980）》对受到联邦资助的科学家，从事更具产出能力的科学研究是一种激励②。但是该规定仍旧受到争议，在后文的第 13 章将会着重介绍。

P. L. 98-620 的颁布带来专利法的改变，同样影响了技术从联邦实验室到私营部门的转移。P. L. 98-620 还批准私有企业，无关规模，可以获取政府专利的独占许可。对大型企业的优先限制，允许其在 17 年专利权中，拥有 5 年的独占许可。该法案准许这些由大学或非营利性机构运作的政府实验室，拥有对其机构产出的发明所有权。此条例并不包含由大公司运作的联邦实验室。

《联邦技术转移法案（1986）》及《国防授权法案（1990）》授权所有企业(不仅是小企业、大型和非营利性企业)，拥有与政府实验室的合作研发协议下产出的发明所有权。若出现上述情况，联邦政府将保有免版税的许可来使用这些专利。此外，《联邦技术转移法案（1986）》规定，政府机构可以保有一部分税收而不是将其归还国库。在支付了发明的规定数额后，专项机构需将余下部分转交至它们的

① CRS RL32076，The Bayh-Dole Act：Selected Issues in Patent Policy and the Commercialization of Technology，by Wendy H. Schacht，2012

② 古斯顿，2011. 在政治与科学之间［M］. 龚旭，译. 北京：科学出版社.

政府实验室。实验室可以保留全部版税的相当于其每年预算的5%加上超出5%上限的25%的资金。剩下75%的超出部分交归国库。实验室保留的资金被用于管理和为发明颁发许可所产生的费用；奖励实验室员工；实验室间的人员调度；与实验室和机构任务相关的教育和培训；额外的转移等。

《技术转移商业化法案（2000）》（Technology Transfer Commercialization Act of 2000）于2000年11月1日被签署成为法律，对政府持有专利的现行政策进行了变更，使联邦专项机构为发明颁发许可变得更容易。该法律修正了P. L. 98-480及《拜杜法案》部分条款，以减少获得独占或部分独占联邦持有专利许可所需要的时间。以前，专项机构要求通过联邦公报公布技术的可用性3个月，然后由一家感兴趣的公司提供一个额外的60天的“获得许可”通知。新法案意识到网络传播能力，把公告的时间缩短至15天，同时缩短了面向产业商业化活动的限制时间。该法还允许对现有政府发明的颁发许可纳入合作研发协议。

《合作研究与技术促进法案（2004）》［Cooperative Research and Technology Enhancement (CREATE) Act of 2004，P. L. 108-453］对专利法做了若干改动，推动大学、政府及私营部门间的合作研发活动。该法案修正了美国法典的25号标题的第103节第3部分，使合作研究协议下的研究者之间的某些行动不再妨碍可专利性[①]。

小企业技术转移计划

《小企业创新发展法案（1982）》（P. L. 102-564）发起了一项3年试点计划，通过小企业促进大学、非营利性组织及联邦实验室研发的商业化。第一阶段多达10万美元的资金可用于一年概念可行性的测试。第二阶段有50万美元的奖励，两年完成研究。成果的商业化资助期望能从私营企业中筹措。本要在1996财年年末终止的计划，被延长了一年。《小企业授权法案（1997）》（Small Business Reauthorization Act of 1997，P. L. 105-135）继续授权小企业技术转移计划度过2001财年，而《小企业技术转移授权法案（2001）》（Small Business Technology Transfer Program Reauthorization Act of 2001，P. L. 107-50）将该计划延长至2009财

① CRS Report RS21881，Collaborative R&D and the Cooperative Research and Technology Enhancement (CREATE) Act，by Wendy H. Schacht.

年。直到 2008 年 10 月 31 日期满，该计划已被临时延长了 5 次，后来又被延长到 2011 年 1 月 31 日。此外，第二阶段所能为个体提供的资金数目由 50 万美元增长到 75 万美元[①]。

联邦实验室任务的重新审视

联邦实验室的技术转移授权，与授权帮助私营企业技术商业化不同。而且，政府实验室的任务通常是宽泛的，并不包括直接地支持产业发展，除了国家标准与技术研究院。这些实验室的创建用于执行必要的研发以满足政府的需求，而这显然与市场的需求并不一致。

联邦实验室的任务还在进一步审视，也会受预算约束和世界形势改变的影响。国家安全的外延不断延伸，不仅包括先进武器，还包括经济健康问题。这些对国防事业贡献诸多的实验室需要重新评估。其中一个重要议题就是，联邦研发设施的授权是否应该有责任对私营部门进行帮助。现实中，实验室目前的职责包括一些举措来推动技术转移进程，如通过增加合作研发、私营部门提前介入实验室研发阶段，以及扩大商业化活动等，使政府机构执行的工作更贴合产业。

由于一部分重要的实验室涉及国防军事，问题就牵涉到这些机构拥有的技术是否能通过对商业公司有用的方式转移。此外，选择一个企业而不是另一个企业参与转移或一项合作研发协议，就和利益冲突一样，会引发选择公平公正性的争议。实际上，阻止科学技术信息的外溢是不可避免的，同时，也会不断有不同利益从国外进入联邦的实验室设施。一直以来，国会颁布了多项法律以推动政府、产业和学术界间的合作研发。这些法律包括（但不仅限于）对产业支付给大学研发的税收抵免，反垄断法中关于合作研发的规定，以及推动技术从联邦实验室到私营部门的转移。这些立法努力是想要鼓励合资性风险项目并因此减少与研发有关的风险和花费，同时，批准这些项目以打通专业知识与经验的传统界限，引导新技术和制造流程的市场化发展。

① CRS Report 96-402，Small Business Innovation Research（SBIR）Program，by Wendy H. Schacht.

4.3 国家纳米技术计划

一些重点领域的立法与国家战略密不可分。美国在第二次世界大战后至冷战前的科技立法重点是“曼哈顿计划”等国防科技；冷战时期的科技立法重点是“阿波罗计划”“星球大战”等空间科技；冷战结束后的科技立法重点是人类基因组计划、信息高速公路计划、国家纳米技术计划等民间科技。

如何培育突破性科技的研发，使这种科技进步能够支撑未来几十年的经济增长，这是美国决策者一直所追求的，最典型的就是美国的国家纳米技术计划的出台。这类国家投资和战略决策计划的制订、出台、实施远远超越了简单的创建新基础设施、资助基础研究和设定条款与规则，也就是简单“修复市场失灵”理论框架所规定的范围。

纳米技术作为下一代共性技术，重要性得到大家认可。但是，在 20 世纪 90 年代，大家没有这样的共识。美国政府将各公共部门（大学、国家实验室、政府机构）和私人部门结合在一起，启动一项重大的、全新的纳米技术革命，这就是国家纳米技术倡议（National Nanotechnology Initiative，NNI）。国家纳米技术计划的创设和后续发展既不是纯粹的自下而上，也不是纯粹的自上而下：它不是产生自私人部门首推的自发生长，也不是政府官员战略决策的结果，而是源自美国国家科学基金会的一小群科学家和工程师，以及 20 世纪 90 年代末期的克林顿政府的愿景和努力。2000 年开始实施国家纳米技术计划，美国也成为第一个正式的，以国家计划推进纳米级科学、工程及技术的国家。从那之后，美国在纳米技术方面成为全球领导者。

从历史上看，联邦政府在资助这类研发活动方面起着主要的作用。虽然联邦纳米科学、工程和技术研发已经持续了 10 年，但是国家纳米技术倡议作为一项总统的技术倡议首次启动却是在 2000 年[①]。初始参与的机构包括国家科学基金会、国防部、能源部、商务部（DOC）、国家标准与技术研究院（NIST）、国家航天航空局及国家卫生研究院。到 2013 年，共有 27 个机构参与到国家纳米技术倡议，其中 16 个机构获得拨款实施或资助纳米技术研发。相较于 2001 财年的首次资助，国家

① The White House，“National Nanotechnology Initiative：Leading to the Next Industrial Revolution”，press release，January 21，2000，http：//clinton4. nara. gov/WH/New/html/20000121 _ 4. html；and “Steering the technology that willredefine life as we know it”，Industrial Biotechnology，Vol. 1，No. 3，Fall 2005，http：//www. nsf. gov/crssprgm/nano/reports/mcr _ ind _ biotech _ interview. pdf.

纳米技术倡议的年度拨款在2010财年增长了4倍，达到峰值19亿美元。自那之后，联邦纳米技术资助有所回落，2014财年是15.7亿美元。

2003年，国会通过《21世纪纳米技术研究开发法案（2003）》（21st Century Nanotechnology Research and Development Act of 2003，简称《纳米研发法案（2003）》）为国家纳米技术倡议活动提供法定的基金。根据法案规定，正式设立国家纳米技术计划（NNP）并且为国家纳米技术倡议相关参与机构提供授权，包括国家科学基金会、能源部、国家航空航天局、国家标准与技术研究院及环境保护署。国家科学技术委员会下属的纳米科学、工程与技术（NSET）小组委员会协调所有国家纳米技术倡议资助机构的纳米技术研发活动。根据纳米科学、工程与技术小组委员会2004年国家纳米技术倡议战略计划，联邦的协调性活动作为一个整体将继续被称为国家纳米技术倡议。相应地，该法案设定的功能和活动成为国家纳米技术倡议执行机构实施的一部分。

国家纳米技术倡议主要是通过基础研究积累推动科学知识的发展。诸如国防部等类似任务机构的投资，由于本身就是主要的用户，一直在支持纳米技术的运用发展。其他的投资主要支持基础设施技术，如国家标准与技术研究院促成开发工具和标准的形成，这些工具和标准能使物质的测量控制在纳米尺度范围内，从而支持研发及提高生产纳米材料和产品的能力。由于对纳米技术的认识已经成熟，为此，国家纳米技术倡议与产业部门进行合作，促进科研成果从实验室转移到不同的市场领域，如半导体、能源等领域的发展。

国家纳米技术倡议机构还试图解决科研需求及与环境、健康、安全相关的议题，还包括公众理解、劳动力教育和培训等。国家纳米技术倡议机构积极开展合作，参加大量国际论坛，如经济合作与发展组织、国际标准组织（ISO），解决与环境、健康、安全相关的方法论、标准、术语及纳米材料特征等事宜。

国家纳米技术计划说到底是一项机构间的计划，用来协调联邦纳米科学、工程和技术科研活动及在参与机构之间的合作互动。国家科学技术委员会申明国家纳米技术倡议的愿景是未来在纳米技术领域促成理解，并提高控制能力，促进技术和产业变革。具体来说，是为了保持美国的领导地位，更好应对技术、经济和政策挑战，包括：环境保护及确保人类健康和安全；形成标准，以及能生产纳米材料和产品的计量工具；形成世界一流的纳米技术研究者；把科研成果转化为产品，包括有效的技术转让给私人部门；了解公众观念和态度，促进公众理解；关注伦理、法律，以及社会影响；保护知识产权；为早期的科研、发展，以及商业化稳定投资资本；促进国际合作和协调。

国家纳米技术倡议催生了纳米技术科学、工程和技术的发现、发展，通过与参与机构的任务相联合，形成有序的研发活动，并服务于公众利益。为了实现愿景，国家纳米技术倡议确定了4个目标：推进一个世界一流的研发计划；培育新的技术转化为商业和公共利益的产品；发展教育资源，培育娴熟的劳工，以及建设纳米技术基础设施和工具箱；支持纳米技术负责任发展。

《21世纪纳米技术研究开发法案（2003）》

联邦纳米技术研发的协调机制始于1996年11月，不同机构的工作人员定期性会面，探讨纳米科技计划和项目。当然，这是一个非正式的工作小组，一直持续到1998年9月，隶属于国家科学技术委员会的纳米科学、工程与技术机构间工作组（IWGN）。1999年8月，纳米科学、工程与技术机构间工作组完成了纳米科技行动的第一个草案，该草案随后得到了总统科学技术顾问委员会和总统科学技术政策办公室批准[①]。克林顿总统在2001年向国会提交的财年预算中，把纳米技术相关研究提到了联邦层面，随后在官方的文件中称为国家纳米技术行动。

国会对国家纳米技术计划的出台起着关键作用，为国家纳米技术倡议活动提供立法基础。2001财年是国家纳米技术倡议资助实施的第一年，国会向承担纳米科研的8个机构批准了46 400万美元[②]的资助额度。之后，国家纳米技术倡议持续获得了来自国会和白宫的支持，参与国家纳米技术倡议的机构数量及联邦投入持续增长。2014年，参与国家纳米技术倡议的机构达到27个，其中的16个已经获得拨款。2013财年的所有国家纳米技术倡议资助已经达到16亿美元左右，最初的6个机构仍然占了国家纳米技术倡议的绝大多数资助（在2013财年约为95%）。

国会在2003年11月通过了《21世纪纳米技术研究开发法案（2003）》，界定了国家纳米技术倡议活动的范围，并于12月3日由小布什总统签署成为法律

① National Nanotechnology Initiative website，http：//www.nano.gov/html/about/history.html.

② In its January 21，2001 press release，"National Nanotechnology Initiative：Leading to the Next Industrial Revolution，" announcing the establishment of the NNI，the White House identified only six participating agencies—NSF，DOD，DOE，NIST，NASA，and NIH. Subsequently，EPA and DOJ reported nanotechnology R&D funding inFY2001，bringing the total number of agencies funding nanotechnology R&D in FY2001 to eight.

(P. L. 108-153)。该法获得了众议院两党的广泛支持，法案以 405∶19 的历史性投票记录通过，在参议院则获得了一致通过。

虽然这个法案经常被认为是国家纳米技术倡议的授权法案，但是该法案的重要成果是真正确立了国家纳米技术计划（National Nanotechnology Program，NNP）。该法案为 5 个国家纳米技术倡议机构进行了授权，这些机构包括国家科学基金会、能源部、国家航空航天局、国家标准与技术研究院及环境保护署。

《21 世纪纳米技术研究开发法案（2003）》设立国家纳米技术计划，目的是确立联邦纳米技术科研、发展和其他活动评估的目标、优先事项及价值；对纳米技术和相关科学的联邦科研项目提供资助以实现目标；依据国家纳米技术计划所承担的联邦纳米技术科研、发展和其他活动实施机构间确立协调机制。

法案的主要条款包括：2005—2008 财年，给国家科学基金会、能源部、国家航空航天局、国家标准与技术研究院及环境保护署提供纳米技术相关活动授权拨款，共计 36.79 亿美元；成立国家纳米技术协调办公室，并配有执行官员和全职职工以给国家科学技术委员会提供行政支持；成立国家纳米技术咨询小组（NNAP），为总统和国家科学技术委员会提供国家纳米技术计划相关事宜的智力支持；由国家科学院国家研究委员会组织对国家纳米技术计划进行 3 年一次的审查；指导国家科学技术委员会督查项目的计划、管理和协调，包括制订 3 年一次的战略计划；指导商务部国家标准与技术研究院设立一个和纳米技术发展与制造相关的基础研究计划，同时利用制造业延伸伙伴关系项目确保研究成果衔接中小制造公司；指导商务部部长利用国家技术信息服务建立一个与纳米技术科研商业化相关的信息交易所；指导能源部部长设置一个项目以支持跨学科纳米技术科研联盟，目的在于用系统生物学和分子影像整合最新发展的纳米技术和微流体工具；指导能源部部长开发、计划、建造、获取、运营或是支持特殊设备、仪器或设施，以便于研究人员进行纳米技术科研。在价值评估和竞争的基础上指导成立两个中心：①美国纳米技术准备中心（American Nanotechnology Preparedness Center）：实施、协调、收集和分配纳米技术的社会、伦理、环境、教育、法律及劳工研究，并且确定预期的与纳米技术相关的研究、发展和实施，同时针对预防或解决上述问题提供建议；②纳米材料制造中心（Center for Nanometerials Manufacturing）：鼓励、执行、协调、委任、收集和扩散科研，这些科研主要研究具有综合特征的新材料、设备及系统制造技术，以及这些新技术的力度、韧度、密度、传导性、耐燃性及薄膜分离特征，并且建构制造技术转移机制。

组织结构体系

国家纳米技术倡议通过纳米科学、工程与技术分委会（Nanoscale Science，Engineering，and Technology Subcommittee，NSET）在白宫开展协调活动，联邦政府层级的内阁级理事会由总统来协调科学、空间和技术政策（图 4-1）。具体操作上，通过国家科学技术委员会的技术委员会（Committee on Technology，CT）纳米科学、工程与技术分委会组织国家纳米技术倡议的协调活动。纳米科学、工程与技术分委会对国家科学技术委员会的科学委员会（Committee on Science，CS）还存在一种非正式的报告关系，该分委会由来自 27 个联邦实体的代表（包括 16 个已获资助的机构）、总统科学技术政策办公室、行政管理与预算办公室组成。

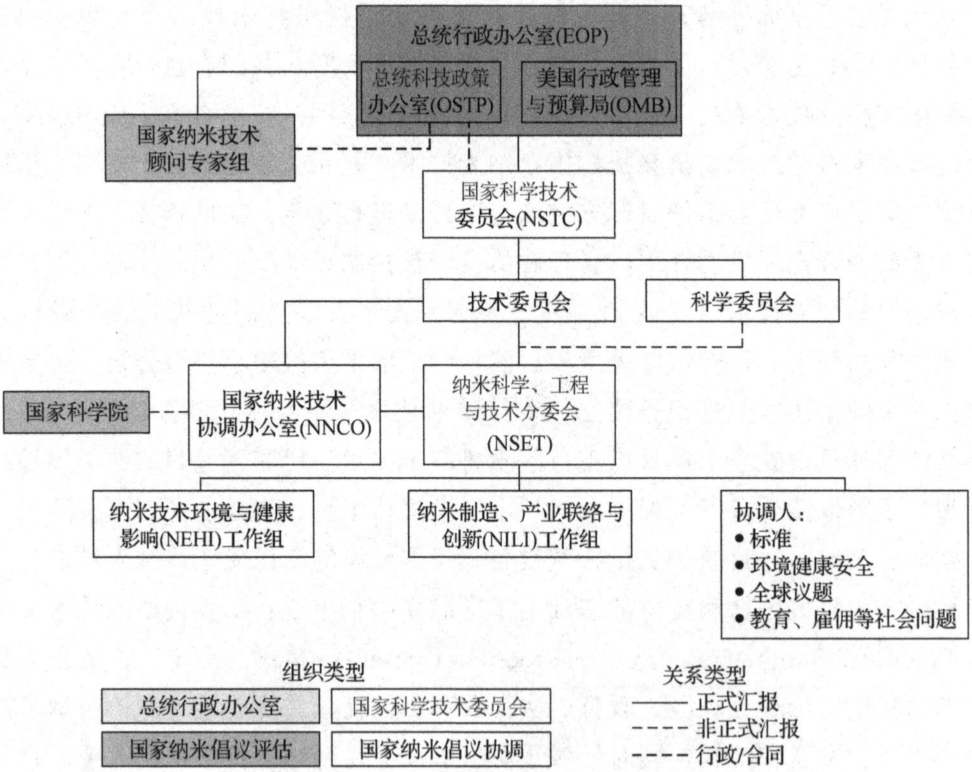

图 4-1 国家纳米技术计划协调与评估体系

［资料来源：Executive Order 13539 designates the President's Council of Advisors on Science and Technology（PCAST）as the National Nanotechnology Advisory Panel（NNAP），http：//www. gpo. gov/fdsys/pkg/FR-2010-04-27/pdf/2010-9796. pdf］

纳米科学、工程与技术分委会下设两个工作组——纳米技术环境和健康影响（Nanotechnology Environmental and Health Implications）与纳米加工、行业联系和创新（Nanomanufacturing，Industry Liaison，and Innovation，NILI）。国家纳米技术协调办公室（NNCO）为纳米科学、工程与技术分委会提供行政和技术支持。国家纳米技术协调办公室由《21世纪纳米技术研究开发法案（2003）》（P. L. 108-153）授权，最初根据国家纳米技术倡议参与机构之间的理解备忘录于2001年成立。国家纳米技术协调办公室在法案规定下为国家科学技术委员会和国家纳米技术咨询小组提供技术和行政支持；作为合同要点，为联邦纳米技术活动的利益相关者之间技术和程序性信息交换提供服务；指导公共延伸服务；推动国家纳米技术计划技术创新、专业技术获取和早期参与。

此外，国家纳米技术协调办公室作为联络者，服务学术、行业、专业团体、外国组织和其他组织，推动技术和程序性信息交换。国家纳米技术协调办公室也协调机构间计划、预算和评估文件的准备和发行，并且维护运营国家纳米技术倡议官方网站。

法案还授权国家纳米技术协调办公室的工作由纳米科学、工程与技术分委会成员机构资助实施。比照国家纳米技术协调办公室，通过8个国家纳米技术倡议机构签署理解备忘录的形式提供资助。原则上，每个机构都按其在总统对签署机构的纳米技术总预算要求中所占的比例，向国家纳米技术协调办公室做出预算。然而，两个签署机构，环境保护署和交通部，由于它们并没有与贡献相匹配，它们在国家纳米技术倡议早期纳米技术预算比较少。2013财年，全部国家纳米技术协调办公室资助是300万美元，5个机构——国家科学基金会、国家卫生研究院、国防部、能源部和商务部，约占到资助的95%，支持国家纳米技术协调办公室人员和活动的费用，同时资助由国家研究委员会组织的国家纳米技术倡议评估活动。

资助活动

国家纳米技术倡议通过科研计划支持纳米技术的基础和应用研究，创造多学科卓越中心，开发重要的科研基础设施。国家纳米技术倡议也支持旨在解决纳米技术的社会影响活动，包括伦理、立法、人类和环境健康及劳工问题。下面分机构和领域两个角度观察国家纳米技术倡议资助情况。

（1）资助机构

国家纳米技术倡议预算是各个参与机构预算的组合，并不是机构资助的单一、集中来源。这些预算要接受评审、修正，并由行政管理与预算办公室批准并成为总统向国会提交的年度预算的一部分。

2014 财年，国家纳米技术倡议研发资助总计约为 15.38 亿美元，比 2013 财年减少了 1270 万美元（0.8%）。其中，国家卫生研究院减少了 1730 万美元（3.8%），能源部减少了 1090 万美元（3.5%），以及国家科学基金会减少了 1040 万美元（2.5%），国土安全部增加了 1000 万美元（71.4%），国家标准与技术研究院增加了 640 万美元（7.0%）及国防部增加了 580 万美元（3.4%）。表 4-3 详细列举了国家纳米技术倡议资助机构的时间年表。

总统奥巴马在 2015 财年已经提出 15.37 亿美元用于资助纳米计划，基本上与 2014 财年同等金额。一般而言，给能源部和国土安全部的增长会通过减少国防部，国家标准与技术研究院和国家航空航天局进行抵消。2015 财年，国家纳米技术倡议预算要求会体现在 15 个机构间的大量项目上。2014 财年，能源部、国土安全部、国防部、国家标准与技术研究院、国家航空航天局 5 个机构国家纳米技术倡议资助占到 93%。其中：国家卫生研究院（28.7%），强调纳米技术为基础的生物医药，以推进生物和物理学的交叉研究；国家科学基金会（26.7%），通过科学和工程规范支持纳米技术基础研究；能源部（19.7%），为能源效率、生产、存储和传输技术的突破和渐进创新提供纳米技术研究；国防部（11.4%），目的是为了解决部门的国家安全问题；国家标准与技术研究院（6.4%），关注仪器、测量、标准等。

其他与纳米技术研究相关任务的机构有：国土安全部；国家航空航天局；环境保护署；国家粮食与农业研究院（NIFA），林业服务局（Forest Service），以及农业部的农业研究服务局（ARS）；国家职业安全与卫生研究院（NIOSH）、卫生与公共服务部的食品和药品管理局；交通部的联邦公路管理局（FHWA）；以及消费品安全委员会等。

（2）计划资助领域构成

《21 世纪纳米技术研究开发法案（2003）》提出纳米科学、工程与技术分委会形成投资分类，也就是计划构成领域（program component areas，PCA）。PCAs 是一种投资分类，为机构的需求和利益提供便捷，支持实现国家纳米技术倡议目标。

表 4-3 NNI 资助机构：2001—2004 财年及 2015 财年请求

单位：百万美元

机构	2001财年	2002财年	2003财年	2004财年	2005财年	2006财年	2007财年	2008财年	2009财年	ARRA	2010财年	2011财年	2012财年	2013财年	2014财年	2015财年
能源部	88	89	134	202	208	231	236	245	332.6	293.2	373.8	346.2	313.8	314.2	303.3	343.1
国家科学基金会	150	204	221	256	335	360	389	409	408.6	101.2	428.7	485.1	466.3	421.0	410.6	412.4
国家卫生研究院	40	59	78	106	165	192	215	305	342.8	73.4	456.8	408.6	456.0	458.8	441.5	441.5
国防部	125	224	220	291	352	424	450	460	459.0	439.6	425.3	426.1	170.1	175.9	144.0	125.0
国家标准与技术研究院	33	77	64	77	79	78	88	86	93.4	43.4	114.7	95.9	95.4	91.4	97.8	82.6
国家航空航天局	22	35	36	47	45	50	20	17	13.7	19.7	17.0	18.6	16.4	17.9	13.7	22.0
环境保护署	5	6	5	5	7	5	8	12	11.6	17.7	17.4	17.5	14.6	15.5	16.8	5.0
食品和药品管理局									6.5		7.3	9.9	13.6	16.1	17.0	17.0
国家职业安全与卫生研究院					3	4	7	7	6.7		8.5	10.0	10.0	10.5	11.0	11.1
国家粮食与农业研究院			1	2	3	4	4	6	9.9		13.2	10.0	11.3	12.5	13.1	12.8
国土安全部		2	1	1	1	2	2	3	9.1		21.9	9.0	18.7	14.0	24.0	32.4
农业部林业局						2	3	5	5.4		7.1	10.0	5.0	5.0	4.0	4.0
农业部农业研究服务局											2.0	2.0	2.0	2.0	2.0	2.0
联邦公路管理局						1	1	1	0.9		3.2	1.0	1.0	2.4	2.0	1.5
美国消费品安全委员会									0.2		0.5	1.8	2.0	1.3	2.0	2.0
司法部	1	1	1	2	2	<1	2	0	1.2		0.2					
总计	464	697	760	989	1200	1351	1425	1554	1701.6	511.3	1912.8	1847.3	1857.3	1550.2	1537.5	1536.9

资料来源：NNI website，http：//www.nano.gov；NSET Subcommittee，NSTC，EOP，The National Nanotechnology Initiative，Supplement to the President's FY2015 Budget，March 2014.

2004 年，国家纳米技术倡议战略计划确立了 7 个 PCAs，2007 年，第 7 个 PCA（社会规模）又分为两个：环境、健康和安全及教育和社会规模。2014 年，纳米科学、工程与技术分委会对 PCAs 分类进行修订，目的是“适应计划的发展，增强对计划实施的理解，并且激发并不是很注重研发的机构和社群的更广泛参与”①。PCAs 数量从 8 个减为 5 个，同时，又增加了一个 PCA，通过纳米技术联合计划（nanotechnology signature initiatives，NSIs）促进对国家具有重要意义的领域研究和技术发展。按照纳米科学、工程与技术分委会说法，“新的 PCAs 是更广泛的、战略的、包容的，而且与联邦科研分类一致，与国家纳米技术倡议目标相关”②。

PCA 的国家纳米技术倡议年度资助如表 4-4 所示，从 2013 财年到 2015 财年使用了新的 PCA 结构，表 4-5 展示的是 2006 财年到 2012 财年使用之前的 PCA 结构。

表 4-4　计划构成领域资助，2013—2015 财年要求

单位：百万美元

PCA	2013 财年（实际）	2014 财年（预计）	2015 财年（要求）
纳米技术联合计划	279.9	298.1	291.3
太阳能集热与转换中的纳米技术	73.6	67.4	69.2
可持续性的纳米制造	34.7	38.4	36.2
2020 年及其之后的纳米电子学	87.3	76.7	71.5
纳米技术知识基础设施	7.5	32.1	26.2
纳米技术的传感器和传感器的纳米技术	76.8	83.5	88.2
基础研究	581.3	539.8	530.4
纳米技术应用、装置及系统	361.4	363.2	363.0
科研基础设施和仪器	212.5	223.2	239.8
环境、健康和安全	115.1	113.3	112.4
总计	1550.2	1537.5	1536.9

资料来源：NSET Subcommittee，NSTC，EOP，The National Nanotechnology Initiative：Supplement to the President's FY2015 Budget，March 2014，http：//nano. gov/sites/default/files/pub_resource/nni _ fy15 _ budget _ supplement. pdf.

注：由于四舍五入，总额可能不完全等同于加总。

---

① NSET Subcommittee，NSTC，EOP，The National Nanotechnology Initiative Strategic Plan，February 2014，http：//nano. gov/sites/default/files/pub _ resource/2014 _ nni _ strategic _ plan. pdf.

② NSET Subcommittee，NSTC，EOP，The National Nanotechnology Initiative：Supplement to the President's FY2015Budget，March 2014，http：//nano. gov/sites/default/files/pub _ resource/nni _ fy15_ budget_supplement. pdf.

表 4-5 NNI 计划构成领域资助，2006—2012 财年要求

单位：百万美元

PCA	2006 财年（实际）	2007 财年（实际）	2008 财年（实际）	2009 财年（实际）	ARRA（P. L. III-5）	2010 财年（实际）	2011 财年（实际）	2012 财年（实际）
基本现象和过程	455.9	480.6	478.5	479.2	130.6	490.5	567.9	518.8
纳米材料	265.1	258.3	285.1	331.9	178.3	358.9	348.2	358.5
纳米器件和系统	319.6	344.7	372.7	435.2	68.0	542.1	454.7	457.9
仪器仪表的研究，计量和标准	51.0	52.5	69.0	90.8	12.4	89.4	73.2	58.3
纳米制造	33.8	48.1	47.1	75.6	28.5	84.8	92.0	114.9
主要研究设施和仪器获取	152.4	152.4	196.4	177.6	72.5	190.2	185.8	197.1
社会维度	73.5							
环境，健康和安全		48.3	67.9	74.5	12.0	90.2	88.0	109.9
教育和社会维度		39.2	37.7	36.8	9.0	66.9	37.5	41.9
总计	1351.2	1424.1	1554.4	1701.5	511.3	1912.8	1847.3	1857.3

资料来源：NSET Subcommittee，NSTC，EOP，The National Nanotechnology Initiative：Research and Development Leading to a Revolution in Technology and Industry，Supplement to the President's FY2008 Budget，July 2007. NSET Subcommittee，NSTC，EOP，National Nanotechnology Initiative：FY2009 Budget & Highlights，February 2008. NSET Subcommittee，NSTC，EOP，The National Nanotechnology Initiative：Research and Development Leading to a Revolution in Technology and Industry，Supplement to the President's FY2010 Budget，May 2009. NSET Subcommittee，NSTC，EOP，The National Nanotechnology Initiative：Research and Development Leading to a Revolution in Technology and Industry，Supplement to the President's FY2011 Budget，The White House，February 2010. NSET Subcommittee，NSTC，EOP，The National Nanotechnology Initiative：Research and Development Leading to a Revolution in Technology and Industry，Supplement to the President's FY2012 Budget，February 2011. NSET Subcommittee，NSTC，EOP，The National Nanotechnology Initiative：Research and Development Leading to a Revolution in Technology and Industry，Supplement to the President's FY2013 Budget，February 2012. NSET Subcommittee，NSTC，EOP，The National Nanotechnology Initiative：Research and Development Leading to a Revolution in Technology and Industry，Supplement to the President's FY2014 Budget，May 2013.

（3）中心、网络和用户设施

国家纳米技术计划的一个重要任务是促进大量的跨学科研究和教育中心、网络和用户设施的发展。中心和用户设施位于全国范围的大学和联邦实验室。中心和网络为大量学科和科研部门的科研工作者，包括学术的、行业的及政府实验室提供机会与支持。这类跨学科研究不仅会促进知识产出，也可以促进基础研究成果转化的进一步发展。很多机构都支持成立这类中心①。一些中心主要提供科研设施，允许外部研究者使用设施、设备和工具。这些共享资源给研究者提供使用设备和设施的机会，方便开展研究，测试产品。由于设施和机构的不同，用户接入的条件也会有所不同。在某些情况下，用户设施位于联邦政府实验室（如能源部的 NSRCs 及国家标准与技术研究院的 CNST）；有些位于大学和有联邦资助支持的机构［如位于国家纳米技术基础设施网络（National Nanotechnology Infrastructure Network，NNIN）的国家科学基金会大学基础中心］。

正如早些提到的，《21 世纪纳米技术研究开发法案（2003）》指导了两个中心的建立，美国纳米技术准备中心（American Nanotechnology Preparedness Center）和纳米材料制造中心（Center for Nanomaterial Manufacturing）。根据纳米科学、工程与技术分委会的要求，美国国家科学基金会建立了纳米技术社会网络，满足建立美国纳米技术准备中心的要求，该网络由加利福尼亚大学圣巴巴拉分校各中心（哈佛大学和南卡罗来纳大学参与）和亚利桑那大学组成。这些中心在国家科学基

① 美国国家科学基金会成立了大量以大学为基础的中心支持纳米技术科研，包括纳米科学和工程中心（Nanoscale Science and Engineering Centers，NSECs），工程科研中心（Engineering Research Centers，ERCs），纳米系统工程研究中心（Nanosystems Engineering Research Centers，NERCs），科学和技术中心（Science and Technology Centers），材料研究科学和工程中心（ Materials Research Science and Engineering Centers，MRSECs），纳米科学和工程网络（Nanoscale Science and Engineering Networks，NSENs），以及化学创新中心（Centers for Chemical Innovation，CCIs）。NIH 建立了 25 个中心，包括 5 个以大学为基础的纳米医学发展中心（Nanomedicine Development Centers）；纳米技术特征实验室（Nanotechnology Characterization Laboratory）由国家癌症研究所（National Cancer Institute ，NCI）建立，并与 NIST 和食品和药品管理局（Food and Drug Administration）相合作；9 个以大学为基础的癌症纳米技术卓越中心（Centers of Cancer Nanotechnology Excellence），在 NCI 的癌症纳米技术联盟（Alliance for Nanotechnology in Cancer initiative）下建立；4 个以大学为基础的中心，在国家心脏、肺和血液研究所（National Heart，Lung，and Blood Institute）下，由它的纳米技术卓越计划（Program of Excellence in Nanotechnology）建立；6 个以大学为基础的 NCI 癌症纳米技术培训中心（NCI Cancer Nanotechnology Training Centers）。此外，美国国家科学基金会和环境保护署已成立两个以大学为基础的纳米技术环境影响中心（Centers for Environmental Implications of Nanotechnology，CEIN）。DOD 支持 3 个以大学为基础的纳米技术研究中心和在海军研究实验室的纳米科学。DOE 已经成立了 5 个纳米科学研究中心（Nanoscale Science Research Centers，NSRCs）。NSRC 用户设施置于国家实验室。NIST 建立了一个纳米技术科学和技术中心（Center for Nanoscale Science and Technology，CNST）。国家职业安全与卫生研究院成立了一个纳米技术研究中心研究纳米颗粒和纳米材料在职业安全和健康中的应用，及其对工作相关的伤害和疾病的影响。USDA 林业服务已经建立了纤维素纳米材料试点设施（Cellulose Nanomaterial Pilot Facilities），包括过程发展中心（Process Development Center）、缅因大学森林资源学院（University of Maine School of Forest Resources）及推进结构和复合体中心和林产品实验室。

金会纳米科学和工程中心（NSEC）项目下获得资助，不包括其他纳米科学、工程与技术分委会机构的参与。纳米科学、工程与技术分委会声明建立纳米材料制造中心的要求是符合国家科学基金会建立国家纳米制造网络（National Nanomanufacturing Network，NNN）4个纳米科学和工程中心的要求的。马萨诸塞大学（University of Massachusetts）的集成层次制造中心（The Center for Integrated Hierarchical Manufacturing）是国家纳米制造网络的主要节点。

授权法案与修正案

《21世纪纳米技术研究开发法案（2003）》为国家纳米技术倡议开展的活动提供了法律基础。

第113届的国会，众议院和参议院试图修正《21世纪纳米技术研究开发法案（2003）》。在众议院的法案中，2014年《国家纳米技术倡议修正法案（2014）》并为H. R. 4159《美国竞争再授权法案（2014）》（America COMPETES Reauthorization Act of 2014）的一部分，但议案没有进一步行动。在参议院，《国家纳米技术倡议修正法案（2014）》被合并为S. 2757《美国竞争再授权法案（2014）》的一部分，涉及参议院商业、科学和交通委员会，但是也没有进一步的行动。

为修正和（或）授权《21世纪纳米技术研究开发法案（2003）》，国会还做了一些努力，包括以下几个方面。

（1）2010年7月5日，众议院科学和技术委员会（House Committee on Science and Technology）提起的《国家纳米技术倡议修正法案（2010）》（National Nanotechnology Initiative Amendments Act of 2010）（H. R. 5116，第111届国会）的第Ⅰ条A款内容和《国家纳米技术倡议修正法案（2009）》（H. R. 554，第111届国会）几乎一致。这个条款在实施之前从议案中移除。

（2）H. R. 820（第111届国会），《纳米技术进展与新机遇法案（2009）》（Nanotechnology Advancement and New Opportunities Act of 2009）也已经修正了P. L. 108-153。H. R. 820条款覆盖众多辖区，因此，议案归属于多个众议院委员会，也没有进一步的行动。

（3）S. 1482（第111届国会），《国家纳米技术倡议修正法案（2009）》，被参议院介绍（introduced），并且交付给商业、科学和交通委员会，还是没有进一步的行动。

(4) H. R. 554（第 111 届国会），《国家纳米技术倡议修正法案（2009）》，基本上包含与 H. R. 5940（第 110 届国会）一致的条款。2009 年 2 月，众议院在规则暂停的情况下以口头表决的形式通过了议案，但是参议院并没有执行 H. R. 554。

(5) H. R. 5940（第 110 届国会）和 S. 3274（第 110 届国会）通过《国家纳米技术倡议修正法案（2008）》。众议院以 407∶6 的投票通过了 H. R. 5940，参议院并没有执行 S. 3274。

2003 年国会通过的《21 世纪纳米技术研究开发法案（2003）》，考虑了纳米科技研发跨学科、原有的投入管理模式分散、目标不明确等特点和问题，吸收了 20 世纪 90 年代初形成的联邦政府科技投入决策协调体制机制经验，以法律形式确定了国家纳米技术计划的组织协调与管理体系，其典型特征是顶层设计、分部门组织实施。《21 世纪纳米技术研究开发法案（2003）》授权由国家科学技术委员会技术委员会（CT）下属的纳米科学、工程与技术分委会具体负责国家纳米技术计划的协调、规划、实施和监督检查，并同意其根据行业领域需要设立附属的主题工作组、跨领域的专门协调人；同时设立国家纳米技术协调办公室（NNCO）作为联邦纳米技术研发活动的联络点并为纳米科学、工程与技术分委会的工作提供技术和管理上的支撑。实际上这两个机构在计划实施之前已经存在了，《21 世纪纳米技术研究开发法案（2003）》只是以立法的形式将其正式化了。除此之外，总统行政办公室通过将总统科学技术政策办公室和行政管理与预算办公室人员派往纳米科学、工程与技术分委会担任联合主席的安排，也为国家纳米技术计划的各种活动提供了总统行政办公室层面的投入和支持。

4.4 适时适度的立法调整

美国虽然属于普通法系国家，但在科技立法上却一反惯例而采用成文立法的形式，通过科技立法确立了科技研发法律制度、科技成果法律制度及科技创新激励机制，形成了一套完善的科技创新法律制度体系，对科技创新给予了强有力的支持和保障。

20 世纪 50—70 年代，科技创新研发投入占据主导地位的是政府资金，美国联邦政府正式建立了国家科学基金会，颁布了自然基金制度，加快基础科学的进一步发展，拉开了美国利用科技法律提升国家实力的序幕。进入 70—80 年代，美国对战后科技立法进行了反思，降低政府研发投入比重，吸引企业资金入场，强调联邦持有技术向私人部门的转移，为美国20世纪90年代新经济的崛起奠定基础。进入90年代，为了应对知识经济日益崛起、高新技术发展日新月异、国家竞争日趋激烈的形势，美国再次颁布实施了一系列振兴科技发展的立法。如果说70－80年代以前，科技立法重点在“阿波罗计划”“星球大战”等国防科技、空间科技；在这以后，科技立法的经济化价值取向越来越明显，把科学技术视作经济投入，掀起科技立法高潮。

从1976年起，美国颁布实施了一整套有关科学研发、技术转让的法律法规，提升联邦技术向私人部门转移步伐，加速科技与经济相互融合；特别是《拜杜法案（1980）》的出台，明确了技术转移对美国经济的重要性，并且从国家竞争力视角来审视技术转移的价值和意义，明晰联邦实验室与大学或企业合作研发的边界。一系列技术转移立法的颁布实施使联邦政府与研究机构摆脱了科技研发单一角色，其一方面进行科技研发；另一方面也肩负研发出了科技成果转化职责，并且对羁绊科研成果转化的障碍予以清扫，从而极大提升了美国科技水平的国际竞争力。

国家纳米技术计划是美国发展科学技术的一种独特模式，以政府跨机构合作机制为核心，促进纳米技术的相关利益方以不同形式参与，加快推进国家纳米技术的整体发展。2003年通过的《21世纪纳米技术研究开发法案（2003）》及后续一系列的授权法案与修正案，明确了在美国科技决策咨询制度的背景下，所确立的国家高层领导协调、政府部门职责明确的长期持续推进纳米技术发展的框架。国家纳米技术计划特殊之处在于，以立法形式确立的跨学科、跨机构协作方式，按整体目标协调国家各相关机构资助和开展纳米技术研究，比没有协调的情况下单独的机构资助和开展纳米技术研发加起来的效果明显要好。近年来，考虑到美国在相关研究与商业化之间的发展不平衡及丧失纳米技术领导地位对美国经济繁荣和国家安全的明显威胁，国家纳米技术计划正在探索以更有效的方式来组织相关纳米技术研发，以加速纳米技术发展向更高技术就绪度水平转化，从而实现更佳的社会效益。

第5章　充满妥协的立法过程

“本法所赋予的全部立法权授予由参议院和众议院组成的美国国会”——美国宪法第1节第1条。

立法是国会的主要职责，但宪法只对立法的批准和生效程序做了规定，对于立法从提议到批准的程序则没有涉及，目前国会采取的立法程序是在长期的实践中，依照惯例和传统而逐渐形成的。一份立法建议从酝酿提出到最后获得通过要经过许多道复杂而烦琐的程序，绝大多数立法提案都在这一漫长的过程中被否决或搁置，能够获得通过的只有那些特别重要的或者具有特殊背景的议案。而且整个立法过程中，充满着不同政党、不同利益集团、不同议会、不同委员会乃至不同议员个人之间的激烈较量和彼此妥协。

5.1　科技创新立法过程

立法的制度设计

美国民主制度最有效的保障之一即立法程序，和该程序对保护少数人利益的强调，以及该程序为社会各界发表意见所提供的充分机会。一项立法建议未经过国会两院的审议与批准就不能成为法律的事实是美国两院立法制度的突出优点[①]。国会在多重否决的制度下运行。当时制宪者有意地将权力分立，这样就没有任何专制者或多数党能拥有足够多的权力来与整个国家作对。通过表5-1所展示的一项议案的立法过程，权力如何分散一目了然。参议院的程序和规定与众议院有所不同，但在

---

① 蔡定剑，杜刚建，2002. 国外议会及其立法程序［M］. 北京：中国检察出版社：225.

两院中，权力被分散、下放。

表 5-1 美国国会的立法程序

<table>
<tr><th>众议院</th><th>参议院</th></tr>
<tr><td>(一) 法案由一名或多名众议员提出并提交委员会审议</td><td>(一) 相同</td></tr>
<tr><td>(二) 委员会审议
1. 法案提交小组委员会或由全体委员会审议
2. 安排听证会
(1) 对一个法案来说，这是最大的障碍，绝大多数法案得不到为之举行听证会的机会
(2) 工作人员进行研究，向有关方面索取资料，向作证者发出邀请
3. 举行听证会；证人作证，发表消息；证词打印
4. “审改法案”：(小组) 委员会逐行逐句审改，对修正案进行表决
5. (小组) 委员会将法案送回议院，附 (小组) 委员会赞成该法案的“报告”
6. 如第 2、第 4 两步骤先在小组委员会进行，全体委员会重复这两步骤，听证会可略去，“审改”也较马虎</td><td>(二) 相同</td></tr>
<tr><td>(三) 规则委员会规定全院辩论规则
1. 举行听证会
2. 为一个法案制定全院辩论的专门规则</td><td>(三) 没有相应的委员会。领袖们通常就全院辩论的时间进行协商，达成一致</td></tr>
<tr><td>(四) 领袖们安排全院辩论日期</td><td>(四) 相同</td></tr>
<tr><td>(五) 全院辩论
1. 表决规则委员会制定的专门规则
2. 审议辩论中提出的修正案
3. 动议将法案退回委员会复议 (由法案反对者提出)，如通过，将有效扼杀该法案
4. 表决通过法案</td><td>(五) 全院辩论
1. 审议修正案
2. 表决通过议案</td></tr>
<tr><td>(六) 任命协商委员会成员，如法案文本同参议院通过的文本有所不同</td><td>(六) 相同</td></tr>
<tr><td>(七) 两院协商委员会拟出妥协的文本</td><td>(七) 相同</td></tr>
<tr><td>(八) 表决接受协商委员会的报告</td><td>(八) 相同</td></tr>
<tr><td>(九) 法案送总统批准，如总统签署，法案即成为法律，如否决，法案退回国会复议</td><td>(九) 相同</td></tr>
<tr><td>(十) 推翻总统否决 (2/3 的多数票)</td><td>(十) 相同</td></tr>
</table>

议案形成的思想来源

立法的思想来源是无限的，法案的建议草案来自许多不同的阶层。这里重要的是由议员和代表们所设计的思想和草案[①]。参众两院立法顾问办公室的专业起草者

① 蔡定剑，杜刚建，2002. 国外议会及其立法程序［M］. 中国检察出版社：259.

会辅助议员和委员会来撰写立法。尽管议员和代表提出议案是为了帮助自己赢得重选或者为了晋升，但是国会议员的的确确也关心国家利益。正如来自明尼苏达州的民主党众议员蒂姆·彭尼（Tim Penny）在决定加入国会时说："当时，我年轻又充满理想。我想向人们证明政府是有成效的，党派并不是政坛上起决定作用的力量，各种利益集团也不是能左右每一次投票结果的决定因素。"[①]

国会也是个充满人性的地方，在这里个人经历有时具有强大的影响力。马萨诸塞州的众议员乔·肯尼迪（Joe Kennedy）父亲在1968年的总统竞选中被人用手枪暗杀，而他的一名表兄是癌症患者。"当有人对一件事情有出自个人原因的痛苦想法时——这件事情有可能是枪支管制，也可能是我叔叔为了挽救儿子的生命所做出的努力——这时责任心的驱使会战胜你想要妥协的念头"。[②] 例如，因为女儿患有精神疾病，新墨西哥州前共和党国会参议员皮特·V. 多梅尼奇（Peter V. Domenici）就成为美国国内精神疾病议题的知名主导者[③]。

另外，议员的选民，不管是个人或组织，也可以把拟定的立法草案转交给代表当地选区的议员。提出请愿的权利受到宪法第一修正案的保障。许多杰出的法律都是以这种方式产生的。某些利益集团组织，在华盛顿的游说代表经常对专门性领域内的法律问题提供详细的技术性知识，并且雇用专家与国会合作，提供咨询和建议。一般来说，利益集团比较讲求起草法案及修正案的政治艺术和专业水平[④]。类似地，州立法机关可以通过决议，该等决议作为请愿书呈递给参众两院，以请求国会颁布特定的联邦法律。如果议员赞成某个立法思想，他可以提出一个立法建议，该建议可以是呈送给议员时的形态提出，也可以重新起草。在任何情况下，议员均可咨询众议院或参议院的立法咨询机构，以便以适当的立法语言与形式架构该等立法思想。

与此同时，美国行政部门，包括美国总统和内阁成员等也可以向众议院议长或参议院议长提出立法草案。这种立法来源叫作"行政沟通"（Executive Communications）。根据美国宪法，美国总统必须向国会报告"国家现况"，这就是为什么每年总统必须在国会发表国情咨文的原因。总统通常趁这个时候向国会提出法案建议，在国情咨文发表过后，总统会正式把他的立法草案送交给国会有关委员会，委

---

① 伯恩斯，2007. 民治政府：美国政府与政治［M］. 吴爱明，等译. 北京：中国人民大学出版社.

② 同①。

③ 戴维森，奥勒斯泽克，李，等，2016. 美国国会：代议政治与议员行为［M］. 刁大明，译. 北京：社会科学文献出版社：255-256.

④ 孙哲，2011. 左右未来：美国国会的制度创新和决策行为［M］. 上海：上海人民出版社：89-90.

员会主席通常会立刻以原本的形式或修改过的版本向国会提出。

议案是如何成为法律的

一项议案成为法律不容易，但是国会立法的数量还是非常惊人。在过去的10年中，每年提交国会的有2000～10 000个议案，而通过的则为250～2000个[①]。在这方面，国会无疑是十分挑剔的。

在通向终点的道路上，一项议案必须经过许多次考验。立法过程从头到尾有四大步骤：①提出议案，也就是向众议院和参议院提出正式申请；②委员会审议，也就是召开听证会，并且为这项议案“润饰措辞”；③议员辩论和投票通过，也就是将议案纳入立法日程表，每院只表决一次，通过后提交协调委员会以修改参众两院关于此议案的任何不同之处，然后两院再投票表决通过一次；④提交总统批准。

如何否决一项提案

国会体制的复杂性为任何提案的反对者提供了巨大的潜在优势。因为影响力的分散，否决一项议案有多种途径。在国会的几十个部门，提案都可以被否决（不行动也就是否决）。提案人员必须在每一步都赢得胜利；而提案的反对者只要取胜一步就行。无论提案本身是好是坏，以下任何一个部门都能彻底否决或推迟审议提案。

1. 众议院专门委员会及其主席
2. 众议院常设委员会主席
3. 众议院常设委员会及其领袖
4. 众议院规则委员会
5. 众议院大多数议员
6. 参议院专门委员会及其主席
7. 参议院常设委员会
8. 参议院大多数议员
9. 两院中的党派领袖
10. 几名参议员使用冗长发言权

① WELCH S, GRUHL J, et al. American government [Z]. 8th ed. Wadsworth: 299.

提交议案

众议院议员提交议案时，将议案放入位于众议院门前桌子上的一个红木盒子（议案箱）里。参议员可以将要提交的议案交给参议院的工作人员或在辩论时交给同事。在参议院，还有更不正式的提交议案的方式，参议员有时会绕过形式上的手续，将议案直接作为修正案提出来，直接进入等待审议的程序。来自众议院的议案总是标注有“H. R”（代表众议院）的字样，其后是该议案的编号。来自参议院的议案封皮上总是标有“S”（代表参议院）字样，后面是该议案的编号。尽管总统经常向国会推荐议案，但是所有议案必须由参议员或众议员提交才被最后认可。

委员会审议

议案提出之后，它们就会被参议院主持官员或众议院议长正式地安排到相应常设委员会中加以审议。然而，在实际操作中，是由作为每个院会主持官员正式规则顾问的规则专员来进行议案的委员会安排①。重要议案，小组委员会或委员会要举行“听证会”，听取院外和议案有关人员的意见，这些人包括政府官员、利益集团代表、专家学者等。这种由院外有关人员提供证词或资料的制度为行政部门和各种利益集团影响立法活动提供了合法途径②。虽然在一般情况下，提交这一立法行动受惯例和议院规定的制约，但提案人可指明他们选择提交哪个委员会。

尽管大部分议案都被转交给某个专门委员会，但是涉及面特别广的议案也许会同时或先后被送交给多个委员会。小布什总统提出的关于成立国土安全部的议案结构太过复杂，涉及的政府机构太多，以至于众议院专门成立一个临时特别委员会处理这项议案。它被送交到至少 10 个委员会，其中包括司法委员会、筹款委员会和政府改革委员会等。所有与此议案有关的委员会都举行了听证会，讨论自 1947 年国防部成立以来最大规模政府重组议案中的具体条款。这项议案被送交到众议院时，只是一个 35 页长的申请，而从众议院出来时，已经长达近 500 页。各个委员会与其下属的委员会负责为送来的议案建立一个立法记录，以表示对该议案的支

① 戴维森，奥勒斯泽克，李，等，2016. 美国国会：代议政治与议员行为［M］. 刁大明，译. 北京：社会科学文献出版社：262.

② 沈仁道，1985. 美国国会的立法程序及其主要特点［J］. 政治学研究，1：59-61.

持，这个立法记录也能帮助总统和联邦法院更好地理解国会的想法。

委员会审议的议案中，只有不到10%提交议院表决，其他的议案如果委员会决定并不能保证进一步审议并被搁置起来，实际上就被“枪毙了”。但这一事实并不意味着，委员会行使90%的国会权力。委员会很少能完全决定对多数党或其领导权非常重要的立法的命运。有些议案甚至得不到提案者的支持。有些议员提出一个议案只是为了安抚某个强大的选民团体，然后又悄悄地告诉委员会不要理会它[①]。

为议案润饰措辞

一旦某一委员会或专门委员会决定通过一项议案，它就会被“润饰（mark up）”。这样做的目的是整理议案的措辞和修改议案的文字表达方式。“润饰”这个词是指议员们会在议案的最终版本上用铅笔所做的记号。当“润饰和修改”完成之后，该议案必须在委员会或专门委员会得到通过，然后进入整个立法过程的下一步。例如，如果一项议案得到了某个专门委员会的通过，它将被送交全体委员会。如果全体委员会也对它大开绿灯，该议案就会被送交给全体议员投票表决。

尽管大部分议案在委员会阶段就惨遭淘汰，不能进入听证会或得到进一步的审议，但是有的议案可以通过免除申请程序（discharge petition）而被强行提交到众议院的议员席。免除申请程序必须有大多数的议员签名。例如，2002年众议院议员收集了足够多的议员签名，使得关于竞选中财政改革的议案免除了在规则委员会的申请程序。当时，这项议案已经被搁置了半年之久。由于大多数议员认为他们与别的委员会之间是互惠互敬的关系，所以免除申请程序的成功概率是很小的。对参议院来说，不存在免除申请程序。

议员辩论和通过

一项议案一旦通过参议院委员会或者众议院规则委员会，就会被直接提交给全体国会议员讨论。讨论的结果有两个命运：纳入立法日程表或者遭到彻底否决。这既取决于党派领袖的意见，还取决于本届国会开会期所剩时间的长短。一年中最忙

---

① 楚树龙，荣予，2012. 美国政府和政治［M］. 北京：清华大学出版社：368-370.

碌的时间就是每个开会期快要结束的时候，通常是 9 月底或者 10 月初。这个时候是决定一项议案命运的关键时刻，它要么得意通过，要么遭到否决。

众议院议事规则禁止就与正在审议的法案不同的事项提出修正案。该项通常被称为“密切联系规则”（the germaneness rule）的规则被认为是众议院最为重要的一项议事规则，因为众议院明显需要将其注意力聚焦于可预测的事项上。密切联系原则适用于众议院、全员委员会和各常设委员会的议事程序①。在参议院中，议员提出附加条款或修正意见是司空见惯的事情。这些条款和意见可以与他们希望通过的议案并无什么关系。参议员们利用附加条款强迫总统接受附加在一项议案中的原本不受欢迎的法规，原因是总统不得不在接受整个议案或者否决议案之间做出选择。近几年有关拨款议案的附加条款的数量呈现上升趋势。

在结束为修正目的的对一项法案进行的审议后，全员委员会向众议院提出并报告该法案及其已通过的修正案。众议院开始审议全员委员会所通过的法案和修正案。

除了与收税有关的议案之外，参众两院总是同时讨论议案，而不是等着另一方首先采取行动。在一届国会会期末，如果一项议案只在参众两院中的一院得到通过，这项议案将就此完结。如果两院都通过了同一个主题的议案，只是议案之间有差别——这种情况很常见——这两个版本必须送交到协调委员会进行协商。如果一项议案未在两年期的同一届国会中以相同的版本得到两院的一致通过，那么在下一届国会，这项议案必须重新履行全部程序。

当一项法案以相同的形式获得参众两院的一致同意，并且或者参议院没有提出修正案或者众议院同意参议院的修正案，或者参议院同意众议院的修正案，或者参众两院就两院协商委员会的报告达成一致时，则法案将被誊清，正式书写成法律以呈送总统批准。此时总统也扮演一个角色。如果总统签署该议案，它就成为法律。如果总统行使否决权，也就是拒绝签署议案，它就会被发回原来的议院，同时附上总统否决的理由；国会可以根据每个议院 2/3 的投票推翻总统的否决，此时，议案就成为法律。如果总统在 10 天之内不能签署议案（星期天除外），国会仍处在会期内，则议案就不能成为法律。后一种情形被称为搁置否决权，它迫使国会在下一次会议时从头开始，议案必须在此获得参众两院通过后，在此通过总统否决这一关。但是要争取到如此多的支持票却不是一件容易的事情。

---

① 蔡定剑，杜钢建，2002. 国外议会及其立法程序［M］. 北京：中国检察出版社：287-288.

法律的公布

制定一项有效的法律程序中的一个重要步骤是使该法律被它所约束的公众知晓的要求。如果总统批准签署了一项法案，或让一项法案未经其签署而成为法律，正式誊写的法案的原件会由白宫交于国家档案局，由其对外公布。如果一项法案被总统否决，但参众两院又推翻了总统的否决而通过该项法案，则由后表决推翻总统否决的议院负责将正式誊写的法案的原件送交国家档案局公布。随后，法案会得到一个法律公布编号，并收入《美国法律大全》该届国会卷。

两院分歧的解决

议案在成为法律之前，必须得到国会两院多数议员的支持，还必须由总统签署通过，因此，新议案的提案人员不得不学会妥协。在最初阶段，他们必须决定是将议案先提交给参议院还是提交给众议院，或者将议案同时提交给参议院和众议院，这是一个战术问题，不容忽视。例如，如果参议院有可能不会通过某一项议案，提案人也许会在众议院寻求突破，希望议案顺利获得通过。这样能刺激参议院采取行动。

另外一个战术涉及审议此议案的委员会。按照惯例，议案被理所当然地提交到某个委员会，但是有些时候，提案人员有自行决定的权力。一项涉及超过一个委员会管辖的议案可以在遣词造句上大做文章，使该议案能够落入更善待它的委员会的手中。

当国会两院分别通过同一法案的分歧版本时，协商委员会是解决两院分歧的最通常做法。另一种方式是在参众两院之间“打乒乓球”式来回修正，直到其中一个院会统一另一院发回的版本为止[①]。如果两院中没有任何议员在交换修正案程序中能够接受对方的版本，那么参众两院的协商委员会可以被任命来协调分歧。选择和确定参加会议的“法案经理人”，一般是由主席依照对该项法案有管辖权的委员会主席的推荐来决定的，参加的议员从 3 个到无限个不等。与会代表有较大的行动自

① SINCLAIR B，2012. Ping Pong and other congressional pursuits：party leaders and post-passage procedural choice［C］//Party and procedure in the United States congress. Lanham，MD：Rowman & Littlefield Publishers：231-252.

由，也会彼此讨价还价，做出妥协，也有可能就有争议的问题重新起草全新的内容[①]。总体上看，大多数公法都是在不进行协商情况下得以批准的。它们在两院通过时没有任何改动（这种情况大概为70%），或者参众两院只对一个修正案进行交换，并最终达成一致（20%的立法是这种途径）。只有10%左右的议案，通常是最为重要且最具争议的，需要两院以协商委员会方式进行协调[②]。

5.2 技术评估办公室议案的形成

构思技术评估最早可追溯于1964年年初众议员埃米利奥·达达里奥（Emilio Daddario）及其部下查尔斯·林德伯格（Charles Lindbergh）的一次会议。会后，众议院科学与航天委员会（House Committee on Science and Astronautics）下的科学、研究与发展小组委员会（SRD）在接下来的两年中调查了与科学和技术相关的经济、社会和政治问题，并在1966年的“第二次进展报告”中得出结论，一定形式的技术评估对政策制定者有利。1966—1970年，科学、研究与发展小组委员会试图确定“技术评估应该涵盖哪些方面，哪些领域需要及如何应用”等问题。[③] 众议员埃米利奥·达达里奥集中了不同领域的专家，就该议题进行讨论并举行研讨会，如就环境问题举行了众议院-参议院联席会议，由此出台的白皮书推动了首个国家法定环境政策的制定。他还与国会研究服务中心（CRS）、美国国家科学院和美国国家工程院就技术评估共同安排了4次不同层面的研究。

1969年，科学、研究与发展小组委员会就技术评估召开了首次听证会，认为国会应该成立技术评估机构。1970年5月和6月的第二次听证会就成立技术评估办公室第一个议案交换了信息和意见。实质上，该议案与1972年国会通过的法案没有太大区别。然而，委员会提案为时太晚，第91届国会会议未予考虑。众议员埃米利奥·达达里奥试图将该议案作为1970年“立法重组法案”的一个单独议题，

---

① 孙哲，2012. 左右未来：美国国会的制度创新和决策行为［M］. 上海：上海人民出版社：106-107.

② 戴维森，奥勒斯泽克，李，等，2016. 美国国会：代议政治与议员行为［M］. 刁大明，译. 14版. 北京：社会科学文献出版社：296.

③ U.S. Congress, Review of the Office of Technology Assessment and its Organic Act, Report prepared by the House Subcommittee on Science, Research and Technology of the Committee on Science and Technology, 95th Congress, 2nd Session (Washington, D.C.: GPO, November, 1978), 5.

但因程序问题遭到否决。

埃米利奥·达达里奥于1970年放弃了众议院议员席位转而竞选康涅狄格州州长。佐治亚州的众议员约翰·W. 戴维斯（John W. Davis）成为下任科学、研究与发展小组委员会主席，在1971年没有进一步召开听证会的情况下提交了同样的议案。众议院于1972年2月8日通过该议案，但是做了几处重大修订，这点与1976年12月委员会主席奥林·蒂格（Olin Teague）在其任期届满时所说的一致。

尽管几经深思熟虑，当时的委员会——众议院科学与航天委员会还是未提议或打算成立该机构，主要有两方面的考虑。首先是技术评估委员会自身的特点。最初立法提案是成立包括由国会议员、公众代表、总审计长、国会研究服务中心主任和技术评估办公室主任组成的委员会。该委员会的职能之一就是为技术评估办公室制定政策并指导其运作。其次是成立技术评估顾问团可以以顾问的身份为委员会服务。众议院通过即席修正案和简短讨论，否决原有的委员会构想取而代之的是完全由国会组成的委员会，参议院在确保双方政党代表席位平等之后表示同意。这种完全由国会组成的委员会还需要引入新机制以保持与公众充分交流。因此，技术评估顾问团正是在深入研究和考虑之后成立的。

此结论并不能视为是对技术评估办公室的批判，因为办公室最终还是成立了。当然，技术评估办公室的管理问题，以及委员会无法独立思考等种种因素，导致结果偏离原来构想。关于技术评估办公室的很多研究指出，按照最初的构想，无论是政党还是参议院和众议院，两极分化的可能性都很小，同时在人事任命、选择和评估方面的政治动机也会较小。显然，这只是推测。有报告研究认为委员会和顾问团这两个机构都应在适当时机重新审视①。参议院将技术评估办公室议案提交至规则委员会，该委员会由北卡罗来纳州的参议员埃弗雷特·乔丹（Everett Jordan）担任主席，于1972年3月2日召开了听证会，但是未针对议案采取任何进一步行动。在马萨诸塞州的参议员乔·肯尼迪（Joe Kennedy）和内华达州的参议员霍华德·坎农（Howard Cannon）等的协助下，委员会于1972年9月13日提出该议案，参议院于9月14日通过。10月4日，众议院和参议院就最终法案达成一致，尼克松总统于1972年10月13日签署确认。

① U.S. Congress, Review of the Office of Technology Assessment and its Organic Act, Report prepared by the House Subcommittee on Science, Research and Technology of the Committee on Science and Technology, 95th Congress, 2nd Session (Washington, D.C.: GPO, November, 1978), 7.

立法历史

在20世纪60年代和70年代早期，国会审议了很多关于建立技术评估（TA）机制的立法议案[①]。按照时间顺序，众议院在此期间共提出了以下5项议案。

（1）第1项议案，即众议院第6698号议案，于1967年提出讨论。

（2）第2项议案，即众议院第17046号议案，于1970年年初提出，为同年5月和6月召开的听证会奠定了基础，召开听证会旨在讨论建立技术评估机制的具体提案。参议院第4085号议案于1970年7月提出，是众议院17046号议案的附加议案。

（3）第3项议案，即众议院第18469号议案于1970年4月提出，根据委员会的审议做出了多处变更。

（4）第4项议案，即众议院第3269号议案，于1971年2月2日提出，其附加议案（众议院第7728号议案）于4月26日提出，此两项议案与众议院第18469号议案内容一致。6月10日，众议院第3969号议案未经任何变更便向众议院科学与航天委员会报告议案审查结果。1971年7月22日委员会下令提交第10243号议案。相同内容的议案（众议院第10246号议案）于7月30日提出，以借鉴更多共同发起人的意见。

（5）第5项议案，即众议院第10243号议案于1971年7月16日提出。

1972年之前，国会只审议了上述议案中的一项。1970年9月16日，众议员埃米利奥·达达里奥提出了众议院第18469号议案，作为1970年立法重组法案的修正议题，但因程序问题遭到否决。1971年年底，国会未对任何技术评估议案做出表决。

1972年2月5日，众议院提出10243号议案，众议员约翰·W. 戴维斯将议案提交至全体国会议员，突出委员会的一致支持和所有委员的共同倡议。在商议中，众议员杰克·布鲁克斯（Jack Brooks）对议案提出了修正意见。修正后的议案随后以唱名表决形式通过：支持票为256，反对票为118，弃权票为57。

参议院关于技术评估立法的审议时间较短。1970年7月15日，参议员戈登·

---

① U.S. Congress, Senate Committee on Rules and Administration, Technology Assessment Act of 1972. Senate Report No. 92-1123, 92nd Congress, 2nd Session (Washington, D.C.: GPO, September 12, 1972), 7-10.

艾洛特（Gordon Allott）提出参议院第4085号议案，是众议院第17046号议案的附加议案，由参议员约翰·帕斯托雷（John Pastore）、爱德华·肯尼迪（Edward Kennedy）、盖洛德·纳尔逊（Gaylord Nelson）、马克·哈特菲尔德（Mark Hatfield）和温斯顿·普鲁蒂（Winston Prouty）共同发起。1971年7月19日，参议员埃弗雷特·乔丹，与戈登·艾洛特、爱德华·肯尼迪、约翰·帕斯托雷和温斯顿·普鲁蒂一同，提出了参议院第2302号议案，该议案是众议院第10243号议案的附加议案。参议院第2302号议案提交至参议院规则及行政委员会（Senate Committee on Rules and Administration）。1972年3月2日，该委员会下属的计算机服务小组委员会（Subcommittee On Computer Services）就上述两项议案召开了听证会。

接下来几节将讨论技术评估办公室成立史上的几大里程碑事件。

1970年立法行动

1970年1月，科学、研究与发展小组委员会第一份法案草案完成，并向选定的一群政府官员和个人征求意见。根据他们的意见，又提出了第二稿。在听证会上，时任主席埃米利奥·达达里奥重申了一个问题，即技术评估办公室是否有权制定政策，或是提出政策建议。他指出的这个问题是技术评估办公室最终立法的一部分，这在技术评估办公室关闭之前一直备受争议。

1970年提出的H. R. 17046议案提议建立技术评估办公室，该办公室只对国会负责。该议案提议由技术评估委员会（TAB）制定政策，由董事进行经营管理，并对该办公室的职责进行了如下描述：确定技术或技术项目的现有或可能的影响；在可能的情况下确立因果关系；确定实施具体项目的替代技术方法；确定实现必要目标的替代方案；估算和比较替代方法和替代方案的影响；向立法机关提交分析结果；确定需要进行额外研究或数据收集领域，以便为上述评估和估算提供足够的支持；执行有关当局可能指派的相关任务。

技术评估委员会将由13名成员组成：两名参议员、两名众议员、一名总审计长、一名立法参考服务部（Legislative Reference Service，LRS）董事及由总统任命的7名公众人士。董事将由技术评估委员会任命，每届任期6年，薪酬水平与行政部门的二级官员相当。该法案还规定了必要时该办公室执行法律条文的权威性，包括颁布规章制度、使用合同、雇用人员等。

该法案规定，立法参考服务部负责收集信息，并确定需要进行技术评估的问题，授权国会图书馆在立法参考服务部设立新的部门或单位，以此协助技术评估办公室的工作。该法案还规定技术评估办公室要与美国国家科学基金会展开具体协调与联系，并修订1950年的国家科学基金会法案，允许其根据董事的要求代表技术评估办公室开展特殊活动。该法案指定了美国国会审计总署在其管辖范围内向技术评估办公室提供财务、行政服务和其他服务，并根据总审计长和技术评估委员会之间商定的协议对这些服务进行报销。该法案还规定技术评估办公室应向国会提交年度报告。最后，该法案批准了500万美元，用于在1971年6月30日结束的财政年度设立技术评估办公室，此外，必要时可能还会拨款。

到6月中旬，科学、研究与发展小组委员会根据之前就H. R. 17046议案的听证会起草了新法案。小组委员会一致通过了新法案，7月15日，众议员埃米利奥·达达里奥将这个新法案命名为H. R. 18469。该法案由委员会主席——众议员乔治·米勒（George Miller），少数党成员——众议员詹姆斯·G. 富尔顿（James G. Fulton），以及全体小组委员会成员共同发起。1970年9月，科学与航天委员会报告并建议通过H. R. 18469议案，以创建技术评估办公室。委员会认为“H. R. 18469议案背后的理由是令人信服的，其根源在于深层次的环境，社会和经济问题，这些都是当前困扰美国的严重难题”。[①]

H. R. 18469议案表明，国家紧急事件、生物和社会问题等正在以前所未有的速度发展，对美国的安全和普遍福利构成重大威胁。这些问题在很大程度上要归因于日益增加的人口压力，自然资源的迅速消耗，自然和社会环境的恶化（尽管不一定限于或受到这些因素的影响）。国会目前的机制并未就科技的潜在应用和影响向立法部门提供足够独立和及时的信息，特别是在联邦政府可能考虑支持、管理或是调控技术应用的情况下。因此，国会有必要为自己配备新的有效手段，以获得有关技术应用的物质、经济、社会和政治影响的公正、客观信息，并在适当情况下利用这些信息，作为在国会待决事项立法评估的考虑因素。

技术评估办公室负责向国会提供技术应用的可能积极影响和消极影响的早期预警，帮助国会确定在此之前计划的相对优先级。也就是说，技术评估办公室将为国会提供优化的信息来源，为技术应用政策推荐替代的方案，补充现有的信息获取

① U.S. Congress，House Committee on Science and Astronautics，Establishing the Office of Technology Assessment and Amending the National Science Foundation Act of 1950，House Report 91-1437，91st Congress，2nd Session，September 9，1970（Washington，D.C.：GPO，1970）.

系统。

技术评估办公室由负责制定政策的技术评估委员会和负责管理运营的董事组成。技术评估委员会由总统和立法部门任命的人员组成，负责制定和颁布政策。技术评估办公室授权可根据国会委员会主席、理事会或董事的建议，进行技术评估。为了有助于获得用于评估的信息，办公室授权可举行听证会和有权进行传唤。根据H. R. 17046议案，该办公室还被授权可利用美国国会审计总署、国会研究服务中心和美国国家科学基金会的支持性服务。

1970年7月15日，参议员戈登·艾洛特和5位共同发起人提出了S. 4508议案，是众议院18469号议案在参议院中的附加议案。该议案提交给了行政委员会，然而，委员会和参议院均未采取任何行动。参议员戈登·艾洛特在1967年尝试创办科技联合委员会，可惜失败了。他认为技术评估办公室不仅能为国会提供独立的专业技术支持，还能够分析出科技可能造成的影响及政府项目实施的替代方案。他在支持议案的辩论时，强调国会必须具备科学分析能力，才能和行政部门站在同一知识水平上。1970年9月16日，作为1970年立法重组法案的修订项目，众议院尝试就该议案举行投票，但因程序问题遭到否决，众议院在1970年也并未采取后续措施。

1971年立法行动

1971年2月2日，众议院保密资料小组委员会主席约翰·W. 戴维斯连同其他24位众议员提出了H. R. 3269号议案，该议案同众议院18469号议案内容相同。后来，1971年4月26日，众议员里查德·汉纳（Richard Hanna）连同委员会的其他9位新成员提出了一个附加议案H. R. 7728，以顺应委员会及众议员中愿意支持该项立法的其他成员。1971年6月10日，小组委员会将议案审查结果原封不动地提交给正式委员会。正式委员会于1971年7月22日召集会议，接收了H. R. 3269号议案的审查结果，并通过了该议案，只是就技术评估办公室机构精简的相关条目做出几处微小的修订。随后，正式委员会下令制定一个没有附加条件的清洁议案（H. R. 10243），该议案于1971年8月16日提交审查。在审查H. R. 3269号议案的过程中，正式委员会采用了5处修订意见，以精简技术评估办公室机构，但没有改动途径、方法、思想等主体内容，如下所示：①将技术评估委员会（TAB）的成员数量从13人减至11人，任期从6年减至4年；②要求TAB

中的参议院成员由参议院临时主席任命，而非参议院主席；③除委员会主席之外，所有其他委员会成员应有权提出评估要求；④授权总审计长为技术评估办公室提供实质性支持和行政性支持；⑤对技术评估办公室的授权仅限于1972财年，之后应由国会决定是否继续授权。

1971年7月19日，参议员埃弗雷特·乔丹连同后来的温斯顿·普鲁蒂，参议员戈登·艾洛特、爱德华·肯尼迪和约翰·帕斯托雷等共同发起人，提出了S.2302号议案，提交给参议院规则与行政委员会中的计算机服务小组委员会。参议员沃伦·麦格纽森（Warren Magnusson）是参议院商务委员会科学小组委员会的主席，他提议技术评估办公室应能帮助人们规避和控制变化带来的风险，确保科技不会带来预料之外的恶劣后果，或者防止出现一种冥顽不灵、繁衍不息的力量，威胁到人类和我们社会的人文素质。

1972年立法行动

1972年2月1日，众议院规则委员会就众议院10243号议案举行听证。

1972年2月8日，该议案的修订案于众议院发起投票，以256票赞成、118票反对，唱名表决通过。

其中，辩论聚焦于对众议院10243号议案的修订。该议案建议成立一个由11人组成的技术评估委员会（TAB），各政党分别选出一名参议员、一名众议员加入，此外还包括总审计长、美国国会研究服务中心主任、4位公众代表、技术评估办公室主任。委员会选择这样的人员配比是为了实现混合、均衡的代表性。由于很少有国会议员是科学家，因此委员会认为4位公众代表应在一个或多个科学领域或工程领域有所建树，或者在技术活动管理方面富有经验。

众议员杰克·布鲁克斯是国会工作联合委员会的主席，对技术评估委员会的人员构成提出反对意见，认为该议案对国会指导反应不够灵敏。此外，他认为总统可能选择自己的人担任公众代表和委员，以控制委员会。他解释说，将另一机构对行政部门拱手相让，看似冠冕堂皇，实则一无是处。总统任命4位办公室成员，众议院任命两位，参议院也任命两位，然后是总统任命的总审计长，再然后是国会研究服务中心主任。相当于10个里面就有6个是由总统任命的，或者是由总统委托选择的。最后是办公室主任，人选事实上也是由总统决定的，11个人中有7个人都是由总统确定的。

在议案的通过程序中，众议院接受了众议员杰克·布鲁克斯提出的修订意见，即技术评估委员会应由5个参议员和5个众议员构成，取消总统可任命委员会公众代表的规定。原定议案授权技术评估办公室开展评估工作，传唤证人，举行听证，在传唤证人和（或）证据时请求司法部部长的帮助。国会取消了这一变动。

众议院通过并提交参议院的众议院10243号议案和参议院审查报告的S. 232号议案区别如下。

（1）众议院通过的那一版10243号议案需要10位委员会成员：5个参议员代表，由参议院临时主席任命，3位来自多数党，两位来自少数党；还有5位众议员代表，由众议院议长任命，3位来自多数党，两位来自少数党。参议院委员会修正案提出需要13位委员会成员，参众议院各任命6位成员，而不是5位，各党派任命3位。任命的方式没变。委员会的第13名成员是技术评估办公室主任，但他没有表决权。

（2）相对于众议院通过的议案版本，参议院委员会对10243号议案的修订版授予办公室主任更多代表权。主任是委员会中的当然席位（依职位行使权力而非授权制）。在与技术评估委员会商讨后，主任可以发起由办公室承担的评估活动。

（3）众议院10243号议案的参议院修订版本，提倡建立一个理事会，这在初始版本中亦有所提及。该理事会有12名成员，如下：委员会任命的公众代表10名，他们应当在物理、生物、社会科学或工程学中的一个或多个领域有所建树，或者对技术管理富有经验，或者在教育或公共活动领域做出贡献且认定合格；此外，理事会成员还包括总审计长及国会研究服务中心主任，理事会的公众代表有4年任期，只可连任一次，且任期错开以建立一种轮流会员制度。在众议院辩论中，有议员提出将公众代表从技术评估办公室委员会中剔除。根据众议院委员会最初的构想和报告，建立理事会的主要理由就是补偿这一修订带来的损失。理事会的目的是审查，就办公室活动和技术评估发现，向技术评估委员会提出建议。当时，几乎所有在参议院听证会前作证的证人都提议建立一个咨询理事会。

（4）根据参议院常设规则第29条第四部分，众议院10243号议案与现有法律的不同之处（方括号里是现有法律中建议删除的部分，新问题用引号标示，现有法律中建议不变的部分用引号标示）：基金会有权通过订立合同或其他相关［科学活动］安排（包括转让、贷款和其他形式的支持）发起和支持有关国际［合作或国家安全］“合作，国家安全及科学应用的社会影响”的特定科学活动。若基金会是应［国务卿或者国防部部长］“技术评估办公室等其他联邦部门或机构”的要求而发起或支持某些活动，根据第14款（g），应该对“这类活动”发起筹资［单独地］，时间可以是从需求一方［高级官员］“官员”将资金转交给基金会起的“任何适当的时间”，同时此类活动是非保密性的，还须经基金会认定，确实是应有关［高级官员］“官员”的要求发起的。

1972年3月2日，参议院计算机服务与管理小组委员会对众议院10243号议案举行听证。出席听证会或提交证词的证人包括参众两院的议员、专业协会的代表、行业代言人、国家科学院院长、美国国会图书馆馆长、总审计长，以及国家科学基金会主任。出席参议院小组委员会的所有证人都支持技术评估这一设想，一致认为技术评估能够为加强司法审查做出众多贡献。

1972年9月13日，参议院规则和管理委员会（Senate Committee on Rules and Administration）一致投票赞成H.R.10243号议案，本质上是一个修正案。该法案由众议院和参议院审议通过，“采取新的有效手段，确保这些技术应用在物理、生物、经济、社会及政治方面提供的信息是有效且无偏见的；并在适当情况下利用这些信息作为立法评估大会审议事项的一个要素”。法案进一步阐述，技术评估组织应该……提供技术应用可能带来的有利和不利影响的早期预警：①确定技术或技术方案的现有影响或可能的影响；②在可能的情况下，确定因果关系；③确定实施具体方案的替代技术方法；④确定实现必要目标的替代方案；⑤对替代方法和计划的影响进行估算和比较；⑥向适当的立法机关提交已完成分析的结果。①

据委员会报告，1972年9月14日，H.R.10243号文件通过参议院回到众议院。1972年9月21日，参议院和众议院的与会者同意对参议院通过的H.R.10243号文件做微小的技术性修正。1972年9月22日，参议院同意会议报告（众议院报告92-1436）。1972年10月4日，众议院通过了该报告。众议院以256∶118进行了表决，通过该修正法案。民主党人以180∶39的投票结果，明确表示支持，而共和党投票结果却是76∶79，分歧比较明显。参议院以口头表决通过议案。1972年10月13日，尼克松总统签署了P.L.92-484。

① U.S. Congress, Senate Committee on Rules and Administration, Technology Assessment Act of 1972, Senate Report 92-1123, 92nd Congress, 2nd Session, Sept. 13, 1972 (Washington, D.C.: GPO, 1972).

5.3 《美国竞争法案（2007）》的出台

2007年8月2日，国会众议院以367票对57票的绝对优势，通过了《美国竞争法案（2007）》（America COMPETES Act of 2007），其全称为《为有意义地促进杰出的技术、教育与科学创造机会法案（2007）》（America Creating Opportunities to Meaningfully Promote Excellence in Technology，Education，and Science Act of 2007），几小时后，该议案又在参议院以无记名投票方式通过。《美国竞争法案（2007）》被誉为美国未来几年科学事业的路线图，其本身则是对两年前美国国家科学院发表的《站在正在聚集的风暴之上》（“Rising Above the Gathering Storm”）的全面回应。

2005年5月，应国会评估美国技术竞争力的要求及维持和提高竞争力的建议，美国国家科学院组织了一个包括诺贝尔奖获得者和高技术公司首席执行官在内的20人委员会，洛克希德·马丁公司的前首席执行官诺曼·奥古斯丁（Norman Augustine）任委员会主席。2005年10月中旬，美国国家科学院发表了《站在正在聚集的风暴之上》这一报告，它要求通过加强美国的研究和教育系统以确保国家经济的健康发展。美国国家科学院在报告中提出了20个“当务之急”，其中，培养更多更优秀的科学和数学教师的任务位居榜首。报告同时呼吁联邦政府加大对科学研究特别是物质科学和工程学的投入，增加对有志成为科学家的年轻学生的支持。

《站在正在聚集的风暴之上》勾画了美国未来竞争力的一幅草图，根据这份报告，2006年1月31日，小布什总统在国会发表的国情咨文中宣布“美国竞争力计划”，通过大力支持物质科学的基础研究和能源研究来提升美国的竞争力；2月7日，小布什总统在提交给国会的2007年度财政预算中提出，在未来10年中要将美国国家科学基金会、国家标准和技术研究院核心项目和能源部科学办公室的研究经费总额增加一倍。两年后，《站在正在聚集的风暴之上》中绝大多数建议被国会收入《美国竞争法案（2007）》。该法案长达407页，它批准在未来3年中为数十个研究和培训项目投资430亿美元。

下面通过几个重要法案的出台来观察立法进程。

S. 761 法案

2007 年 3 月 5 日，参议员哈里·瑞德（Harry Reid）提出美国竞争议案（S. 761）。当时直接跳过委员会审议阶段，进入参议院立法日程表，举行了一读，主要从商业与科学、能源部、教育、国家科学基金会 4 个方面阐述了该议案主要内容。

2007 年 3 月 6 日，二读，立法日程排在一般性顺序，第 70 号。

2007 年 3 月 8 日，议案倡议人多数党（民主党）领袖、参议员哈里·瑞德介绍背景，指出该法案是两党努力的结果。参议院宾格曼·杰夫（Bingaman Jeff）和亚历山大·拉马尔（Alexander Lamer）要求国家科学院就如何保持美国竞争优势提出建议，根据《站在正在聚集的风暴之上》的报告建议，首先，美国需要加快提升 K-12 科学和数学教育来增加人才储备；其次，必须保持和强化国家对长期基础研究的承诺；再次，必须使美国成为最具吸引力的学习和开展研究的国家；最后，必须对创新和长期投资提供激励，保障美国的创新优势地位。其中，还特别强调，1957 年，苏联卫星上天，美国反应迅速，第二年国会就通过了国家国防教育法案，通过在数学和科学教育上增加投资来保持美国竞争优势。国会通过的这个法案，培养了整个一代工程师和科学家，确保美国在科技和创新领域的优势。哈里·瑞德参议员指出，美国受到印度等一些新兴国家的挑战，主导地位开始削弱。印度等国家在基础研究和数学、科学等领域研究的投入增加很快，增速超过美国。参议员在会上强调该法案在增加投入，加强数学和科学教育、提供创新基础设施等方面所起的作用。

2007 年 4 月 20 日，该议案提交参议院，进入院内审议阶段。法案制定过程持续两年。哈里·瑞德又重申了该法案的背景及重要性。共和党领袖明奇·麦康奈尔（Mitch McConnell）做陈词，认为法案能进入院内审议，是受到田纳西州参议员亚历山大·拉马尔和新墨西哥州的参议员宾格曼·杰夫的启发，这两位参议员对来自不同委员会、不同阵营的参议员形成这份重要立法做出了巨大贡献。能源，商业，卫生、教育、劳工与退休金 3 个委员会协同合作完成该法案。而且，有意思的是，该法案是上年开始编撰，那时刚好共和党是国会多数党，如今，法案在民主党控制下的国会，其内容基本没有变化，表明该法案两党的协同努力。这也给了这 3 个委员会的共和党领袖信心，与民主党每一步都紧密合作，共同起草这份重要法案。明奇·麦康奈尔再次强调重要性与紧迫感，强调这份法案是投资我们下一代、教育及美国未来的法案。宾格曼·杰夫参议员在表达感谢和强调重要性之余，举例 20 世纪 80 年代，冷战时期，美国几乎丧失了半导体的领导地位。出于国家安全的考虑，美国政府与产业界需要一道来保持国内芯片领域的竞争能力。国防部部长卡斯帕·温伯格（Caspar Weinberger）和鲍勃·诺伊斯（Bob Noyce）博士，来自英特尔的戈登·摩尔（Gordon Moore）及其他人员，推动实施了名为 SEMATECH（美国半导体制造技术研究联合体）的公私合营模式（PPP）。这个模式很成功，帮助美国在 20 世纪 90 年代拥有产业竞争力直到今天。到了 2007 年，来自印度等新兴国家的挑战越来越明显。参议员宾格曼·杰夫在国会上用 5 张图表来表明竞争法案的重要性与紧迫性。第 1 张是新兴经济体快速增加的研发投入；第 2 张是在半导体、医药及电信等高技术领域日益扩大的贸易赤字；第 3 张是 15 岁以上学生的科学素养；第 4 张是美国本科毕业生获得科学和工程学位的人数结构；第 5 张是科学家和工程师的培养情况。参议员亚历山大·拉马尔曾去过中国，曾和胡锦涛总书记会面，了解中国实施的自主创新战略，以及科技发展中长期规划。在说完北京之行之后，对整个法案的内容进行了重点阐释。

2007 年 4 月 23 日，参议院进行了院内审议，很多参议员加入辩论。亚历山大·拉马尔在辩论阶段，介绍了该法案的缘由、过程，并强调参议员多梅尼西·皮特（Domenici Peter）和宾格曼·杰夫所提出的《保护美国竞争力法案（2006）》（Protecting American's Competitive Edge Act of 2006）。之后，分别有宾格曼·杰夫，丹尼尔·井上（Daniel Inouye）等参议员提出了修正案。

2007 年 4 月 24 日，参议院继续就《美国竞争法案（2007）》进行院内审议，参议员宾格曼·杰夫首先提请审议第 908 号修正案，主要针对法案中数学与科学的表述，增加技术与工程（technology and engineering），之后参议员吉姆·德铭特（Jim DeMint）就小企业成长和资本市场相关问题提出了 928 号修正案，参议员认为 S. 761 通过提升美国劳动力质量增加美国的国际竞争力非常有必要，但劳动力仅是经济增长的重要组成部分，资本投入也是非常关键的。美国的竞争力受到挑战，不仅仅是劳动力，同样也有来自资本形式的挑战（S. 4873）。该修正案将使《萨班斯-奥克斯利法案》（Sarbanes-Oxley Act）第 404 条款更好地适用小企业（在资本市场上小于 7 亿美元或利润小于 1.25 亿美元或者少于 1500 个股东）。参议员说上周参议院小企业委员会就该主题举行了听证会，共和党和民主党都认为有必要进行改革，通过修正案达成该法案的互惠特征（S. 4873）。紧接着，参议员吉姆·德铭特主要针对影响创新的税收相关问题，又提出了 929 号修正案。下午两点，参议院就 929 号修正案进行投票，96 票赞成，4 人没有投票，通过修正案。参议员爱德华·肯尼迪提出了 940 号修正案，汤姆·科伯恩（Tom Coburn）提出了 917 号修正案。参议员宾格曼·杰夫提出了 947 号修正案来修正克里斯多夫·多德（Christopher Dodd）的 928 号修正案。约翰·康宁（John Cornyn）提出了 902 号修正案，目的是需修正移民和国民法案来增加美国竞争力，因为与该法案主题不符，最后撤销了该修正案。接下来，908 号修正案，一致通过，940 号议案，口头表决通过。经过修改后的 947 号议案获得 97：0 的投票通过。同样，第 928 号议案，第 917 号议案，分别以 62：35、54：43 的投票比例通过。同时，参议员宾格曼·杰夫和约翰·桑努努（John Sununu）、伯尼·桑德斯（Bernie Sanders）分别提起了 936，938 号议案。

2007 年 4 月 25 日是比较忙碌的一天。参议院一早开始审议 936、938 号修正案，来自新罕布什尔州的参议员约翰·桑努努认为要加强国家科学基金会的教育和人力资源主管职能，认为要在自然基金会每年 6.5 亿美元中预留出 1 亿美元左右用于人力资源和教育，不然，长此以往，会削弱并有可能破坏国家竞争力的完整性及作为国家科学基金会核心的同行评议（Peer review）过程。但这一观点遭到参议员宾格曼·杰夫的反驳，认为法案中已经包含了上述修正案内容，国家科学基金会本身就强调在科学、工程及数学等方面的各层次教育，而且有 123 所学校加入了国家科学基金会数学和科学合作项目，10 个数学和科学教育项目中有 4 个就有国家科学基金会的身影。参议员亚历山大·拉马尔也同意宾格曼·杰夫的说法。最终投票 24 票赞成，74 票反对，否决该项修正案。伯尼·桑德斯提出的第 936 号修正案被认为还需进一步弄清楚管辖权问题，并且需要在银行委员会举行听证会，后来一致同意撤销该修正案。紧接着，参议员吉姆·德铭特（Jim Demint）、奥林匹亚·斯诺（Olympia Snowe）、巴拉克·奥巴马（Barack Obama）等继续提出修正案进行阐述，923、931、941、960 号修正案获得一致通过。然后，经过院内审议，一致同意通过了参议员巴拉克·奥巴马、詹姆斯·尹霍夫（James Inhofe）所提的修正案。参议员切克·格拉斯利（Chuck Grassley）所提的 914 号修正案，建议撤销。之后，参议员汤姆·科伯恩（Tom Coburn）提出了 918、921、922 号等有关修正案。其间，参议院对 930 号修正案进行了投票，22 票赞成，71 票反对，修正案没有通过。918 号修正案，同样没有得到大多数参议员的支持，27 票赞成，67 票反对，否决了该项修正案。赫伯特·科尔（Herbert Kohl）提出的 942 号修正案，参议院通过口头表决通过了该项修正案。参议员切克·格拉斯利所提出的918、915号修正案，巴拉克·奥巴马和罗伯特·梅内德斯（Robert Menendez）分别提出了关于设立暑期教育计划和在国家科学基金会设立科学中试项目的924和926号修正案。还有944、950、951、952、958、965、970、975、977、980号修正案被分别提出，并展开辩论。上述法案均被一致同意的表决结果通过。其中，921号修正案以39∶57的投票结果，没有通过，而922号议案则以82∶14的投票结果通过该修正案。参议员奥林匹亚·斯诺（Olympia Snowe）又提出了973号修正案，也被审议通过。最后，该法案经过修正，以88票对8票的绝对多数，通过了法案。法案提出的表决结果情况如表5-2所示。

2007年4月30日，中午，众议院收到材料。参议院将相关的程序信息都移交众议院。

2007年7月19日，参议院将他们的法案作为修正案合并到H.R.2272众议院法案。

表 5-2 法案提出及表决结果

法案号	提出人	表决结果
905	Bingaman for Obama	经一致同意修改（Modified by unanimous consent）
914	Grassley	撤销（Withdrawn）
915	Bingaman for Grassley	经一致同意修改（Modified by unanimous consent）
916	Bingaman for Grassley	经一致同意修改（Modified by unanimous consent）
918	Coburn	27∶67 否决
921	Coburn	39∶57 否决
922	Coburn	82∶14 通过
923	Bingaman for Obama	经一致同意修改（Modified by unanimous consent）
924	Bingaman for Obama	经一致同意修改（Modified by unanimous consent）
926	Bingaman for Menendez	经一致同意修改（Modified by unanimous consent）
930	DeMint	22∶71 否决
931	Bingaman for McCaskill	经一致同意修改（Modified by unanimous consent）
936	Bingaman for Sanders	撤销（Withdrawn）
938	Bingaman for Sununu	24∶74 否决
941	Bingaman for Snowe	一致同意（Unanimous consent）
942	Kohl	口头表决同意（Agree by voice vote）
944	Bingaman for Coleman	经一致同意修改（Modified by unanimous consent）
950	Bingaman for Baucus	一致同意（Unanimous consent）
951	Bingaman for Baucus	一致同意（Unanimous consent）
952	Bingaman for Baucus	经一致同意修改（Modified by unanimous consent）
955	Inhofe	经一致同意修改（Modified by unanimous consent）
956	Bingaman for Crapo	一致同意（Unanimous consent）
957	Bingaman for Hatch	经一致同意修改（Modified by unanimous consent）
958	Bingaman for Dorgan	一致同意（Unanimous consent）
960	Bingaman for Levin	一致同意（Unanimous consent）
965	Bingaman for Murray	经一致同意修改（Modified by unanimous consent）
970	Bingaman for Feingold	经一致同意修改（Modified by unanimous consent）
973	Bingaman for Snowe	一致同意（Unanimous consent）
975	Bingaman for Landrieu	一致同意（Unanimous consent）
977	Bingaman for Murray	一致同意（Unanimous consent）
980	Bingaman for Alexander	一致同意（Unanimous consent）
修正案		88∶8 表决通过

H. R. 2272 法案

2007 年 5 月 10 日，美国众议院民主党议员巴特·戈登（Bart Gordon）向众议院科学、空间和技术委员会提交了一份题为《21 世纪竞争力法案（2007）》（21st Century Competitiveness Act of 2007）的议案。

2007 年 5 月 21 日，众议员戴维·吴（David Wu），提议规则暂停失效，通过法案。众议院对规则暂停失效进行院内审议，就 H. R. 2272 进行辩论。在下午 5 点多，动议提出规则暂停失效，并口头同意通过法案。众议员戴维·吴介绍说，该法案经过了科学、空间和技术委员会一年半的共同努力，这也是回应 2005 年国家科学院《站在正在聚集的风暴之上》的报告。共有 5 个议案揉进了 H. R2272，分别是《10 000 教师，千万精英科学与数学研究法案（2007）》（10,000 Teachers，10 Million Minds Science and Math Scholarship Act of 2007，H. R. 362）；《科学与工程研究播种法案（2007）》（Snowing the Seeds Through Science Engineering Research Act of 2007，H. R. 363）；《国家科学基金会授权法案（2007）》（National Science Foundation Authorization Act of 2007，H. R. 1867）；《技术创新与制造业促进法案（2007）》（Technology Innovation and Manufacturing Stimulation Act of 2007，H. R. 1868）；《高性能计算修正案（2007）》（To Amend the High-performance Computing Act of 2007，H. R. 1068）。

2007 年 5 月 22 日，参议院收到议案，进行二读，按顺序列入参议院立法日程，编号为 159。

2007 年 7 月 19 日，议案经参议院一致同意，进入讨论。参议院在被颁布条款之后，替代了 S. 761 修正案中的内容。参议院一致同意该修正案通过，并坚持该修正案，要求召开大会，进入了消除分歧阶段，任命了参会人员，包括宾格曼·杰夫、丹尼尔·井上、爱德华·肯尼迪、约瑟夫·李伯曼（Joseph Lieberman）、芭芭拉·米库斯基（Barbara Milulski）、约翰·克里（John Kerry）、比尔·纳尔逊（Bill Nelson）、皮特·多梅尼奇（Pete Domenici）、特德·史蒂文斯（Ted Stevens）、迈克尔·恩奇（Michael Enzi）、亚历山大·拉马尔、约翰·恩赛因（John Ensign）、诺姆·科尔曼（Norm Coleman）。

2007 年 7 月 20 日，该消息从众议院传递到参议院。

2007 年 7 月 31 日，众议员戴维·吴要求一致同意，众议院不同意参议院的修正案，并召开会议。拉尔夫·霍尔（Ralph Hall）议员提出动议进行众议院指导会议。紧接着，众议院从解决争议阶段（resolving difference）进入院内审议，花费1个小时就拉尔夫·霍尔的动议进行辩论。在这个动议中，包含的指令寻求众议院的管理层坚持 H. R. 2272 中所提出的整个较低水平的授权及该议案中203条款中的细分内容，即给予在美国国内煤炭液化技术和先进核再生的能源生产、使用等相关的科学和工程早期研究职业优先奖励。众议院进行指导会议的动议获得258票对167票的支持，该动议被通过。议长任命委员会成员巴顿·戈登、丹尼尔·利宾斯基（Daniel Lipinski）、布里安·贝尔德（Brian Baird）、戴维·吴、尼克·兰普森（Nick Lampson）、马克·尤德尔（Mark Udall）、加布里埃·古福德（Gabrielle Giffords）、杰瑞·麦克纳尼（Jerry McNerney）、拉尔夫·霍尔（Ralph Hall）、詹姆斯·森森布伦纳（James Sensenbrenner）、弗农·艾拉（Vernon Ehlers）、朱迪·比格特（Judy Biggert）、汤姆·菲尼（Tom Feeney）和菲尔·金格里（Phil Gingrey）。同时，任命了来自教育和劳工委员会（House Committee on Education and Labor）的乔治·米勒（George Miller）、拉什·霍尔特（Rush Holt）和霍华德·麦基恩（Howard McKeon）来考究参议院修正案中的C部分内容。会议举行并同意提出讨论会报告。

2007年8月1日，委员会报告 H. Rept 110-289 提出。规则委员会向众议院报告第602号决议案，获得众议院通过。

2007年8月2日，巴顿·戈登根据602号决议案，提交审议 H. Rept 110-289 报告，众议院就该报告展开1小时的辩论。先前的问题依据规则进行安排，议员们还以367∶57的投票同意了全院大会报告。参议院则一致同意。

2007年8月3日，参议院的针对该议案的行为信息送至众议院。

2007年8月4日，H. R2272 法案经两院通过后，经确定无误，众议院议长签字，然后参议院主席签字，最后送到白宫。众议院将该法案送至总统。

2007年8月9日，小布什总统签署该法案，正式生效成为法律（Public Law No. 110-69）。

5.4 立法的政治矛盾

世界上没有一个立法机关，在适用“制定法律实体”一词上，足以媲美美国国会。但是一旦进入立法程序，议员们便开始陷入一个不知出处在何地、永远充斥着倾轧争斗的迷宫。在美国通过一个法案很难，而现在几乎每一项法定政策都少不了要耗费联邦巨资去贯彻实施，一环接一环，似乎形成了“恶性循环”[①]。要知道，即使是在西方代议制国家，这么复杂的立法过程都是少见的。而且，美国国会两院每个会期要处理的法案数量可达上万件，每周也要承担数百件法案的工作量，其中参议员的工作量要远远多于众议员。不仅立法过程的程序本身存在故意为之的政治矛盾，而且在这一程序框架内也存在复杂的利益矛盾，美国国会正式通过此种程序性民主，调控着复杂多样的美国多元化社会利益[②]。

在美国，包括众多科技领域立法在内的许多法案的确立都不是一蹴而就的。设立国会技术评估办公室的法案，从 1964 年年初技术评估的构思，到 1972 年尼克松总统签署成为法律，经历了艰辛的立法过程，多次修订，甚至还会经历某种意义上的“来回折腾”。早期因为各方面资料的欠缺，对现实问题估计不足，立法很难取得较好的效果。法律一定是不同利益集团不断博弈相妥协的结果。一步到位似的立法是不可取的，也是不现实的。类似《美国竞争法案（2007）》，即便立法过程牵涉较少的利益阻力，也需要通过不断的辩论实践来完善立法内容。

---

① 孙哲，2012. 左右未来：美国国会的制度创新和决策行为［M］. 上海：上海人民出版社：108.

② 孙哲，2012. 左右未来：美国国会的制度创新和决策行为［M］. 上海：上海人民出版社：84.

第6章　谁决定科技“钱袋”

当今之世，科技创新能力成为国家实力的重要体现。在经济全球化时代，一个国家拥有较强的科技创新能力，就能在世界产业分工链条中处于高端位置，就能创造激活国家经济的新产业，引领社会发展。科技经费是科技创新的财力保障，科技预算管理不仅能提高经费使用效率，更关乎科技创新的效果。美国拥有国际领先的科技创新水平，与其科学的研发预算管理体制紧密相关。美国联邦预算经过200多年的发展演变，法律体系不断完善，形成了立法、行政系列相互独立、分工明确、相互制衡的预算资金分配机制。美国的参议院和众议院下设负责科技管理的委员会，对总统提交给国会的研发预算草案进行审核，草案通过后制成相应的拨款法案。预算权成为立法部门制约政府行政权力扩张的重要工具。

6.1　政府科研的“钱袋”

当代民主政治从不否认国家拥有征税权，代表人民监督政府的议会，拥有赋税同意权是国家所有活动的源泉。国家目的的实现与运作，只有在财政支持下，才有可能顺利进行。美国著名政治学者阿伦·威尔达夫斯基（Aaron Wildavsky）指出，预算乃是为了达成政策目标而将财政起源于人类行为所做的连接[①]。因此，预算是一种将财政资源转化为人类目标的过程。阿伦·威尔达夫斯基和内奥米·凯顿（Naomi Caiden）更进一步指出，整个预算过程就是公共政策权力斗争的活动，具

① WILDAVSKY A，1984. The politics of the budgetary process［M］. Boston：Little，Brown & Company Ltd.

有许多不同的政策意涵[①]。

在理论和实践中，整个预算过程，从预算编制、审议、执行到决算，涵盖了经济学、财政学、会计学、公共财政、政治学和审计学等领域，是政府政策过程中一门最专业也最复杂的学问[②]。财政控制权是国会控制政府最有效的工具，预算议决权是控制财政的主要方式。国会所拥有的财政控制权是用来监督行政权的一项重要权力与利器。

国会预算权的形成与发展

美国宪法规定："掌控钱袋"是国会的职能之一[③]。不过，宪法并没有明确指定国会应该怎样行使这个权力，宪法也没有明文规定，预算过程究竟应该如何展开。同样的，宪法也没有明确规定总统应该在管理国家财政的事务中扮演一个什么样的角色。因而，历代的美国立法者也就不得不在实践中逐渐构建出一个预算程序。到了20世纪，国会终于通过几个关键性法律，使预算过程变成今天公众看到的样子。这些法律还要求成立一系列联邦政府机构，对预算制定过程进行监督和研究。

针对预算过程进行立法的一个里程碑式的法律是《预算与会计法案（1921）》（The Budget and Accounting Act of 1921），根据这个法案建立的许多关键性的预算机构在今日仍然发挥作用，并且影响着整个联邦预算。该法案要求建立联邦预算局，后来这个机构更名为行政管理与预算办公室，直接对总统办公室负责，职责是指导各联邦机构制订各自的战略计划与预算，同时它还是总统的会计室。最重要的是，《预算与会计法案（1921）》要求联邦政府的行政分支每年都向国会提交年度预算案，还建立了国会审计总署，以便对联邦支出进行审计，后来这个机构被更名为“政府问责办公室”。《预算与会计法案（1921）》要求总统向国会提出年度预算案，也就是很大部分的联邦预算控制权从立法分支转移到了行政分支。此外，根据

---

① WILDVASKY A，CAIDEN N，2001. Thenew politics of the budgetary process [M]. 4th ed. New York：Addison-Wesley Educational Publishers Inc.

② 游宪廷，2004. 国会预算权之形成与发展 [J]. 政治学学报，3：121-155.

③ Section 8 provides that "the Congress shall have power to lay and collet tax，duties，imposts and excise" and section 9 provides that "No money shall be drawn from the treasury，but in consequences of apporpriations made by law".

该法案，当总统向国会提出一个全面预算案之后，国会应该履行好自己的收入职能和支出职能。

在探索如何建立预算程序的过程中，国会受到以往的失败和当时立法现实的双重限制。国会为改进自身预算工作的尝试是《立法重组法案（1946）》（The Legislative Reorganization Act of 1946）中的条款，规定由国会决定每年拨款的最高金额。在1950年又仓促推出一个法案，希望将所有的拨款整合到一个法案中，然而这个方案被否决，原因是拨款小组委员会担心它会使全体委员会的权力过度集中。国会意识到，任何有关预算方法的重大改变都会不可避免地在立法机构内部引起权力和地位的再分配。新的预算过程不会在很大程度上改进国会对预算的审议，并且也不会公开剥夺当前权力所有者从现有机制中获得的既得利益。国会必须协调各方意见，并且避免权力集中化，不得不赋予许多利益群体部分预算权，同时还必须将这些群体的利益纳入到一个合理而持续的预算政策之中[①]。

当前预算过程的整体架构是根据1974年通过的《国会预算与截留控制法案（1974）》（Congressional Budget and Impoundment Control Act of 1974）而建立。国会之所以要制定这个法律，是因为立法者担忧国会预算过程会变得过于杂乱无章。而且许多国会议员也担心，在制定联邦预算过程中，总统控制过多。特别是在尼克松担任美国总统期间，尼克松的施政风格，不仅造成预算危机，也引爆了总统与国会之间的宪政危机与冲突[②]。同时，因为越战及面临最严重的通货膨胀，造成财政赤字严重，国会组成联合调查委员会调查美国财政状况，促使国会认为国会应该收回总统的财政权，以对抗总统过度扩张的权力[③]。《国会预算与截留控制法案（1974）》增强了国会在预算过程中的职能，使其作用更加突出。这个法案要求白宫与参议院预算委员会在国会预算问题上采取联合行动，同时，它还要求，创建国会预算办公室，由它来提供关于预算和经济问题的没有党派偏见的分析报告及其他信息。国会预算办公室的具体工作包括，对各种期限的联邦预算问题及更宽泛的经济问题进行研究；对总统提交国会的预算案进行分析；对法律及立法活动的支出与收入效应进行分析；还会定期公开发布一系列预算建议，为解决支出和税收等领域

---

① 希克，2012. 国会和钱：预算、支出、税收［M］. 苟燕楠，译. 北京：中国财政经济出版社：32-33.

② SHUMAN H E，1984. Politics and budget：the struggle between the president and the congress［M］. New Jersey：Prentice Hall.

③ 游宪廷，2004. 国会预算权之形成与发展［J］. 政治学学报，3：121-155.

的问题提供各种方案。该法案要求白宫与参议院分别提出一个年度预算方案，从而使国会有机会提出自己所认定的优先预算项目，并且确定支出与税收的总体水平。

最近几十年来，国会通过了一系列旨在规范预算过程的法律，其中包括：20世纪 80 年代通过的《葛兰姆法案（1985）》（Gramm-Rudman-Hollings Act of 1985），即《平衡预算和紧急赤字控制法案（1985）》（Balanced Budget and Emergercy Deficit Control Act of 1985），它创设了一个机制，能够通过自动削减某些支出的方法来控制年度预算赤字；2011 年通过的《预算控制法案（2011）》（Budget Control Act of 2011）要求启动联邦债务削减过程，保证 10 年内使联邦债务减少 2.4 万亿美元。不过，美国目前的预算过程基本框架依然是《国会预算与截留控制法案（1974）》确立的。

预算过程的利益妥协

公共预算的本质就是公共资源在多元利益相关者之间公平、有效、合理的分配，但由于它同时具有主要作为纳税人的公众与资金分配决策相分离的“公用地特征”，有限的公共资金在代议机关、代议机关委员会、总统、预算部门、利益集团、政党、公众等利益相关者之间进行分配时不可避免会产生利益冲突和博弈，如何在确保利益表达及博弈有序化的同时又确保相关角色责任的履行是对现代国家预算民主能力的一种考验[①]。预算过程是复杂的，各种政治因素、经济因素都会影响预算过程，尤其是政治游说团体的活动，使预算过程变得非常复杂。

不同的政治党派倾向于支持不同的预算优先项目，因此，关于联邦政府应该发挥什么样的作用，分属不同党派的立法者们几乎在任何一个议题上都会出现无穷无尽的争议。在理论上，共和党人通常被归为保守主义者，而民主党人通常被认为是自由主义者。但是，现实世界中也存在许多违背这个“一般规律”的例外情况，因此很难板上钉钉地说某个学派的政治特点肯定是这样的或那样的。随着环境的变迁，各党派对政府角色的看法也会发生一些改变，虽然最根本的立场可能不会改变[②]。例如，一般认为小布什总统是个保守主义者，位于政治光谱的最右端，但

① 王逸帅，2009. 美国预算民主的制度历史变迁研究［D］. 上海：上海交通大学：131-132.

② 克莱默，2013. 联邦预算：美国政府怎样花钱［M］. 上海金融与法律研究院，译. 上海：生活·读书·新知三联书店：54-56.

是，就在他的总统任期内，美国联邦政府支出却出现了急剧膨胀[①]。

近年来，美国又出现了一个非正式的政党，茶党（Tea Party），对华盛顿政治生态也产生了不容忽视的影响。茶党从2009年开始举行各种各样的集会和示威活动，为许多美国人呼吁减少税收、削减政府开支提供了一个平台。“茶党人”在众议院的立法活动中显示出相当大的力量，因为他们总是以一个政治集团的形式投票，或者一起支持，或者一起反对某个法案，这种抱成一团的做法使他们的支持成了决定拨款法案能否通过的重要因素。

除了政党因素，另一个因素丝毫不逊色，就是院外游说集团的活动。在制定预算时，联邦政府部门的首脑们会与有关利益集团合作。例如，美国环境保护署可能会寻求环境保护组织的帮助，这样能为它自己的预算请求争取到更多的支持，从而有助于推动国会通过法案。而且，即使联邦政府部门或联邦政府官员不想吸收外界意见，院外活动集团或政治说客也会想方设法地试图影响联邦政府官员，以便从政府钱袋中分一杯羹。

当然，尽管政治游说者的影响力极其强大，尽管政治环境污浊不堪，尽管联邦预算过程无比复杂，但是，每个国会议员、美国总统都是由美国人自己选举出来的。华盛顿的立法者要参加各种各样的党派斗争，要在相互对立的关于联邦预算应该怎样促进经济增长的各种理论之间做出取舍，归根到底，还是得回去直接面对自己的国会选区、自己州的投票者。

6.2 如何制定科技预算

美国科技预算管理由多个机构相互合作和监督，共同保证美国研发经费的合理使用。这些机构大致可以分为3个部分，分别是白宫、国会和各联邦机构。美国的科技预算管理由这3个部门共同负责。其中，白宫协调全国科技工作，包括联邦研发预算的编制；国会负责研发预算的审批；各联邦机构则编制自己领域的研发预算，并上交白宫。另外美国科学促进会会对每年的研发预算情况进行分析。美国的预算法制化程度相当高，编制的预算要付诸执行。首先要经过国会制定并通过预算法案和拨款法案，之后要总统在法案上签字才能执行。

---

① CRS Report 41079, Congressional oversight: an overview, by Walter J. Oleszek, February 22, 2010.

预算编制流程

第 1 步：白宫向国会提交预算请求

美国联邦机构（部门）预算形成是自下而上的汇总和自上而下的指导过程。大多数联邦机构都拥有一定的科技管理职能，国防部、卫生部、能源部、国家航空航天局、国家科学基金会等 26 个部门负责联邦政府约 99％的研发预算。以卫生及公共服务部为例，由财政资源局长助理（ASFR）办公室和 11 个专业司（Operating Divisions）、10 个地区办公室（Regional Offices）共同协商编制，其中财政资源局长助理办公室下设预算办公室（ Office of Budget）专司预算、绩效和项目政策等事务性工作。预算编制时，联邦机构考虑本部门优先支持的领域和目标，估算达到这些目标所需的人力和资源。大多数联邦机构统筹考虑咨询委员会、产业界和高校合作伙伴、其他科学和创新相关机构所提供的外部信息。预算也会对国会请求、法律变化和过去拨款法案要求给予回应。当然，对政策和优先资助领域的确定也会吸纳该机构领导层的意见。联邦机构的预算过程往往非常费时和棘手，因为预算可能限制各部门战略性规划的实施程度。无论如何，联邦机构的预算会最终递交给白宫行政管理与预算办公室。

行政管理与预算办公室是独立于财政部之外，直接对美国总统负责的预算编制机构。它根据各联邦机构提出的预算方案，经核查后统一汇编成联邦预算，并交总统审核。研发预算的编制还会牵涉总统科学技术政策办公室 。总统科学技术政策办公室的使命就是帮助制定和实施有效的科技政策和预算，为总统及其官僚提供准确、相关、及时的科技方面的建议，保障社会利益最大化。白宫行政管理与预算办公室和科学技术政策办公室通过备忘录、部门间公告、其他书面指引及非正式接触来发出研发预算首要指引。在正式的行政管理与预算办公室备忘录中，会对科技优先方向、原则、财政战略或直接对增加（减少）的领域做出指引。行政管理与预算办公室除汇总所有的预算外，会考虑哪些联邦机构的预算不予支持，通过所谓的“回传（passback）”反馈给各联邦机构。各联邦机构如有不同意见，可向行政管理与预算办公室提出申诉。当然申诉过程是较为艰难的，如果经协商仍达不成一致意见时将问题提交总统决定。各联邦机构和行政管理与预算办公室最终确定研发预算后上报总统，总统将预算提交国会审议。

除此之外，国家科学技术委员会和总统科学技术顾问委员会，它们的主要职责是科技咨询和辅助决策。其中国家科学技术委员会成员由副总统、与科技相关的内阁部长及其他白宫官员组成，主要从政府角度制订符合国家目标的科技发展计划；总统科学技术顾问委员会的成员主要来自产业界、教育界、研究院所及非营利机构，主要从非政府角度提供对这些科技计划反馈意见，并向国家科学技术委员会提供科技发展战略方面的建议。上述两个委员会对研发预算的形成也会起到一定的影响。

第 2 步：国会众议院和参议院投票通过预算决议案

在收到总统预算的同时，国会也会收到来自国会预算办公室有关预算和经济长期展望的报告，提出自己的支出（和税收）优先次序。该报告会对美国经济增长、财政支出、赤字等做出预测，将对总统预算设定大致的边界，可能会在某些特定领域或特定政府项目上增加资金投入，同时相应地减少其他地方的支出。从理论上讲，国会可以完全忽视总统的预算请求，自己另起炉灶重新编制预算案。事实上，这种情况从未发生，在很大程度上是因为任何一位国会议员都无法支配像美国行政管理与预算办公室这样的审计机构，不可能效法总统，编制出一个全面的预算。而且，即使国会通过所有支出决策，总统可能行使否决权，这样一来，国会一方的预算过程就有可能全部推倒重来。

在总统提交了预算请求并经国会的立法者们充分审议后，众议院预算委员会（House Committee on the Budget）与参议院预算委员会（Senate Committee on the Budget）将分别提出一个预算决议案。由于其不需要总统签署，所以不具有法律效力，但是其将作为国会确定拨款的重要参考资料。

参众两院预算委员会各自独立工作，结合各专门委员会、委员会主席和党派领导层的意见，提出收入、法定支出、非法定支出的上限。国会预算办公室向国会议员提交专业建议报告。根据这些信息，各委员会做出预算评估，并由参众两院各自的预算委员会形成一份年度预算案决议。当众议院与参议院都通过了自己的预算决议后，两院将举行一个联合大会，以消除两个预算决议之间的差异，然后，两院分别对调和一致后的预算决议案进行投票。举行联合大会的目的是让众议院与参议院的所有成员都坐在一起，调和参众两院分别提出的关于同一事项的两个法案之间的差异。该议案须经两院过半数通过。

第 3 步：国会众议院与参议院小组委员会“审定”拨款法案

当上述任务完成后，参众两院拨款委员会开始介入。拨款委员会负责确定所有自由裁量支出项目的预算授权的精确额度。拨款委员会将预算议案中非法定支出部分在各拨款委员会分委员会中进行分解，参众两院各有 12 个分委员会。联邦政府研发预算拨款包括在其中的 11 个分委员会中。各小组委员会根据各自专门管辖的领域，分头审议总统的预算请求及相应的论证材料。这意味着某个分委员会的拨款增加并不会减少其他分委员会的拨款。由于国会的重要作用，许多联邦机构非常重视游说议员。

由于各联邦机构的研发预算散落在这些拨款法案中，同一个拨款法案下研发预算经常会与非研发预算竞争。举例而言，3 个涉及研发预算部门——国家科学基金会、国家航空航天局（NASA）、商务部均在商务、法律和科学分委员会下，而国家卫生研究院的拨款法案归为劳工、健康、公共服务、教育分委员会，这意味着增加国家航空航天局的研发预算不是来自国家卫生研究院的预算部分，但是国家航空航天局的研发预算增加可能会冲减其他非研发预算，也可能会直接冲减国家科学基金会预算，因为国家科学基金会预算与国家航空航天局预算在同一个拨款法案中。

拨款委员会各分委员会围绕自己职责范围举行听证会，传唤政府官员解释情况，收集有关资料。小组委员会的所有成员都要参与对拨款法案的审议、修订，以及最终的投票。一旦通过小组委员会的投票，拨款法案就被提交给拨款委员会全体成员。拨款委员会全体成员审议拨款法案后，再将它送到众议院或参议院审议。

第 4 步：国会众议院与参议院就每个拨款法案进行投票，并弥合分歧

在涉及科技领域的 11 个小组委员会提出拨款法案后，全体众议院及全体参议院将展开辩论，然后进行投票。在国会众议院与参议院分别通过各自拨款法案之后，一个由国会参众两院议员参加的联席委员会将举行会议，调和众参两院分别通过的拨款法案之间的分歧，并就最终的拨款法案达成一致。在众议院与参议院都通过了法案后，它就被提交到总统那里。

第 5 步：总统签署形成法案

国会预算法案表决通过以后，预算程序就进入了总统签署批准实施的阶段。理论上而言，总统有权否决国会的预算法案。但如果国会两院能以多数（2/3）通过议案，则可推翻总统的否决，形成最终法案，预算得以下拨执行。

不过在现实中，在新的财年开始之前，即10月1日到来之前，拨款法案就已经全部获得国会通过，并经总统签署成为法律的情况很少见。如果10月1日之前，预算过程还没有完结，那么国会就会通过一个持续决议案（Continuing resolution），以保证各联邦政府机构在预算正式编制完成之前能够继续获得维持运行所需的资金。整个预算流程如图6-1所示。

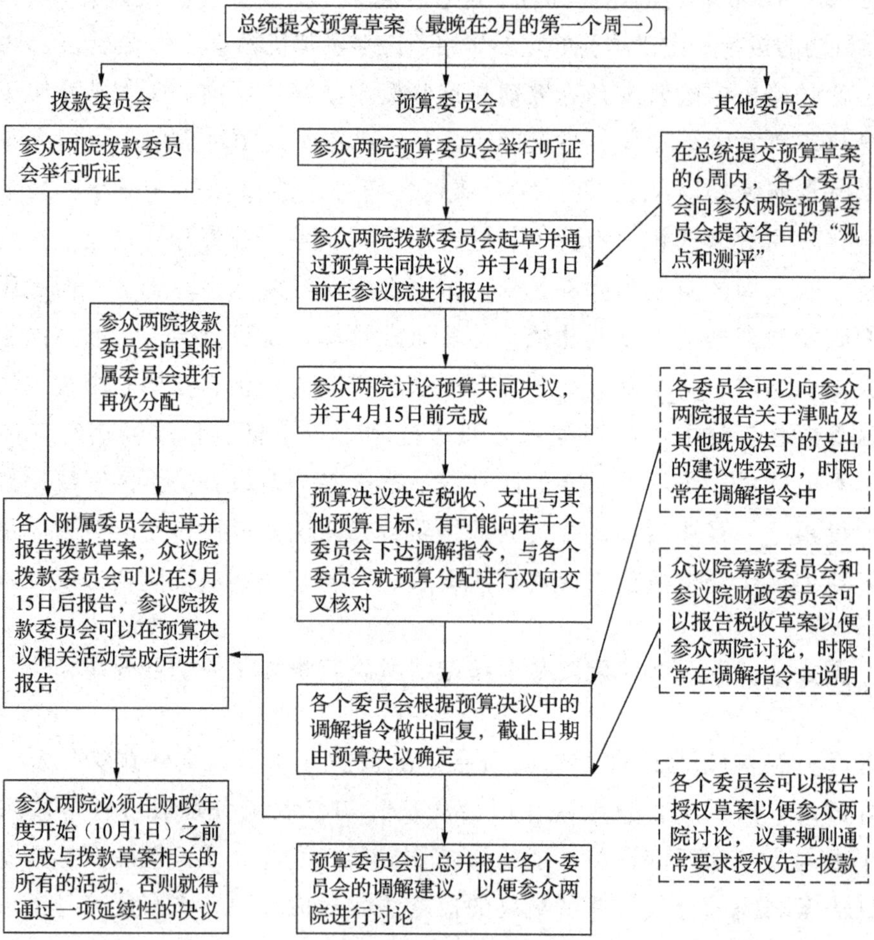

图6-1 年度联邦预算流程[①]

① CRS Report RS2009, The Congressional Budget Process: a brief overview, by James V. Saturno, August 22, 2011.

预算编制周期与绩效管理

美国的财政年度为每年的10月1日至次年9月30日，但联邦预算编制到执行、审计全部完成，需要32个月左右的时间。研发预算一般都从每年春天开始，比总统向国会递交预算至少提前9个月，比新财年正式开始甚至早18个月。实际上，大多数联邦机构在其准备本年度财年决算和明年财年拨款之前，就开始着手准备下一年度财年的预算。美国联邦政府研发预算编制和审核的完整周期如表6-1所示，这也从一个侧面反映出美国研发预算从编制、执行到审计的连贯性，以及编制实施的复杂性和调整的频繁性①②。同时，美国的研发预算有一个长时间的编制、执行、审计和绩效评估过程，能够保证预算各个方面都得到较为充分的审核，还能在审核的同时不断对预算进行调整，使得预算的安排达到比较适宜的状态。这种相互制衡，不断审核和调整的机制，保证了研发预算的执行能够落到实处③。

表6-1 年度预算过程

时间	主要事宜
前一年的春季	联邦政府各部门开始着手编制将于2月公布的预算草案
夏末至早秋	联邦政府各部门向美国行政管理与预算办公室提交预算案草案初稿
11月	美国行政管理与预算办公室对收到的预算案草案初稿进行审议、调整并发回至相应的政府部门
12月	联邦政府各部门向美国行政管理与预算办公室提交预算案草案定稿
1月	美国行政管理与预算办公室收到联邦政府各部门提交的预算案草案定稿后，汇总编制总统预算请求
2月第一个星期一	总统向国会提交预算案请求
2—3月	联邦政府官员出席国会听证会，提供支持总统预算案的证词；国会众议院与参议院各拨款小组委员会听取各政府部门首脑与来自社会的外界公众证人的证词
4月	国会众议院与参议院预算委员会起草针对每个联邦政府机构的预算决议，并进行投票，就每个联邦政府机构的额总支出水平提出建议

① 中国财政科学研究院课题组，2017. 美国研发预算管理体制：做法与借鉴［J］. 经济研究参考，22：7-17.

② 张明喜，2015. 美国联邦政府研发预算管理及对我国的启示［J］. 科学学研究，1：83-89.

③ 同①。

续表

时间	主要事宜
5月	国会众议院与参议院通过各预算决议案（基于各预算委员会的建议），并将它们整合成一个单一的预算决议。 根据财政决议案，国会众议院与参议院拨款委员会确定每个拨款小组委员会的总支出水平。 众议院各拨款委员会起草拨款法案，它们将为特定的联邦政府计划提供资金
6月	参议院各拨款小组委员会对众议院各拨款小组委员会起草的拨款法案进行修订，提出自己的草案
7—8月	国会众议院与参议院通过各自的拨款法案
9月	国会众参两院联席委员会举行联合大会，调和众议院与参议院分别通过的拨款法案之间的分歧，并就最终的拨款法案达成一致。 国会众参两院投票通过经调和后达成的最终拨款法案。 总统签署或否决最终拨款法案
10月1日	新的财政年度开始

美国联邦政府的财年总预算中并不包括一个独立的研发预算，但是预算编制报告有一个章节专门讲研发预算情况，并利用一些表格列出提议的和历史的研发支出，预算包括按机构、支出性质进行了分类。同时，许多重大科技计划需要多个部门共同努力方可实施。此外，美国科学促进会作为非营利性、综合性民间科学组织，每年提供及时、全面的联邦研发预算独立分析，包括研发资金的趋势、在国会和联邦机构的研发预算辩论和对预算立法的潜在影响等。

1993年，美国联邦政府颁布的《政府绩效与结果法案（1993）》(Government Performance Results ACT)，对历次预算管理制度革新进行了总结和立法，提出了新绩效预算改革的基本理念与思路。在现阶段，主要通过《政府绩效与结果法案》等一系列立法来实现对绩效预算制度的构建，联邦机构的预算和绩效管理事务必须遵循《政府绩效与结果法案》的相关规定。2011年1月，奥巴马签署《政府绩效与结果现代化法案（2010）》(GPRAM Act of 2010)。各联邦机构已经采取了一些措施，落实该法案的关键性条款，如制定中期跨机构和特定机构的优先目标，以及使用数据驱动方法进行绩效季度考评等。行政管理与预算办公室的通告A-11 (CIRCULAR NO. A-11) 是指导预算编制的纲领性文件，在第六部分《战略规划、年度绩效计划、绩效评估及年度项目绩效报告》中对绩效工作的框架、机构绩效计划、跨部门优先目标、年度绩效计划、绩效管理周期等提出较为详尽的要求，以美国卫生部为例，总结了预算与报告体系框架及主要内容。

6.3 科技方案的出台

正如前一节所讨论的，美国联邦政府的决策过程有几个关键特征：一是在科技领域，美国系统是分散的，政治权力尤其分散，因为美国有很多研发机构，而不是单一的“科技部”。国会、总统、行政机构负责人、法院和监管委员会等都拥有政治权力，而且可能拥护新的政策构想。二是总统和国会议员经常在寻觅新构想，并希望这些构想或能受选民拥护，或能满足特定的政治需求，或能推广他们的政治哲学。所以存在对新政策构想的“需求”。三是许多“政策企业家”想向这些官员提出政策构想。所以也存在新提案的“供给”。四是因为美国人相信科技是帮助实现类似国防、健康、能源和经济增长等更大政策目标的工具。新的国家需求往往为政策企业家在这些领域提出新的科技项目创造机会。类似，美国最近增加了对国土安全和生物防御研究的投入。五是虽然提出新政策和项目的过程通常是分散的，但政府行政部门提出的任何新构想都必须经由白宫及其强大的国会预算办公室、行政管理与预算办公室，美国参众两院强大的拨款委员会进行审查。六是虽然不同的政治行为主体可以提出许多新构想和新项目，权力的分散意味着新政策的倡导者必须建立政治联盟并说服其他行为方接受其构想。在国会赢得广泛支持尤其重要。

这些不同特征使得许多政治行为主体都可以提出新的科技政策方案。许多政治官员和政策企业家不仅可以提出政策构想，同时，还会积极讨论哪个政策和项目是最好的。然而，任何需要政府资助的提案都需经过行政管理和预算办公室及国会预算过程的正式审查。此外，每个新提案在被采纳实施之前都需获得广泛联盟的支持。所以，美国的政策制定是一个建立联盟，尤其是在国会建立联盟的过程，这有助于新项目获得法定权威和实际资助。

美国科技政策系统还具有高度的灵活性：资助研发的机构和执行研发的机构本身都具有竞争力，并且非常灵活。比如，政府资助机构可以从国会获得新拨款，并且相当迅速地发出征求、审查提案，并给出研究奖励。政府实验室、大学、公司和其他组织也可以相对迅速地响应新的资助机会。大学教授能够迅速组织新实验室，招募新的学生助理（吸纳外国和美国学生），并开始研究新项目。美国国家实验室具有相似的灵活性。实验室负责人拥有一笔自由支配资金，即实验室主导的研发基金，这笔资金可以得到快速分配，以响应新机会，而且实验室在为新基金制订计划上可以大显身手。

阿帕网和互联网

1966年，美国国防部高等研究计划局（后来的国防部高级研究计划局，DARPA）的一名中级官员提议研发新系统，使不同公司制造的计算机能够相互通信。尽管希望这个拟议项目能让高级研究项目局（ARPA）资助的科学家分享一些当时比较昂贵的计算资源，项目本身没有直接的军事价值。国防部高级研究计划局（DARPA）的任务宗旨就和现在一样，旨在推动有趣的新技术发展，这些技术在未来某一天可能会为国防部和整个社会创造巨大效益。鲍勃·泰勒（Bob Taylor）向国防部高级研究计划局主任提出了一个计算机网络项目，并获得批准。这种项目不需要白宫或国会特别的批准。项目本身很小，所需资金完全在现有预算范围内。

1969年，该机构的承包商启动了新的通信设备和软件系统，阿帕网（Arpanet）就此诞生。起初，它只是一个技术示范项目，而不是一个运营网络，但是国防部研究计划局的人逐渐发现了它的实际用途，包括远程访问超级计算机和发送电子邮件的新功能。

国防部高级研究计划局持续支持该领域的研发和技术发展。特别是，它赞助了两位天赋异禀的计算机科学家鲍勃·康恩（Bob Kahn）和文顿·瑟夫（Vint Cerf）开发软件协议，以允许不同的计算机网络彼此通信。这样，人们使用阿帕网可以与美国能源部或其他部门运营的独立网络进行通信，促使了传输控制协议 TCP / IP 协议的产生。

最初的阿帕网只供国防部资助的研究人员使用，但到了20世纪80年代，其他研究人员，特别是大学教授，希望获得类似的计算机网络服务。经过多次讨论，里根政府决定赋予美国国家科学基金会权力和资金，为所有政府资助的大学研究人员提供一套更大的高速计算机网络。这一举措被称为国家科学基金会网络（NSF-Net），受到广泛欢迎。很快，商业公司和其他不是政府资助的研究人员也要求使用这个政府资助的系统。到20世纪80年代末，商业电信公司看到经济机遇，政府决定将技术和业务转让给它们。利用政府资助的技术，商业互联网就此诞生了。

最初的阿帕网是一个小项目，因为它是在现有的机构预算内创建的，无须国会新拨款或批准。但是美国国家科学基金会提出建立一个与之相关的国家科学基金会网络时，白宫和国会都不得不决定是否提供额外的资金。尽管起初是一个机构计划，但其重要性不言而喻，后来，白宫和国会批准了新的国家科学基金会网络和相关活动。不久之后，对计算机网络的兴趣日益浓厚，促成了第一个正式的美国机构间研发计划——高性能计算和通信计划（High-performance Computingand Communications Initiative）。

高性能计算和通信计划

1986 年，参议员艾伯特·戈尔（Albert Gore）起草了一条重要法规，要求总统科学技术政策办公室提供一份关于计算机网络问题和机遇的报告。艾伯特·戈尔是参议院中第一位看到超级计算机和计算机网络科学价值的参议员，他担心当时的基础计算机网络可能无法满足科学界的需要，努力推动里根政府关注这个问题。事实证明，行政部门的许多高级科学技术官员已经在计算问题上思考了很长时间。

1987 年 11 月 20 日，总统科学技术政策办公室主任威廉·格雷厄姆（William Graham）提交了一份报告。报告提出了协调跨部门推进所有高性能计算的建议，包括超级计算机、软件技术和算法、网络、基础研究和人力资源等。总统科学技术政策办公室在与有关机构，特别是国防部高级研究计划局、美国国家科学基金会、美国能源部和美国航空航天局密切协商的基础上制定了提案。

里根政府及后来的老布什政府随后要求增加预算以执行该计划。参议员艾伯特·戈尔和其他国会科学技术领导人强烈支持该计划，并努力获得必要的拨款。参议员艾伯特·戈尔进一步推出立法，以总统科学技术政策办公室报告为蓝本，制订正式的高性能计算和通信（HPCC）计划并为其呼吁长期资金投入。他的立法提案最终得以通过成为法律，即《高性能计算法案（1991）》（The High-Performance Computing Act of 1991）。

后续几年高性能计算和通信（HPCC）项目不断完善，几经易名，研发目标也不断更新。20 世纪 90 年代中期，艾伯特·戈尔政府对高性能计算和通信项目再做修改，更名为《21 世纪信息与科技》。小布什政府继续推动跨部门合作，又把名字更新为《网联与信息科技研发》。

全球变化研究计划

里根总统第一任期时推出的主要跨部门研究项目是全球变化研究计划，该计划沿用至今天。

全球变化研究计划发起于20世纪80年代末，最初由科学界提倡设立。20世纪80年代中期，利用先进卫星成像技术、功能强大的超级计算机及新兴计算机模拟技术，全球气候模型有幸得到大幅改善。气象学家、海洋学家及其他地球科学家开始制订详细的研究计划，向各部门主管和国会官员游说。

各部门主管的支持，出于至少3点因素的考虑。第一，该计划振奋人心，有研究价值。第二，该计划不会影响各部门现阶段承担的项目和任务执行，也不会影响资金预算。如若顺利推行，或将为各部门带来额外的政府拨款。第三，各个机构会在重要领域互相支持。例如，国家航空航天局卫星摄像对研究人员和气候模型建立者而言十分重要。这两类工作人员都得到国家科学基金会和国家海洋与大气管理局的支持（包括国家气象局）。

老布什总统批准了该项目，要求国会给予资金支持。国会同意了所要求资金的绝大部分，正式开始全球变化研究计划。

许多人认为该全球变化项目既是科学的胜利，也是各部门的胜利。当时的美国对是否存在全球变暖现象，争论激烈，批准通过全球变化项目实属不易。但由该项目的发展历程可知，各部门资金支持和分配相当重要。全球变化研究计划是一个高度相互依存的项目，各部门间相互依赖，一个或多个部门没有得到政府拨款，整个项目都会受到影响。国家海洋与大气管理局就是这种情况，得到的资金支持一直少于要求的数目，于是整个全球变化项目的进展受到影响。

国家纳米技术计划

比尔·克林顿总统于2000年1月21日在加州理工学院宣布，在纳米科技领域成立一项重大跨部门研究项目。克林顿总统成立国家纳米技术计划有以下几点原因：一批对纳米技术十分狂热的科学家鼓吹这项新技术的美好前景，并要求联邦政府给予资金支持；相关研究机构的科学家也开始寻求联邦政府帮助，成立联邦支持的纳米技术项目；克林顿总统本人也是科学和技术的爱好者；重要的是，白宫研究纳米技术的政策企业家与相关研究机构官员合作，制订了一份可靠计划，并呈递给了总统。而且，这些政策企业家与各行业各学科专家共同成立了支持纳米技术计划的政治联盟，用以争取国会两党派的支持。

另有几个因素助力这些政策企业家赢得了纳米技术项目的支持。第一，美国人极其尊重长期开展的研究项目，有望夺取重大科技突破时更是如此。第二，20世纪90年代末期政府资金预算有结余，和面临严重资金预算赤字时相比，更易为创新项目赢得政府拨款。第三，许多美国科学家支持成立纳米技术计划，不仅因其前景美好，而且有望以此为契机，吸引联邦政府开展更多研究项目，为物理科学家提供资金支持和培训帮扶。自冷战结束以来，国家对物理科学家的重视度大大降低。第四，有着深刻政治影响力的美国半导体行业对国家纳米技术计划提供了大力支持。第五，项目支持者多将纳米技术计划描述为是对高校和政府实验室研究的支持，而非为企业研究拨款。这一立场赢得了持有保守立场的共和党人的支持，他们曾反对克林顿为行业技术发展提供政府资金支持的倡议。

国家纳米技术计划的政治胜利，不仅缘于2000年共和党领导的国会曾提供资金支持，还缘于小布什总统为继续推行该项目付出的努力。国家纳米技术计划于是得到大范围推广。

今天，《网络与信息技术研发》《美国全球变化研究计划》《国家纳米技术计划》成为美国政府3个正式的跨部门研发合作项目，表6-2是这3项计划最近资金支持情况。

表6-2 美国2014年内跨机构科技计划预算相关数据

单位：百万美元

机构	国家纳米技术倡议（NNI）		网络与信息技术研发（NITRD）		美国全球变化研究计划（USGCRP）	
	2012财年	2014财年	2012财年	2014财年	2012财年	2014财年
国家科学基金会	466	431	1216	1227	333	326
国防部	426	217	1279	1317		
能源部	314	370	498	541	212	220
国家航空航天局	19	18	78	76	1422	1493
商务部（NIST）	95	102			327	371
卫生部	480	488	558	552		
农业部	25	23			115	126
环境保护署	18	17				
国土安全部	19	35	54	77		
运输部-联邦公路局	1	2			1	1
其他	2	2	7	8		

续表

机构	国家纳米技术倡议（NNI）		网络与信息技术研发（NITRD）		美国全球变化研究计划（USGCRP）	
	2012 财年	2014 财年	2012 财年	2014 财年	2012 财年	2014 财年
国家卫生研究院					6	15
内政部					59	72
史密森学会					8	8
总计	1865	1705	3690	3798	2483	2632

通过以上分析，不难看出新研发计划的驱动因素有很多，包括：突发事件或亟待解决的问题，比如炭疽热疫情，9·11恐怖袭击和SARS疫情。这些事件需要新的应对手段，因此国家也会形成鼓励新计划的政治气氛。也有是因为科技发展的新可能，既能够产生全新的研究成果，又有利于国家部委及各机构的利益，同时还与美国政府及国会的政治愿景高度契合。这样的例子包括20世纪80年代的纳米技术、人类基因组计划及高温超导体研发计划。国家提供科研支持更有利于解决国家问题。而且，美国产业界一直秉持一个观点，认为长期研究计划能够让美国一直走在该领域的前列。例如，20世纪80年代半导体产业极力主张成立美国半导体制造技术战略联盟（SEMATECH）。

为了预测未来可能出现的新研究计划，可以借助上述驱动因素找到符合条件的科研领域。客观事件本身的确很难预测，但通过跨机构研讨会、国会听证会上讨论的技术问题及咨询委员会主要讨论的内容，明确新兴的技术机遇也是有可能的。许多科研提议都是在这些会上提出的。然而，要预测到哪些提议能够得到政府的充分支持，发展为重要研究计划，就很难了。

6.4 "钱袋"控制的思考

在多元分散的科技管理体制下，美国联邦政府对研发预算采取分散的方式，虽然与科技有关的部门编制各自研发预算，但是总统科学技术政策办公室具有较强的统筹协调职能，协助预算与管理办公室工作，帮助总统平衡各部门预算，在国会辩论时参与解释。美国国会在研发预算形成中决定权较大，负责对预算进行审核和调整，对执行过程和结果也进行监督。最终的预算法案与拨款法案要通过总统签署才能生效。研发预算编制最终实施时，已通过三道审核，分别来自白宫和参众两院，整个审批流程相当严谨。

实际上，国会两院所有议员和所有委员会、总统及行政分支官员，还包括众多其他参与者都积极谋求对国会“钱袋”权施加影响。考虑到财政政策制定在政治与政策上的高风险，国会预算经常引发争议的事实也并不令人惊奇。

从整个研发预算编制到具体科技方案的出台，可以发现其从一个侧面反映出美国研发预算从编制、执行到审计和绩效评估的连贯性，以及编制实施的复杂性和调整的频繁性。同时，美国的研发预算有一长时间的编制、执行、审计及绩效评估过程，能够保证预算各个方面都得到较为充分的审核，还能在审核的同时不断对预算进行调整，使得预算的安排达到比较适宜的状态。这种相互制衡，不断审核和调整的机制，保证了研发预算的执行能够落到实处。

研发预算一直是科技管理中的核心问题，美国政府部门与国会都予以高度重视，其编制方式及程序的严密性，监督及绩效机制的有效性等，值得学习和思考。

第7章　科技立法实际控制者

美国国会的权力结构如一座庞大的立法迷宫，任何法案要走出这个迷宫都需要层层过关斩将，极为繁杂。而其中委员会、党团、相关利益集团及总统等机构、程序的设置和存在皆为走出迷宫创造了路线图。由535名参众两院议员和数十个委员会组成的美国国会，是美国政治体制中最复杂、最重要的环节。作为民意代表机构，国会的主要职权如立法权、监督权、财政权等都是通过下设的委员会来实际掌握和执行的，可以说委员会体制是美国国会的核心，是国会行为真正的组织者和实施者。无怪威尔逊会说："我们的政体可以用'国会常设委员会主席的政府'这样一个简单的词汇来描写。"[①] 美国国会科技委员会[②]也就成为美国科技立法的实际控制者，科技委员会的立法历史也能反映美国科技法律的变迁过程。

7.1　历史上的科技委员会

1957年10月4日，苏联发射了一颗184磅重，称为"斯普尼克"的卫星，在143～584英里高的轨道上绕地球运行，震惊了政治界和科学界。这一事件带来的影响持续很长时间，佐治亚州参议员理查德·拉塞尔（Richard Russell）指出："'斯普尼克'用一个新且可怕的军事危险，对阵美国，灾难性地打击我们的声望。"美国处于激烈的国际科技竞争环境，将不得不重新聚焦国家的科学和教育问题。

美国成为科学领域的世界领导者，部分原因是在20世纪30年代和40年代，吸收了许多逃离纳粹迫害的欧洲顶级科学家。第二次世界大战期间，恩里科·费米

① 威尔逊，1986. 国会政体：美国政治研究［M］. 熊希龄，吕德本，译. 北京：商务印书馆：58.

② 由于美国参众两院委员会在不同时期随着职能调整，名称会有所变化。这里以科技委员会来统称不同时期科技领域密切相关的委员会。

(Enrico Fermi)、汉斯·贝特（Hans Bethe)、爱德华·泰勒（Edward Teller）等科学家参与曼哈顿计划制造原子弹。物理学家沃尔特·艾尔莎（Walter Elsasser）拒绝参加武器研发工作，他贡献了包括在气象和空气中无线电传输物理属性等在内的专业知识，里昂·布里渊（Leon Brillouin）显示了在雷达研究领域的才华。那一代科学家所处的环境使他们相信科学进步和专业判断将是一个更好的社会发展模式。与科学界的变化相吻合，美国政府通过实施新的政策，使其与民众的关系发生了革命性的变化。在这两种力量的汇聚作用下，美国非常重视科学和技术对经济社会发展的作用。

第二次世界大战结束后，科学家们回到学术界，从亚原子水平到浩瀚宇宙展开研究，有了很好的研发积累。为在任何潜在对手中保持竞争优势，1945 年，美国通过各种努力，把最好的德国科学家吸引到美国。最重要的一个项目代号是“Operation Paperclip”，试图利用韦恩赫·冯·布劳恩（Wemher von Braun）这样的德国科学家研制火箭。韦恩赫·冯·布劳恩是德国 V2 火箭计划的首席科学家，他的研究成为美国实现人类登月的基础。

在太空探索领域，很少有美国人认为苏联式体制使其能够成为第一个发射卫星到地球轨道的国家。紧随“斯普尼克”卫星，美国迅速在 1957 年 12 月 6 日发射先锋火箭试图实现追赶。但是，火箭在几英尺的高度就爆炸了，在接下来的一周内，公众在电视上观看收听了电视广播，这是一次令人沮丧的失败。这一系列挫折，使得美国人开始质疑长期持有的信念，也就是国家的科技优势在哪里？国家的太空任务放在不同组织是否合适等。1958 年 1 月 31 日，在亚拉巴马州亨兹威尔（Huntsville）陆军弹道导弹局的韦恩赫·冯·布劳恩和加利福尼亚州帕萨迪纳喷气推进实验的共同努力下，美国第一颗人造卫星“探索者 1 号”发射成功。美国国防部在 1958 年 2 月创建了高级研究项目局以对抗苏联的军事技术能力，接受了需要建立和投入长期研究与开发项目的建议。

特别委员会

根据苏联太空计划的成功经验，1958 年 3 月，萨姆·雷博恩（Sam Rayburn）议长经与其他领导人在众议院初步讨论，着手创建一个在航天和空间探索研究的特别委员会，负责研究美国空间计划所有方面。为履行其职责，众议院批准了特别委员会的管辖权，以利用所有必要的政府设施和人力资源。为更好领导这一全新委员会，萨姆·雷博恩说服来自马萨诸塞州的多数党领袖约翰·麦考马克（John McCormack）和少数党领袖约瑟夫·马丁（Joseph Martin）同意加入新委员会，以确保两党合作。约翰·麦考马克和约瑟夫·马丁基于专长开始选择委员会成员。在民主党方面，约翰·麦考马克选择了来自路易斯安那州的奥弗顿·布鲁克斯（Overton Brooks），他曾在武装部队委员会服务于卡尔·文森（Carl Vinson）。阿肯色州的布鲁克斯·海斯（Brooks Hays）从外交事务转到特别委员会，纽约州的利奥·奥布莱恩（Leo O'Brian）则来自商业委员会。从重要的拨款委员会中，约翰·麦考马克挑选了来自肯塔基州的威廉·纳切尔（William Natcher），约瑟夫·马丁挑选了来自密歇根州的杰拉尔德·福特（Gerald Ford）。约翰·麦考马克又推荐了来自教育与劳工委员会的李·梅特卡夫（Lee Metcalf，蒙大拿州）和来自内部事务委员会的伯尼斯·弗雷德里克·西斯克（Bernice Frederic Sisk，加利福尼亚州）。为了保持平衡，约瑟夫·马丁选择了武装部队委员会的党鞭莱斯利·阿伦兹（Leslie Arends，伊利诺伊州）和来自司法委员会的肯尼斯·基廷（Kenneth Keating，纽约州）。戈登·麦克唐纳（Gordon McDonough，加利福尼亚州）从国防生产联合委员会加入特别委员会，同样还有来自外事委员会的詹姆斯·富尔顿（James Fulton，宾夕法尼亚州）。

1958 年春季和夏季，特别委员会就国家的空间项目举行听证会。为协调国家的太空计划，特别委员会推出了《美国国家航空暨太空法案（1958）》（National Aeronautics and Space Act of 1958，P. L. 85-568），总统艾森豪威尔在 1958 年 7 月 29 日签署法案。依据该法，继承和吸收了国家航空咨询委员会（NACA），创建了国家航空航天局。作为国家航空航天局前身的国家航空咨询委员会（NACA）由托马斯·伍德罗·威尔逊（Thomas Woodrow Wilson）总统批准创立，主要为政府和商业企业开展航空研究。在 43 年里，作为国家航空航天局前身的国家航空咨询委员会提供了国家航空的宝贵资料，资助了高速高空飞行的 XS-1 项目，并发展航天器设计以确保安全地重返地球大气层。

为了协调国家航空航天局与其他政府和国际机构的研究计划，该委员会根据 1958 年法案还成立了国家航空航天委员会（NASC），由总统担任主席。国家航空航天委员会包括国务院和国防部、国家航空航天局的首脑，原子能委员会主席和总统任命的其他人员。该委员会亦有一位执行秘书长，允许雇用一位职员。除了根据 1958 年法案创建国家航空航天局和国家航空航天委员会，特别委员会一个主要议题是促进政府、私人企业和科学家的合作，并规划 3 个阶段实现美国登月计划。

为了达到这些目标，委员会通过法案，提供国家航空航天局财务资源，并授权建立自己的研究机构。国家航空航天局立即在马里兰州格林贝尔特（Greenbelt）成立戈达德航天飞行中心（Goddard Space Flight Center，GSFC），成为世界最大的研究探索地球、太阳系甚至宇宙奥秘的机构。该机构还管理无人航天器和相关技术的研发与运作。随着1970年10月3日国家海洋与大气管理局的成立，戈达德航天飞行中心（GSFC）还监测飞行跟踪、负责数据检索，以及新型卫星技术的研发。

在特别委员会工作时，众议院领导层讨论了常设委员会的架构。由于参议院和众议院都要建立一个类似的委员会，当时成立联合委员会的构想要高于议长萨姆·雷伯恩（Sam Rayburn）的反对声。许多人认为，这样的一个委员会将有代表整个大会的优势，并使大家受益。然而，一些众议院议员担心，他们在立法过程中所做的任何贡献，会被参议院所掩盖。众议院和特别委员会在1958年5月和6月辩论联合委员会议题，最后就支持创建独立的众议院委员会达成共识。7月21日，众议院全体一致通过决议案成立科学和航空委员会，并在1959年1月3日的第86届国会召集。

众议院授权特别委员会监督成立于1950年的美国国家科学基金会的运作。1958年，众议院还授权委员会对国家标准局（NBS）、商务部的管辖权。

基础研究与空间领域

1959年1月3日，第86届国会开幕，奥弗顿·布鲁克斯议员被选举为科学与航天委员会主席。该委员会由25名成员组成，民主党人占比较大，超过特别委员会中两党的比例。第85届国会期间，众议院民主党人保持了234对201的多数，并在特别委员会中每个政党拥有6个席位。民主党在1958年选举中增加了近50个席位，在第86届国会的多数席位增加为283∶153。结果，民主党人在科学与航天委员会分配了16个席位，而共和党则只剩下9个席位。

奥弗顿·布鲁克斯主席是一位精力充沛的领导人，主动寻求亲自管理委员会的管辖权限。奥弗顿·布鲁克斯此前曾在军事委员会任职，他在那里与主席卡尔·文森产生冲突，不满意卡尔·文森主席的处事风格，包括直接控制小组委员会的活动。奥弗顿·布鲁克斯揶揄卡尔·文森，拒绝授权给他的委员会的其他成员。具有讽刺意味的是，奥弗顿·布鲁克斯以同样的方式主持科学与航天委员会。他主张他的权力，以牢牢控制国家航空航天局的项目，拒绝创建永久的小组委员会。他还花费了相当大的努力，对那些与其委员会有重叠管辖权的其他委员会施压，试图扩展委员会管辖权的限制范围，但没有成功。

在奥弗顿·布鲁克斯领导下，委员会通过了几项重要的立法。最重要的是国家航空航天局的年度预算授权 4853 万美元的法案，1959 年 6 月 15 日总统签署成为法律。委员会制定了严格的规则，管理国家航空航天局的资金支出，以确保该机构朝着在空间领域世界领先的目标前进。有了法律保障和财政支持，国家航空航天局科学家预测，美国可以在 7～10 年内实现安全地载人登月。

该委员会还鼓励在美国国家科学基金会管辖领域开展更多科研活动。委员会修改了国家科学基金会的法案，包括在数学、物理、医学、工程和科学领域用于发放奖学金的规定。紧随“斯普尼克”之后，美国政府顿生强烈的危机感，迫切感到有必要尽快改革教育，培养足够数量的科技英才，以满足国家安全的基本需要，《国防教育法（1958）》（National Defense Education Act of 1958）在 1958 年生效，该法并不是专门加强国防教育的法律，而是致力于提高教育质量的“一揽子”拨款方案。该法案规定，美国国家科学基金会提升科学信息服务功能，支持信息系统建设，促进图书出版，建立国外科技信息库。委员会还称在美国国家科学基金会和国家科学院创建国家科学奖，由总统奖励科学家和数学家在物理学、生物学、数学、工程等领域的重要贡献。1980 年，国会扩大了奖励范围，还包括社会科学和行为研究。

1959 年和 1960 年，奥弗顿·布鲁克斯主席在多数党领袖约翰·麦考马克的鼓励和坚定支持下，在科学和技术领域组建了一个专业的工作队伍。委员会和奥弗顿·布鲁克斯希望大家能看到他们的努力，启动国家航空航天局的水星计划（Project Mercury）。水星计划是美国的太空项目，目的是寻求载人航天飞机的可能性。1961 年 5 月 5 日，宇航员艾伦·谢巴德（Alan Shepard）成为美国在“空间自由 7 号”的第一人，由韦恩赫·冯·布劳恩的红石火箭发射。10 周后，加斯·格里森（Gus Grissom）成为第二个成功乘坐载人亚轨道太空飞行的美国宇航员。

1961 年，水星计划有条不紊地进行，肯尼迪总统在 1961 年 5 月 25 日用艾伦·谢巴德的飞行作为政治平台，宣布他的登月目标，强调要在 10 年内成功实现人类登月并安全返回地球。不幸的是，苏联宇航员于 1961 年 8 月 7 日绕地轨道运行 17 次，这又一次震惊了美国及国家航空航天局。紧接着，1961 年 9 月 16 日，奥弗顿·布鲁克斯过度劳累导致心脏病发作，不幸逝世。

1961年9月21日，加利福尼亚州的乔治·米勒（George Miller）出任委员会主席，一直到1973年。乔治·米勒主席计划在委员会建立永久性的小组委员会，这样，很多资深民主党人很高兴自己有机会主持小组委员会。小组委员会包括：奥林·蒂格（Olin Teague）主持载人太空飞行；维克多·安富索（Victor Anfuso）主持先进技术研究；明尼苏达州的约瑟夫·卡斯（Joseph Karth）主持空间科学；应用程序跟踪和数据采集由肯·赫克勒（Ken Hechler）少校主持；埃米利奥·达达里奥主持专利和科学发明；维克多·安富索主持女性宇航员小组委员会。

委员会的重要职能是监督，约瑟夫·卡斯领导下的小组委员会在成功协助美国国家航空航天局处理私人承包商的关系后，促使将半人马座火箭计划项目从韦恩赫·冯·布劳恩在阿拉巴马州亨茨维尔部门，移到俄亥俄州克利夫兰的路易斯研究中心。韦恩赫·冯·布劳恩的科学家小组已经将精力集中在开发液体燃料的土星V火箭，还没有储备好相应的专业知识在路易斯中心提供氢燃料发动机。尽管在短期内出现一些争议，但美国国家航空航天局还是在1962年年初成功地实现了其主要目标，宇航员约翰·格伦（John Glenn）在1962年2月20日，驾驶“友谊7号”实现绕地球3次。约翰·格伦的飞行促成了3个更成功的水星飞行任务，最后飞行持续了24小时。

在水星计划执行中期，委员会通过了一系列立法，支持国家航空航天局保持对政府总务管理局（GSA）具有较高的独立性。奥林·蒂格主席带领他的小组委员会成功阻止空军对卡纳维拉尔角（Cape Canaveral）设施的控制，并帮助通过法案，消除美国总务管理局对国家航空航天局设施标准制定的影响。该法案允许美国国家航空航天局开发一套自己的专业建设指导方针和设施标准，而不是让美国总务管理局官员来监管他们并不擅长的项目。

在委员会的监督和指导下，美国国家航空航天局完成了1963年开始的水星计划，并开始了有更多宇航员的阿波罗计划。美国国家航空航天局通过水星飞行来证明人类是可以在太空中生存的。美国国家航空航天局的双子座计划为宇航员和地面人员的实验程序之间提供了两个空间飞行器对接的机会，研究人类长期太空飞行的影响，并测试人类是否可以走出飞船。宇航员爱德华·怀特（Edward White）在1965年6月3日成为美国的第一个太空行走的宇航员。1969年7月20日，“阿波罗11号”的宇航员尼尔·奥尔登·阿姆斯特朗（Neil Alden Armstrong）和巴兹·奥尔德林（Buzz Aldrin）登月成功。

虽然太空计划也许是委员会最令人瞩目的成就，但其成员也推动了一些其他重要的立法工作，如修正了美国国家科学基金会授权立法，同时，作为其立法管辖的一部分，该委员会还与国家标准局为提高消防安全研究和开发标准提供参考意见。

转向民生科技领域

虽然美国国家航空航天局的预算获得了巨大的增长，并在太空领域实现了举世瞩目的成就，但越来越多的美国人开始质疑科学、技术和工业对环境的成本效益。这种新出现的看法在 20 世纪 60 年代中期变得更为普遍，一直持续到 70 年代。20 世纪 40 年代和 50 年代，浓烟从工厂的烟囱排放，煤和石油生产满足国家能源需求成为进步的象征。然而，一些问题开始受到民众关注，如理查德·卡森（Rachel Carson），在她 1962 年的《寂静的春天》（*Silent Spring*）一书中，关注了杀虫剂对环境的影响。1966 年，哈里·哈里森写科幻小说《制造空间》，设置了一个垃圾填充、人口密集、虚构的纽约市。1973 年，这本书被改编成电影《超世纪谋杀》，其中多次提到“温室效应”的环境问题。

在这种形势下，委员会不得不重点面对事关未来、紧迫的环境和能源问题。在“阿波罗 11 号”之后，民众对载人航天项目的兴趣已不像以前那么浓厚，因为大家没有看到直接收益来证明这个昂贵的项目是否有必要延续。尼克松总统也未提出任何新的空间项目目标。“阿波罗 14 号”花费了数百万美元，将艾伦·谢巴德放在月球上，让他在月球上打高尔夫球，这看上去其实是挺无聊的。20 世纪 70 年代上半期，美国国家航空航天局通过缓和美苏关系，共同实施了 1995 年的阿波罗-联盟对接测试计划（Apollo-soyuz Test Project，ASTP）。委员会主席奥林·蒂格知道在第一次登陆月球后不久将结束“阿波罗计划”，所以他们开始展望美国国家航空航天局的下一个项目。

利用大型多级火箭消除有效载荷把人送入地球轨道已经实现，但由于硬件只能使用一次，实施过程中既昂贵又浪费。奥林·蒂格主席一直致力于载人航天飞行，设想一艘能够多次安全返回地球轨道的飞船。然而，1970 年开始实施的航天飞机计划，在委员会中有不同的声音。来自宾夕法尼亚州的詹姆斯·富尔顿（James Fulton）和奥林·蒂格主席一道支持航天飞机计划，而分组委员会主席约瑟夫·卡思和肯·赫克勒反对该项目。辩论的焦点在于无人或载人任务哪一个更符合成本效益和科学生产力。总统的科学顾问支持增加国家航空航天局预算来支付航天飞机和空间站的建设。鉴于越南战争成本和预算的不断攀升，约瑟夫·卡思、肯·赫克勒和他们的支持者试图在奥林·蒂格主席的听证会否决航天飞机项目。然而，奥林·蒂格主席和詹姆斯·富尔顿成功地赢得了这场辩论，通过了1970年国家航空航天局授权法案。

除了监督太空计划，委员会在其管辖权范围内也不得不面对日益复杂的其他科学项目，包括在不同的国家实验室、国家标准局、国家航空航天委员会（NASC）、国家科学基金会等的大规模研究与开发活动。为满足提高跨部门沟通和协调活动的需要，委员会倡议成立技术评估办公室。技术评估工作是研究因科学成果应用而产生的物理、生物、经济、社会和政治方面的影响，并为国会及时和客观地提供技术应用而产生的潜在有利和有害影响的信息。直到1977年，小组委员会主席埃米利奥·达达里奥一直担任主任委员。

由于世界贸易的扩大，委员会还对美国采用公制的可行性进行了研究。乔治·布朗主席是该项转换的有力支持者，1975年12月23日，《公制转换法案（1975）》（Metric Conversion Act of 1975）成为公法。尽管这一转变是自愿的，但这项法案催生了美国的计量委员会，它负责监管新系统的转换过程。由于公众的抵制和强烈反对，尤其是来自工程师们的反对，里根总统在1982年通过总统令解散了计量委员会。尽管公众拒绝了公制，但美国科学界已普遍在系统工程、空间项目及联合国际计划等方面使用了。

1973年秋天，美国在赎罪日战争中支持以色列，导致的直接后果是中东主要石油输出国组织（OPEC）实施石油禁运，造成美国严重的石油短缺。这场危机对国家的经济稳定造成重大威胁，对委员会提出了新的挑战。虽然在20世纪60年代，委员会面临着处理美国国家航空航天局和太空计划的重大技术与管理障碍，当时，所有参与方利益都集中在首要目标——登月计划。

奥林·蒂格（Olin Teague）在第93届国会成为科学与航空委员会的主席，在他的领导下，委员会创建了一个新的小组委员会来应对能源危机。华盛顿州的迈克·麦克马克成为能源小组委员会的主席，启动了几个重要的立法。第一个议案是《太阳能采暖制冷示范法案（1974）》（Solar Heating and Cooling Demonstration Act of 1974）。小组委员会强调通过立法减少消费，用商业可行的太阳能技术取代化石燃料，保护环境。这项法案有500万美元的预算，并呼吁国家统计局，与美国国家科学基金会加强沟通，监督和报告在商业、教育及住宅应用方面的测试结果。

除此之外，迈克·麦克马克主席和小组委员会提出了另外两个法案：《地热能源的研究、开发、示范法（1974）》（Geothermal Energy Research，Development and Demonstration Act of 1974），以及《太阳能能源研究、开发、示范法（1974）》（Solar Energy Research，Development and Demonstration Act of 1974）。这两个法案均强调要减少对环境的不利影响。1974 年 9 月 3 日，这些法案通过成为法律，由下一年即将成立的能源研究发展局（ERDA）行使管理职能。为监督试点项目的研究和开发，两个法律都呼吁在科学和技术委员会（House Committee On Science and Technology）立法权限范围内成立一个委员会，成员包括几个行政部门的首脑、国家科学基金会主任助理及国家航空航天局副主任等。

虽然委员会没有直接参与 1974 年通过的《联邦非核能源研究和发展法案（1974）》（Federal Nonnuclear Energy Research and Development Act of 1974），但委员会成为以后该法案修订的主要参与者。委员会所面对的法律第一部分，指出国家有必要形成“环境可接受的能源形势”，这也是长期存在的问题。奥林·蒂格主席在第 94 届国会期间改组了委员会，成立了一些新的小组委员会。新的小组委员会结构包括：肯·赫克勒主持能源研究、开发和示范（化石燃料）；乔治·布朗（George Brown）主持环境与大气领域；戴尔·米尔福德（Dale Milford）主持航空运输研究和发展；雷·桑顿（Ray Thornton）主持国内和国际科学规划；迈克·麦克马克主持能源研究、开发和示范。只有空间科学和应用委员会保留其原有的名称，但在新主席唐·福奎阿（Don Fuqua）主持下，成员结构发生变化，民主党超过共和党成员的人数从 5 人增加到 11 人。

在这种结构下，奥林·蒂格在能源领域的立法主要依赖于肯·赫克勒和迈克·麦克马克领导的两个小组委员会。1976 年通过了《能源研究发展局（ERDA）授权法案（1976）》（Energy Research and Development Administration Authorization Act of 1976），乔治·布朗的小组委员会在最终的法案中增加了环境部分内容。作为授权的一部分，能源研究发展局与一些军事核能项目一道被赋予能源研发活动管理职能。

在 1977 年第 95 届国会会议中，众议院扩大了委员会的立法权限，其中的能源研究和发展计划包含核电领域。20 世纪 70 年代末，委员会最具争议性的问题是，克林奇河增殖反应堆计划（Clinch River Breeder Reactor Program）。战后，科学家和政府官员希望开发快速中子核反应堆的建设，可以一定程度上缓解国家的能源需求。在奥林·蒂格和唐·福奎阿任主席期间，该委员会的大多数成员支持增殖反应堆研究计划。1977 年 5 月下旬和 6 月上旬，奥林·蒂格主席带领委员会成员和工作人员去法国调研他们的国家计划并访问了奥地利国际原子能机构。回来后，当时的化石和核能研究、开发和示范小组委员会沃尔特·弗拉沃尔（Walter Flowers）主席（来自亚拉巴马州）开始就克林奇河增殖反应堆计划举行预算听证会。1997年5月中旬，卡特总统宣布，因为核扩散问题，准备取消该项目。

最早质疑该项目的奥林·蒂格主席，后来和迈克·麦克马克主席、田纳西州的玛丽莲·劳埃德（Marilyn Lloyd）及民主党多数一道成为该计划的支持者。共和党委员会除一人外，也支持该计划。玛丽莲·劳埃德议员因为该项目建在他所在的区，因此有更大的动因支持该计划。迈克·麦克马克主席对反应堆项目非常上心，以至于在未经奥林·蒂格主席同意的情况下直接与总统接触。这一行为没起什么效果，反而使自己和主席奥林·蒂格之间产生了裂痕。虽然奥林·蒂格同意迈克·麦克马克对反应器的主张，但在他管理委员会期间，禁止其他成员在未经主席同意情况下直接和总统对话。

该委员会的反对者包括来自纽约州的理查德·奥汀格（Richard Ottinger）和其他反核的民主党人，他们认为该计划存在缺陷且危险，因而对投入更多的资金有所犹豫。诸如氢弹之父——专家爱德华·泰勒（Edward Teller）、核潜艇之父海曼·里科弗（Hyman Rickover）及卡特总统的顾问等都同意他们的观点，认为该项目缺乏技术设计，而且还有核扩散的危险。奥林·蒂格主席多次试图提出妥协，满足大家利益，不启动1977年能源研究发展局（ERDA）授权法案总统否决的动议。经过激烈的辩论，奥林·蒂格终于赢得了暂时的胜利。该法案的通过表明是对总统政策的拒绝态度，在后续的国会，对克林奇河增殖反应堆计划一直保持微弱的支持。

除了一些大的能源授权法案，小组委员会迈克·麦克马克主席和加利福尼亚州共和党资深参议员巴里·戈德华特（Barry Goldwater），一起推出了《电动汽车和混合动力汽车研究、开发和示范法案（1976）》（Electric and Hybrid Vehicle Research，Development，and Demonstration Act of 1976）。电动汽车是多年的梦想，该项立法将吸引更多关注该项目。该议案强调对提升国家经济和国家安全的重要性，而且有助于降低噪声水平，减少污染排放。尽管当时技术还不够先进，还未能达到商业化应用，但研究一直持续。

委员会对消防安全也有管辖权，来自佐治亚州的约翰·戴维斯（John Davis）主席管理科学、研究和发展小组委员会，起草法案，降低美国因火灾造成的死亡。1971年大约有250名消防员和12 000个平民因火灾死亡，约翰·戴维斯推出《联邦火灾防御与控制法案（1974）》（Federal Fire Prevention and Control Act of

1974）。该法案提议在马里兰州埃米特斯堡（Emmittsburg）成立美国消防局（United States Fire Administration，USFA）和国家消防学会（National Fire Academy，NFA）。因为法案的实施，由于火灾引发的死亡率降低了50%。

乔治·布朗主席在环境和大气小组委员会是个铁腕人物，成功地通过了几个重要的环境立法。作为1975年国家航空航天局授权法案的一部分，小组委员会在名为“高层大气研究”的法案内容中增加了相关内容，指导机构调查和监测大气的化学与物理成分。小组委员会还利用其在国家气象局（NWS）的管辖权力，推动了《国家人工影响天气政策法案（1976）》（National Weather Modification Policy Act of 1976），提出了保护或警告公众类似飓风和龙卷风等恶劣天气的项目计划。

20世纪70年代，委员会与国家标准局还开始关注有关办公室、工厂和家园的环境问题。国家统计局建立了一系列处理污染和节约能源的商业指引。委员会帮助制定了《环境研究、开发及示范授权法案（1978）》（Environmental Research，Development，and Demonstration Authorization Act of 1978）。该法案授权环境保护署对大范围环境立法问题开展研究，内容涉及清洁空气和水、废物处理、噪声污染、病虫害防治等方面。

委员会在卡特总统就职后不久还完成了设立内阁级别能源部的长期设想。小组委员会在沃尔特·弗拉沃尔和迈克·麦克马克的领导下，努力通过了《能源部法案（1977）》（Department of Energy Act of 1977），整合了能源研究发展局（ERDA）和联邦能源管理局（Federal Energy Administration），使之成为新机构的主要部门。卡特总统签署该法案，宣布1977年10月1日，能源部正式成立。该法案提供研究与发展基金，扩大地热能源研究及电动和混合动力汽车研究。法案的另一个重要部分是要求新机构调研汽车对能源消耗和环境的影响。

环境和大气小组委员会在乔治·布朗主席的带领下继续支持环境议题，通过了几项重要的立法工作。其中一个就是《地震减灾法案（1977）》（Earthquake Hazards Reduction Act of 1977）。作为加利福尼亚州的居民，亲历了1971年的雪尔玛（Sylmar）地震破坏，随着对1964年阿拉斯加大地震和1959年8月蒙大拿州赫伯根湖（Hebgen Lake）大地震等的进一步了解，乔治·布朗主席同国家标准局、国家科学基金会、国家航空航天局、国家海洋与大气管理局、国防部及住房与城市发展部（HUD）一道起草立法，帮助消除未来灾害的影响。由于地震对个人安全、经济、国家安全利益的威胁，委员会设立了国家地震减灾计划（NEHRP）。国家地震减灾计划（NEHRP）在国家科学基金会、国家标准局、联邦危机管理局

(FEMA)及美国地质调查局的支持下开展工作，赋予的责任包括开发更好的建筑标准、监测土地利用、提升防备能力、发展地震预测调查技术。

20世纪70年代初，纽约和新英格兰的海岸人为倾倒了大量废物，这也成为在长岛（Long Island）居民关注的主要问题。在第95届国会期间，环境和大气小组委员会花了很大精力用在这一问题上。经过约翰·威德勒的努力，推出了《国家海洋污染研究和开发监控规划法案（1978）》（National Ocean Pollution Research and Development and Monitoring Planning Act of 1978）。该法案设立了一个综合性5年规划，要求国家海洋与大气管理局监测海岸线废物倾倒所带来的环境影响。

除了向海洋倾倒废物的问题外，委员会成员还关注工业化的长期环境影响和气体排放。委员会在1976年开始研究这个新出现的问题，随即推出了《国家气候计划法案（1978）》(National Climate Progam Act of 1978)。该法案比《国家海洋污染研究与开发监控计划法案（1978）》(National Ocean Pollution Research and Development and monitoring planning act of 1978）更广泛。该法案设立了国家气候研究计划，隶属于内务部，受商务部管辖，帮助全世界科学家对自然和人为的环境变化及其应用有更好的理解，提升及时应对的能力。

委员会对环境的保护和理解不仅限于美国境内，还包括南极洲。南极洲也是研究长期环境问题的最佳场所之一。理查德·伯德（Richard Byrd）在20世纪30年代发现冰架后首次建立了永久性基地，到了70年代，乔治·布朗主席领导他的小组委员会起草法律保护南极洲动植物群，禁止引入其他任何新的物种到南极洲生态系统。委员会还立法阻止在冰层或水域周围进行污染物排放，保护南极洲脆弱的环境。《南极洲保护法案（1978）》(Antarctica Conservation Act of 1978）赋予国家科学基金会、国家海洋与大气管理局及其他政府机构有权就南极洲议题制定条例或签署条约。为更好监管该项工作，来自爱荷华州的委员会成员汤姆·哈金（Tom Harkin）和国家科学基金会的管理人员等都去过南极洲，并有所研究。

1978年，奥林·蒂格主席退休，来自佛罗里达州的唐·福奎阿从第96届国会开始成为委员会主席。唐·福奎阿刚被任命为主席，伊朗爆发革命运动，预示着将引发能源危机。能源议题成为国会优先议题。1979年3月28日，在宾夕法尼亚州哈里斯堡（Harrisburg）和赫尔希（Hershey）附近的城市，三里岛（Three Mile Island）爆发了核事故，这引发了对安全问题及美国境内核电工厂的可行性的关注。国会对核灾难的监管主要包括全体委员会和两个小组委员会。成员和工作人员不得不花费大量精力去理解难懂的核技术和核电厂设计问题。在这种气氛下，那些不信任核能的成员再次反对核能发展，但也没有提出实际的替代方案。多数党成员平息了公众的情绪，成功阻止了核能设施的关闭。然而，这次事故的直接后果是造成大家对核能的态度趋于谨慎，搁置了对新设施的建设。

唐·福奎阿主席是支持核能应用的，通过各大电力公司游说，经受住了委员会的争论，早于三里岛核事故，对克林奇河项目的反对观点主要是围绕核扩散、计划的技术可行性等问题。随着越来越多成员声援反对意见，1983 年 10 月 26 日第 97 届国会第一次会议期间，全体委员会举行了最后一次听证会，国会没有遵从里根总统的意见，而是终止了所有的资助。

其间，委员会还举行了一系列关于能源问题的听证会，最终形成《能源安全法案（1980）》(Energy Securiry Act of 1980)，并在 1980 年 6 月 30 日成为法律。这方面，最重要的立法工作之一就是成立合成燃料公司（Synthetic Fuels Corporation）。该法案要求这类公私合营企业（Public-Private Corporation）开发多能源途径，如在水中获取氢能源及从煤炭、褐煤、泥煤、页岩、焦油砂、生物质、乙醇、地热、太阳能、风能等其他可再生资源中获取能源。该法案还鼓励私人和商业住宅提高和更新制冷制热系统，并且安装过滤装置，以项目实施方式达到节约能源的目的。该法案通过后不久，也就是卡特总统任期的最后一年，石油价格出人意料地下跌。在这种形势下，再加上里根总统上台，对国会施加了很大影响，1986 年企业停止了运营。

共同努力通过《能源安全法案（1980）》后，能源开发与应用小组委员会主席理查德·奥汀格积极推动有关风能和海洋热能发展的立法工作。该小组委员会成员包括来自新泽西州的罗伯特·罗（Robert Roe）和宾夕法尼亚州的罗伯特·沃克(Robert Walker)，两人后来都成为全体委员会的主席；还有来自佛罗里达州的比尔·纳尔逊（Bill Nelson），后来成为参议员；还有来自田纳西州，1993 年成为副总统的艾伯特·戈尔。委员会还积极推动海洋热能转化，而且很快在大范围内开始加速测试该项目。

第 97 届国会期间，为了更有效应对环境问题，自然资源、农业和环境委员会主席詹姆斯·舍尔（James Scheuer）就危险废物处置等议题举行听证会。詹姆斯·舍尔还协助起草了一系列综合环境反应、赔偿和责任法的修正案，并设立基金促使环境保护署开展研究，以确定有效的清理程序，消除致命污染物。

在第 96 至第 99 届国会期间，唐·福奎阿担任委员会主席，与教育委员会一起举行相关听证会，并通过《教育促进经济安全法案（1984）》（The Education for

Economic Security Act of 1984)，并使之最终在 1984 年 8 月 11 日成为法律。该法案规定国家科学基金会帮助开发科学技术与中小学教育课程，也就是众所周知的科学、技术、工程与数学（STEM）教育项目。在第 97 届国会期间，该委员会支持通过了 1982 年《小企业创新发展法案（1982）》，拨出研究经费用于小型科技企业。该计划最初的预算为 1 亿美元，最近几年扩大到约 20 亿美元。

为了整合科技成果转移活动，唐·福奎阿主席见证通过了一系列技术转移的相关法案。小组委员会主席乔治·布朗就通过《史蒂文森-威德勒技术创新法案（1980）》举行了听证会，该法案就政府实验室、大学、私人企业之间的合作设置法律和行政框架。该法案规定在联邦政府设立办事处，以促进技术转让，并建立了有关支配专利和商业用途的法律法规。在第 98 届和第 99 届国会期间，该法案条款的范围进一步扩大，重新定义了知识产权问题，确立政府与私人实验室之间的合作研发契约关系。

科学、空间和技术委员会

在第 100 届国会开始时，众议院任命罗伯特·罗担任委员会主席。他的第一个决定是将委员会更名为科学、空间和技术委员会（Committee on Science，Space，and Technology）。委员会的名称变化反映了一个事实，即它的工作很大部分是关于美国国家航空航天局和空间计划。

罗伯特·罗主席和委员会通过《马可姆·波多里奇国家质量提升法案（1987）》（Macolm Baldrige National Quality Improvement Act of 1987），作为《史蒂文森-威德勒法案》的修正案，以促进科学研究发展。委员会将项目运营的监管权力委托给国家标准局，也就是 1988 年重新命名的国家标准与技术研究院（NIST）。

在促进私营部门技术进步和信息安全的努力中，委员会制定了《计算机安全法案（1987）》(Computer Security Act of 1987)。委员会呼吁国家标准与技术研究院代替国家安全署，制定一套适合于民用计算机的安全标准。来自宾夕法尼亚州的道格·沃尔格伦（Doug Walgren）及曼纽尔·鲁强（Manuel Lujan）带领科学、研究和技术小组委员会，制定了《钢和铝节能技术竞争力法案（1988）》（Steel and Aluminum Energy Conservationand Technology Competitiveness Act of 1988），并在 1988 年 11 月 17 日经总统签署成为法律。

该委员会在第100届国会的最后一项重要立法，关注的是高温超导材料的发展。能源研究和发展小组委员会主席玛丽莲·劳埃德，运输、航空和材料小组委员会主席大卫·麦克库迪（Dave · McCurdy）及科学、研究和发展小组委员会主席道格·沃尔格伦举行了关于超导议题的听证会，并帮助起草了《国家超导和竞争力法案（1988）》(National Superconductivity and Competitiveness Act of 1988)。该法案于1988年11月19日成为法律，其目的是鼓励政府实验室从事超导材料研究，虽然技术上没能立即取得突破，但随后的研究还是实现了有限的商业应用。

从罗伯特·罗主席实现连任开始，委员会把大部分工作集中在环境、安全、能源和教育方面的立法工作。与其他众议院委员会合作，委员会起草了《石油污染法案（1990）》（Oil Pollution Act of 1990）。委员会继续开展《清洁空气法案（1990）》（Clear Air Act of 1990）修订工作，支持研究《水资源开发法案（1990）》(Water Resource Development Act of 1990）立法工作。詹姆斯·舍尔主席重新强调气候变化问题，举行了很多相关议题的听证会，包括自然资源、农业、研究及环境小组委员会所关注的全球食品生产及人口问题。这些听证会影响并引导通过了两项立法，即《全球变化研究法案（1990）》(Global Change Research Act of 1990）和《食品、农业保护和贸易法案（1990）》(Food，Agriculture Conservation and Trade Act of 1990)。

空间科学与应用小组委员会主席比尔·纳尔逊就老布什总统提议的火星和月球计划举行相关听证会。除了要求NASA项目实施更新，该小组委员会还对空间商业活动议题进行听证，并在1988年11月通过了《商业化空间发射法案（1988）》(Commercial Space Launch Act of 1988)。

第101届国会开始，主席罗伯特·罗离开科学、空间和技术委员会，成为公共工程和交通委员会的负责人。乔治·布朗成为新任科学、空间和技术委员会主席。乔治·布朗主席在接下来的两届国会，举行了一系列听证会，关注私营部门技术转移问题。到20世纪90年代，计算机已经成为政府运作的重要工具，因此，该委员会协助通过了《高性能计算法案（1991）》（High-Performance Computing Act of 1991)，该法于1991年12月9日起正式生效。该立法首先是由前委员会成员艾伯特·戈尔参议员提出，也被称为“戈尔议案（Gore Bill）”。

为进一步整合、提高政府的计算机利用，委员会协助通过了《美国技术卓越法案（1992）》(American Technology Preeminence Act of 1992)，允许国家研究实验室将旧的计算机硬件、操作程序和软件转移给大学。作为委员会的长期利益设想，乔治·布朗主席还见证了《科学和先进技术法案（1992）》（Scientific and Advanced Technology Act of 1992）的通过，完善社区学院课程和工程标准的设计，努力增加在这些重要领域攻读学位的学生数量。

1993年，第103届国会开幕，乔治·布朗主席对委员会程序做了稍微的调整。由于民主党一党控制了国会，委员会通过的大部分国会立法都是有关拨款过程的法案，而不是单独的专门性法案。1993—1994年，乔治·布朗主席及其委员会共举行了174场听证会，但只有6项单独的法案通过，而前两届国会分别有20、30项法案成为法律。随着冷战的结束，“和平红利（Peace Dividend）”允许资源从国防到民用进行再分配。委员会最重要的工作是1994—1995年度《国防授权法案》(Defense Authorization Act)，将资源引导至技术转移项目并扩展制造业伙伴关系。

委员会在第103届国会时面临的最困难问题是两个重要项目的资助。从20世纪50年代开始，空间项目最主要的主题是空间站建设，美国国家航空航天局已经设计制造航天飞机作为到空间站的主要运输系统。与国家航空航天局资金上的竞争主要是超级对撞机计划（Super Collider Program）。该项目属于纯科学研究，科学家希望利用对撞机加速物质粒子的速度，以研究物质、空间和时间的动态和结构。罗伯特·罗主席在众议院共同发起《超导超级对撞机项目授权法案（1990）》(Superconducting Super Collider Project Authorization Act of 1990)，但参议院质疑该项目，没有通过委员会的审议。

克林顿总统在第一个任期内努力减少联邦预算，其中，空间站项目和对撞机项目成为取消的目标。两个项目都有类似预算，这也产生了同样的问题，该淘汰谁?委员会就对撞机项目举行了听证会，即使有5位议员来自超级对撞机所在州得克萨斯州，国会还是在1993年投票取消了对撞机项目。

共和党控制国会时期

1994年，共和党40年来第一次赢得众议院的多数党地位。筹划建立新的选举程序，把对党的忠诚和筹款能力作为选举委员会主席的参考条件。其中，一项重要改革措施是为委员会主席的任期设定了期限：委员会主席只能担任3届，每届两年。随着1995年1月第104届国会开幕，来自宾夕法尼亚州的罗伯特·沃克成为重新命名为科学委员会（Committee on Science）的第一任主席。

虽然众议院扩大了该委员会在几个小领域的总体管辖权，但其主要职权范围仍保持不变。罗伯特·沃克主席重组了4个小组委员会：新墨西哥州众议员史蒂文·希夫（Steven Schiff）担任基础研究小组委员会主席；加利福尼亚州的众议员达纳·罗拉巴彻（Dana Rohrabacher）担任能源与环境小组委员会主席；威斯康星州的詹姆斯·森森布伦纳（James Sensenbrenner）担任空间与航空小组委员会主席；马里兰州的康斯坦斯·莫瑞拉（Constance Morella）担任技术小组委员会主席。

在罗伯特·沃克主席的指导下，科学委员会通过了8个法案，其中有许多以前法案的再授权。《国家技术转移和促进法案（1995）》（National Technology Transfer and Advancement Act of 1995）进一步明确知识产权问题，允许所有参与者在合作研发协议下的研发合同中获得许可。1980年修订的《史蒂文森-威德勒技术创新法案（1980）》允许政府和非政府合作伙伴共享资源、技术信息和知识产权。该委员会还参与通过两项法律，更新了政府使用公制系统的采购和建设标准。

在第104届国会第二任期结束前，罗伯特·沃克主席退休，他离开国会后，成为国会的一个说客。第105至第106届国会，詹姆斯·森森布伦纳担任委员会主席，其中一个重要议案关注妇女问题，马里兰州康斯坦斯·莫瑞拉担任技术小组委员会的主席，倡导在科学、工程和技术领域提升妇女和少数民族数量的相关立法。

在詹姆斯·森森布伦纳主席的带领下，委员会继续关注空间和能源问题。空间和航空小组委员会就有关商业化等问题举行了广泛的听证会，并在1998年通过了《商业化空间法案（1998）》（Commercial Space Act of 1998），呼吁扩大航天技术私有化。在能源领域，委员会在第106届国会通过了《甲烷水合物研发法案（1998）》（Methane Hydrate Research and Development Act of 1998），能源与环境小组委员会还举行了许多重要的听证会，涉及化石燃料对环境的影响问题。

1999年，美国的优先关注领域暂时从能源问题、空间计划转移到一个迫在眉睫的技术危机。新千年已经到来，对世界计算机系统的影响还不清楚。许多计算机专家担心千年虫问题，会导致大规模的混乱，并可能关闭计算机系统。技术小组委员会在第105届国会举行几次听证会，讨论千年虫如何影响邮政服务、卫星和全球定位系统、国家安全、联邦航空管理、国际旅行及核电等问题。虽然没有重大的计算机问题发生，听证会对整个联邦政府的计算机操作审查工作还是很有帮助的。

在詹姆斯·森森布伦纳主席的最后一届任期（1999—2000年），他还多次就提高科学和数学教育的质量与途径等议题主持听证会，尤其强调要重视小学和中学的教育质量。

"9·11"后的立法动向

2001年，第107届国会开始，来自纽约州的舍伍德·伯勒特（Sherwood Boehlert）担任委员会主席。舍伍德·伯勒特主席将委员会的工作集中在能源、教育和环境议题。在第107届国会第一年，委员会就科学和数学教育、酸雨、打击非本地物种问题及气候变化等问题举行多场听证会。然而，2011年9月11日的恐怖袭击，打乱了整个计划。

面对"9·11事件"中轰然倒塌的世界贸易中心，该委员会协助通过了《国家建筑安全队伍法案（2002）》(National Construction Safety Team Act)，该法案于2002年10月1日经总统签署成为法律。该法案规定，国家标准与技术研究院(NIST）通过其授权的"保证最大的物理科学与工程技术应用，促进工商业技术发展"，确定结构失效的原因、疏散措施评价，为提高安全标准提供指导，并就提高建筑材料安全问题开展研究。

经历"9·11事件"后，委员会还进行了一系列听证会审查国家可能产生恐怖袭击的漏洞，包括调查水系统的安全性和美国的计算机系统安全性。2002年6月，来自密歇根州的弗农·埃勒斯（Vernon Ehlers）主席在环境、技术和标准小组委员会就国土安全议题组织听证会。2002年11月25日，该委员会经手的其中一个最重要的法律，《国土安全法案（2002）》(Homeland Security Act of 2002）签署生效。

"标准"监管是委员会管辖权限的重要内容之一，委员会从2001年5月22日开始，举行了"完善选举技术：标准的作用"的听证会。听证会结束后，2001年10月31日，委员会通过了《选举技术标准法案（2001）》（Voting Technology Standards Act of 2001)，并送至众议院，但没有获得通过。但是，委员会所提议的相关内容被吸收到了《帮助美国投票法案（2002）》（Help America Vote Act of 2002)，并在2002年10月29日成为法律。

在舍伍德·伯勒特主席的最后两个任期，委员会致力于提高教育水平和扩大马尔科姆·波多里奇质量奖的范围（包括非营利组织）。舍伍德·伯勒特主席还特别对国家科学基金会的工作感兴趣，尤其是纳米技术发展，共举行了4场全体委员会和小组委员会的听证会，主题涉及纳米技术的科学潜力及对环境和安全的影响等。

2003年2月1日，美国国家航空航天局及哥伦比亚号航天飞机的爆炸，迫使委员会不得不面对一系列新的问题。随后在接下来3年的听证会试图就关于国家航空航天局的未来及2010年年底结束航天飞机计划寻求解决途径。此外，委员会工作还包括提出了《商业化空间发射修正案（2004）》（Commercial Space Launch Amendment Act of 2004）。

由于2004年12月26日印度洋发生海啸灾难，主席舍伍德·伯勒特呼吁在第109届国会开幕之际召开听证会。委员会通过对国家气象局（NWS）和美国国家海洋和大气管理局的监督，在灾害领域有了直接的管辖权力。首要问题是对美国脆弱的海岸线做好充分的准备。该委员会起草立法，呼吁美国建立并运行海啸检测系统，覆盖印度洋，可以在灾难来临之际及时警告沿海居民。

2006年11月，民主党占据了众议院的多数席位。党团领导人任命来自田纳西州的巴特·戈登（Bart Gordon）为科学、空间和技术委员会主席。委员会通过的第一个立法就是《能源独立和安全法案（2007）》（Energy Independence and Security Act of 2007），内容涉及可再生海洋和地热能源的研究与发展、太阳能能源及生物燃料的各种规定。委员会在通过《甲基苯丙胺整治研究法案（2007）》（Methamphetamine Remediation Research Act of 2007）中也起到了重要作用，这也是以前国会比较感兴趣的领域，负责环境保护署开发新的检测技术和监督污染场地的清理。

巴特·戈登主席在第110届国会的最重要的一项立法是通过《美国竞争法案（2007）》。巴特·戈登主席强调该立法的重要性，将加强物理科学、数学和工程的长期基础研究，引导资金投入在这些领域的研究生和早期职业研究人员身上。该法案还设立总统创新奖，以鼓励科学和工程技术进步。

该法案的一个重要内容就是持续的能源问题及要求在国防部高级研究局（DARPA）计划后构建能源部的类似组织，即1958年设定的高级研究项目局。竞争法案规定，在美国能源部成立新办公室能源部高级研究局（ARPA-E），未来10年减少对外国能源的依赖，积极应对全球气候变化问题。能源部高级研究局通过其与能源部的关系，缓解实验室经费投入效果不明显的后果。该法案还增加了美国国家科学基金会的财政支持，未来几年内在国家和地方各级建立一批新的长期和短期的教育项目。

立法的目的是确保美国的科技优势。很明显，50年前的美国领导人知道要保持美国的科学和技术的世界领导地位，就必须有一个强大的教育体系。这些年，委员会一直在努力，《美国竞争法案》仅是委员会这方面努力的一个案例。

7.2　科技委员会的席位分配

国会制度专家罗杰·戴维逊归纳说："国会山上制定政策的中心舞台在委员会和小组委员会。它们是政治神经，情况汇集处，方案筛选器，立法细节提炼场。"[①]正因为如此，对委员会的历史有一个大概的了解后，对于科技委员会成员的偏好、构成政治及运作的研究就很有必要，可以对美国国会委员会的科技立法影响有进一步的理解。

偏好与政治

每次国会选举都会引发关于委员会席位的争夺。立法者明白获得令人满意的委员会席位与赢得选举之间的关联。新当选的参众议员很快就会将自己的偏好告知政党领袖、选举委员会席位分配的党团委员会成员及友好的说客或慷慨的捐款者等。这些人可能会帮助新当选议员获得偏好的委员会席位。同时，连任的在任者也会尝试转入更具权势的委员会中去[②]。议员在委员会构成选择的过程，是为议员实现其政治目标服务的。理查德·芬诺经典地总结了议员立法生涯最为重要的 3 个目标，即连选连任、国会影响及政策议题。对于众议员而言，根据目标及其重要程序排序正是如此；而对参议员而言，最为基本的目标为连选连任和政策议题，一定程度上也兼具国会影响及更为远大的政治抱负。当然，这 3 个目标在某种程度上的混合激发了各委员会的大多数行动。

议员往往根据其选区的利益要求，选择相应政策领域的委员会。例如，本选区内存在军事基地或军工产业的议员，很可能对国家安全领域和科学技术领域的委员会感兴趣。国会影响力是作为职业立法者都希望获得的更大权势。这种权势可能是无形的，也可能是有形的。无形的权势，或来自议员人格魅力，或来自议员由于资历增加而得到的尊重；有形的权势则往往是制度赋予的，如担任国会领袖、党团领袖、委员会领导等，而参加较大管辖权力范围的委员会无疑将极大地提升议员的有

---

① Thomas E. Mann，Norman J. Ornstein. The New Congress. American Enterprise Institute for Public Policy Research，1981. p. 183.

② 戴维森，奥勒斯泽克，李，等，2016. 美国国会：代议政治与议员行为［M］. 刁大明，译. 北京：社会科学文献出版社：216.

形权势[①]。议员在国会立法过程中，一般来说都会有自己的政策立场，希望在某些政策决策过程中让自己的立场发挥作用，让国会产出符合其政策立场的立法。如类似科学技术等高度具有专业性职业背景的议员，则更希望通过自身的努力在这些专业领域体现自己的价值。

参众两院因为迥异的立法规则和政治风格，两院议员的动机会有所差别。大多数参议员都有机会参与一个最具权势的委员会，如拨款委员会、军事委员会、商业委员会或者财政委员会。众议院规模相对较大，党团对本党议员的控制幅度较大，频繁的换届选举又加强了这种控制与领导的必要性，普通议员个人在立法过程中发挥影响的渠道有限。从某一特定委员会席位分配获取的权力对众议员而言比对参议员更为重要。参众两院委员会议员的需求动机如表 7-1 所示。

表 7-1 参众两院委员会议员的需求动机

院会	议员需求的动机	委员会
众议院	选区	农业委员会，军事委员会，内政委员会，自然资源委员会，科学、空间和技术委员会，小企业委员会，交通与基础设施委员会，退伍军人事务委员会
	权势	拨款委员会，预算委员会，规则委员会，筹款委员会
	政策	金融服务委员会，教育与劳工委员会，能源和商业委员会，外交事务委员会，司法委员会，监察与政府改革委员会，国土安全委员会
	无所谓	会务委员会，官员行为准则委员会，情报委员会
参议院	选区	农业、食品与林业委员会，拨款委员会，商业、科学和交通委员会，能源和自然资源委员会，环境和公共工程委员会
	权势	预算委员会，对外关系委员会，国土安全与政府事务委员会，司法委员会，卫生、教育、劳工与退休金委员会，老龄化委员会
	政策/选区	军事委员会，银行、住房与城市事务委员会，财政委员会，小企业与商业委员会，印第安事务委员会
	无所谓	规则与管理委员会，退伍军人委员会，情报委员会

资料来源：Bullock III C S，1976. Motivations for U. S congressional committees preferences：freshmen of the 92rd congress [J] . Legislation studies quarterly，1 (2)：201—202.

席位分配与党团影响

国会两院的两党党团无疑在委员会构成过程中发挥了最为关键的决策作用。但

① 刁大明，2012. 国家的钱袋：美国国会与拨款政治 [M] . 上海：上海人民出版社：118-120.

需要指出的是，这种决策作用仍旧是相对的，是对议员基于选区等各方面考虑而提出的委员会构成需要进行的调配与选择，而非将议员在各委员会之间的任意安排①。

由于委员会工作的重要性，参议员将理想的委员会分配视为优先事项。获得有利委员会席位的关键通常被认为是与立法者的技能、专业知识和政策关注点相匹配的委员会席位。大选结束后，参议院领袖的首要任务之一就是确定委员会的规模和比例。尽管每个常设委员会的规模由参议院的规则确定，但这些规模的变化通常是在每届新国会前进行党际谈判的结果。参议院政党领袖也在常设委员会上就政党比例进行谈判。通常在将参议员分配给委员会之前确定人数和比例。

一旦确定了常设委员会的规模和比例，每个政党的小组委员会将提名党内成员进行委员会分配。参议院共和党人主要通过各个委员会内设的小组委员会实现此目的，尽管共和党领袖提名参议员分配给一些常设委员会。参议院民主党人通过指导和外联委员会来提名民主党人并分配给所有常设委员会。这些小组委员会采用的过程是不同的。共和党人依靠资历进行提名，而民主党人则根据各种因素逐个议席进行提名。

20 世纪 70 年代以来，国会两院的立法过程回到党团的控制协调之下，但曾在委员会主导时期发挥重要作用的资历制仍旧扮演着重要的角色，成为党团、委员会等组织中协调各议员需求与利益的重要标准。在面对议员们的委员会构成需求时，两党党团往往以资历作为重要门槛。一般而言，两院的两党党团都不会把资历较浅甚至是新当选议员安排进入权势较大的委员会②。

---

① 刁大明，2012. 国家的钱袋：美国国会与拨款政治［M］. 上海：上海人民出版社：118-120.

② 参议院的规则将其常设委员会和其他委员会分为几类，以便将所有参议员分配至委员会。特别是，参议院第XXV条第 2 款和第 3 款规定了委员会的类别，通常称为“A”“B”“C”类委员会。“A”类委员会包括农业、营养和林业委员会，拨款委员会，军事委员会，银行、住房和城市事务委员会，商业、科学和交通委员会，能源和自然资源委员会，环境和公共工程委员会，财政委员会，对外关系委员会，健康、教育、劳工和退金委员会，国土安全和政府事务委员会，司法委员会，特别情报委员会；“B”类委员会包括预算委员会、规则和行政委员会、小企业和创业委员会、退伍军人事务委员会、特别老龄化委员会、联合经济委员会；“C”类包括 3 个非常设委员会：特别道德委员会、印第安事务委员会和联合税务委员会。联合图书馆委员会和联合印刷委员会未列入任何类别，但出于分配目的被视为“C”类委员会。第XXV条第 4 款根据这些类别对参议员委员会成员资格进行了限制。这些限制旨在在分配过程中公平对待参议员。从本质上讲，每位参议员仅限于在两个“A”类委员会和一个“B”类委员会中任职。“C”类委员会的服务不受限制。相关党派会议也会建议限制的例外情况，然后通过参议院决议正式批准。有时，足够多的多数党在委员会中可以有例外，而在其他时候，例外是为了适应个别参议员的喜好和需求。

例如，共和党人通常在填补其他委员会的空缺之前提名参议员进入“A”类委员会。与科学技术密切相关的委员会，如商业、科学和交通委员会、能源和自然资源委员会、环境和公共工程委员会等都属于“A”类委员会。各个委员会的小组委员会在进行提名时论资排辈。首先，按照在议院的资历，每个现任者选择两个委员会；现任者可以决定保留目前的委员会席位或在现有空缺中进行选择。但是，曾在委员会任职并因党派比例变化而失去席位的参议员优先于其他参议员申请委员会的第一个空缺。虽然这种情况很少见，但在共和党对参议院的控制发生变化时也会发生。其次，每一位新当选的参议员根据以前在参议院的服务，在众议院的服务和在众议院的服务时间，以及以前担任州长的经历，按资历选择席位。此外，每个新当选的参议员在接受第二次分配之前，都会接受一次分配。从第108届国会开始，所有共和党议员按资历排序获得两个“A”类委员会的席位。每位议员只能保留上届国会的一个“B”类委员会的分配。在这一过程中，共和党领袖会对剩余的“A”类委员会进行分配。

由于民主党指导和外联委员会在分配参议员时不依赖于资历，因此其过程相对不如参议院共和党人的过程自动化。对于民主党人来说，没有规则保证现任者转换委员会的优先权，或管理新成员在选择委员会时的资历。在委员会任职但由于党派比例变化而失去席位的参议员通常会优先分配该委员会的空缺职位。除了参议院和政党的限制外，指导和外联委员会还考虑了许多因素。这些因素包括参议员的喜好、州人口统计数据、自上次代表该州以来的时间长度、支持该党的意愿、政策观点及个人和职业背景等。提出请求的参议员或另一位参议员的个人干预有时会有所帮助。

事实上，党团遵循资历只是为了维持委员会构成等程序的基本秩序与公正。在必要的时候，众议院两党党团完全有权力绕开资历制度。例如，党团可能将关键摇摆选区的本党议员安排进入更具权势、更能为本选区输送利益的委员会，以帮助其保住席位；或者党团为了贯彻某一政策目标，打破资历顺序安排更为得力的委员会领导等。相比而言，参议院的两党党团更倾向于在非新当选议员中遵守资历制度[①]。

① 刁大明，2012. 国家的钱袋：美国国会与拨款政治［M］. 上海：上海人民出版社：118-120.

党团会议和全院批准

虽然参议院规则就如何批准提名做了非常明确的规定，但并未规定如何提名委员会的参议员。实际上，每个政党都授予其政党会议向常设委员会提名的权力。参议院共和党人主要通过委员会的小组委员会进行提名，尽管共和党领袖会提名参议员进入一些常设委员会。参议院民主党人通过指导和外联委员会来提名民主党人进入所有常设委员会。两党程序不同，但提名都需要得到全党大会的批准，并最终得到参议院的批准。参议院对其政党的委员会提名的批准通常是形式上的，因为参议院尊重每一党派的提名结果。

一旦被共和党会议接受，分配建议就会被打包成一个或多个参议院决议，提交给参议院全体成员批准，通常由共和党领袖批准。对于民主党来说，也是如此，一旦所有资深议员和新民主党参议员被推荐分配，名册将被提交至参议院民主党会议。虽然可以进行单独投票，但会议通常会以一致同意的方式批准整个名单。提名很少在会场上受到质疑，因为决定是在党内做出的；按照惯例，任何一党都不会对另一党的提名提出质疑。事实上，参议院批准提名的常规特点突出了提名程序的重要性。

在填补常设委员会最初组建后出现的空缺时，参议院共和党人与每届新国会使用相同的程序。在国会期间，由于政党领袖决定改变委员会的规模或政党比例，或由于议员死亡、换党或从参议院辞职，委员会可能出现空缺。可以选择一位新的参议员取代已故或前任参议员来填补空缺的委员会席位。但是，如果新参议员与离任的参议员党派不同，往往需要调整委员会的规模和比例，以便为新参议员腾出位置。此外，现任者也可能会竞争新开放的委员会席位，特别是如果这些席位出现在更有声望的委员会中，如拨款委员会或财政委员会。当现任者被选来填补委员会的空缺时，参议员往往会放弃现有的分配，以遵守政党或议院的分配限制（尽管可能会被批准豁免）。这可能会引起连锁反应，涉及一系列委员会的变化。

委员会的构成

回答了科技委员会构成的政治，还需进一步了解科技委员会到底是一个什么倾向的委员会。刁大明教授通过对两院拨款委员会构成特征与定位的研究，提供了一个很好的分析视角。[①]

选区分布

选区分布情况上的观察，有助于判断两院科技委员会成员构成在各个区域的分配特点，是否存在对于某些地区的倾向，还是在全美各区域范围内实现了相对的均衡。由于两党在分配科技委员会在内的各委员会席位时，将各自考虑到区域因素，因而两党的科技委员会成员在地域上的分布也有可能部分体现党派政治版图的特点。由于两院两党党团决策层有各自的区域划分，且根据本党所处的政治形势不断变化，研究无法获取其各自的划分，而且两党不同的划分也无法展开横向比较。基于这一现实，本研究将采取美国国家人口普查局根据美国政治经济情况而制定的区域划分方式，将美国划分为新英格兰地区、中大西洋地区、东北中地区、西北中地区、南大西洋地区、东南中地区、西南中地区、山区及太平洋地区 9 个区域。

如表 7-2 所示，3 届国会众议院科技委员会成员除了新英格兰地区以外，都有分布，其中西北中地区、西南中地区较高，尤其是西北中地区，科技委员会成员的数量持续增加，所占比例为最高。新英格兰地区包括缅因州、佛蒙特州、新罕布什尔州、马萨诸塞州（麻省）、罗得岛州、康涅狄格州。中大西洋地区包括纽约州、宾夕法尼亚州、新泽西州、马里兰州、西弗吉尼亚州、特拉华州和弗吉尼亚州。东北中地区包括伊利诺伊州、印第安纳州、密歇根州、俄亥俄州、威斯康星州，它们有共同的特点，拥有全美国乃至全世界最好的教育环境，包括波士顿外围和 128 号环状高速公路等很多新兴高科技产业园区，科技创新能力较强。

① 刁大明，2012. 国家的钱袋：美国国会与拨款政治［M］. 上海：上海人民出版社：123-166.

表 7-2 国会众议院科技委员会各区域分部情况

总计	地区	新英格兰	中大西洋	东北中	西北中	南大西洋	东南中	西南中	山区	太平洋	总计
议员区域分布/个		22	61	69	31	81	26	48	28	69	435
区域分布比例/%		5.06	14.02	15.86	7.13	18.62	5.98	11.03	6.44	15.86	100
第 110 届国会	科技委员会成员数/个	0	4	2	8	5	2	8	4	11	44
	所占比重/%	0	9.09	4.55	18.18	11.36	4.55	18.18	9.09	25.00	100
	与本地区议员所占比重的比重/%	0	0.65	0.29	2.55	0.61	0.76	1.65	1.41	1.58	1.00
第 111 届国会	科技委员会成员数/个	0	3	3	9	8	4	5	4	5	41
	所占比重/%	0	7.32	7.32	21.95	19.51	9.76	12.20	9.76	12.20	100
	与本地区议员所占比重的比重/%	0	0.52	0.46	3.08	1.05	1.63	1.11	1.51	0.77	1.00
第 112 届国会	科技委员会成员数/个	0	1	2	11	8	4	6	1	6	39
	所占比重/%	0	2.56	5.13	28.21	20.51	10.26	15.38	2.56	15.38	100
	与本地区议员所占比重的比重/%	0	0.18	0.32	3.96	1.10	1.72	1.39	0.40	0.97	1.0

党派团结

意识形态的极化导致两党在国会运作中按党派划界，其主要表现是一党的多数反对另一党的多数。两党在医疗保健、社会保障、税率、财政赤字、外交政策等方面本有因历史因素形成的分歧，在极化背景下，其在立法和政策制定方面比以往更经常出现一党多数反对另一党多数，奥巴马政府推动医疗改革方案在国会通过时无一共和党议员支持是最佳例证。衡量国会中一党多数反对另一党多数的趋向和程度可用党派团结投票分（party unity scores）作为依据。在 20 世纪 70 年代之前，两党的党派团结投票分都比较低，但之后该数值逐步上升，到 90 年代后达到峰值：1970 年共和党在众议院的党派团结投票分为 60％和 56％，然而到 1995 年、2001 年、2003 年 3 年均达到 91％，1970 年参议院的党派团结投票分为 56％，但到 2003 年时达到 94％；1970 年和 1972 年民主党在众议院的党派团结的投票分均为 58％，但到 2007 年和 2008 年均达到 92％。国会中两党极化所导致的直接后果是立法与政策制定的难度加大，在 20 世纪 80 年代，美国国会通过，并经总统签署成为法律的共有 3320 部，90 年代则为 2428 部，2001—2010 年则下降为 2215 部。立法数的减少从侧面反映出国会中两党极化现象的加强。

表 7-3 显示了 3 届国会众议院科技委员会与本党投票的一致程度。3 届国会众议院全体议员在平均水平上都保持了与本党 90％以上的投票一致性，这也反映了众议院中党团主导与控制的程度之深。相应地，众议院科技委员会与本党投票一致程度在第 110 届、第 111 届国会要略低于众议院全体议员的均值水平，说明这两届国会科技委员会成员与本党的忠诚度稍小些，受到本党党团的控制要弱些。而在第 112 届国会，科技委员会的投票一致程度明显要高于众议院全体议员均值，受到本党党团的控制更为明显。同时，众议院科技委员会成员与本党投票一致度的最高、最低两个极值所包含的范围也基本处于众议院与本党投票一致度极值范围的中上水平，这也再次证明了两党党团对众议院科技委员会存在较大的影响。

表 7-3　国会众议院科技委员会成员党派团结情况

	国会议员全体（均值）	国会议员全体（最高）	国会议员全体（最低）	科技委员会（均值）	科技委员会（最高）	科技委员会（最低）
第 110 届国会	93.22％	100.00％	60.25％	92.16％	99.53％	63.87％
共和党	90.44％	99.53％	60.25％	91.83％	99.53％	63.87％
民主党	95.59％	100.00％	68.42％	92.43％	99.51％	70.25％
第 111 届国会	92.68％	100.00％	40.90％	90.95％	99.46％	57.43％
共和党	90.91％	100.00％	58.26％	91.42％	99.19％	73.85％
民主党	93.91％	100.00％	40.90％	90.67％	99.46％	57.43％
第 112 届国会	92.37％	100.00％	36.55％	94.09％	98.48％	77.47％
共和党	93.49％	100.00％	65.11％	94.60％	98.48％	86.74％
民主党	91.00％	100.00％	36.55％	93.46％	97.93％	77.47％

意识形态

意识形态指两党议员所持有的不同政治立场。在党团领导的国会内，两党议员出现了明显的极化趋势，意识形态上出现明显分歧。在这一维度上的观察，有助于判断被誉为具有统一风格的科技委员会是否也出现了这种极化倾向还是仍具有某种共性。意识形态方面的分析基于动态加权（Dynamic Weight，DW）指数展开。该指数是由美国国会学者基思·普尔（Keith Poole）和霍华德·罗斯塔尔（Howard

Rosenthal）根据历届国会议员在社会经济和种族民权议案上的投票记录，编制而成的反映议员价值观的指标体系[①]。第一维度DW值测量议员在社会政治经济问题上的态度和行为；第二维度DW值测量议员在种族和民权问题上的态度和行为。该系统对每个届期的所有议员都加以赋值，以“0”为“中立点”，以“-1”到“+1”为区间，数值表示到小数点后3位。负方向朝“左”的方向移动，绝对值越大立场越倾向自由，一般多为民主党；正方向朝“右”的方向移动，绝对值越大立场越倾向保守，一般多为共和党。两位学者提供的DW值有3个优势：其一，赋值精细，区分度高；其二，数据完整，自首届国会至今；其三，有可供直接下载的数据格式。正是出于这些长处，DW值成为美国国会研究领域中最为常用的指标体系之一。

如图7-1所示，左侧3幅图，3届国会众议院全体成员的DW指数分布呈现明显的双峰两极化态势，这也是自20世纪六七十年代美国国会极化趋势的直观体现。值得注意的是，图右侧3幅图则对应地反映出3届国会众议院科技委员会成员DW指数分布趋势明显相同的双峰极化分布，可见当前众议院科技委员会中两党议员所持的政治立场也存在相当明显的分歧，并无跨党合作的倾向。对比而言，科技委员会的DW指数分布的离散度（意识形态的跨度上）略高于全体成员的水平。这说明众议院科技委员会成员在意识形态上的极端化倾向略强。

图7-2则显示了3届国会众议院全体议员和科技委员会成员的DW绝对值分部情况。使用DW绝对值观察，旨在为明确各党科技委员会成员所持意识形态立场在其党内所处的地位。如图所示，3届国会众议院全体成员和科技委员会成员的DW绝对值分布在离散程度上呈现先上升再下降的过程，均值则呈现先下降后上升的过程，第112届国会均值最高。比较而言，科技委员会成员在意识形态上的分歧要比全体成员更大些，可能会出现极为保守或自由的极端派，会超出本党主流意识的传统范围，有时会出现与本党成员产生分歧的情况。

---

① 具体统计原理和方法可参见：POOL E K. ROSENTHAL H，1997. Congress：a political-economic history of roll call voting［M］. New York：Oxford University Press.

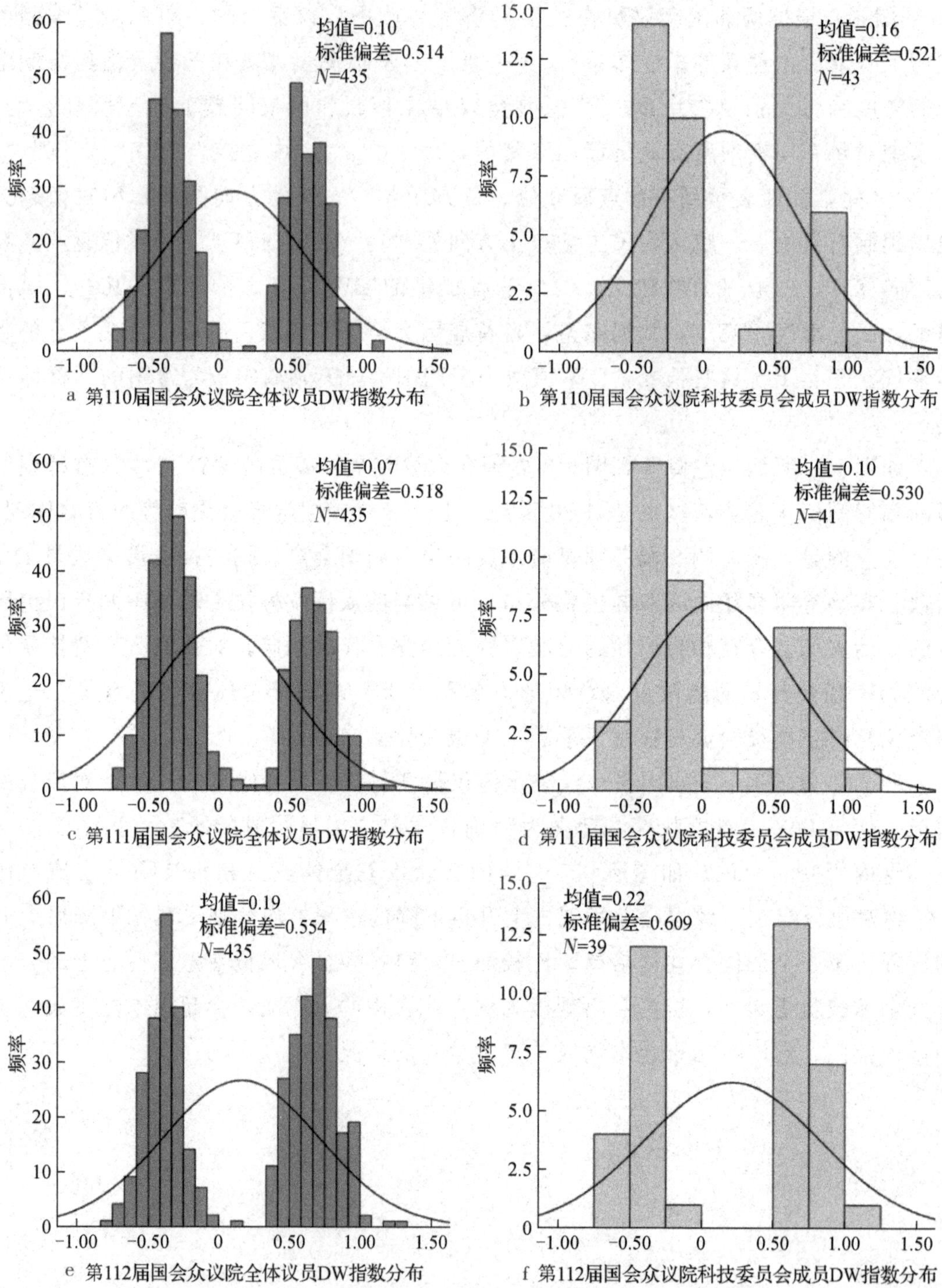

图 7-1　国会众议院科技委员会成员 DW 指数分布

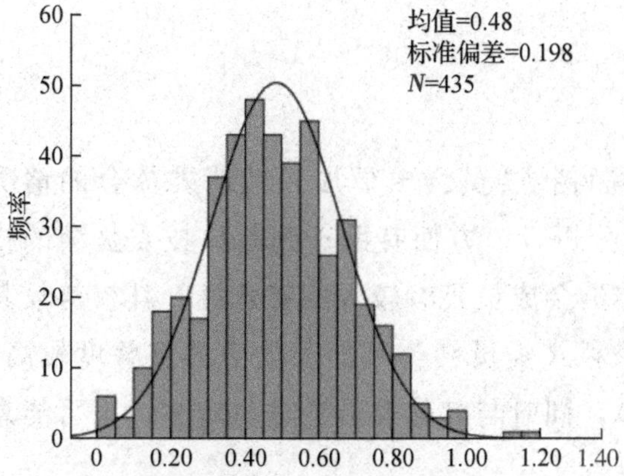

a 第110届国会众议院议员DW绝对值分布

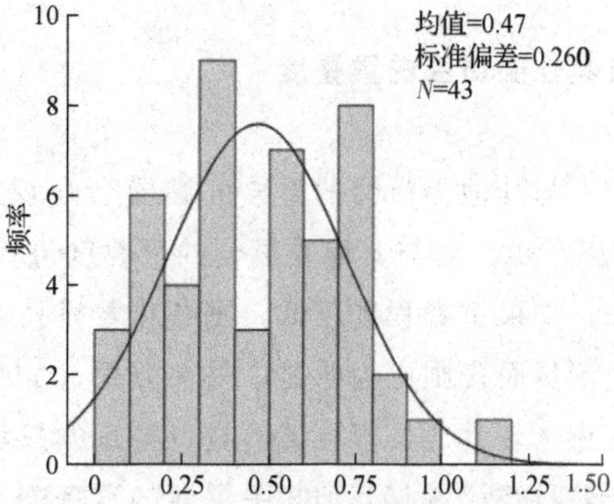

b 第110届国会众议院科技委员会成员DW绝对值分布

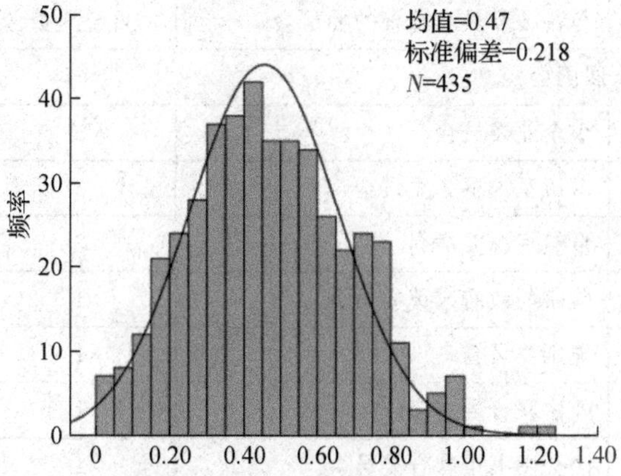

c 第111届国会众议院议员DW绝对值分布

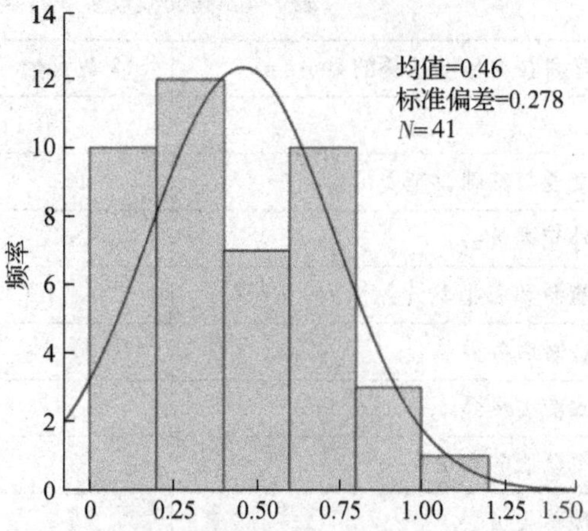

d 第111届国会众议院科技委员会成员DW绝对值分布

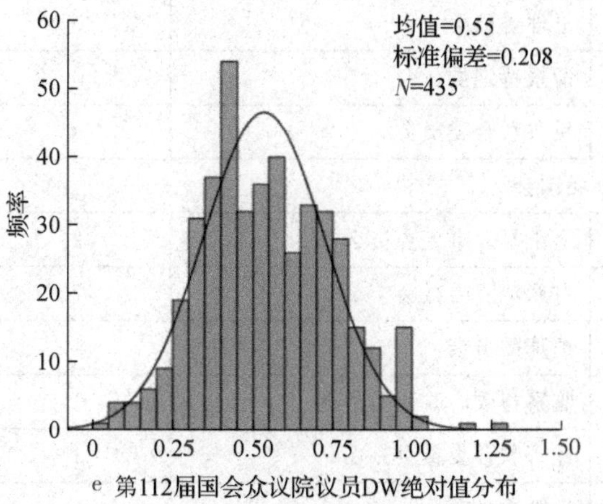

e 第112届国会众议院议员DW绝对值分布

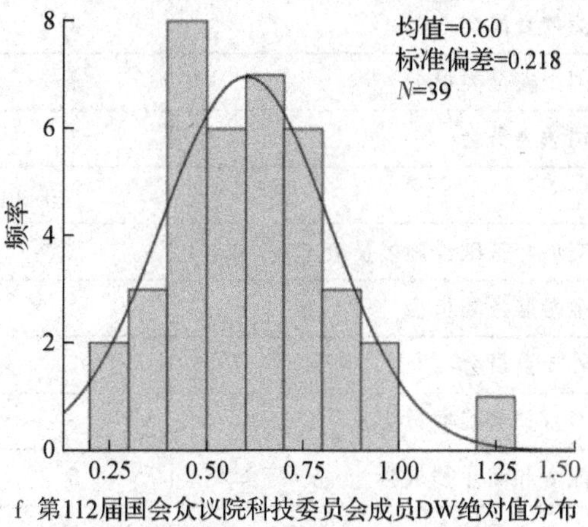

f 第112届国会众议院科技委员会成员DW绝对值分布

图 7-2　国会众议院科技委员会成员 DW 指数绝对值分布

与其他委员会的重叠度

与其他委员会的重叠度即国会众议院科技委员会成员加入其他委员会的情况（表 7-4）。对与其他委员会的重叠度进行分析，一方面有助于判断科技委员会的权势，如果重叠程度较低，则意味着科技委员会成员具有较大的特殊性，其权势较其他议员而言则更为明显；另一方面，如果科技委员会与其他委员会的重叠度较高，则意味着其成员很可能不具备特别的权势，同时与其他委员会重叠较多，也可能意味着科技议题与其他相关议题的紧密配合。

表 7-4 国会众议院科技委员会与其他委员会的重叠情况

与科技委员会重叠的委员会	重叠人数	与科技委员会重叠的委员会	重叠人数
第 110 届国会			
交通与基础设施委员会	11	小企业委员会	3
外交委员会	8	退伍军人事务委员会	3
能源和商业委员会	7	自然资源委员会	2
金融服务委员会	7	监察与政府改革委员会	1
农业委员会	5	规则委员会	1
军队服务委员会	5	经济联合委员会	1
预算委员会	5	国会图书馆联合委员会	1
教育与劳工委员会	5	印刷联合委员会	1
拨款委员会	4	伦理委员会	0
国土安全委员会	3	情报特别委员会	0
司法委员会	3	税收联合委员会	0
第 111 届国会			
交通与基础设施委员会	10	退伍军人事务委员会	2
金融服务委员会	8	自然资源委员会	2
外交委员会	7	预算委员会	1
教育与劳工委员会	6	监察与政府改革委员会	1
能源和商业委员会	5	经济联合委员会	1
小企业委员会	5	规则委员会	0
国土安全委员会	4	国会图书馆联合委员会	0

续表

与科技委员会重叠的委员会	重叠人数	与科技委员会重叠的委员会	重叠人数
农业委员会	3	印刷联合委员会	0
军队服务委员会	3	伦理委员会	0
拨款委员会	3	情报特别委员会	0
司法委员会	2	税收联合委员会	0
第 112 届国会			
交通与基础设施委员会	9	退伍军人事务委员会	2
国土安全委员会	8	预算委员会	2
军队服务委员会	6	国会图书馆联合委员会	1
自然资源委员会	6	能源和商业委员会	0
农业委员会	5	拨款委员会	0
司法委员会	5	监察与政府改革委员会	0
金融服务委员会	4	经济联合委员会	0
外交委员会	3	规则委员会	0
教育与劳工委员会	3	印刷联合委员会	0
伦理委员会	3	情报特别委员会	0
小企业委员会	2	税收联合委员会	0

从表 7-4 可以看出，3 届国会科技委员会所有成员都有与其他委员会重叠的情况。这在一定程度上，反映出众议院科技委员会成员并没有如拨款委员会之类，具有独特的影响力和权势。从与其他委员会的重叠程度来看，3 届国会中，交通与基础设施委员会的重叠程度最高，每届国会都有 10 名左右的科技委员会成员同时担任交通与基础设施委员会委员，表明其关注议题的高度相关性。同时，与科技议题相关性较强的能源与商业、金融服务、教育、国土安全等委员会的重叠程度也较高。

7.3 科技委员会的运作

委员会是国会架构的基础，也是国会立法的基础。在美国国会科技相关立法过程中，两院的科技口委员会及其分委员会作为立法的核心环节与机构，掌握着科技创新立法的实际权力。事实上，国会委员会是由一个个议员依照某种原则或者某种政治安排构成的，因而关注一个委员会的特点，关键就是关注这个委员会的构成，即该委员会成员的属性和行为。

委员会体制是国会的中枢神经系统，在立法过程中具有举足轻重的分量。在国会大厦中，委员会及小组委员会掌握了政策决定的关键性阶段，这就是所谓的“委员会决定的神圣性”①。国会制度专家罗·戴维逊归纳说：“国会制定政策的中心舞台在委员会和小组委员会。它们是政治神经末梢，情况汇集处，方案筛选器，立法细节提炼场”②。

委员会被称为“迷你议会”，其功能和国会是相通的。首先，委员会明显的优点不仅仅表现在方便的分工，委员会制度成立以来一直被当成是国会开发高度立法能力和行政部门抗衡的一种手段。这也是提高国会效率、维护国会自主能力的一种体制安排。这种指导思想有它的必要性，因为随着现代社会的发展，法治建设必须先行一步，而法案的增多，涉及情况的复杂，都使得原来大的院会无法承担重任。委员会具有提案的权利并帮助起草法案，大大缓解了国会的压力。

作为一个整体，现在委员会做的一项非常具体的工作就是精心汇集和整理各个议员提交的各种的问题，经过调查和研究，最后交众议院审议通过。正因为如此，国会的立法是在委员会的办公室里产生的，不是多数人决定的，而是根据少数特殊任命的人的意志决定的。这也是常说的委员会作为国会“看门人”的权利。从第93届国会到第113届国会，平均每届国会提案数目约有1.3万件，经委员会审查后并书写报告有2300多件，最后完成立法程序的有500多件。由于委员会的负担能力有限，组织结构复杂，委员会常常被讥讽为是法案在国会的“坟场”。

其次，委员会可以通过各种领域的专门人才和技术，调动辅助机关协助立法工作，同时发挥对行政部门的监督作用。不管委员会制度是通过法律的传送带也好，还是提案的“坟场”也好，有一点却是必须承认的：它们是培养某一方面政策的专家的摇篮。因为政策的分门别类和专项研究，不少议员变成了精通某一方面的政策专家，因此在国家政策制定上也构成特别的权威，使国会的议事效率有相对的提高。同时，委员会体制是立法体系上不可缺少的沟通乃至信息流程渠道。在必要时，给予行政机关、利益团体、个人以表达同意或反对意见的机会。

---

① RIPLEY R B, 1975. Congress: process and policy [M]. New York: W. W. Norton & Co.: 75.

② MANN T E, ORNSTEIN N J, 1981. The new congress [R]. American Enterprise Institute for Public Policy Research: 183.

专门委员会的种类和设置

国会里有4种主要的委员会：常设委员会（standing committees）、特别委员会（select committees）、联合委员会（joint committee）、会议委员会（conference committees）。会议委员会常常被看成是联合委员会的一种形式。

（1）常设委员会。常设委员会执行国会的日常工作及年度议程，是根据法律或参众两院规则建立而成的国会永久性组成部分。常设委员会将持续存在下去，跨越国会界别而长期存在，拥有长期不变的职责范围，配有固定的办公经费和助手经费，享有第二级审议权和监督执行权。一般来说，法案在送交参众两院进一步考虑之前，通常必须在委员会阶段予以事先审查、批准。常设委员会就是立法过程的核心，有专任工作人员和广泛的立法权。委员会是大多数立法的“坟场”，也就是说，委员会要从每届国会的数千件提案中选择出那些值得院会辩论的少数提案，其中也只有更少部分能得以批准成法律①。

（2）特别委员会。特别委员会通常只在一段特定时期内存在，对特定急需处理的事项进行研究，任务完成后，组织结束。但也有特别委员会具有永久委员会的属性，比如众议院就设置有永久的情报特别委员会。特别委员会通常没有接受或提交议案的立法权力，该委员会的设立，或是为了弥补常设委员会的不足，或是为了避免常设委员会的职权之争，或是表示全院对某一问题的高度重视，或是让多数党的某位议员能得到一个委员会主席职位②。这种委员会的主要工作不是立法而是调查。

（3）联合委员会。联合委员会根据法律和两院联合决议设立，决议案通过时也决定这种委员会的组织大小。一般情况下，由两院各派一半代表组成，众议院代表由众议院议长指定，参议院代表由当时参议院全员大会主持人指定，各联合委员会的主席由两院代表轮流担任。目前，国会中有4个联合委员会，即经济委员会、图书馆委员会、印刷委员会及税收委员会。通过联合委员会，两院之间可以加强协调，有更多的机会消除误解和减少摩擦。同时，联合委员会也可以更合理地运用和分配工作人员，对立法事务做更具体和全面的通盘考虑。

（4）会议委员会。其功能通常是在现况的基础上，解决参众两院对同一立法提

---

① 戴维森，2016. 美国国会：代议政治与议员行为［M］. 刁大明，译. 北京：社会科学文献出版社：210.

② 孙哲，2012. 左右未来：美国国会的制度创新和决策行为［M］. 上海：上海人民出版社：187-188.

案的不同意见。会议委员会的成员都是由议长和参议院临时主席指定，按约定俗成的办法，对某一议案特别感兴趣或特别有研究的议员基本上被要求安排进会议委员会中，或最起码要有充分表达他的观点的渠道。

根据 2013 年美国国会的统计，该届国会共有 52 个委员会，包括参议院的 20 个常设委员会、5 个特别委员会及 4 个联合委员会，众议院的 21 个常设委员会及 2 个特别委员会。表 7-5 以参议院常设委员会设置为例，列明级别设置。

表 7-5　参议院委员会设置情况

委员会	主席	少数党召集人
农业、营养和林业委员会	Debbie Stabenow（密歇根州，D）	Thad Cochran（密西西比州，R）
拨款委员会	Barbara Mikulski（马里兰州，D）	Richard Shelby（亚拉巴马州，R）
武装力量委员会	Carl Levin（密歇根州，D）	James Inhofe（俄克拉荷马州，R）
银行、住房和城市事务委员会	Tim Johnson（南达科达州，D）	Mike Crapo（爱达荷州，R）
预算委员会	Patty Murray（华盛顿州，D）	Jeff Sessions（亚拉巴马州，R）
商业、科学和交通委员会	Jay Rockefeller（西弗吉尼亚州，D）	John Thune（南达科达州，R）
能源和自然资源委员会	Mary Landrieu（路易斯安那州，D）	Lisa Murkowski（阿拉斯加州，R）
环境和公共工程委员会	Barbara Boxer（加利福尼亚州，D）	David Vitter（路易斯安那州，R）
财政委员会	Ron Wyden（俄勒冈州，D）	Orrin Hatch（犹他州，R）
对外关系委员会	Bob Menendez（新泽西州，D）	Bob Corker（田纳西州，R）
卫生、教育、劳工与退休金委员会	Tom Harkin（爱荷华州，D）	Lamar Alexander（田纳西州，R）
国土安全与政府事务委员会	Tom Carper（特拉华州，D）	Tom Coburn（俄克拉荷马州，R）
司法委员会	Patrick Leahy（佛蒙特州，D）	Chuck Grassley（爱荷华州，R）
规则与管理委员会	Chuck Schumer（纽约州，D）	Pat Roberts（堪萨斯州，R）
小企业委员会	Maria Cantwell（华盛顿州，D）	Jim Risch（爱达荷州，R）
退伍军人委员会	Bernie Sanders（佛蒙特州，I）	Richard Burr（北科罗拉州，R）
印第安人事务委员会	Jon Tester（蒙大拿州，D）	John Barrasso（怀俄明州，R）

众议院科技委员会

接下来，以众议院科技委员会为例，进一步分析其成员结构，委员会和小组委员会如何分工运作等问题。

科技委员会从收到全院交付审议的议案，到向全院提交审议报告，中间各项活动，完全由委员会独立安排，独立进行。诸如是否举行听证会，何时举行，传唤哪些证人，了解哪些问题，听证会是否公开，何时举行议决会，何时提交审议报告等，都由委员会自己决定。而且，在全院议事程序中有重大权力，包括淘汰议案权，建议全院对一议案取何方针、原则的权力。从图 7-3 可以看出，从第 93 届国会到第 114 届国会，科技委员会在每届国会提起的议案平均有 167 件，经委员会审查后提出的议案大约平均有 113 件，最后完成立法程序的平均下来也就每届 9 件。

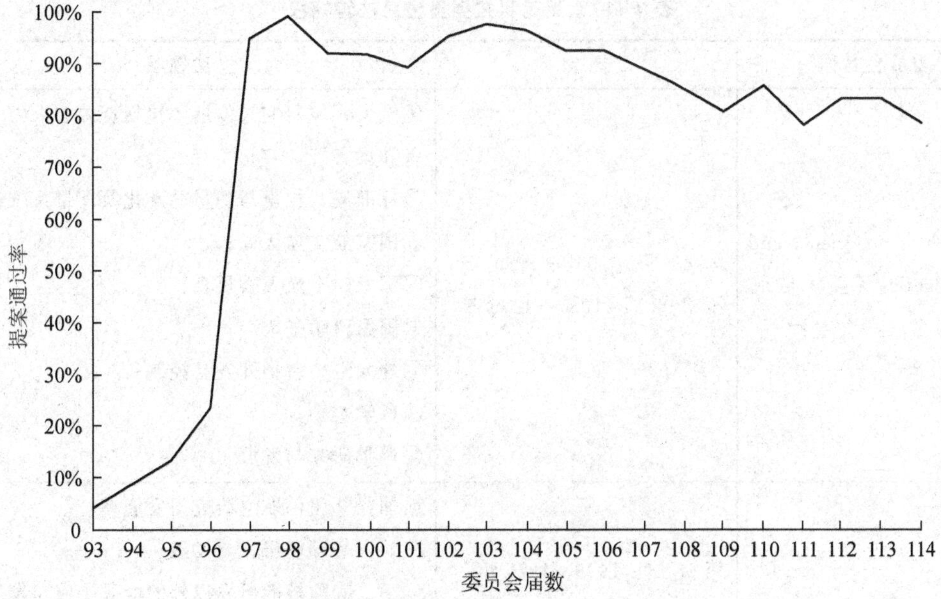

图 7-3　委员会审议通过的提案情况

委员会的运作与分类

委员会下面设有很多小组委员会，是委员会的分支机构，其成员也包括等比例的两党议员。小组委员会之于常设委员会，正如常设委员会之于院会，在立法过程中扮演了关键性的角色，执行着国会日常立法和监督工作。小组委员会的设立，就国会功能的强化而言，的确有它的必要性。国会立法越来越专一，专门性的议案必须由具备专门知识的议员来处理比较妥善[1]。立法者需要将委员会宽泛的政策管辖分解为可以驾驭的多个部分，当然也有立法者希望透过主导某些小组委员会从而掌握影响立法议程平台[2]。由于小组委员会的设立，议员要参加一或两个特殊立法事务的小组委员会会议，使议员能够应付复杂而有技术挑战的立法问题。因此，小组委员会增加了委员会处理技术性较强或较为复杂的法案上平衡行政机关立法行动的能力。

按照功能分类，众议院科技委员会的小组委员会分布如表 7-6 所示，并且有各自的管辖范围。

表 7-6　众议院科技委员会立法管辖权

委员会名称	国会	立法领域
Committee on Science and Astronautics（科学与航天委员会）	第 85 届（1957—1959 年）至第 92 届（1971—1973 年）	①航天领域研究与发展，包括资源、人力、装备和设备等； ②标准局，权重与测量标准化及度量系统； ③国家航空航天局； ④国家航空航天委员会； ⑤国家科学基金会； ⑥外太空，包括开发与控制； ⑦科学奖励； ⑧科学研究与发展
Committee on Science and Technology（科学与技术委员会）	第 93 届（1973—1975 年）	增加：⑨民用航空研究与发展； ⑩环境研究与发展； ⑪除核能研发以外的能源研究与发展； ⑫国家气象服务
	第 94 届（1975—1977 年）至第 96 届（1979—1981 年）	⑪改为“所有能源研究与发展”
	第 97 届（1981—1983 年）至第 99 届（1985—1987 年）	⑧改为“科学研究、发展与示范，以及所有联邦政府拥有或经营的非军事能源实验室”； ⑪改为“所有能源研究、发展与示范，以及所有联邦政府拥有或经营的非军事能源实验室”

① 孙哲，2012. 左右未来，美国国会制度的创新和决策行为［M］. 上海：上海人民出版社：199.

② 戴维森，奥勒斯泽克，李，等，2016. 美国国会：代议政治与议员行为［M］. 刁大明，译. 北京：社会科学文献出版社：211.

续表

委员会名称	国会	立法领域
Committee on Science, Space and Technology（科学、空间和技术委员会）	第110届（1987—1999年）	同第99届
	第101届（1989—1991年）至第102届（1991—1993年）	⑧改为“科学研究、发展与示范”
	第103届（1993—1995年）	②改为“国家标准与技术研究所，权重与测量标准化及度量系统”； ④改为“国家空间委员会”
Committee on Science（科学委员会）	第104届（1995—1997年）至第105届（1997—1999年）	增加：⑬海洋研究；⑭能源技术商业化应用的相关措施
	第106届（1999—2001年）至第109届（2005—2007年）	⑭改为“能源技术商业化应用”
Committee on Science and Technology（科学与技术委员会）	第110届（2007—2009年）至第111届（2009—2011年）	
Committee on Science, Space and Technology（科学、空间和技术委员会）	第112届（2011—2013年）至今	

能源小组委员会。该小组委员会对所有与能源研究、开发和示范项目有关的议题有管辖权，包括：能源技术的商业化应用；能源研究、开发和示范项目；能源实验室；能源科学活动；能源供应活动；核能、太阳能和可再生能源及其他先进能源技术；铀的供应与提炼及能源废物管理；化石能源研发；洁净煤技术；储能研发，包括建筑节能、替代燃料、分布式能源系统及生产工艺改进；管道运输研究、开发和示范项目；能源标准；其他由主席提议的相关议题等。

空间小组委员会。该小组委员会对所有与航空航天相关的议题有立法管辖权、综合监督权及调查权，具体包括国家空间政策，包括进入太空问题；子轨道进入及应用；国家航空航天局及其承包商和政府运营的实验室；太空商业化问题，包括与运输和商业部相关的太空商业化活动；外太空的开发和利用；国际空间合作；国家空间委员会；空间应用、空间通信及相关问题；地球遥感政策；民用航空研究、开发与示范；联邦空管局的研究、开发与示范项目；空间法等。

研究与技术小组委员会。该小组委员会的立法管辖和综合监管、调查的议题包括：科学政策与科学教育；科技政策办公室；所有科学研究和科学、工程资源；所有与科学、技术、工程与数学教育相关议题；研究、开发与示范及交叉项目的政府间合作；国际科技合作；国家科学基金会、大学研究政策包括基础设施和经常费用；产学合作；科学奖学金；计算通信、网络和信息技术；健康、生物医药和营养项目有关的研究、开发；与纳米科学、纳米工程和纳米技术有关的研究、开发与示范；农业、地质、生物、生命科学研究；材料研究、开发、示范及政策；与竞争、技术、标准和创新有关议题；度量衡标准，包括技术标准、标准化和一致性评估；度量；商业部技术局；国家标准与技术研究院；国家技术信息服务中心；竞争力；税收、反托拉斯、规制及其他法律和政府政策；技术转移，包括军转民；专利与知识产权；国际技术贸易；运输部的研究、开发与示范活动；水运研究、开发与示范项目；地震和火灾研究项目；生物技术政策；国土安全部的有关研究、开发、示范和标准；小企业创新研究和技术转移；投票技术与标准；其他由主席提议的相关议题；相关监管活动。

环境小组委员会。该小组委员会的管辖范围，包括所有环境研究相关议题；环境保护署（EPA）研究、开发；环境标准；气候变化研究与开发；国家海洋与大气管理局，有关天气、气候，空气、海洋渔业、海洋研究；风险评估；与环境政策有关的科技活动；国家航空航天局提供的有关气候变化的遥感数据；国家航空航天局开展的地球科学活动；其他由主席提议的相关议题；相关监管活动。

监管小组委员会。该小组委员会对科学、空间和技术委员会所有相关议题具有监管和调查权利。

委员会主席的选拔

委员会主席召集会议、设置议程、雇用并解雇委员会助理、安排听证、推荐协商委员会参与者、充当院会管理者、分配委员会的经费和办公室、发展立法战略、主持听证会与议案修订、规范内部事务及委员会的组织结构等。从上述职能可以看出，委员会主席实际上是一个大权在握的“议程设定者”，具体可以表现在以下几个方面：可以在某议案的支持者或反对者无法出席的时间刻意召集讨论该议案会议，相当于利用自己的权力去影响法案的议程安排；也可以在提案进入两院讨论时动员自己的幕僚和议员对其他议员进行游说；甚至可以缩短听证的时间，促使自己喜欢的法案提早过关[①]。从某种意义上说，他们“召集会议，确定议程，聘用、解雇委员会幕僚人员，安排听证会，指派与会人员，担任大会总管，控制委员会预算、办公室，主持听证会，安排草拟议案，管理委员会的内部事务及运作”[②]。主席的权力来自委员会多数党议员的支持及各种正式与非正式的资源，这些资源包括在专业议题和程序上的经验及对议程的控制、沟通宣传、委员会的财政资源等[③]。主席向来都是按照资深制由多数党议员中产生。因为主席的权力来自委员会成员多数的支持，以及如第113届科技委员会主席拉马尔·史密斯（Lamar Smith）是来自得克萨斯州的民主党议员，1986年成为议员，每届选举都能在选区获得高票击败竞选对手，资历深，经验丰富。拉马尔·史密斯主席在任科技委员会主席之前，曾担任过司法委员会主席。

科技提案行为分析

美国联邦宪法赋予国会广泛的权力参与或影响美国的科技政策，如立法权、财权等。而这些权力的使用多与议员提案相关。议员或自己提出议案，或对议案投票表决。议员提出的议案一般有4种不同类型，即“法案”（bill）、“联合决议案”（joint resolution）、“决议案”（resolution）及“协同决议案”（concurrent resolution）。这4种提案最大的区别体现为：前两者须经总统批准成为法律，而后两者只在院会通过，旨在形成对某一议题的统一意见。

美国国会的提案程序相当简单，参议员得到参议院主持人的许可后，当众提出议案；众议员则把正式文本交给书记处或者投进提案箱即可。同一提案可由两院议员联合提出，分别进入两院立法程序。提案提出后先由专门委员会审议，若得到通过进入议会辩论和表决，表决通过即可成为法律。值得一提的是，虽然甚至大约95％的提案都会在委员会阶段被否决，但其仍然形成了舆论压力，并表明了议员的某种政治态度与诉求。

---

① OLESZEK W J，1989. Congressional procedures and the policy process［M］. 3rd ed. Washington：Congressional Quarterly Inc.：94.

② DAVIDSON R H，OLESZEK W J，1981. Congress and it's members［M］. Washington：CQ Press：215-216.

③ 戴维森，奥勒斯泽克，李，等，2016. 美国国会：代议政治与议员行为［M］. 刁大明，译. 北京：社会科学文献出版社：230.

当国会议员提出议案时，他们究竟代表了什么？就大处而言，有如下 5 种可能：一是代表美国国家利益；二是个人意识形态偏好；三是为政党利益效劳；四是为选区利益奔走；五是为利益集团代言。通常情况下，国会议员最大的目标是争取“连选连任”。所以他们往往不会简单充当某一角色，而会将不同定位结合起来，在国家、党派政治、意识形态、选区要求及利益集团之间寻求利益的平衡。

选取众议院科技委员会从第 93 届国会（1973—1975 年）到第 114 届国会（2013—2015 年）期间的提案进行分析。资料取自美国国会图书馆网站“国会提案和决议”（bills and resolotions）部分。通过检索查询，获得 1973—2015 年众议院科技委员会提出的议案共有 3611 条，然后和整个期间国会议员所提议案和通过的法律进行比较，再按议题内容、提出议案议员党派等进行分类研究。

党派控制影响科技议案数量

从第 93 届至第 114 届国会科技委员会的提案数量可以看出，呈现出一个周期性的起伏，大致 8 届国会，16 年一个周期。如图 7-4 所示，第 93 届、第 101 届、第 110 届国会众议院科技委员会所提议案呈现阶段性高峰，分别达到 286 项、180 项、257 项，占每届所有议员提出的议案数量的比重在 1%～2%。在 20 个国会众议院常设委员会中算是比较少的。

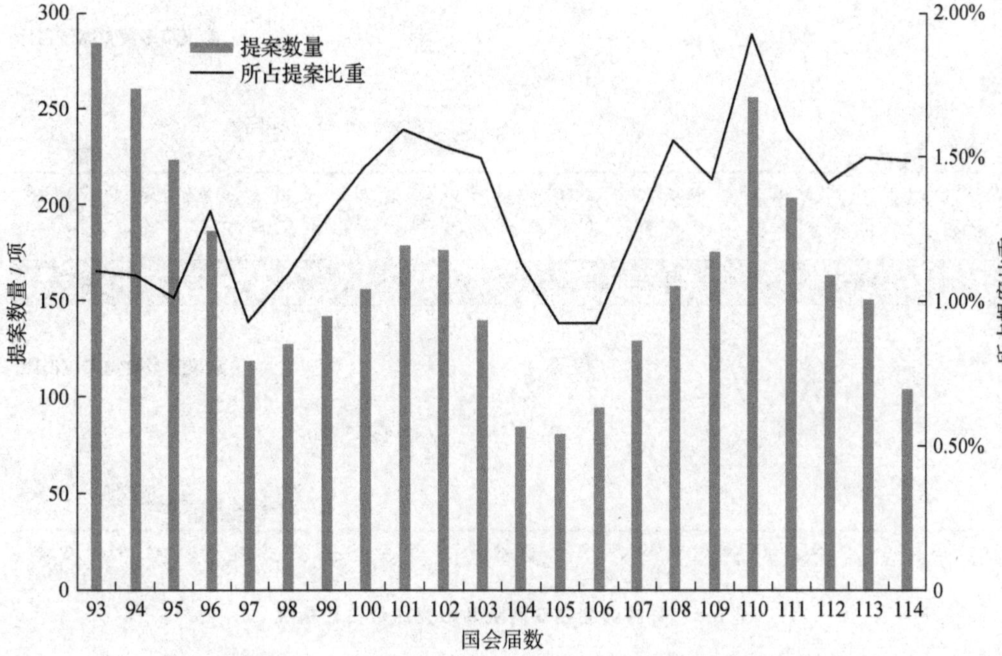

图 7-4 国会众议院科技委员会每届国会提案数量及所占比例

就党团影响来说，民主党成为众议院多数党时，科技委员会提出相对更多的科技相关议案，尤其是第 110 届和第 111 届国会，民主党成为科技委员会多数党，每届国会有 200 多项议案提出（图 7-5）。同样在第 93 届、第 101 届提案数量相对较多的时候，都为民主党控制国会期间。民主党更强调政府对社会经济干预，被认为在保护社会保险和医疗照顾、保护环境、改善医疗系统等方面有优势[①]。

① 戴维森，奥勒斯泽克，李，等，2016. 美国国会：代议政治与议员行为［M］. 刁大明，译. 北京：社会科学文献出版社.

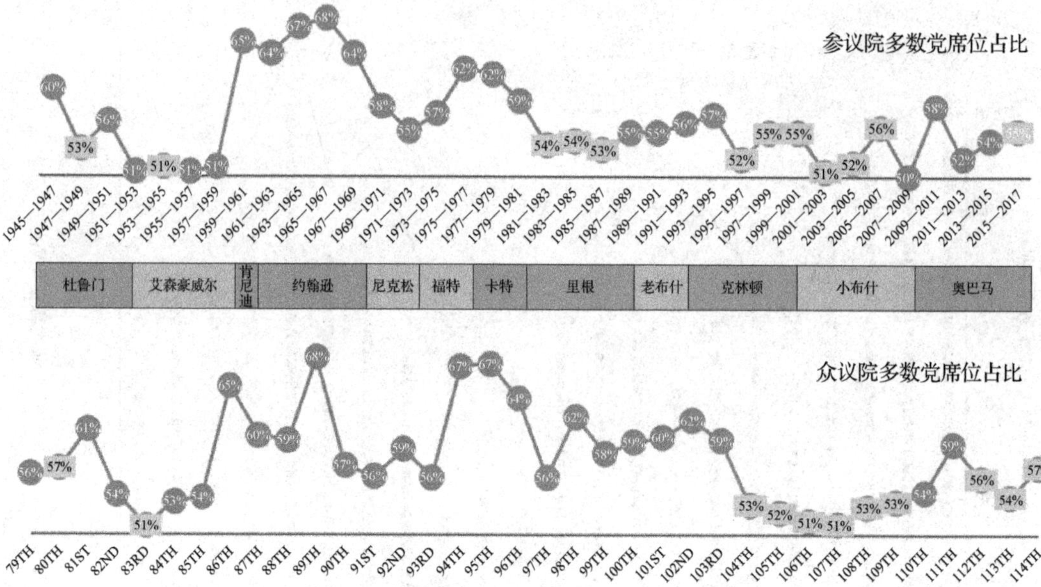

图 7-5 每届国会参众两院多数党席位占比情况

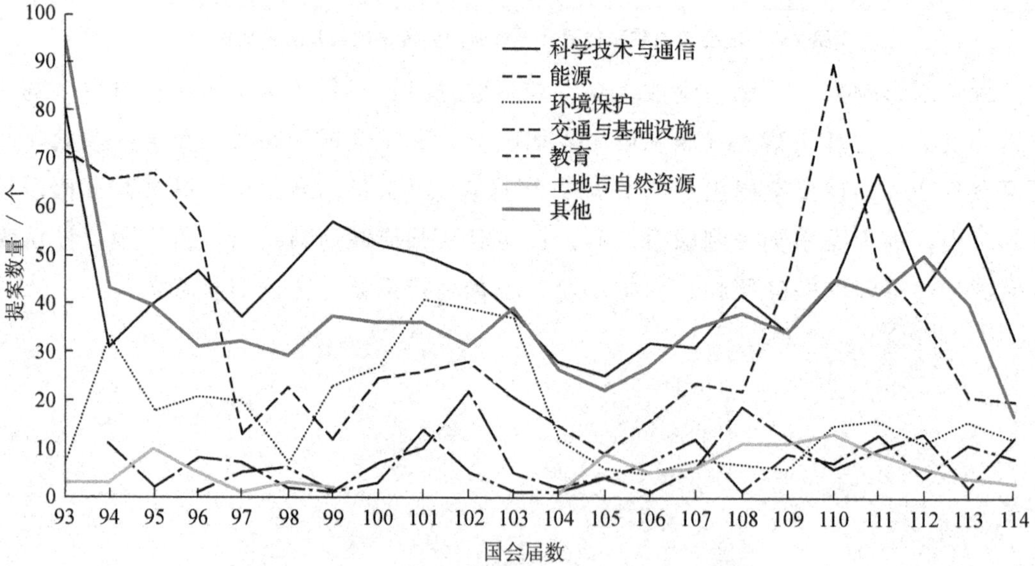

图 7-6 国会众议院科技委员会提案领域分布情况

能源、信息领域提案比重较高

从图 7-6 可以看出，第 93 届、第 110 届国会提出了大量的能源政策领域的议案，同样在第 101 届国会，能源、环境等议题的提案所占比重很大。这也和前面所分析的那样，这几个阶段的国会都是民主党为多数党。民主党更倾向主张发展美国国内可再生能源，要求对医疗保健领域进行更多的政府干预，通常支持环境保护主义。

以能源提案为例。1970—1980 年国会共通过 24 个能源法案，其中大部分是在 1973 年第一次石油危机之后，也就是第 93 届国会期间，能源领域提案的大量涌现就不足为奇了。2007 年，中期选举，民主党重新控制参众两院，提出了包括《2007 年能源独立和安全法（2007）》（Energy Independence and Security Act of 2007）在内的众多议案，并形成法律；2008 年金融危机，美国又把能源问题放在了优先位置上。第 111 届国会期间（2009—2011 年），众议院科技委员会所提出的 257 项提案中，有 1/3 涉及能源政策领域。

周期性波动的提案成法比

从图 7-7 可以看出，第 93 至第 114 届国会众议院科技委员会的提案经过委员会听证、大会辩论、表决、提交总统并签署成为法律的比率呈现周期性的波动，最高时通过率超过 10%，而在最低的第 103 届国会，仅有 1.42%的提案最终成为正式生效的法律（表 7-7）。

表 7-7 国会众议院科技委员会提案数量及通过比率

国会	提案数量/项	签署生效成为法律数量/项	成为法律比/%
第 93 届	286	7	2.45
第 94 届	261	11	4.21
第 95 届	224	15	6.70
第 96 届	188	15	7.98
第 97 届	119	3	2.52
第 98 届	128	8	6.25
第 99 届	143	13	9.09
第 100 届	157	17	10.83
第 101 届	180	11	6.11
第 102 届	177	11	6.21
第 103 届	141	2	1.42
第 104 届	85	6	7.06
第 105 届	81	8	9.88
第 106 届	95	8	8.42

续表

国会	提案数量/项	签署生效成为法律数量/项	成为法律比/%
第 107 届	130	11	8.46
第 108 届	158	13	8.23
第 109 届	176	9	5.11
第 110 届	257	7	2.72
第 111 届	205	3	1.46
第 112 届	164	6	3.66
第 113 届	151	5	3.31
第 114 届	105	6	5.71

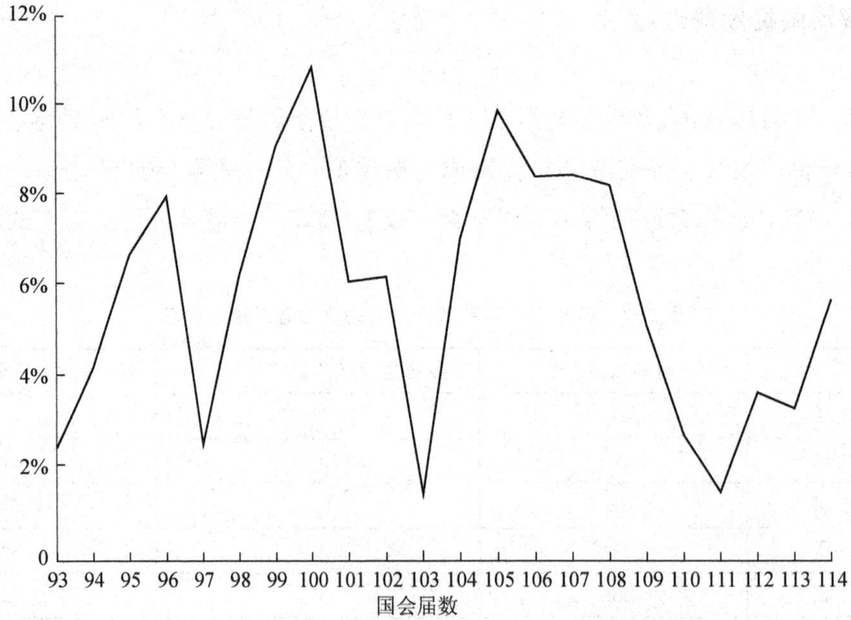

图 7—7 国会众议院科技委员会提案成为法律的比例

为什么会出现这种波动性的趋势表现？我们尝试用计量的方法来寻找背后的原因。根据前面章节的分析，对于国会的立法过程，党团、议员、利益群体等多种因素都会对国会立法产生不同的影响，但影响的大小程度或者正反方向是不一样的。以第 93 届至第 113 届国会众议院科技委员会提案最终成为法律的比例作为被解释变量，解释变量包括每届国会控制政党所属、党派团结情况及议员意识心态等指标。具体指标描述如表 7-8 所示。

表 7-8 变量描述

指标	描述
提案通过率（Ratio）	每届国会众议院科技委员会所提起的议案中成为法律的比值
党派团结情况（Unity）	议员投票行为是否与本党立场保持一致。将两院议员对当届国会所有投票的表决态度量化得出的数据（数据来源可见 www. voteview. com）
意识形态（View）	两党议员所持有的不同政治立场。根据历届国会议员在社会经济和种族民权议案上的投票记录，编制而成的反映议员价值观的指标体系。

结果如表 7-9 所示，对以国会科技委员会所提议案的通过情况作为国会科技立法效果指标进行分析可以看出，民主党成为国会多数党时，提案的数量会增加，但是对通过的比例却有负向的显著影响。衡量议员在议题上立法行为与党派的政策立场是否一致的党派团结程度指标对议案的通过率的正面影响显著。总体上讲，党派忠诚度越高，对科技议题的议案成为法律有积极作用。但是，议员所持的不同政治立场分歧越明显，就越不利于议案的通过。

表 7-9 计量分析结果

变量	回归结果
Constant	-0.221 (0.166)
Senate P	-0.010 (0.012)
Rep P	-0.073** (-1.264)
Unity	0.004* (0.002)
View	-0.516** (0.178)
调整的 R^2	0.380

注：() 内为标准误。

* $P<0.10$。

** $P<0.05$。

*** $P<0.01$。

7.4 委员会的立法取向

国会委员会是“国会权力的重镇和象征，它们——不但和总统竞争，和另一院的相似委员会竞争，它们甚至还和本身所属的全院大会竞争。”[①] 这段话深刻地反映了今天美国国会自身制度演变的一个值得注意的倾向，即国会大量的实际工作由小组委员会承担；所有最后决定由内部会议做出；委员会主席拥有很大的通常是决定性的权力。委员会体制是国会中枢神经系统，在科技立法过程中具有举足轻重的分量。研究美国科技立法，国会科技委员会的分析是重点，众议院科技委员会的发展反映了与国家航空航天局的紧密关系，空间领域立法一直是该委员会最重要的立法领域。整个立法历史反映了美国科技立法重点的变迁过程，从早期关注空间研究，到 20 世纪七八十年代注重民生领域立法，包括能源、环境等方面，到了 20 世纪 80 年代，委员会的立法取向主要是技术转移相关立法及一些高技术领域的立法。

当今国会的科技委员会构成受到党团领导不同程度的影响。具体而言，在众议院中，尊重区域分布平衡的同时，党团基本控制了科技委员会成员的组成，议员与本党团领袖的政治立场一致度、领袖对议员的信任、议员与领袖具有共同利益甚至是议员与领袖私人关系等因素都是普通议员能否进入科技委员会的关键所在。在科技委员会中两党议员所持的政治立场上的分歧很明显，在意识形态上更可能出现极为保守或自由的极端派，超出本党主流意识的传统范围。这对科技议案成为法律的概率产生了消极影响。

① BAILEY S K，1966. The new congress [M]. New York：St. Martin's Press：55.

第 8 章　因应科技发展的国会改革

尽管美国宪法赋予国会立法权力，但在很大程度上国会是一个被动的机构。国会议程的形成主要取决于总统和国家利益集团感兴趣的议题。在科学技术立法方面尤其如此——国会的制度结构、科学的神秘本质、科学政策问题的复杂性及支持联邦科研投入的长期共识，都常常制约国会的自主性，使得真正的科学政策问题迷失在公共讨论的表象之下。国会结构分散了对科学政策的管辖权。但是，实践证明，这种分散、重叠并且有些随意的管辖权部署，在很多方面很好地服务了科学发展。它支撑了联邦研究机构的多样性，不同的研究机构对科学问题采取不同方式，并且用不同方法评估。有更多的委员会涉足科学技术领域，也就意味着更多众议员和参议员了解并关注科学技术及科研机构的发展。

8.1　需要怎样的科学咨询

关于专业知识在治理中的作用的各类看法，一直是各种分歧和冲突的根源。根据历史学家理查德·布朗（Richard Brown）的说法，美国开国元勋们认为公共政策的重要议题应该“只由审议性的、具有代表性的议会来考虑”。至少对于在宪法辩论中占上风的联邦党人来说，“从来不认为普通公民在政府必须解决的重要领域会有足够的信息来制定政策……，而且这看起来很荒谬”。[①] 因此，美国的重要政策决策是由国会等代表性立法机构制定，而不是通过普选，因为开国元勋们认为议员能更好地掌握相关信息和专业知识。

---

① BROWN R D，1996. The strength of a people：the idea of informed citizenry in American，1650—1870［M］. Chapel Hill：University of North Carolina Press.

与此同时，美国人有着重视简单、诚实、亲民的领导人的悠久传统。相较于议员是否熟悉科技、农业等政策的复杂细节，选民们更想知道议员是否了解与生活密切相关的一块面包的价格。无论他们在任多久，立法者都无法成为他们遇到的每一个问题领域的专家。然而，理查德·布朗的研究指出："虽然没有人相信，但在政治辞令中，美国人假装自己跟他们的官员信息充分到足以万能。自安德鲁时代以来，这一直是公认的关于民主的假象之一。但是，正如其他伪善一样，这一假象鼓励不切实际的期望和幻灭。"①

约翰·金顿（John Kingdon）在分析1969年众议院所做的决定时，指出："就跟其他大忙人一样，国会议员投入一项具体活动的时间有限，需要处理大量信息，没有时间进行系统筛选和考虑。因此，他们中大多数人很少进行信息的扩展搜索，而且，就算进行这一扩展搜索，也是为应对部分不寻常问题，例如，他们所关注的问题存在冲突、出现不受过去投票模式支配的新情况，或是出现一个难以解决的问题。"② 如果没有时间筛选证据并成为专家，立法者是否还会求助于专家对如何给决策投票提供建议？目前而言，选民的意见和其他成员的意见最能影响如何投票。

爱德华·施耐尔（Edward Schneier）和伯特伦·格罗斯（Bertram Gross）的研究也指出："大多数立法决定都是由对问题毫无直接认识的议员做出的。"立法机关和现实生活中的情况一样，"决策可以由不知情人士做出。事实上，这些决策通常是，或至少是由那些对相关事实缺乏直接认识的人制定的。如果标牌上写着'绕桥而行'，我们通常更愿意依靠制造此类标牌的人的指示，而不是亲自去测试这些桥梁"。③ 理查德·布朗的观察略有不同，"作为社会成员，我们每天都很乐意听从各行各业专家的意见——不论对方是飞行员、内科医生、会计师，或是电工——我们也应该认识到，以一定效率和公正运行的美国社会机制，需要复杂的政治判断能力，而改进这一机制需要经验、学习、判断和品格。尽管民众知情不多，在政治过程中也应该尊重他们的声音，问题是不能让他们成为唯一的声音。最终，信息灵通的人应该考虑公众舆情，制定政策"。④

---

① BROWN R D，1996. The strength of a people：the idea of informed citizenry in American，1650—1870［M］. Chapel Hill：University of North Carolina Press.

② John Kingdon，1973，Congressmeris Voting Decisons，New York：Harper & Row Publishers.

③ SCHNEIER E V，GROSS B M，1993. Legislative strategy：shaping public policy［M］. NewYork：St. Martin's Press.

④ 同①。

总之，美国对治理中专业知识作用的看法仍然是分歧和冲突的根源。

国会的信息需求

国会经常会遇到并需要做出涉及复杂科学技术问题的决策，必须对联邦计划的重点方向和资金配置进行选择，并评估这种投资可能带来的收益和其他后果。国会必须对如何利用科学技术解决重要社会问题、如何利用科学技术为解决争议性政策问题提供见解做出判断。此外，它还必须考虑到当前科学技术发展的潜在社会影响、它们可能产生的监管和其他需求，以及新兴科学技术发展可能需要应对的社会问题。

国会的信息来源有多重渠道。当国会成员和委员会需要事实和数据或适度的技术解释时，他们可以从国会研究服务中心（CRS）获得信息帮助。各派选民和利益集团就每个可能的话题会向国会提供事实分析、表达意见。他们提供意见的方式有些是通过信件、邮件和电话；有些是通过拜访国会职员和国会议员；有些是在职员和国会议员返回家乡选区举行的会议上；有些是通过其他各种机制，如午餐和早餐研讨会。因此，最大的挑战不是寻找数据，而是过滤和分析这些数据以创建有价值的信息。

听证会是国会收集信息的主要的机制和途径。正如爱德华·施耐尔等所指出的，听证会提供了“一种情境，强行使对立观点进行碰撞，却并不因此损害合议关系。通过巧妙询问证人，立法者可以挑战观点而避免进行人身攻击。同时，他/她可以通过人际交流了解到自身需要了解的内容，这种交流方式特别适合政治家的人格类型”。[①]

许多经常参与听证会的技术专家表达出截然不同的观点。在审议复杂科学技术问题时，这些专家表示怀疑，听证机制能否可靠地让国会立法者就重大技术问题形成正确判断。事实上，由于技术问题复杂性，国会议员及其立法助理很难向证人抛出好的问题。当国会需要更长期、更有影响力的问题见解时，智库、大学和国家研究委员会所做的研究可能会有帮助。然而，对国会必须处理的议题的分析报道往往参差不齐。国会议员投票决定时，往往不是收不到信息依据，就是收到大量未经斟

① SCHNEIER E V，GROSS B M，1993. Legislative strategy：shaping public policy［M］. New York：St. Martin's Press.

酌，毫无用处的信息。[①] 即使相关的专家意见很容易获得，也并非总是适用。“无偏见的信息无法很好地服务于左右两派的理论家。”[②]

信息需要转化成知识

信息和事实不同于知识、理解和洞见。然而，早期一些科学技术和公共政策领域的评论家采用了一个简单的两步模型，在这个模型中，技术领域生成的事实，在政治领域用来做决策[③④]，当遇到复杂问题时，原始事实很少用得上。首先需要进行干预，然后是平衡分析和整合，以对信息进行分类、整合和分析，从而构建问题并提取知识和洞见。约翰·金顿的研究指出：“国会议员不仅需要信息，而且需要可用信息。这些信息必须被简化，可以明确评估，且考虑了投票决定的政治影响和政策影响。”[⑤] 爱德华·施耐尔等认为，在政策信息市场中，信息的接受者和供应商早就暗中搭线。[⑥] 总之，谨慎、公正且对国会需要的分析是稀缺商品。

如果没有对关键科学技术问题影响的清晰洞见，国会就很难妥善地解决所面临的复杂问题。这就需要对一些问题进行评估：①联邦支持研发的重点和资金。如美国国家卫生研究院预算翻了一番，研发投资平衡需要改变吗？有没有办法有效衡量联邦政府资助的研究效率？鼓励私营部门投资研究项目的替代优势和局限性是什么？②评估这种投资可能带来的收益和其他后果。例如，计划的反弹道导弹防御试验是否足以证明其功能和有效性？我们可以从国际空间站中期望得到怎样的科学贡献？新的石油开采技术和方法如何保护周边环境？③判断解决重大社会问题时，科学技术如何发挥最大效用。例如，在保护我们的边界免遭擅闯时，生物识别技术能起多大的作用？可再生能源技术取代常规能源技术还要多久？④为解决争议性政策问题提供见解。例如，人类活动对全球气候变化有哪些影响？饮用水中砷的安全含量是多少？人类犯罪行为的决定因素多大程度上与遗传学相关？⑤考虑当前科学技

① SCHNEIER E V，GROSS B M，1993. Legislative strategy：shaping public policy［M］. New York：St. Martin's Press.

② MITCHELL D，2002-08-07. Congress Reassesses Tech Office［N］. Wired News.

③ KANTROWITZ A，1975. Controlling technology democratically［J］. American scientist，63：505-509.

④ WEINBERG A，1972. Science and trans-science［J］. Minerva，10：209-222.

⑤ KINGDON J W，1973. Congressmen's voting decisions［M］. New York：Harper and Row.

⑥ 同①。

术发展的潜在社会影响及它们可能造成的监管和其他需求。例如，纳米技术和生物材料的发展将增强人机一体化，我们应该对此表示关心吗？高级计算或机器人会导致技术性失业吗？⑥新兴科学技术的发展和他们可能带来的社会反响。例如，新的农业生物技术对贸易的影响是什么？支持（或反对）暂停或禁止克隆人的论据是什么？人工智能技术发展带来的国家安全风险和经济安全风险有哪些？总之，除非决策得到（或至少部分得到）相关技术细节的缜密分析结果的支持，否则很难得出类似这些问题的合理答案。

辩论过程的限制

从国会议员的角度来看，实质细节往往比不上更全面的政治考虑重要。爱德华·施耐尔和伯特伦·格罗斯的研究表示，"国会制定的大多数重要决定都会经过讨价还价和妥协，而此反过来就是所谓战略。对于那些相信明白真相或者相信能找到任何给定问题的解决方案的人来说，这不是一个决策系统。代议制民主是建立在怀疑这种简单解决方案，但相信交易效用的基础之上的。"[①]

约翰·金顿在研究国会决策时，询问一名国会议员如何梳理争议性问题上的冲突主张时，这位议员"哼"了一声，并表示我们没有梳理。[②] 然而，随着世界变得越来越复杂，技术不确定性和风险陡增，传统基于谈判交易和对抗程序的过程，更容易产生忽视或无法充分解决科学技术挑战的结果。当决策涉及大型技术系统时尤其如此。达特茅斯学院的约翰·柯梅尼（John Kemeny）在其作为总统委员会主席审查三英里岛核灾难的报告中简洁地说明了这一点。他写道："假定……国会设计一架飞机，每个委员会都参与设计这架飞机的一部分，最后由委员会决定如何将各个部分拼凑在一起。有哪个理智的人会乘坐这架飞机？"[③] 当然，国会不设计飞机，但是，国会需要了解应该如何设计、开发或运行复杂的社会技术系统。

如果我们试图在制定复杂的社会立法时平衡好各项利益关系，那么渐进式决策过程比公正的系统分析更有意义。查尔斯·林德布洛姆（Charles Lindblom）在一

---

① SCHNEIER E V，GROSS B，1993. Legislative strategy：shaping public policy［M］. New York：St. Martin's Press.

② KINGDON J W，1973. Congressmen's voting decisions［M］. New York：Harper and Row.

③ KEMENY J，etal，1979. The need for change，the legacy of TMI：report of the president's commission on the accident at Three Mile Lsland［M］. Orford：Pergamon.

篇关于“渐进决策科学”的经典文章中，概述了决策过程中渐进适应性方法的优势，而这也是国会大部分工作的特点[①]。凯·李（Kai Lee）在研究环境管理问题时，提出了类似的观点，但也强调应将系统分析作为渐进适应性过程中决定下一步走向的路径之一[②]。

在目前的国会环境下，如果决策是由不知情的国会议员做出的，利益相关者必须主动出面陈述自己的观点和担忧。这样，国会可以做出适当的妥协。这种对抗制度在立法背景下具有巨大的优势。首先，由于利益相关者群体可以向国会代表提出他们的意见，所以任何群体的需求都不大可能会像传统科学方法中那样系统地被忽略。其次，国会的多面手们不可能挖掘出每个人需要的东西，因此利益相关者提供信息，是系统高效的。最后，把利益相关者的反应变成过程的一部分，立法者不仅可以了解利益相关者的偏好，还可以了解这些偏好的强度。

为了使利益相关者的参与过程高效，利益相关者必须有能力且有动力陈述己方观点。当某个利益集团规模庞大且分散时，这可能会是一个问题，由此导致每个国会成员都没有很高的行为动机。当法规被认为会催生新的利益相关者时，这一问题会变得更尖锐，对新兴技术的相关立法通常就是这种情况。例如，2001 年 9 月 11 日恐怖袭击事件之后，民众表达了对民用基础设施安全的担忧，大家都在谈论加强电力系统安全的重要性。实现这一目标的最佳方式之一是在传统分布系统下，鼓励分布式发电和小规模微电网。然而，由于电力行业的传统商业参与者并不认为这些发展能促进自身利益，且监管机构认为这可能引起新技术变革，会威胁到自身的传统特权，因而在关于基础设施安全的政策辩论中有较强支持意愿的人并不多。

另一类需要技术分析的问题是对意外后果进行评估。新技术及体系的支持者通常在考虑或评估后续影响和“外部性”方面存在滞后性。良好的技术政策分析往往可以揭示这种后果。加利福尼亚和东北部几个州的电动车辆示范获得立法授权，旨在推广使用电动车辆，但几年之后，有独立分析师指出，回收每辆车的电池所含的铅高达半吨，可能会导致更多的铅排放到环境中，比燃烧含铅汽油的汽车排放的还

---

① LINDBLOM C，1959. The science of “Mudding” through [J]，Public admmistration review，19 (2)：79-88.

② LEE K，1993. Compass and gyroscope：integrating science and politics for the environment [M]. Washington：Island Press.

要多[①]。还有类似转基因之类的新技术，反对者也是大量涌现，关注的问题不在于识别潜在的意外后果，而在于确定提出的几十种后果中哪一种实际上是科学可信的。

任何国会代表都不会或不应该放弃其对技术分析结果做出社会选择的责任，技术政策分析可以帮助他们通过量化影响的大小、成本及效益来做出选择。保护阿拉斯加荒野与确保美国制造业供应链韧性相比哪个更重要？在权衡冲突目标的过程中，如果可以评估制造业现状、创造的就业机会、生态破坏的性质和程度及类似因素，这些分析有助启发国会议员做出合适的选择。

抗辩方式还取决于国会议员评估利益相关者提出论点的能力，这在新兴前沿技术、高度复杂的问题上可能会很困难。例如，国会已经考虑了可以重塑几个主要行业的电磁频谱管理的各种提案，但由于很少有议员接受过类似电磁频谱方面的科学培训，鲜有议员充分了解“频谱”是什么，只能基于游说者使用的类比来做决策。类比是有用的，例如，“频谱”就像土地或者像空气一样，但事实是“频谱”与这两种东西都不像，因为我们对不同系统如何能或不能共享一部分频谱的认识随技术创新而不断发生变化。

科学不确定性带来的困惑有时会更严重。例如，国会议员有时真正感到困惑的是，关于全球气候变化的科学“事实”可能每年都不同。没有经过科学训练的议员可能无法充分认识到科学家所提出的众多观点中的内在不确定性。在辩论制度中，双方都可能利用不确定性来掩盖而不是揭露某些后果。如果你的目标是赢得一场政治辩论，那么寻找一位与你持同样观点的专家可能会有助于实现你的目标。正如爱德华·施耐尔所论证的那样，如果在议员决策中，希望能形成好的公共政策，公正、可靠的知识和见解变得很重要[②]。即使这些知识和见解并不清楚如何被使用，它的存在也会随着时间的推移帮助实现美国社会机制运作的效率和公平目标。[③]

总而言之，慎重公正的分析可以帮助提升国会决策水平，包括下列情形：①传统的渐进式决策方法很容易导致严重的低效率或决策无效，需要尝试改变；②传统

---

① LESTER B L，HENDRICKSON C T，MCMICHAEL F C，1995. Environmental impacts of electric automobiles［J］. Science，268：992-995.

② SCHNEIER E V，GROSS B M，1993. Legislative strategy：shapping public policy［M］. New York：St. Martin's Press.

③ BROWN R D，1996. The strength of a people：the idea of informed citizenry in American，1650—1870［M］. Chapel Hill：University of North Carolina Press.

利益相关者和外部分析人士的投入可能不足以覆盖问题的方方面面，而这些问题是确定公共利益时所需要考虑的；③可以识别和评估可能出现的意外后果或他人假设会出现的后果；④量化政策选择中的利弊；⑤帮助理解利益相关者和外部分析师的投入；⑥帮助理解对未决决策很重要的科学不确定性。

高质量的分析投入可能永远不会成为国会决策的主要决定因素，但像法律程序中的规定过程一样，它们至少可以为辩论设置一些界限，排除一些科学上不可能或不正确的论点，并有助于以技术上可行的方式制定政治决策。美国前技术评估办公室最能体现价值的地方是在政策问题上进行讨论时，研究观点被双方议员所引用。

美国治理的分析传统在行政部门比国会强得多。早期，这种分析传统在很大程度上是定性的，借鉴修辞学、历史和法律等经典分析，构建论点，推进有效的治理目标。尽管定性方法继续占主导地位，但使用定量分析方法的情况越来越多。第二次世界大战后，决策分析、风险分析和收益成本分析等相关方法得到进一步发展。政府机构经常用定量和定性的决策分析方法拥护其所做的决策。

在很多情况下，国会会要求行政机构采用合理的分析决策程序，收集证据并进行分析得出结论。这一过程受国会通过的《联邦行政程序法》规定的一般性规则的制约，以及旨在确保公开、平衡和公正的决策程序的若干配套法律的约束，而且，法院通常会审查整个过程的运作。

咨询传统

许多行政分支机构本身已经具备了相当强的分析能力，而且，还有委托外部团体进行复杂分析的能力。寻求外部技术和科学建议的需求一直很大。事实上，类似咨询委员会已经无处不在，极具影响力，希拉·加萨诺夫（Sheila Jasanoff）称其为“政府的第五个分支”[①]。大多数咨询委员会都是通过立法授权成立。在某些情况下，例如，美国环境保护署的科学顾问委员会，立法还要求向国会提供咨询服务，但通常情况下，这些委员会尚未找到服务两头的方法，仍然只为其服务的机构工作。凭借内部和外部的技术专长，行政部门已经掌握了很好的分析能力，并且开发更大范围的资源，远远超过国会拥有的分析能力和资源。

---

① JASANOFF S，1990，The fifth branch：science advisors as policymakers［M］. Cambridge：Harvard University Press.

随着军事冲突日益依赖科学技术，政府经常性就科学技术问题寻求咨询建议。美国国家科学院是在内战前最后一次国会会议闭幕时通过国会行动而成立的，并在这次战争冲突中提供了重要建议[①]。第一次世界大战将国家研究委员会视为一个重要的咨询顾问小组。国家研究委员会主要服务于行政部门的需求，近年来国会也经常向它寻求建议和协助。除国家研究委员会之外，第一次世界大战还见证了各种专家咨询委员会的成立。但是，直到第二次世界大战才真正改变了政府、科学和技术之间的关系[②③④]。面向总统的持续性科学和技术建议始于20世纪40年代初，随后几十年，咨询密集程度随时任总统的偏好和时代的需要上升或下降[⑤⑥⑦]。

第二次世界大战后，健康、安全和环境监管理念迅速普及，因此行政部门监管机构需要获得详细的科学和技术咨询以贯彻风险评估和管理进程。希拉·加萨诺夫主要分析了美国环境保护署和食品和药物管理局等科学咨询委员会的作用[⑧]。同样，布鲁斯·史密斯（Bruce Smith）回顾评论了环境保护署的科学顾问委员会和国防部国防科学委员会的科学咨询活动，以及能源部与国家航空航天局和国务院咨询委员会的科学咨询活动。该研究认为，行政部门的科学顾问小组可以分为4类：一是同行评审小组，其主要职能是审查研究提案、奖励奖学金或就个人补助金提出建议；二是计划咨询委员会，负责对科学领域或机构的研究和发展计划进行监督；三是临时调查委员会，从较具体的技术到重要技术层面进行调查；四是常设委员

① DURPEE A H，1957. Science in the federal government：a history of politics and activities [M]. Baltimore：Johns Hopkins University Press.

② BUDERI R，1996. The invention that changed the world：how a small group of radar pioneers won the second world war and launched a technical revolution [M]. New York：Pergamon Press，51-64.

③ HART D M，1998. Forged consensus：science，technology and economic policy in the United States，1921—1953 [M]. Princeton：Princeton University Press.

④ ZACHARY G P，1997. Endless frontier：Vannevar Bush，engineer of the American Century [M]. New York：The Free Press.

⑤ GOLDEN W T，1988. Science and technology advice to the president，congress and judiciary [M]. New York：Pergamon.

⑥ HERKEN G，1992. Cardinal choices：presidential science advising from the atomic bumb to SDL [M]. New York：Oxford University Press.

⑦ SMITH B L R，1992. The advisors：scientists in the policy process [M]. Washington：Brookings Institution.

⑧ JASANOFF S，1990. The fifth branch：science advisors as policymakers [M]. Cambridge：Harvard University Press.

会，就广泛的政治和技术问题向决策者提供建议。[①] 类似的以科学为依据的政策支持对国会而言是远远不够的。

希拉·加萨诺夫和布鲁斯·史密斯都认为，常设小组完全脱离政策，进行广泛的政治辩论，从而提供科学建议，这显然是不正确的[②③]。希拉·加萨诺夫将成功的行政机构科学咨询活动描述为参与科学及更广泛的机构和外部政治环境之间的谈判过程[④]。总统行政办公室和行政部门机构的咨询系统巧妙地迎合客户政策偏好，证明是成功的，但在国会内在的两党制环境中，这种迎合远不实用。事实上，鉴于两党权力的周期性变化，如果国会支撑机构经常迎合任何特定的政治观点，则预计不会运行太久。尽管如此，支持国会的机构如果要以有用的形式及时提供信息，就必须与其对应的行政机构的独特需求相适应。

良好的政策分析只有在其结果有效地传递给政策制定者时才有用。与政策制定者沟通是一项专业技能。杰出的科学家和工程师可以精确完整地向对方呈现技术信息，但以同样的方式与国会交流，因为受众根本不同，可能会比较困难。首先，由于国会必须解决美国公民可以想象到的任何政策问题，因此大多数人的知识面广而不深。国会的运行程序复杂，收到的材料数量庞大，议员和工作人员几乎没有时间系统学习知识。这种沟通要求能清楚地传达非专业人士所需要的背景资料，以解决手头的问题。其次，由于国会是一个内在的政治环境，议员和工作人员需要了解可能影响每个利益相关者的细节，而且可能还需要对立法历史感兴趣。国会还必须把重点放在可实现而不是可取目标之上。他们需要了解实际立法和国会监督产生的影响，而很少考虑国会授权范围之外的问题。

8.2 因应科技创新的改革

美国国会是联邦科学政策的最终裁决者。尽管国会常常遵从行政部门的决定或将权力委托于行政部门执行，但仍然对行政部门科学预算的规模、科学计划的重点

---

① SMITH B L R，1992. The advisors：scientists in the policy process ［M］. Washington：Brookings Institution.

② JASANOFF S，1990. The fifth branch：science advisors as policymakers ［M］. Cambridge：Harvard University Press.

③ 同①。

④ 同②。

及科学项目的选择具有最终发言权。国会遇到科技议题时，由于专业知识受限，需借助外部咨询形成科技议题判断，影响决策。同时，长期以来形成的国会议员组成、国会组织结构等固有路径，对于科技发展也会形成各种各样的冲突，国会因应科技议题的变化也会做出调整的尝试。

国会议员与科技议题

如今，国会面临很多重大议题，包括提高美国国际经济竞争力、保护环境、保障人民健康、提高教育及保障国家安全等。这些问题的解决，很大程度上有赖于科学和技术的先进性和有效利用。

国会在很多影响科学和技术的问题上扮演重要角色。国会议员对科技投资方向做出选择，必须决定在实施大规模、成本高昂的项目的同时，而不会牺牲小的、探索性或者是前沿科学领域的研究项目；他们必须分类出不同机构领域的竞争和合作角色，如生物技术和类似军民两用技术等。国会议员必须对基础科学投入、基础设施（实验室、教育培训设施等）及应用科学（不仅包括商业化产品开发，还包括教育、医疗、环境和军事任务等方面）之间的资金投入平衡做出决定。国会还经常需要站在国家与国际不同视角来看待科技问题，需要在高昂的前沿技术项目竞争合作关系之间做出权衡。

当国会开始审视科技活动投入时，国会议员将听取广泛的不同利益集团的建议，包括小州的大型科研院所科学家、大州的小型科研院所研究者、分子生物学家和生态学家、诺贝尔奖获得者、博士后研究人员、大科学支持者（如空间站建设和大型碰撞机等）及其他人员。还有，国会成员不仅需要考虑科学技术的投入问题，也同样关注急迫的社会议题的投入增加问题。

不幸的是，参议员和众议员的组织和行为方式妨碍了国会与行政部门、科学家和工程师之间的有效合作，对制定、实施科学技术的连贯政策产生一定影响。

国会组织冲突与科技立法

国会中的权力分割影响科学技术政策制定过程。对科学技术活动的授权、提供资金、监管等有权的部门至少分布在参众两院 18 个委员会（表 8-1），以及更多的小组委员会中。其他重要的政策领域，如教育或健康，相对来说要好很多。

表 8-1 对科技议题有明显立法管辖权的参众两院委员会

众议院	参议院
农业委员会	农业、营养与林业委员会
军事服务委员会	军事服务委员会
教育与劳工委员会	商业、科学与运输委员会
能源和商业委员会	司法委员会
司法委员会	能源和自然资源委员会
自然资源委员会	环境与公共事务委员会
国土安全委员会	卫生、教育、劳工与退休金委员会
交通和基础设施委员会	小企业委员会
科学、空间和技术委员会	
小企业委员会	

国会科学技术政策制定遇到的困难不仅仅存在于这些过程中。必要数据和分析工具的缺失也给评判优先序造成困挠。再说，还没有机制设计成可以将科技投入、需求及效果相关的完整连贯数据转化成国会政策制定者的战略规划考虑。国会每天通过正式的决策和非正式的沟通来判断政策并排出优先序，通常通过两种途径协调科技政策：第一，立法者必须回应需求，并重新调整当下问题，如民众的健康威胁或国家安全等；第二，立法者必须通过关注未来发展来应对国家可能的挑战，而当下的需求可能与收益并不匹配。通常，国会议员更多关注现在而不是未来。还有就是，不可避免地，有些政策存在重叠。科学和技术政策是许多其他政策的基础组成部分。科学技术领域的发展常常会影响多方面的政策领域，例如，生物技术的发展可能影响健康、农业及环境领域的政策。

国会的结构也会影响科技政策的制定和发展的一致性。不仅是既存的授权委员会和拨款小组委员会难以分清科学技术立法权限，而且对于授权委员会，参众两院也有本质的不同。在参众两院拨款委员会，分散在 9 个小组委员会负责提供科学技术活动资金。目前，预算委员会、授权委员会和拨款委员会的结构，导致职权重叠，造成国会行为迟缓。当许多委员会在一届国会多次讨论同样的议题，结果对行政部门来说常常传递出政策冲突的信号。授权委员会和拨款委员会在科技政策制定过程中的冲突往往混合在多方行政部门机构和国会委员会之中。

参众两院在科技活动方面的差别往往会削弱其在科技政策方面的职权。举例来说，一些属于众议院科学、空间和技术委员会管辖范围的发起的计划移到参议院时可能会涉及多个委员会，不利于协调合作模式下的科技政策制定。同样，从单个参议院委员会转过来的议案，可能变得难以处理，会涉及众议院4～5个委员会。如第102届国会有关核废物的立法，由参议院能源和自然资源委员会提出，就转到4个众议院委员会，即能源和商业委员会；内政事务委员会；军事服务委员会及科学、空间和技术委员会。

科技类委员会立法权限

目前，众议院科学、空间和技术委员会研发活动的立法权限有限。该委员会不会涉及生物医药研发（众议院能源和商业委员会范围），农业研发（隶属众议院农业委员会），渔业与海洋研发（隶属众议院自然资源委员会），国防部或者能源部武器实验室基础研究（都在众议院军事服务委员会）。尽管立法权限范围有限，但对所有的研发活动有监管的职权。

众议院科学、空间和技术委员会一直努力去提升科学技术的规划和协调水平。1976年，在奥林·蒂格主席的主持下，委员会通过立法在总统行政办公室成立了科技政策办公室。办公室主任有权就科技议题向总统提供建议，对联邦科技工作的有效性、质量和规模的评价，与行政管理与预算办公室共同制定联邦各部门的科技预算。该法案还成立了联邦科学、工程和技术协调委员会协助联邦研发机构达到国家目标。

参议院委员会的立法权限经历了1981年的重组，委员会的数量有所减少，整合了空间和技术、商业、渔业和海洋，成立了参议院商业、科学和交通委员会；整合了能源研发、能源和自然资源，成立了参议院能源和自然资源委员会；整合了环境、水、交通运输研发和公共事务，成立了参议院环境和公共事务委员会；整合了生物医药研发、教育和劳工，成立了参议院卫生、教育、劳工与退休金委员会。

8.3 专家意见与支撑机构

专家意见与国会科技议题

到了20世纪90年代，立法者面临的科学技术议题涉及面越来越广。这些议题涵盖了经济竞争能力、环境保护、能源资源、国家安全及公共健康等。如今，国会就这些议题辩论的本质和200年前相比差异很大，与20年前相比都有很大差异。科学技术迅速发展，增加了社会、经济、伦理，以及法律议题的复杂性，这些议题经常在参议院和众议院听证会及院内审议阶段进行讨论、辩论。科技问题成为国会最主要也是最复杂的挑战源之一。

最重要的是，国会是一个公开讨论议题的场所。作为立法部门，国会在许多科学技术方向的重大辩论中站在前线位置，如在基础研究和商业化技术发展之间做判断；在重大项目支持和众多小企业的研究支持之间做判断；在国家需求和科学自治保护之间做判断等。国会就这些议题的辩论质量，一定程度上取决于科学家、工程师及其他人员提供给国会相关信息的质量和有效性。极少数例外，因为能最终决定美国科学技术政策取向的100个参议员和435个众议员并不是科学家或工程师。立法者要求能够对尖端技术问题和可选行动的正反两方面做出选择，并就复杂科技问题进行评价并形成观点，于是，立法者及其工作人员很大程度上仰仗于科学家、工程师及来自政府部门或私人机构的观点。一般来说，国会支撑机构的专家往往会收集整理这类信息。

国会支撑机构

国会通过大量机构、团体、个人的通力协作而运转，这些主体包括议员个体、委员会、小组委员会、政党领袖、委员会工作人员、立法研究组织和党团会议、支撑机构等，大家在立法部门内外，有着各自不同的关注领域和需求。国会还有不同的任务，包括制定政策、分配预算、监督决策执行、评估政策、参与长期计划、表达选民诉求、保护选区权益等。因而，国会必须依靠大量、广泛的各类信息、分析和知识。国会必须能及时获取有价值的科技信息，以便做出及时反应，提出协调方案并做优先序考虑。科技问题的普遍性和复杂性使得国会很大程度上依赖于来自国会支撑机构的分析和建议。但是，科技政策体系缺乏综合研究机构，以及能够准确预见新兴技术或交叉领域技术机会和需求的专业人士。国会议员有时能够通过专门的科技合同网络或咨询国会同事弥补这些不足，但同事或部分专家不能代表科技的所有议题。而且，国会不能也不应该仅依赖行政部门提供的科学和技术信息。两类机构的角色和需求是不一样的。为了保持两类机构的宪政平衡，对行政部门法律执行情况进行有效监督，国会必须对科技议题有独立的指导和支持。另外一个原因是，白宫可能并没有弄清楚总统的优先序就向国会提交预算或项目建议，并进入立法程序。

在科学和技术领域，决策制定者关注的议题范围很广，从轨道运行X线观察到战略防御计划（SDI）的可行性，以及胎儿组织研究的伦理问题等。而且，如基础研究、应用基础研究、应用研究、技术开发及技术商业化等不同阶段，其信息的来源、质量、实用性及价值都是不同的。

国会可以获取的信息途径有很多。不同类型的数据有时候会产生冲突。获取和利用大量数据可以转换成有用的知识，数据的掌握程度在一定程度上影响信息质量和相关性。数据不是信息，除非它们被结构化和使用。信息不是知识，除非已被加工理解。而且，国会和科学家共同体之间的有效沟通不仅仅是分享信息，还需要分享对信息的解读。从这点上看，对支撑机构的要求也是很明显的。为了提供最有效的支撑，机构必须能够对那些不知需要什么样信息，不知如何进行分析的立法者提供帮助。支撑机构一定程度上也促进了国会中代表不同利益群体的立法者之间的沟通，其中就包括科学家共同体。

面对各类复杂情形，期望得到如下相关信息：①面临的问题或机会的识别和定义；②与相关议题有关的数据收集、整理和分析；③选择合适的工具加工数据，以符合决策者的要求；④通过恰当形式呈现和解释分析结果，以便及时提供给决策者。

国会支撑机构包括国会技术评估办公室、国会研究服务中心、国会政府问责办公室和国会预算办公室，这些机构主要功能之一就是为了弥补这种分析和信息的差距。其中国会技术评估办公室相关内容将在下一章做详细介绍。

国会研究服务中心

国会研究服务中心在1914年创立，隶属国会图书馆。20世纪80年代有800多位研究人员，现在有1000名左右，该中心分外交、国际、经济、内政、社会福利、科学、法律等研究部门。研究中心的工作有两大内容：一是咨询，在几天乃至几小时内迅速回答来自国会的咨询，这类咨询每天都有，涉及各个领域；二是研究，其课题或来自研究中心人员与国会议员的交谈而引出的研究兴趣，或为研究中心各处根据国会需要所拟定，或直接来自国会转来的问题需求。有些研究需要几位，乃至十多位研究与分析人员半年或长达多年的共同努力才能完成。其主要职责是协助两院任一委员会或联合委员会，就该委员会所交付的法案，总统或其他行政部门提出的建议案加以分析、鉴定及评估，使委员会得以了解、把握所提议案完成立法的可能性。国会研究服务中心每年要处理多达10万件的询问案件，在国会开会期间，平均每周举行2～3场研讨会，要求专家学者就议题进行深入讨论。

美国国会政府问责办公室

美国国会政府问责办公室是“国会的耳目”。政府问责办公室的主要功能包括：评估政府政策和计划项目；审核机构的运行状况，确保经费正确、高效使用；调查有关政府违法或不当活动的举报；发布立法决定等。一些观察家将政府问责办公室称作“政府绩效的看门狗”。但是政府问责办公室没有权力斥责政府机构，也没有权力制定规则。它的权力是间接的，政府问责办公室向国会提供详细研究、评估和建议，常常能产生新的立法和规定。

美国国会政府问责办公室通过对超级对撞机和国际空间站这样的大型科学项目的评估，对科学政策产生影响。政府问责办公室也会开展其他评估活动，发布报告，涉及的议题有诸如技术转移、机构同行评议、出口管制、联邦科学和数学教育计划及美国移民政策变化对美国大学录取海外学生的影响等，尤其关注那些与科技相关的领域。

美国国会政府问责办公室的预算庞大，独占全部国会支撑机构经费的80%左右。1970年的《立法重组法（1970）》(Legilation Reorganization Act of 1970）和1974年《国会预算与截留管制法案（1974）》的通过，使得政府问责办公室职权与功能扩大了很多，包括：对政府根据现行法规所拟定的计划及实施效果，加以检验和评估；协助委员会确立立法目标与宗旨，以及与此相关的实际活动的评估方法，用以评估及报道政府计划的执行情况，是否符合该立法的目标和宗旨；针对联邦政府所提有关检讨或评估施政计划的报告，重新加以分析和鉴定，进而拟定办法向国会提供建议，国会因此可以采取相应的政策。

国会预算办公室

国会预算办公室的使命是为国会提供客观、超乎党派利益的及时分析，帮助国会就联邦预算所涵盖的大量计划做出正确的预算决策，为国会的预算过程提供必要的信息和估算。该办公室是依据1974年的《国会预算与截留管制法案》而成立的，是国会有关预算、赋税及开支提议等主要信息的分析来源。1974年成立时约有200

名雇员，后来变动不大，为国会参众两院议员和各委员会特别是预算委员会及其小组委员会提供重要服务。虽然国会预算办公室在预算上的影响能够对科技政策产生一些间接的影响，但在其他国内和国家安全议题方面，国会预算办公室对科技政策的影响力，远不及其在行政部门的姐妹办公室行政管理与预算办公室[①]。预算办公室的主要功能是讨论预算的优先序，就年度各种主要计划或功能项目，提出分配预算职权与预算支出的方法；考虑各种分配方式，响应国家需求。国会预算办公室主要面向以下领域：预算分析、财政分析、税收分析、自然资源与商业、人类资源与社区发展、国家安全与国家事务。

8.4　新机构需求的争议

前面讨论了国会过去在提供科技信息支撑方面所做的努力。其中受到大家关注度比较高的是美国技术评估办公室，该办公室于 1972 年成立，一直运行到 1995 年，因行政和立法部门的预算大幅削减，技术评估办公室被撤销。

技术评估办公室是如何成功及为何遭到裁撤，各种观点之间存在很大的分歧。随后的章节将对这些论点进行更深入的探讨。而现在的问题是，国会是否需要新的机构向其提供科技咨询，如果需要的话，还需要什么样的咨询？有人会觉得没有必要，因为目前存在的一些机构，如国会研究服务中心、第三方机构和利益相关者及大学提供的分析，还有如美国企业研究所和布鲁金斯学会等智库及国家研究委员会的研究充分满足了国会的咨询需求。相反，也有一些议员、众议院和参议院的现任或退休高级职员，持有不同的看法。他们认为，国会研究服务中心和其他机构充分满足了国会对技术信息的大部分直接需求。他们进一步认为，国家研究委员会与各种智库和大学分析团队共同满足了一些长期而更全面的研究需求。但是，在 6～18 个月的时间范围内进行的中期研究上仍然存在大量需求，这很重要但未得到满足，还有一些必须处理的关键问题有待深入研究，但现有机构还不能充分解决。

国会是否选择建立更多机构，以便就科学技术问题获得公正的咨询建议服务，这一问题由国会决定，与所有决策一样，需要通过权衡来自选区和各利益集团的意见，以及一系列实质性的政治考虑。

---

① 尼尔，斯密斯，麦考密克，2017. 超越思普尼克［M］. 樊春良，李思敏，译. 北京：北京大学出版社：66.

第9章　国会技术评估办公室的特殊历史地位

1995年9月30日，世界上享有盛誉的美国国会技术评估办公室寿终正寝。虽然仅存23年，但技术评估办公室在美国科技发展中的作用不可忽视，至今仍具有很大的影响力。技术评估办公室的主要任务是为美国国会提供深层次、技术含量较高的技术评估报告。技术评估办公室还和外部公众进行广泛的交流。技术评估办公室专家和国会议员在发布报告后会参加媒体发布会。报告摘要会发放给各利益群体；媒体通稿也会发给普通受众及特殊媒体；公众在政府印刷办公室（GPO）可以领取报告全文。利益群体和公众从自身利益出发拥护技术评估办公室的报告，把它看作技术评估办公室和国会交流的渠道。技术评估办公室经常引入不同的建议主张，不会刻意去达成共识，希望通过一起工作，对解决问题的过程形成共识，而国会也可以对这些领域的新发现形成共识。

近些年来，美国希望重建技术评估办公室的呼声很大，一些个人和组织纷纷提出倡议，如美国新泽西州民主党众议员拉什·霍尔特（Rush Holt）、国际战略研究中心资深研究员杰拉德·爱泼斯坦（Gerald Epstein）、美国前总统候选人拉尔夫·纳德（Ralph Nader）、普林斯顿大学科学与全球安全项目研究员劳拉·卡恩（Laura Kahn）等，都撰写了多篇文章呼吁重建技术评估办公室。2010年5月，90多个不同组织和个人“联名上书”，将一封支持重建技术评估办公室的签名信上交美国众议院。在呼吁重建技术评估办公室的同时，他们也提出了一些对其改革的想法。首先，新的技术评估办公室必须要比过去响应速度更快。其次，它应该更为灵活，其报告也可以更为精简些，而不必要每份都像一本书一样。当然，依旧要承担长期的研究分析，因为这也是技术评估办公室与众不同且具有独特价值之处。再次，它需要同国会的不同层级都建立联系，不仅有助于完成机构使命，而且也有利于办公室建立更广泛的支持网络。最后，也是现在讨论最多的一点，其研究过程要有公众的参与。与科技相关的公共政策不能只由政治家和科学家做决策，公众同样需要参与其中。

9.1　成立技术评估办公室的缘由

20世纪60年代，社会、文化和政治动荡最终打破了国会与政府间的权力平衡。首先是20世纪80年代里根当选总统，随后1994年爆发共和革命。由于环境与反核运动、古巴导弹危机、反越战运动、技术灾难、冷战等事件的爆发，很多美国人相信，某些政府官员根本不关心公共利益，很多情况下只是在滥用权力。此外，许多人认为科技界只不过是美国军工企业的棋子。美国国会技术评估办公室的成立旨在解决技术应用可能产生的新问题，以及缓和联邦政府行政部门和立法部门之间日益紧张的关系。这不仅涉及立法监督总统和主管科技专项机构的预算，而且也考虑到行政部门在技术专长方面较国会有压倒性的比较优势。因此，1963年，国会开始研究如何解决这些问题，逐渐认识到通过技术评估（TA）可以为国会决策提供信息分析和科技支撑。詹姆斯·霍尔特（James Holt）对国会技术评估办公室的历史作了清晰的梳理[①]，这里摘编部分内容以飨读者。

科学、研究与发展小组委员会与听证会

1962—1967年，国会进行了提升技术信息和分析能力的需求调查，特别是在科学和技术领域。1962年，国会通过了总统科学技术政策办公室的法定更改，从而更便于总统的科学顾问进行立法咨询。但这一更改并没有减弱国会对建立自己独立的科学和技术专门机构的兴趣。

1963年众议院科学与航天委员会成立了科学、研究与发展（SRD）小组委员会，并任命众议院议员埃米利奥·达达里奥为主席，自此成立技术评估办公室的决议才真正开始。小组委员会获得特别授权，以确定国会需要什么样的建议“以有效地监督计划实施、确保立法拥有知识基础”，并调查“向国会提供的可行性科学建

① JAMES L H.，2005. View from the Hill，why the U. S. congress established，the abolished the office of technology assessment，Ph. D dissertation of The University of Texas at Dallas.

议的来源，以及如何有效地采纳这些建议”。①

阿拉斯加民主党参议员爱德华·巴特利特（Edward Bartlett）于 1963 年 8 月提出一项议案，“在立法部门设立一个国会科学技术办公室”。② 该议案提交至委员会后并未得到全体议员审议。但参议员爱德华·巴特利特的评论强调了两党关于科学技术对公共政策战略重要性的关切，他认为科学革命的进程越来越快，总统可以要求政府授权实施这些庞大的科学计划，而且科学界已给出了全面的建议和咨询。但国会无此途径，无法凝聚科学的智慧和建议。国会是一个整体，必须具备凝聚力和理解力，才能在技术问题上立法。③

科学、研究与发展小组委员会于 1963 年 10 月召开了第一次听证会，听取著名科学家和政府官员的建议。埃米里奥·达达里奥主席在开幕致辞中重申了国会无法对行政部门提供技术性建议的关切。很显然，美国国家科学院一直与政府部门保持着密切关系，但国会并不是如此。④

总统的科学顾问杰罗姆·威斯纳（Jerome Wiesner）也认为，国会需要提高其科学和技术咨询能力，特别是在将现有的国会资源与总统资源进行比较的情况下。他说：“在处理行政事务这方面，我认为我们的能力已经超过了国会，这就是你们在研究中可能想要处理的问题。”回应这一看法，众议员埃米利奥·达达里奥向杰罗姆·维斯纳阐明，委员会将继续研究提升国会科学技术咨询能力的必要性。他在 1963 年科学、研究与发展小组委员会的第一次报告也是如此解释：“150 年来，美国可以而且主要依赖人民的智慧、工业、独立和开拓精神……然而，现实发生了根本性的转变，新需求是技术。但是，国会发现其正面临着当前技术革命引发的许多社会、政治和经济问题……国会一直在推动科学发展……不可避免地，诸多问题也伴随科技进步而产生……需要一定的智慧做出应对指导来降低技术威胁，这需要大

---

① U. S. Congress, House Committee on Science and Astronautics, Subcommittee on Science, Research, and Development, "A Statement of Purpose: The First Progress Report of the Subcommittee on Science, Research and Development," U. S. 88th Congress, 1st Session, Washington, DC: GPO, 1963, 12-14.

② U. S. Congress, House Committee on Science and Astronautics, K. Hechler, "Toward the Endless Frontier," U. S. 96th Congress, 2nd Session, Washington, DC: GPO, 1980, 124.

③ Senate, Congressional Record, August 13, 1963, 14809-14810.

④ U. S. Congress, House Committee on Science and Astronautics, Subcommittee on Science, Research, and Development, "Government and Science, No. 8: Hearings before the Subcommittee on Science Research and Development," U. S. 88th Congress, 1st Session, Washington, DC: GPO, 1963, 32.

量时间。”小组委员会议程上的这种变化反映了众议院议员埃米利奥·达达里奥的观点，即技术是一种需要不断进行管理和分析的强大力量。因为科学技术对于有效的公共政策至关重要，所以他相信“如果我们要让公民生活变得更加美好，就必须在各个科学领域获得新的基础性知识”。①

第一次听证伊始，科学、研究与发展小组委员会就致力于设立一种机制为国会提供咨询意见，并于1964年完成了题为《为国会提供科学和技术咨询：需求和来源》的内部研究报告。② 报告的首段就强调建立由一批顶尖科学家或技术人员组成的机构，主要对国会负责。

虽然就应该建立什么样的机制还未达成共识，但报告认为这样一个机构应该独立于行政部门，建议：①更好地利用现有资源，如国家科学院和新成立的国家工程院；②委员会和立法参考服务部应引进技术人才；③调查国会委员会的具体咨询需求。然而，国会并未按照这些建议行事。小组委员会继续关注技术与环境之间的关系。除了这两项关切之外，把技术评估视为分析工具，成立技术评估办公室机构的构想开始出现。

1965年春天，众议员埃米利奥·达达里奥委托研究管理顾问小组（由专家组成为其小组委员会在联邦政府研究与发展项目上提供建议）研究当前的环境污染问题。当时，他的公开声明开始反映出对美国科技发展未来进程的日益关切，认为：“宪法赋予国会科技决策的权力。国会有权决定必须做什么和由谁来做，进而促进和规范科学技术的应用。”国会议员开始认识到，他们中大多数人没有系统接受过科学知识的培训，而这却至关重要。众议员查尔斯·莫舍（Charles Mosher）是科学、研究与发展小组委员会资深共和党人，指出：“很明显，大多数委员会的成员正在处理全人类都了解的课题，而我们则不同。”接着，查尔斯·莫舍提到了同是委员的密歇根州民主党韦斯顿·维维安（Weston Vivian），同时也是位博士科学家。查尔斯·莫舍说：“维维安博士，具有工程背景，非同一般，他调查专家证人的方式使我深受启发。”③

---

① GRAHAM C，1972. Emilio Daddario：the godfather of technology assessment［J］. New Scientist，58（24）：490-492.

② U. S. Congress，House Committee on Science and Astronautics，Subcommittee on Science，Research，and Development，“Government and Science，No. 3，Scientific and Technical Advice for the Congress：Needs and Sources，” U. S. 88th Congress，2nd Session，Washington，DC：GPO，1964.

③ “The View From Congress，” International Science and Technology，Vol. 57（September 1966），70.

经过多方面的考量，众议员埃米利奥·达达里奥研究为国会设置单独的技术评估机制。在科学、研究与发展小组委员会关于污染和技术的听证会上，他致开幕辞，清楚地表明，他正在考虑将技术评估作为一种机制，以此解决技术发展引发的环境问题。他指出，一方面，科学技术在提高人民生活水平、保障国家安全、促进经济发展和个人声望方面发挥着积极作用；另一方面，我们也必须认识到技术化社会的后果，如城市问题、交通问题，最重要的是对环境质量的威胁等。听证会上与美国石油学会的专家就汽车尾气引起的大气中铅的危害问题进行交流，他明确提到了对于“预警系统”的看法。对于美国石油学会专家认为人们没有过多造成问题，也没有受到危害的说法，众议员埃米利奥·达达里奥说：“……我仍然关心整个问题。由于无法衡量潜在的危害，我们似乎不需要进行必要研究来确定铅污染的长期影响有多大。我们处于这样一种状态，国家健康发展受到了威胁，而实际上只是因为我们没有及早进行必要的研究做出早期预警。”[①]

在技术发展和环境问题听证会后，小组委员会发表了一个题为《环境污染：对科学技术的挑战》的报告。接着，小组委员会于 1966 年 10 月 17 日向全委会提交的第二份进度报告中明确表达了建立技术评估机制的观点。在这份报告中，小组委员会第一次使用“技术评估（TA）”这个词，强调它是提升国会专业知识和解决国会特殊利益问题的手段。受这份报告的影响，技术评估（TA）的概念演变成了具体的立法提案，确定了国会评估科学技术的影响，并为人类福祉开发科学技术潜力的必要性。[②]

报告中列举的例子涵盖技术失业、有毒农药、污染、汽车尾气、森林枯竭、资源枯竭、放射性废物处置、电子窃听和电脑数据库威胁个人自由、电视播放的政治后果、二氧化碳平衡及其对全球气候的影响等。报告总结说，需要一个“预警系统”来识别潜在危险，因为“科学本身无关道德，技术本身也无关道德，科学和技术无从区分道德，长远来看，科技的力量无论好坏都完全取决于人类利用的方式和

---

① U. S. Congress, House Subcommittee on Science, Research, and Development of the Committee on Science and Astronautics, "The Adequacy of Technology for Pollution Abatement," Hearings, July 20, 21, 26, 27, 28; August 3, 4, 9, 10, 11, 17; and September 19, 1966; U. S. 89th Congress, 2nd Session (Washington: GPO, 1966), 322.

② U. S. Congress, House Committee on Science and Astronautics, Subcommittee on Science, Research and Development, "Inquiries, Legislation, Policy Studies Re: Science and Technology: The Second Progress Report of the Subcommittee on Science, Research and Development," U. S. 89th Congress, 2nd Session (Washington, DC: GPO, 1966) .

尽头”。[①] 提交第二份进度报告时，众议员埃米利奥·达达里奥认为科学技术是一把双刃剑，政府一方面必须更好更有创造力地支持科技发展；另一方面，不能盲目地将技术应用于我们的需要，不能不加以考虑技术可能带来的严重后果。因此，报告概述了国会在应对未来几年技术面临的挑战方面应扮演的角色。报告还进一步得出结论，两种属性是“政府效力”的核心：政府特别是国会有能力全面看待和处理每一个问题，须将每一个问题视为一个完整的体系，并且综合治理而不是分而治之；充分利用其综合力量，将社会科学与物理科学和工程相结合，鼓励和支持解决未来问题。

报告总结了众议员埃米利奥·达达里奥的看法：“……我们不能再盲目地利用技术满足需要，像以前那样假设有充足的时间来解决任何问题。不仅要努力预测问题，还要防患于未然，否则将会是一场灾难，我们的物质世界和社会可能无法生存。”因此，小组委员会建议“要进行或至少研究两种程序上的创新”。报告指出，“第一种方法可能面向解决国会管辖复杂科学计划的问题，应该视计划为一个整体，或者整体性而不是碎片化看待，无论如何都要通过有效立法来处理”。因此，报告特别建议成立“科学和技术研究小组”，由各个领域委员会的一名成员组成。报告指出，这样每个委员会在审议任何具体的立法之前，都可以得到各自代表对该方案的全面看法。[②]

小组委员会建议的第二种方法是探索通过立法成立技术评估委员会（Technology Assessment Board，TAB）以解决“现代技术的负面后果”。根据军事预警系统的概念，报告提出技术评估委员会将密切关注新技术的潜在危险和益处，同时告知公众。技术评估委员会具有以下具体职能，以供讨论：对应用研究和技术，现状和潜力进行持续评估；确定可以利用这种应用研究和技术来提升美国的社会、经济、国际和其他利益；为了美国利益，需要更多重视或支持的应用研究和技术领域；在应用研究和技术领域推广，或者是确定如何避免损害。

1967 年 3 月 7 日，众议院议员埃米利奥·达达里奥根据小组委员会报告，介

---

① U. S. Congress：Technology Assessment for the Congress. Staff Study of the Senate Subcommittee on Computer Services. Committee on Rules and Administration.（Washington，D. C.：GPO，November 1，1972），11.

② U. S. Congress. Senate. Subcommittee on Computer Services of the Committee on Rules and Administration，“Technology Assessment for the Congress，Staff Study，” U. S. 92nd Congress，2nd Session.（Washington，D. C.：GPO，1972），25-27. Hereinafter cited as Senate Staff Study.

绍了 H. R. 6698 号文件，同年 7 月 3 日，他向科学与航天委员会主席乔治·米勒递交了一份报告，就这个问题作了正式的陈述，指出技术评估是政策研究的一种形式，为政策制定者提供依据。理想情况下，技术评估作为一个系统，提出正确的问题，并获得正确且及时的答案。

1967 年 5 月 25 日，美国国家科学院在向科学与航天委员会提交的报告中反映了这一问题：国会不应该试图对技术评估方面的专家事后批评，但国会有责任确认专家们研究的是正确问题，尤其是瓶颈问题，发现某些常见的偏见也很重要。一方面，钻研某个领域的技术人员往往过于乐观，把困难最小化，低估成本；另一方面，科学家往往对技术发展趋于保守，并呼吁进行更多的研究，他们往往低估了自己研发科学的适用性。普遍趋势是，短期的技术进步过于乐观，对长期的未来发展过于保守。

在进行技术评估时，国会要听取怀疑者和支持者的意见，并要求支持者回答怀疑者的疑问。即使不了解细节，门外汉也可以从专家的争论中了解很多内容。特别是在应用科学技术领域，通过科学家、技术人员、公务员和普通大众之间的多维互动有助于确立重点事项和目标。[①]

H. R. 6698 号文件还包括以下内容：①除了在技术评估委员会任职，委员会成员不得从事任何业务，职业或工作；②每名成员的任期为 5 年；③成员的薪酬标准按照高级官员（美国行政当局分高级官员和一般官员）第 4 级。技术评估委员会负责确定应用研发的潜力，以及将其应用到实践中的方式手段，提前确定该项研发的副作用，并将其告知公众，消除或减少副作用。

1967 年 7 月 3 日，埃米利奥·达达里奥议员发表了关于技术评估的特别声明，重点阐述科学技术应用的后果，建议国会对这些应用的结果进行评估，强调立法部门具有技术评估能力，可以利用有限的资金、设施和技术人员的科学和工程资源，为社会提供服务。而且，技术评估可以预见并最大限度地减少创新带来的不确定性和负面风险。国会要在众多科学造福人类的选择中做出判断，小组委员会研究的目的是为了强化国会的作用。他认为技术评估委员会既独特又必要，因为国会以前只有在事件发生之后才做出反应，但系统分析会使政策有预见性和适应性，而不是被动应对。此外，他认为，如果政府技术评估不是仅依靠市场经济决定因素的分析能

① U. S. Congress. House. Committee on Science and Astronautics. Applied Science and Technological Progress.（Washington，D. C.：GPO，1967），11.

力，而是根据“系统的风险/收益评估”进行的，那么立法者就应该“考虑到整个社会的所有重要价值”。此外，他指出，“评估风险是评估效益的必要条件”，技术评估是政策研究的一种形式，不是技术预测或方案规划，目的是可以评估技术项目的每个替代政策的好处和风险。为了消除对技术官僚会取代政策制定者的担忧，他坚定地表示技术评估是对判断的评估，而不是替代。他的特别声明最后总结道，小组委员会将进一步调查国会的技术评估能力。

1967 年 9 月 21—22 日，科学、研究与发展小组委员会召开了“技术评估研讨会”，参会人主要是对科学技术和社会问题感兴趣的学者。研讨会侧重于研讨改进技术控制的方法，设立一种提高国会管理技术应用能力的机制。埃米利奥·达达里奥议员的开场白定了听证会的基调：“本次研讨会启动一个长期项目，提升立法能力，即设立技术评估机制，促进技术信息获取，更好地将科学和工程纳入公共政策。”[①] 鉴于过去几年对科学技术的态度有所改变，他解释说，“科学的信念感和技术的敬畏感已经被重大责任感所取代——就是回应我们应该怎么做？技术评估是履行这一责任的关键”。最后，他宣布“技术评估涉及科学方法，大部分由科学家和工程师完成”。科学家和工程师是否可以将最先进的系统分析纳入政策过程，从而发展未来模式，协助立法议员进行立法讨论，他对此抱以很大兴趣。爱荷华州立大学校长霍华德·鲍恩（Howard Bowen）提出了一个行动建议：①系统收集有关当前和未来技术对环境和社会的影响信息；②系统地列出当前社会短期和长期的目标及重点事项；③技术应指向未满足的人类需求；④分析私人生产和消费的社会成本和社会效益（包括副作用）。为此，他建议成立一个理事会和一个国家目标委员会，理事会负责指导联邦政府科技发展。[②]

听证会过程中，一部分人支持成立一个技术评估组织，而另一些人则持怀疑态度。尽管如此，与会者还是得出结论，科技信息对立法者决定如何使用及何时使用技术的判断是很有价值的。

1968 年夏，埃米利奥·达达里奥议员召开了“众议院参议院环境议题联合研讨会”，此次会议出台了《国家环境政策白皮书》，促成美国环境保护署的建立，推

---

① U. S. Congress. House. Committee on Science and Astronautics. Applied Science and Technological Progress.（Washington，D. C.：GPO，1967），11.

② U. S. Congress. House. Committee on Science and Astronautics. Technology Assessment Seminar. Proceedings of Subcommittee on Science，Research and Development，90th Congress，1st Session.（Washington，D. C.：GPO，1968），5-6.

动了《国家环境保护法案（1969）》（National Environmental Protection Act of 1969）的通过。除了主张制定更为一致的国家政策，白皮书强调“必须完善专门为国会获取和评估信息的组织”，并建议“直接向国会报告的组织应该发挥这个作用”。[①] 科学、研究与发展小组委员会指出国会在解决科技问题上的不足之处。小组委员会的报告《管理环境》提出，技术评估组织可以围绕技术对社会的影响，尤其是环境问题影响，提供解决方案。对于国会而言，技术评估可以发挥规划和协调功能，响应选民需求，机构任务压力相对较小。[②]

H. R. 17046 和 H. R. 18469 号议案

1969 年年末，科学、研究与发展小组委员会收到了美国国家科学院、美国国家工程院和地方组织委员会（Local Organizing Committee）的 3 份研究报告。第 1 项研究由地方组织委员会的科学政策研究部完成，并且 1971 年作为参考书修订，重新发表，具有里程碑意义。该研究主要探讨了国会必须加以考虑的科技问题类型。[③] 研究表明，国会的专业知识不足以评估技术对社会的影响。该报告已于 1969 年 4 月完成并提交给科学、研究与发展小组委员会。

该研究审查了一年半来，国会参与的 14 个技术评估案例，每个案例都能证明科学和政策制定之间的冲突，科学行为和政治行为之间的差异。一般来说，政治问题的范围总是大于其内部的科学问题，有必要对科学问题进行仔细的分析，科学问题的答案可以为更广泛的政治问题提供有用而有意义的支持依据。如果科学问题没有事先得到解决，那么广义问题的政治解决方案往往是有缺陷的。报告继续说，国会处理这些技术性问题的障碍包括无效假设、大肆渲染的报道、打着杰出人士的幌

① U. S. Congress Senate Committee on Interior and Insular Affairs and The House Committeeon Science and Astronautics, “Congressional White Paper on a National Policy for the Environment,” U. S. 90th Congress, 2nd Session (Washington: GPO, 1968), 16.

② U. S. Congress, House Subcommittee on Science, Research, and Development of the Committee on Science and Astronautics, “Managing the Environment,” U. S. 90th Congress, 2nd Session (Washington: GPO, 1968), 43-44.

③ U. S. Congress. House Committee on Science and Astronautics. Technical Information for Congress. Report to the Subcommittee on Science, Research, and Development prepared by the Congressional Research Service, Library of Congress. First edition, 1969. Revised April 15, 1971, 92nd Congress, 1st Session. (Washington, D. C.: GPO, 1971), 545.

子，以及提出科学无法解释的问题。总的来说，国会议员不能接受科学是概率论这个主张，也就是说，在某些技术问题上，科学家会认为出现错误的可能性可能是"微不足道的"，但是政治家期望科学发现是绝对的"毋庸置疑"。

对于这个问题，参议院研究人员认为部分原因是：每项技术任务涉及某个科学或技术领域，需要专家利用相关学科知识发表观点；为了碰撞出新的火花，需要从其他不相关的学科中获得一些意见；需要对科学技术有广泛研究的战略家获取综合性信息；还需要社会科学专家提供有关政治方面的信息，以及技术对政治影响的见解。

在第2项研究中，美国国家科学院审查了技术评估功能，并提出了改进政府行动的方法。来自哈佛大学的哈维·布鲁克斯博士是美国国家科学院科学与公共政策学术委员会（COSPUP）主席，他组织了一个由18名成员组成的特别工作组完成了这项工作，并于1969年7月向小组委员会提交了报告。[①] 科学与公共政策学术委员会在其报告中将"技术"定义为一种系统方法，指出了对技术评估本质的态度，即作为筛选多余技术的手段，作为理解和控制技术对环境影响的手段；作为衡量实现国家目标中社会进步的手段；作为成本与技术创新收益系统平衡的手段；作为联邦政府资助研发的一种手段。报告集中讨论了现有评估和决策过程中的"重大缺陷"，认为是在自利的经济标准基础上进行的决策，忽视了一般利益的技术机会，忽视了技术不完善带来的一般（外部）成本。在新形势下，需要技术上可行，政治上必要，更好地实现收益最大化和损失最小化，保障技术的可控，避免普遍性的质疑。

因此，科学与公共政策学术委员会建议："分析技术对潜在价值和利益的影响。必须找到一种方法。"[②] 科学与公共政策学术委员会还研究分析了利益相关者参与科技问题，认为举证责任或不确定性的重担往往落在那些关注科技发展趋势的利益相关者身上。此外，科学与公共政策学术委员会认为，我们不能事先假定科技发展造成的有害后果微不足道，或者认为这些后果出现时就能及时止损。实际上，真出现了严重后果，对于利益相关者来说风险很大，到那时，这个问题早已根深蒂固，为了减小技术负面影响，或者对其做出修改，只能推出替代方案，这不仅在政治上

① U.S. Congress. House Committee on Science and Astronautics. Technology: Processes of Assessment and Choice. Report of the NAS.（Washington，D.C.，1969）.

② U.S. Congress. House Committee on Science and Astronautics. Technology: Processes of Assessment and Choice. Report of the NAS.（Washington，D.C.，1969），31-32.

非常困难，而且在经济上耗资巨大。[①]

科学与公共政策学术委员会还强调科学技术的辩论应该向公众开放并进行公开听证，但专家小组认为公众反应更接近一种非理性的大众形象，受到情感诉求的刺激，容易产生争吵和骚动。更重要的是，专家小组认为，“评估机构”不得授权屏蔽或“清除”新技术，评估机构做的是研究和建议工作，但不能采取行动。参议院的研究结论是，国会需要一个高效的公众对话平台，主要负责非政府利益评估活动，设立一个信息分析，提供建议的机制，利用现有的评估制度，协助国会工作人员聘任专家顾问解决技术问题，支撑政策研究及政策制定。

美国国家科学院报告提出了联邦政府关于技术评估机构方面的规范设计，还为新的技术评估组织规定了具体职能。报告提出要在行政和立法部门中发挥技术评估的作用。它建议扩大总统科学技术政策办公室与美国国家科学院技术评估部门的密切合作。该报告还建议在国会单独设立一个技术评估实体，认为变革势在必行，国会引发的公众关注和批评，成为变革的催化剂，国会的参与是不可或缺的。但是，现有的专门委员会制度，却充斥着司法部门的分歧和矛盾。国会把“公众关注”具体化，成为决策关键，这正是目前的委员会制度最不能做到的。最后，美国国家科学院称，开展技术评估相关活动是迫切而必要的，但以看似两重选择的方式表达了这个观点。一方面，如果投入更多想法和努力，技术的未来就会给人类带来很大的希望；另一方面，如果社会坚持现在的道路，无论是技术本身不受控制的影响，还是来自对技术创新不合理的政治反应，未来就会有巨大的危险。

第 3 项研究由美国国家工程院公共工程政策委员会（COPEP）组织进行，由加利福尼亚大学洛杉矶分校（UCLA）的昌西·斯塔尔（Chauncey Starr）博士主持。该研究由 3 个独立的子任务组组成，总共大约有 50 人。研究报告于 1969 年 8 月提交给科学、研究与发展小组委员会。公共工程政策委员会认为“技术发展的社会影响已经变得如此之大，影响到国家政策和国家生活的许多基本方面。除非发展出可靠的手段来识别、研究和预测技术发展对我们社会各个方面可能产生的不同影响。不然，国家在社会动荡时期将面临越来越大的压力，在技术机遇时期也很难充

① U. S. Congress. House Committee on Science and Astronautics. Technology: Processes of Assessment and Choice. Report of the NAS. (Washington, D. C., 1969), 34-35.

分获益。”[①]

公共工程政策委员会报告建议，开展技术评估作为社会功能，可以通过以下方式使国会和公众受益，包括弄清现有社会问题的性质，因为这些问题受到技术的影响；为了达到有效控制技术负面影响，必要时进行立法；提供对未来问题的深刻见解，明确重点事项，并为国家资源分配提供指导；鼓励社会上的公共和私营部门开发最具社会适用性的新技术；向公众和政府提供替代解决方案应对当前问题的短期和长期影响。

主要结论包括：技术评估是可行和有用的；评估环境应不受政治因素或偏见影响，应对替代方案进行定性和评估，但最终决定不应成为评估的一部分；评估者应该是专家而不是利益相关者；在小组评估时，专家不应该带有偏见；技术对社会和政治影响需要深入调查，需要行为学和政治学专家广泛参与，工程师和经济学家最好能够参与合作；评估时间跨度应该是一年，评估小组只进行一个项目评估；管理组织受国会领导，向国会反馈，应该以服务国会为目的前提安排技术评估工作；为了充分考虑社会和技术问题，技术评估应包括分析不同政府战略及其社会影响之间的因果关系，并辅之以专家的直觉判断；技术评估应该分为由现有社会问题引发的技术评估和由新技术潜力发起的技术评估；由问题引发的评估的目标是利用现有技术形成最优的解决方案，对技术趋动的评估的研究要复杂得多；超过5年的技术预测可能是不可靠的，但是对于规划是有价值的；确定评估主题优先权的标准包括预期社会影响的广度和范围，立法者对问题的认知程度，以及目前技术发展趋势；评估后果必须包括推广和使用与“生活质量”有关的社会价值措施，以及传统的风险、效益、经济和技术标准；技术评估可以帮助国家确定未来的机遇和问题，从而提供必要的公共支持，抓住机遇，避开问题。

公共工程政策委员会也从3个技术评估实验中总结了一些观点认为，技术评估的有效性取决于准确的预测，但预测（尤其是创新技术）内容比预测时间更好，因为时间错误是由不可预见的社会、经济或政治事件引起的。公共工程政策委员会报告确定了两种基本类型的技术评估：涉及问题解决的技术评估，以及那些涉及将来由于技术扩散而产生的一系列影响的技术评估。因此，报告认为，由于新技术的不

① U. S. Congress. House Committee on Science and Astronautics. A Study of Technology Assessment. Report of the Committee on Public Engineering Policy, National Academy of Engineering. (Washington, D. C.: GPO, 1969), 3.

确定性和潜在的广泛影响，评估可能是国会最关心的问题，用适当方法进行技术评估很重要。因此，报告强调了行为科学在技术评估中的贡献。在认定那些可能受影响的团体时，社会科学和行为科学方面的专家能起到很大作用。因为在立法者的考量过程中，对公众反应的辨认和准确预测是至关重要的参考信息。

综合而言，这3项研究表明，进行技术评估是有必要的，只不过，技术评估只是向国会提供独立技术咨询的一种手段。众议院议员埃米利奥·达达里奥认为这一点在他以前主持的听证会开幕致辞有过暗示，有提到众议院在考虑是否要给国会建立一个技术评估机构。

9.2 技术评估的内容

如同上节所说，成立技术评估办公室最初设想源于20世纪60年代对科技所抱有的质疑态度，其中很多来源于政治上的激进分子。

1962年，蕾切尔·卡逊（Rachel Carson）发表《寂静的春天》这一著作，抨击了传统粗放式工业生产对环境的破坏，开启了环保运动的先河。它的出版迫使美国政府不得不重新审视以往政策，将环境保护纳入政府公共体系之中，对技术中立性抱有怀疑态度。

1969年听证会

美国国家工程院建议专家报告应直接提交国会，供其澄清有关科学问题，受其影响[①]，科学、研究与发展小组委员会于1969年11月进行了最后一组听证会，证人均来自政界或是学界，讨论了为国会建立一个技术评估机构的立法问题。而基于美国国家科学院的报告，众议院议员埃米利奥·达达里奥在听证会的开场陈述中，建议修改美国国家科学院报告中提到的关于技术评估的9个步骤，如下所述。

（1）为充分利用好现有技术，在技术、社会和环境等许多现有问题中，设置优先处理等级。

（2）持续警惕不可预见的后果或机会的早期迹象。

---

① U. S. Congress, House Subcommittee on Science Research and Development of the Committee on Science and Astronautics, A Study of Technology Assessment by the National Academy of Engineering, U. S. 91st Congress, 1st Session (Washington: GPO, 1969), 2.

(3) 选择具体的评估项目。

(4) 与合适的团体签订合同以执行评估。

(5) 协调行政部门的评估行动。

(6) 举行有公众参与的国会听证会，以获取评估结果，以及为证人评论提供平台。

(7) 工作人员分析评估结果、举办公众听证会。

(8) 进一步研究，并通过听证会来解决争议。

(9) 将调查结果提交合适的国会常设委员会以采取行动。

考虑到可能面临的批评意见，为安抚保守党议员，众议院议员埃米利奥·达达里奥在听证会开场陈述中就技术评估的功能说道："我觉得这里应该强调一点，那就是委员会并没有企图管制技术或是其使用方式，我们寻求的是建立一个能产生专家和独立信息的机构。"他还在开场陈述中向委员会主席保证，其通过委员会听证会获得信息的权力不会受到侵犯，"这些信息应该提交给国会任何一个可能需要它的委员会。这个新的技术评估组织不会获得比国会委员会更高的权限，而是作为一个提供信息的渠道而存在。让基于这一目的而建立的机构扮演顾问的角色，这并不是我们的意图。我们只是在寻求改进后的信息输入。我们也并没有想过要用这个新的机构来取代国会听证会"。①

不管众议院议员埃米利奥·达达里奥如何保证，共和党人仍然心生怀疑。众议院议员查尔斯·莫舍（Charles Mosher）质问第一轮的证人，美国国家科学基金会主管威廉·麦克罗伊（William McElroy）时，指出技术评估通常被称为一种早期预警系统，因此，这些评估结果可能会吓到我们，让我们有一种胆怯的感觉，以至于阻碍到技术的发展。威廉·麦克罗伊认同这个担忧，并列出关于技术评估的 3 个主要问题，包括：①技术评估是一个复杂的课题，几乎不能对此进行分类；②我们目前的科学知识状况，技术和数据库的不足，无法全面评估任何技术或技术系统；③迄今为止几乎所有的技术评估都主要关注技术的直接结果，因而我们从事的是一

① U. S. Congress, House Subcommittee on Science, Research, and Development of the Committee on Science and Astronautics, "Technology Assessment Hearings, 1969," U. S. 91st Congress, 1st Session (Washington: GPO, 1970), 2.

项新的、有待开拓的活动。[1]

听证会其他证词还来源于美国国会图书馆（Library of Congress，LOC）和美国审计总署（General Accounting Office，GAO），这两个机构都能为国会提供咨询服务。乔治华盛顿大学的路易斯·梅奥（Louis Mayo）教授分析了技术评估功能的组织要求。橡树岭国家实验室的阿尔文·温伯格（Alvin Weinberg）主任提到为支持技术评估研究，国家实验室的可能起的作用。俄克拉荷马大学的唐·卡什（Don Kash）指出了实质性技术评估行动所需的跨学科研究的新技能。国家标准局局长刘易斯·布兰斯科姆（Lewis Branscomb）博士声称，技术评估涉及两套学科：①技术分析和测量；②社会判断和决策。他在向科学、研究与发展小组委员会提交的报告和证词中强调道“目前已经把重点放在社会和环境质量指标这个难题上，很难将这些因素与新技术的收益和成本进行权衡”。他还说，“我们不能忽视这样一个事实：物理测量科学和心理反应科学中仍有许多非常困难的问题有待解决”。[2]

哈佛大学法学院的米尔顿·卡茨（Milton Katz）博士表示，可以利用法律手段来“内化”次级技术影响的成本。为什么我们假设的发电厂的废弃物造成的社会损失是“社会”成本或是“外部”成本呢？只有当法律制度恰好如此规定的时候，才能称之为“社会”成本或是“外部”成本。法律制度可以通过认可对企业的侵权诉因来转移成本负担。侵权判决能将公众原本承受的以空气污染或水污染形式而存在的成本重新转移给企业。普通法和成文法的法律制度一直在影响私营部门和政府部门的技术评估过程。[3]

公共工程政策委员会发言人劳伦斯·赫拉特（Lawrence Haftad）博士表示，技术评估的管理组织应该是国会的一个分支。他说，“行政部门已经拥有很好的基础，提供了重要的信息支撑。然而，我们需要的是建立一种机制，以给主观性加入

---

① U. S. Congress. House Committee on Science and Astronautics. Technology Assessment. Hearings before Subcommittee on Science，Research，and Development，1969，91st Congress，1st Session.(Washington，D. C.：U. S. GPO，1970)，5.

② U. S. Congress. House Committee on Science and Astronautics. Technology Assessment. Hearings before Subcommittee on Science，Research，and Development，1969，91st Congress，1st Session.(Washington，D. C.：U. S. GPO，1970)，195.

③ U. S. Congress. House Committee on Science and Astronautics. Technology Assessment. Hearings before Subcommittee on Science，Research，and Development，1969，91st Congress，1st Session.(Washington，D. C.：U. S. GPO，1970)，175-177.

一些更重要的批判性判断”。[①] 总统的科学顾问李·艾尔文·杜布里奇（Lee Alvin DaBridge）博士说：“技术评估并不意味着控制技术……它意味着通过某种机制来整合技术、机构理念、政府理念和政治理念，从而实现社会效益。”[②]

1969年8月，在新罕布什尔州安多弗（Andover），举行的一场关于技术评估的研讨会上，与会人员包括美国国会图书馆职员代表、国会委员会职员、工程师和院士，他们一起讨论了这3份报告。与会者通过对发电厂与生态的相互作用进行正反两面评估，探索和测试了技术预测对技术评估过程的重要性。与会者观点两极分化，一方赞成建立一个与国会和监管机构联系紧密的政府程序，他们关注技术管制，也关心技术应用所造成的生态/环境结果；另一方认为不应让评估和管制束缚技术创新活动，他们高度评价技术应用所带来的经济效益，并认为技术进步导致环境恶化这一指控是言过其实。

1970年听证会

1970年春天，科学、研究与发展小组委员会恢复了关于技术评估的听证会，重点讨论这个机构应如何设计以满足国会需要。[③] 达特茅斯学院的格内·里昂斯（Gene Lyons），曾任科学与公共政策学术委员会技术评估专家小组成员。他建议每年提交一份技术评估办公室的报告，以此来争取政治选民，建立权力基础。

1970年4月16日，众议院议员埃米利奥·达达里奥提交了第二份议案，即H.R.17046议案——《技术评估法案（1970）》（Technology Assessment Act of 1970），他说道：“议长先生，如今世界上最大的双刃剑大概非技术莫属了。很大程度上来说，人类的命运取决于我们如何利用科学技术。这种观点并非独树一帜，美国绝大多数最富有思想、受过优质教育的人都这样认为。一定程度上，现存的主要

① U.S. Congress. House Committee on Science and Astronautics. Technology Assessment. Hearings before Subcommittee on Science, Research, and Development, 1969, 91st Congress, 1st Session. (Washington, D.C.: U.S. GPO, 1970), 136.

② U.S. Congress. House Committee on Science and Astronautics. Technology Assessment. Hearings before Subcommittee on Science, Research, and Development, 1969, 91st Congress, 1st Session. (Washington, D.C.: U.S. GPO, 1970), 136, 223.

③ U.S. Congress. House Committee on Science and Astronautics, Technology Assessment, 1970. Hearings before Subcommittee on Science, Research, and Development. 91st Congress. 2nd Session. (Washington, D.C.: GPO, 1970).

问题大概都能归因到技术运用上去，或者说，通过更好地管理和利用技术，都能找到这些问题的解决办法。当前最显著的例子是环境问题……除非我们真的懂得技术——如何及何时利用它，如何及何时不对其加以利用，否则我们将永远无法解决困扰我们的诸多复杂难题。”

所有在听证会上作证的证人都为技术评估的概念背书，认可技术评估目标。然而，就如何更好地实施技术评估，证人之间存在一些分歧。华盛顿大学教授爱德华·温克（Edward Wenk）博士表示，技术评估可以帮助实现技术应用的全部效益。正如他和其他证人所说，技术评估基本上不是反对技术发展的手段，而是用来鼓励实施众望所归的技术的途径。美国科学促进协会执行董事戴尔·沃尔夫（Dael Wolfe）博士和其他证人警告说：“不能急于期待从国会技术评估办公室中获得成效，除了考虑主要影响外，我们还需考虑二级影响和三级影响。考虑到实际操作，我们还需把这个庞大的任务细化……并且，后续的实践也会推翻一些先前的推断和预测。在能自信预估二级影响和三级影响前，我们还有很多需要学习的地方。充其量而言，我们对精度也不要抱太高的期待。”他说，一旦克服了这些挑战，技术评估办公室将能够“增加关于技术发展和技术辩论的合理性”。

这些听证会上的证词对特定的立法不具备指导作用，其中，有几点基本结论是有一定共识的。

（1）新技术的发展，尤其是其应用，发展速度如此之快，对当代社会正产生或可能产生广泛的影响，而影响有好有坏，因此需要进行一个比当前更好的评估，来评估新技术的发展及应用的影响。我们不仅需要提高信息的准确度，也要大幅提高获取信息的速度。

（2）基于上述第一条提出的理由，我们必须进一步明确技术评估的内涵，并进行优化。

（3）联邦政府行政部门和立法部门都有必要运用技术评估手段。这应该互相补充，而不是视对方为竞争对手。

（4）在开展技术评估活动时，必须避免在新技术或研发技术应用方面扼杀创造力和创新能力。

（5）有必要进一步开展试点，以持续有效地提高技术评估能力。

（6）需要政府在技术评估方面的专门知识。[①]

在1970年的听证会上，有几位证人反对技术评估和技术评估办公室的设想。例如，皮茨学院（Pitzer College）政治学教授、反烟雾污染集团（Group Against Smog Pollution，GASP）主席约翰·罗德曼（John Rodman）认为，1968年，小组委员会《管理环境》工作报告的结论中，曾对技术评估作了如下描述："这个报告是基于某种特定类型的立场，可能明显有别于大部分活跃于生态保护活动的学生所持的立场，这是一个管理层面的系统分析，是建立在成本-效益基础上的。这个报告假定人类是支配型物种，利用其他一切资源来满足自己的利益等。"[②]

环境信息委员会前任主席罗伯特·卡特（Robert Karth）表示："与其建立一个由人民掌握所有技术评估的体制，并努力把这种体制在国会制度化……恕我直言，我们真正在寻求的并不是一个技术评估的可行机制，而是能使技术人性化的方法。"[③] 加利福尼亚大学圣迭戈分校经济学教授拉里·鲁夫（Larry Ruff）认为，市场力量是为社会服务的最佳手段，他坚决反对把技术评估作为"宏观管理"经济的另一政府战略。他认为："不能对这一假设放任不管，即认为以上描述的技术评估类型是——或者很有可能是有用处的，甚至是无害的……世界，尤其是人类社会，对每个人、每个团体来说，都如此复杂，如此联系紧密，以至于难以查明技术的直接影响和衍生效应，这种情况即使在过去亦是如此……那些自认为了解技术会带来哪些影响的专家，实际上并不知道，甚至还没有意识到他们不知道这一点。这使得他们在公共论坛上很有优势，因为知道答案的人总是比怀疑问题的有效性的人更有趣。为了解决环境问题，我们并不需要这种类型的专家评估或是预测。相反……我

① U.S. Congress. House Committee on Science and Astronautics, Establishing the Office of Technology Assessment and Amending the National Science Foundation Act of 1950. Report No. 92-469. Hearings before Subcommittee on Science, Research, and Development. 92nd Congress. 1st Session. (Washington, D.C.: GPO, August 16, 1971), 15.

② U.S. Congress. House Committee on Science and Astronautics, Establishing the Office of Technology Assessment and Amending the National Science Foundation Act of 1950. Report No. 92-469. Hearings before Subcommittee on Science, Research, and Development. 92nd Congress. 1st Session. (Washington, D.C.: GPO, August 16, 1971), 537-538.

③ U.S. Congress. House Committee on Science and Astronautics, Establishing the Office of Technology Assessment and Amending the National Science Foundation Act of 1950. Report No. 92-469. Hearings before Subcommittee on Science, Research, and Development. 92nd Congress. 1st Session. (Washington, D.C.: GPO, August 16, 1971), 779-782.

们应该引入在这块领域长期缺席的市场机制——让每个污染排放者为此支付费用。”[①] 其他批评者同样认为，让政府参与科学技术的发展过程实际上是一种调控形式，有来自商界的人士就担心来自政治光谱的阴暗方面、不民主的非专业科学人士的“骚扰”；而且也担心“技术评估”会颠覆民主的核心原则。[②]

针对这些评论，众议院议员埃米利奥·达达里奥强调了技术评估能为国会提供具有附加值的信息和分析。他指出：“我们在这个问题上的分歧之一，是你们把评估作为另一种形式的规定与管控，如果你们仔细检查委员会做过的评估研究和提出过的观点，你们就会发现，这恰是我们在避免的问题……为了使项目有效进行，国会一定有能力分辨出复杂的科技风险项目的影响。它（委员会）并未表示要管控每个出现的科技玩意，相反，为了评估如何使这些国会项目较之前更好地发挥作用，它仔细分析了这些项目所涉及的复杂机制。”[③]

民主党众议员詹姆斯·赛明顿（James Symington）基于行政机构和立法机构之间，尤其是就科技政策的权利斗争，认为：“今天大会的这个法案，是由小组委员会主席达达里奥跟莫舍先生起草和介绍的……法案提议建立一个为国会服务的技术评估办公室……国会过去在这个领域一直表现得很无知，也缺乏足够的指导来做出真正有用的明智决策。过去，我们只是简单地同意行政方案，而且可能实行这些方案时不免有些仓促和错误。”

众议院议员埃米利奥·达达里奥也开始争辩道，技术评估办公室将满足国会对独立信息和建议的需求：“这些听证会是过去5年来我们小组委员会的两个主要活动领域交叉融合的体现。”他随后强调了技术评估办公室在这两个部门间实现平等的重要性，“自1963年以来，小组委员会的很大一部分工作就是与外部团体一起为国会开拓信息和建议渠道。我们已经认识到，必须为国会提供必要的技术信息的独

① U. S. Congress, House Subcommittee on Science, Research and Development of the Committee on Science and Astronautics, “Technology Assessment and the Environment: Hearings before the Subcommittee on Science, Research and Development,” U. S. 91st Congress, 2nd Session (Washington, D. C.: GPO, 1970), 361-364.

② U. S. Congress, House Subcommittee on Science, Research and Development of the Committee on Science and Astronautics, “Technology Assessment and the Environment: Hearings before the Subcommittee on Science, Research and Development,” U. S. 91st Congress, 2nd Session (Washington, D. C.: GPO, 1970), 52.

③ Derek Medford, Environmental Harassment or Technology Assessment? (New York: Elsevier, 1973).

立渠道，而不是几乎一直依靠行政部门。在我看来，只有通过这种形式，才能使国会在联邦结构中保持一个平等地位。”

因此，在“学术研讨会”、3份研究报告和几场听证会对技术评估进行了一番探讨之后，科学、研究与发展小组委员会开始起草法规，计划建立技术评估办公室。

政治中立和政策关联

技术评估办公室运作方式最突出的两个特征是该机构对外部专家意见的依赖及其试图保持“中立”的方法。该机构从行政部门的专家那里获取建议，同时也引进大量政府之外的专家智慧，从而保持中立。技术评估办公室依赖于咨询小组、重要评论者和问题各方利益相关者的意见，会不定期主办会议和研讨会，组建工作组，通过现场调查和研究寻求建议。技术评估办公室拥有不到200名员工，每年却可能请来2000名外部专家。

技术评估办公室的报告并不是向国会提出权威的“共识”建议，相反，其报告力求完整和公正，并提供了一系列政策选择。这种方法并没有得到每个人的认可，一位众议员曾经向《纽约时报》抱怨说，“我们需要明确的战略建议”而不是“一系列政策选择”，但这是技术评估办公室博得两党欢心的唯一方法，也是在持不同意见的局外人眼中保持可信度的唯一途径。技术评估办公室设法将专家咨询的弊病变成了优势。政治领导人一直抱怨专家建议的不坚定和空泛。杜鲁门总统对那些总是给出“另一方面”经济建议的顾问大为恼火，他尤其希望有一名坚持某一面观点的经济学家。然而，技术评估办公室通过提供具有多种政策选择的报告，试图保持中立，让决策者之间而不是专家之间针锋相对。

然而，中立是旁观者眼里的中立，办公室多年来的一些报告引发了大家对该机构公平性的质疑。有些产业政策报告使共和党人抱怨，有些关于放松管制的报告使民主党难以接受，还有一些报告则不时引起大家争议。1990年，该机构对替代性癌症治疗方法的调查甚至将抗议者带到了机构自己的办公室。但是，这些都没有技术评估办公室关于里根总统提议的战略防御计划（SDI）的报告那样具有争议性。里根总统宣布这项计划仅一年多之后，于1984年4月，技术评估办公室就进行了首次回应。这不是一次正式的官方出具的“评估”报告，而是由与该机构签订合同的物理学家撰写的背景论文。它缺乏通常的技术评估办公室顾问小组和利益相关者的参与和建议，并且完全是该合同制人员对使用空间激光武器和其他“定向能武器”击落飞向美国的导弹技术可行性分析。该论文得出的结论是，弹道导弹防御系统如其所宣传的那样“运转”的机会非常渺茫，不应将其作为公众期望或国家政策的基础。五角大楼（美国国防部）和白宫强烈反对该结论，新闻界对此进行了一整天的报道。第二年，技术评估办公室发布了关于战略防御计划（SDI）更具特色的报告，结论较为适度、更加深入，但也更加模棱两可。最终，在1988年，第三份报告（完整的机密版本大约有900页）对导弹防御持悲观态度，得出的结论是，充其量只能将“少量”的苏联导弹销毁。这再次引起轩然大波，其中内容还向民主党参议员提供理由以缩减该计划。许多共和党人对技术评估办公室在导弹防御方面的立场表示不满，这种怨恨后来又反过来困扰着办公室。

当然，技术评估办公室的绝大多数报告都没有争议性，并且很大程度上受到了新闻界和公众的关注。大多数报告只是政策过程中的辅证材料，主要是帮助提炼可靠的事实，阐明争论并提升国会的认识。布鲁斯·宾伯认为该机构“没有以明显的方式进行投票或改变舆论，但通常在相对模糊的领域运作，帮助委员会确定问题并制定政策议程。[①]”大多数国会工作人员表示，他们认为技术评估办公室的报告很有用，但无法知道在繁忙的国会山上，有多少议员实际阅读过这些长篇报告。办公室也经常提供面对面简报，是一种简短的独立出版物，方便调查结果阅读。后来，办公室还为国会议员们进一步改进，提供精简的一页“摘要”。但是，对于那些时间紧张的立法者来说，这些摘要仍然不够简洁。有众议员甚至建议将一页摘要精简为两行文字，也有参议员提议将摘要精简至索引卡大小。

评价技术评估办公室对立法产生多大效用是很难的。一些技术评估办公室的报告，涉及测谎测试、工人失业、卡车运输业、冷战后国防开支及医疗卫生的预防性干预等，与后来成为法律的具体法案直接相关。还有一些报告与已提出但最终没有成为法律的法案相关。同时，衡量技术评估办公室对立法的影响，困难在于办公室有时也相信国会会扼杀法案或什么都不做。

技术评估办公室的报告吸引着国会以外的政策群体，形成的报告甚至拥有相当多的国际读者。当然，也有很多报告平淡无奇、枯燥乏味；大多数报告清晰明了，甚至极具说服力。随着时间的流逝，技术评估办公室大量报告都“过时了”；现在，

① BRUCE BIMBER，1996. The politics of expertise in congress：the rise and fall of the office of technology assessment [M] . Maryland：The Johns Hopkins University Press.

对于研究其历史价值，也很有趣。大量报告形成的结论甚至在今天仍然很有意义。有关制药行业、核武器的影响、病历的私密性、在爆炸物中添加标志物及汽车效率的报告就是如此。技术评估办公室关于衰老和老年痴呆症的报告仍然经常被引用。律商联讯（LexisNexis）数据库中有很多出版物的评述就引用了这些报告。

1991年和1992年，有两篇关于“反恐技术”的报告，1993年关于大规模杀伤性武器的另外两篇报告，其中一篇关于扩散，另一篇关于所涉及的具体技术，都是非常有代表意义的报告。在过去的几年中，这两份大规模杀伤性武器的报告被参考印证多次，有时被用作大学课程的入门书。据前技术评估办公室员工，现在是美国科学家联合会的负责人亨利·凯利（Henry Kelly）称，这两篇报告在国会山获得了新的价值。国会在“9·11”之后不久受到炭疽恐怖袭击时，议员们就搜集相关大规模杀伤性武器的报告，寻找任何他们能找到的指南。

技术评估办公室令人印象深刻的是其保持的公正性，以及对提升国会工作的影响，报告的预见性和有效性等，但是该机构也受到许多批评。当国会山政治风向转变时，技术评估办公室的命运就很难说了。

9.3 技术评估办公室的废除

1993年1月，比尔·克林顿（Bill Clinton）入主白宫，他选择了技术评估办公室主任杰克·吉本斯（Jack Gibbons）担任科学顾问。罗杰·赫德曼（Roger Herdman）博士则取代杰克·吉本斯担任技术评估办公室主任一职。罗杰·赫德曼9年前离开斯隆-凯特琳癌症中心，负责技术评估办公室的健康与生命科学部门。

尽管罗杰·赫德曼并不打算对技术评估办公室的流程和运作方式进行大的改动，但他也明白必须进行一些管理上的改变，包括机构财务压力，报告编制效率等问题。因此，罗杰·赫德曼采取了几项措施来简化该机构，重组其计划并削减管理人员的数量。

紧缩开支只是更深层次变化的一个迹象。尽管民主党人仍然控制着国会两院，但共和党人异常庞大的新生阶级却形成了强大而激进的保守派集团。1993年，少数保守派试图终止对技术评估办公室的所有资金支持。尽管这些努力并没有取得多大进展，但这显然也发出了该机构需要适应时代变化的清晰信号。

1994年大选，共和党40年来是首次夺得国会控制权，也就是说，共和党人可以在一定程度上控制参众两院的改革议程，包括削减国会开支的承诺，减少对委员会工作人员的资金支持等。在参议院，共和党人迅速采取行动削减国会支撑机构，包括彻底废止美国技术评估办公室。实际上，取缔技术评估办公室并不会为国会节省多少资金。技术评估办公室是迄今为止规模最小的国会机构，每年开支约2000万美元，占国会预算总额的1%，而联邦预算总额为1.5万亿美元，相对于此而言更是微不足道。但是取缔技术评估办公室，主要是要表明他们在机构改革上的重视，提高共和党削减预算的公信力。显然，削减开支不是共和党领导人提出的废除技术评估办公室的唯一理由。一些批评家认为该机构是冗余的，与国会议员必须做出的决策无关，他们只是发布了"重复性的报告"。但是，实际上，其他机构的工作都没有与技术评估办公室的工作有明显重叠，而且没有其他组织（无论国会内外）在与科学技术有关的政策问题上进行同样的分析。

废除技术评估办公室的另一个原因在于其运作缓慢。通常，技术评估办公室的一份报告需要18～24个月才能完成，这在快节奏的国会大厦中，时间太过漫长了。众议院科学委员会主席罗伯特·沃克（Robert Walker）指出该机构对"立法节奏"毫无感觉。技术评估办公室的报告需要太长时间才能形成结论，对于一个需要短时间解决问题的机构来说太迟。这理由合理，但是该机构人员认为技术评估办公室所涵盖的主题通常不具有时间敏感性。美国技术评估办公室倾向于处理一些不太紧急的问题，而不是紧迫性的困境和威胁。从完成的报告来看，该机构确实处理了一次又一次国会面临的长期问题，某些报告甚至可能被认为早于现实几年。

废除技术评估办公室还有特殊理由是，认为该机构是立法者和专家之间的"不必要的中间人"。这种说法似乎源于前议长纽特·金里奇（Newt Gingrich），他曾说过国会议员应该通过与科学家直接互动来获取他们所需的信息。正如纽特·金里奇在2004年对合众国际社（United Press International，UPI）记者说的那样："为什么要在您和科学家之间设置过滤器?"国会议员可以召集研究人员就前沿科学问题进行咨询。同样有意义的是，这个观念也出自纽特·金里奇，他确实与科学界互动，并且为当前"过渡时期"中间人的消失做了预言。但是将技术评估办公室仅仅视为一种无关的过滤器或中间人过于简单化了。

理想情况下，该机构将记者、译者和事实核查员的多重角色融为了一体。首先，技术评估办公室扮演着新闻记者的角色，对不同来源的大量信息进行分类。立法者在解决紧迫的科学技术问题上仅就一两个专家寻求直接建议是不够的；科学技术问题通常充满争议，需要广泛的观点，尤其一些跨学科的问题是任何人都无法独立解决的。其次，技术评估办公室充当译者的角色，试图弥合科学语言和政策语言之间的鸿沟。技术术语和概念需要解读，而科学家通常不是最好的解读者。技术评估办公室使科学界和政策界都能理解这两种语言。最后，技术评估办公室充当事实核查员的角色，试图揪出“庸医”，消除被科学风潮所吸引的国会议员的盲目狂热。如果决策者和技术顾问之间没有可信的事实核查员介入，则决策者通常没有依据来判断他所获得建议的质量。当然，美国技术评估办公室在这些关键问题上的成功取决于其客观性，在某些情况下取决于克服在技术评估办公室员工中占主导地位的某些意识形态偏见。该机构是否实现了客观性目标是许多保守派争论的焦点，这常常伴随着他们对自身意识形态的热忱。

确实，许多共和党人仍然对技术评估办公室关于20世纪80年代导弹防御的报告感到不满，还有一些人回想起该机构在20世纪70年代的身份认同危机，当时泰德·肯尼迪似乎将技术评估办公室变成了自己的“游乐场”。尽管他们只是很少公开承认这一点，但许多国会共和党主要领导人和工作人员认为，美国技术评估办公室太过自由，无法继续取得适用的成果。他们认为，该机构利用“科学客观性”和“政策中立性”的外衣破坏了保守的政策构想并推广了自由主义的构想。

由于技术评估办公室主要与委员会主席合作，多数国会议员认为与该机构没有直接关系；因此在初级议员中没有直接的支持者，很多新生阶层实际上没有意识到该机构的存在。民主党与共和党中只有少数支持者，包括技术评估办公室管理委员会。为了使美国技术评估办公室得以存续，进行了一些努力，包括提出将该机构并入到其他国会支撑机构的建议。但是这些努力没有实现，技术评估办公室的资助停止。该机构于1995财政年度的最后一天9月29日正式关闭，从而结束了为期20年的国会科学技术咨询实验。

建议上的缺陷

如果国会中的共和党人期望从废除美国技术评估办公室获得任何积极的信号，他们必然要感到失望。立法者无法对媒体关于“优先削减国会开支”的信息进行管控，也无法消除将废除技术评估办公室描绘成短视行为的批评。支持该机构的国会议员将该机构的废除描述为严重的错误。参议员爱德华·肯尼迪与共和党众议员阿莫·霍顿（Amo Houghton）签署了一封联合信，将技术评估办公室的裁撤与一些欧洲君主“不资助哥伦布的第一次远征”的决定相提并论。[①]

自从美国技术评估办公室被废除以来，国会议员不得不依靠其他信息渠道来获取科学和技术建议，而这些渠道在技术评估办公室存在的时候就已经使用，但是却不能取代技术评估办公室。许多立法者通过非正式渠道和联系寻求建议，就像2001年奥林·哈奇（Orrin Hatch）参议员试图了解胚胎干细胞研究时那样。根据《国会季刊》（*Congressional Quarterly*）的报道，这位反堕胎的参议员决定根据他认识并信任的犹他大学儿科医生和他定期咨询癌症研究人员的建议，支持破坏胚胎的研究。

国会议员还向受过科学训练的同行寻求建议。《美国医学协会杂志》（*Journal of the American Medical Association*）最近的一项研究发现，自1960年以来，国会议员中大约有1%的人是医生；在共和党的前100年，这一比例接近5%。这些议员自然会得到其同事的帮助。例如，密歇根州共和党众议员弗农·埃勒斯（Vernon Ehlers）是一位物理学家，他就帮助其他议员在国家科学基金会预算听证会之前弄清楚什么是“ATM和博弈理论”，告诉他们这是一种通信中的编码方案及用于概率分析的数学方法，符合国家科学基金会的指南要求，避免了因为理解偏差险些将热门研究领域排除在外。

国会议员科学技术信息的另一个来源是他们的幕僚。在众议院中，议员通常只有一名幕僚，对包括科学技术在内的议题有一定的了解。参议院办公室拥有更高一级的幕僚，通常是一名幕僚，在极少数情况下会有两名，主要集中在科学技术政策上。国会幕僚有时还需要财务专家作为补充：国会科学与工程研究奖金计划（The Congressional Science and Engineering Fellowship Program）每年将30余名科学家和工程师吸引到国会大厦，在议员和委员会的办公室工作。但是，这些研究员与其他受困扰的国会幕僚一样，很少有时间深入研究技术问题，而且他们流动性大，几乎不可能进行长期分析。

众议院科学委员会和参议院科学、技术与空间小组委员会等各种委员会经常举行各类听证会，许多知名专家参加，委员会幕僚也会在许多复杂的立法问题上进行一些基础工作。但是给出依据的证人并不能代表所有观点，幕僚很难有足够的时间或专业知识来全面、仔细地分析这些复杂的问题。国会还从为行政部门机构工作的

① KEIPER A，2005. Science and congress [J]. The new Atlantis：a journal of technology and society，Fall 2004/Winter 2005：19-50.

科学家和技术专家那里获得宝贵的建议，但是，立法机关又在立法范围内资助和监督这些机构，因此这类建议的客观性方面可能要打折扣。

华盛顿的许多智囊团和智库组织在技术问题上也为国会提供了大量专业知识，但可靠性却千差万别。这些组织中有一些聘请了著名的学者，他们对复杂的科学政策问题进行了认真的分析。他们在国会山论证，撰写文章、报告和书籍，进行大量的演讲，有时还以电视新闻专家的身份出现。有些组织还会雇用一些政策宣扬者，他们在党派战中群情激昂地战斗。由于这些组织倾向于按照与政党相同的意识形态进行划分，因此它们给许多政策辩论带来了“你说你的，我说我的”，但都有专家支撑观点的感觉。

美国最值得信赖的科学建议来源是国家科学院综合团体，包括国家科学院、国家工程院、医学研究所和国家研究委员会。后者组织“蓝丝带（Blue ribbon）”小组，每年为国会进行20项左右的研究，其中许多被认为是科学问题的权威性声明。自从美国技术评估办公室被关闭以来，美国国家科学院聘用了许多技术评估办公室员工（约50人），并且与技术评估办公室存在时相比，国家科学院为国会提供了更多研究支撑。

但是，作为国会的科学技术建议，美国国家科学院的报告仍有很多不足之处。其研究报告是由杰出的科学家撰写的，缺少公众或利益相关者的大量参与，尤其利益相关者容易受到其结论的影响。根据后来在国家科学院工作的技术评估办公室前主任罗杰·赫德曼的说法，专家组有时有意设计促成共识性意见。这种做法几乎与美国技术评估办公室背道而驰。技术评估办公室的研究报告都是由政策分析师撰写的，他们期望有相互冲突的观点，不必达成共识，可以自由地提出一系列选择，而不必提出权威性的建议。与许多以客观性为最终目标的科学问题不同，大多数政策问题都涉及在不同的选择中进行比较，每种选择都有相应的权衡和取舍。

另外，国家科学院的研究通常太慢。尽管技术评估办公室经常被批评花费长达两年的时间来完成其报告，但国家科学院通常需要更长的时间。在某些情况下，美国国家科学院花了两年时间才开始进行研究工作。客观地说，美国国家科学院最近发布了几份报告，所用时间已大幅减少，并计划采取措施进一步改善。但总的来说，国家科学院的报告比技术评估办公室的报告要不够及时得多。

最后，国会不是国家科学院的唯一控制者。国家科学院服务行政机构进行研究的体量是国会的5倍。即使国会下令进行一项研究，经费也不是直接来自立法机关，它通常是通过行政机构资助的，而行政机构可能会反对这项研究并保留该笔经费。而且由于国家科学院与国会分离，因此它们无法真正就其报告主题提供持续的立法建议。相比之下，技术评估办公室的工作人员向国会议员提供了很多进行中项目的初步报告，并可以在完成后作为内部专业知识的重要来源。

国会在其他3个支撑机构中还有专业知识来源和渠道。这些机构中最年轻的是国会预算办公室（成立于1974年，晚于技术评估办公室两年），从事经济分析，在科学和技术咨询方面作用甚小。最早的机构是国会研究服务中心（成立于1914年，成立之初另有其名），提供信息和分析服务。它惊人的产出能力和丰富的工作人员每年及时回答国会议员对每一个可以想到的主题提出的问题。国会研究服务中心的资源、科学和工业部门几乎就科学技术政策的各个方面撰写有重要影响的报告。尽管有人建议国会研究服务中心可能成为技术评估办公室过去进行的那种技术评估的新机构，但都没有成行，主要是因为：第一，国会研究服务中心强调事实收集和报告，而不是借由来自不同利益相关者的全面分析；第二，由于国会研究服务中心的存在仅为国会服务，因此其报告不会正式发布；第三，国会研究服务中心的速度之快使得技术评估办公室那样缓慢而精细的分析几乎是不可能的。正如一位之前在技术评估办公室工作的国会研究服务中心员工指出，技术评估办公室的研究通常需要一年半以上的时间才能完成，而在国会研究服务中心，任何需要两周左右时间的研究过去都被称为“重大项目”，而且在国会研究服务中心的时间比在技术评估办公室的时间要分散得多。第三家国会支持机构是美国政府问责办公室（GAO，成立于1921年）。在2004年之前，它一直被称为美国审计总署，其名称的变化反映了其使命的改变，从最初核查政府账簿的机构到对政府计划进行更深入调查和评估的机构。乍一看，政策问责办公室似乎不太可能成为专门的科学技术建议的来源。但是在过去的几年中，肯定技术评估办公室的立法者设法向政府问责办公室的预算中投入资金，因此该机构可以进行一些技术评估办公室风格的技术评估。第一个评估是关于在边境安全中使用生物识别技术的评估，于2002年11月发布，令人印象深刻。第二份报告是关于网络安全的，于2004年5月发布，其间做了详尽的工作，解释了当前许多网络安全问题，但是分析和建议仍然很薄弱。

由于政府问责办公室试点评估项目的成功，办公室在2004年尝试成立一个永久性的“科学技术评估中心（Center for Science and Technology Assessment）”，这实质上成为技术评估办公室的化身。这项努力是由新泽西反战的自由派民主党众议员拉什·霍尔特（Rush Holt）领导发起。自从1999年进入国会以来，拉什·霍尔特就率先致力于重新成立技术评估办公室，并取得了一些显著成效。例如，2001

年提起法案获得 87 个提案联署人的支持（几乎全都是民主党人），以恢复针对该机构的资金支持①。到目前为止，拉什·霍尔特的所有努力都以失败告终，包括 2004 年计划将技术评估办公室复制纳入政府问责办公室。但是，众议员拉什·霍尔特的努力受到一小部分科学政策支持者的鼓励。在技术评估办公室解散后，其中一些人成立了短暂的“技术评估研究所（Institute for Technology Assessment）”，目的是将技术评估办公室的使命带给私营部门。他们中的一些人每年都举行“xOTA”野餐聚会，而许多人则在“xOTA”电子邮件列表中跟踪技术评估办公室再次成立工作的进度。这些前工作人员大多对技术评估办公室怀有怀旧之情，对其解散深表遗憾。

这些人中有一些参加了 2001 年在华盛顿举行的大型研讨会，研究成果汇入前面所提到的《国会科学技术咨询》（*Science and Technology Advice for Congress*）。这本书权衡了提升国会获得其技术专业知识方式的几种不同体制安排的利弊，它借鉴了技术评估办公室的历史及以其为范例的众多欧洲技术评估机构的经验教训。

改革的想法一遍又一遍地反复出现：首先，由于互联网技术的发展，新的类似技术评估办公室的机构必须比技术评估办公室速度更快，及时做出响应。其次，它必须更加精简敏捷，其分析研究产出要比书本报告精练，同时还要进行长期研究，正是长期研究使得技术评估办公室具有独特的价值。再次，它与国会的关系必须有所不同，也要接受普通议员的要求。最后，它可能需要一个新名称；“技术评估办公室”这个名称不仅让某些国会议员脑中浮现糟糕的画面，同时也不能表明机构将履行的全部职能。最大的问题是，是否会重新成立这样的机构，是否应该如此。大多数共和党人在这两个方面都持否定意见。

保守派观点

国会共和党人反对重新建立技术评估办公室有以下 3 个基本原因：成本、自尊心和对偏见的担忧。考虑到与整体预算相比，此类机构的支出占比很小，因此对成本的担忧不是个大问题。自尊心这种情绪会妨碍民选议员承认错误并清楚地认清事实。尽管大多数负责废除技术评估办公室的共和党领导人都已离开，但为反对技术评估办公室而努力的少数议员仍在，不希望公开推翻废除技术评估办公室的举动。

① 由于国会从未废除《技术评估法》，因此该机构在法律上仍然存在；但是没有资金支持。

共和党反对的最重要原因是，认为技术评估办公室是一个有偏见的组织，并且认为它的整个方法被误导，即为自由主义政策思想和偏见提供所谓科学依据的方法。早年最大的支持者是自由派人士爱德华·肯尼迪，他努力将技术评估办公室的员工与他的追求联系在一起。创建技术评估办公室时他在，废除技术评估办公室时他也在，伴随着整个存在时间。该机构的第二任主任罗素·彼得森（Russell Peterson）是共和党人，但他是如此的自由，以至于他在1996年转投民主党，为艾伯特·戈尔和约翰·克里（John Kerry）的竞选活动提供资金支持，并于2003年发表了煽动性和怨恨的言论，指责“极右翼共和党人”“利用邪恶伎俩和阴谋来改造美国”，并发起“对美国人数十年来所创造生活方式的全面攻击”。科学作家丹尼尔·格林伯格（Daniel Greenberg）在2001年的《科学、金钱和政治》一书中对技术评估办公室的第三任主任约翰·吉本斯（John Gibbons）进行描绘：他是一个物理学家，热忱的环保主义者，是艾伯特·戈尔从众议员到参议员再到副总统期间的同僚。1992年，当选总统比尔·克林顿任命约翰·吉本斯担任总统的科学技术助理。当约翰·吉本斯转任白宫工作时，他带去了几位技术评估办公室资深工作人员，这强化了技术评估办公室与民主党之间政治亲和力的合理印象。20世纪80年代，许多共和党人深信技术评估办公室关于战略防御计划（SDI）的报告只不过是党派之间的恶意攻击而已。技术评估办公室是没有党派性质的，不会询问其新员工的政治隶属关系，但技术评估办公室职员坦承，该机构的办公室里“大多数是自由派人士”，并且是“ 80%～90%是民主党人”。

总体来看，技术评估办公室的报告有着微妙的亲政府和中间偏左的观点。一些热衷于要求技术评估办公室的回归的组织和个人包括：自由派的忧思科学家联盟，自由派美国科学家联盟主席亨利·凯利（Henry Kelly），自由派民主党国会议员拉什·霍尔特（Rush D. Holt），自由派科学作家克里斯·穆尼（Chris Mooney）等。

技术评估办公室看似“左倾”的过往经历使得大多数国会共和党人反对重新成立该机构或类似机构。当然，也有观点认为，尽管技术评估办公室可能花费数千万美元，但它有可能通过反对浪费性的项目来为国家节省数百亿美元。而且，立法部门需要自己的科学和技术咨询来源，并独立于行政部门的渠道。在一个又一个的问题上，国会只是跟随行政机构的领导，而没有对科学问题制定愿景来制定政策议程。在废除技术评估办公室后，立法机关少了进行科学分析的咨询渠道，从而将其部分实权移交给了行政机关。正如国会由于面临许多经济问题而拥有执行独立经济分析的机构一样，国会也应该拥有对所面临的科学技术问题进行独立分析的机构。

同时，基因编辑、人工智能等新兴技术的不断涌现，对于联邦政府来说，每一个主题都与深层次的经济、社会、伦理、法律等密切相关，民众很想知道立法者及其工作人员在这些问题上的准备程度或受过良好教育的程度。行政部门和立法部门之间的专业知识差距，从长远来看，有必要加以纠正以保持力量平衡。技术评估办公室的功能可能只是迈向补救的第一步，只要它仍然是对科学问题进行独立分析的中心，而不是将所有政策问题简化为仅凭科学知识就能解决的问题。

面对关键但极其复杂的科学问题的治理挑战，20 世纪 70 年代的国会领导人做出了很大的努力，以获得客观和可靠的专业知识。今天的国会领导层面临着巨大的挑战，不仅应该学习技术评估办公室的负面教训，而且应该汲取积极的内容，并应该以自己的方式，建立自己的专业科学技术咨询机构。

9.4　何去何从

技术评估办公室推动了对技术的社会影响评价，作为政策分析的佼佼者，其研究报告本身为各种政策问题提供了高质量的学术参考。在技术评估办公室之后，欧洲许多国家也都仿照建立了类似机构。法国研究和技术部于 1982 年设立了研究和技术高级审议机构。英国于 1987 年设立了科学技术咨询委员会，作为英国首相科学技术的咨询机构。荷兰、丹麦、瑞典等国也先后成立了专门技术评估机构。此外，这些国家在 20 世纪 80 年代后期陆续开发出许多创新的技术评估模式，如共识会议、协商民意调查、公民陪审团、愿景工作坊等，以吸收公众参与科技政策。

但技术评估办公室出现和终结的过程，也揭示出了科学与政治、科学家与政治家之间密切而复杂的关系。政治家们希望技术评估办公室的专业知识支持他们的政策主张的政治正当性，而不会愿意专业知识损害他们的立场。他们需要的是技术评估办公室的专家们筛选出问题并形成可能的解决办法，然后再由自己做出政治判断。政治家对技术评估办公室专家的需求，取决于专家的专业能力是否有助于加强政治家制定政策的权力。政治家征求专家意见并不简单为了更好地决策，而是因为他们要控制整个政策过程。政策专家如果不能同时满足这两个目标，那么他们在政治过程中也不会有一席之地。知识不仅为政策服务，更是为权力服务，在专家与政治的关系中，专业信息对决策权力的贡献比对政策内容的贡献更为重要。

另外，专家能否保持政治中立也是一个问题。人们希望政策制定者能够从中立而可靠的专家那里获得现有的最好的知识，而不仅仅是一些倾向性主张或者是与政策结果有重大利益关系的“垃圾科学”。专家意见的政治价值负载，并不是由于个别专家缺乏科学知识，而是和科学研究活动的本质特点有关。专家间的争议是科学研究的常态，科学其实就是提出更多问题，而不是提供更多答案。因此，不可能指望个体专家提供理想中的客观事实。

技术评估办公室存在的日子里，其对国会立法过程影响有限。鉴于政策过程的本质，技术评估办公室专家们的主张，只是影响决策过程的多种因素，包括价值观、利益、党派、意识形态、地区差异、忠诚与承诺、对抗与竞争、职业志向等中的一个。它并没有能够左右关键投票或改变民意，而是通常在比较模糊的领域内帮助委员会形成问题框架并确立政策议程。但是，技术评估办公室的实践也为如何在一个具有多元利益的制度设置里，以客观性与中立性的态度来集合多元专家意见，提供了一定的经验。在政治冲突的环境下获得较为中立的专家意见是可能的，关键不在于专家个人的职业行为或政治家动机，而在于科技咨询的制度结构。

第10章　绕不开的话题：总统与国会

根据美国宪法，美国政治制度的一个重要原则是三权分立，即国家权力分为立法权、行政权与司法权，分别由国会、总统和法院行使，各自独立，又互相制衡。尽管，对上述权力划分有明文规定，但仍有不少含糊不清之处，因而，国会和总统经常发生争执和权力冲突。总统一方面是国家元首兼行政首脑，但同时又是事实上的重要立法者。总统每年向国会提出的国情咨文和预算咨文都是总统要求国会立法的内容和根据。总统在立法过程中占有非常重要的地位，科技议题亦是如此。总统也成为国会最具影响力的游说者，其游说直接影响府会之间的互相关系，成为影响国会立法和举措的重要因素之一。

10.1　关于科技政策的分歧

独立又平等的部门

美国制宪者将全部的立法权赋予国会，授权国会制定一切必要的和适当的法律，因此，国会被认为是美国联邦政府的“第一部门”，也是共和体制的基础[①]。国会负责制定法律，但总统可以否决国会制定的法律。最高法院可以宣布国会通过并经总统签署的法律违宪，但最高法院和其他所有联邦法院的法官都是由总统经参议院批准后任命的。总统负责实施法律，但所需经费则由国会负责提供。而且，参议院和

① 刘永涛，2010. 美国国会和总统关系［M］. 上海：上海人民出版社：10-11.

众议院均对彼此的立法享有绝对的否决权，因为任何议案都必须同时经参众两院同意[①]。詹姆斯·麦迪逊（James Madison）在《联邦党人文集》第51篇中写道：“防止权力逐渐集中于一个部门的最保险的办法，就在于给予每个部门的领导以必要的宪法手段和个人动机来阻止其他部门做出超越其职权范围的事情……即必须以野心对付野心”。因此，詹姆斯·麦迪逊认为必须把这3种权力做必要的“基本区分”，同时还要使各权力之间有适当的混合与重叠，只有这样才能实现相互制衡（图10-1）。

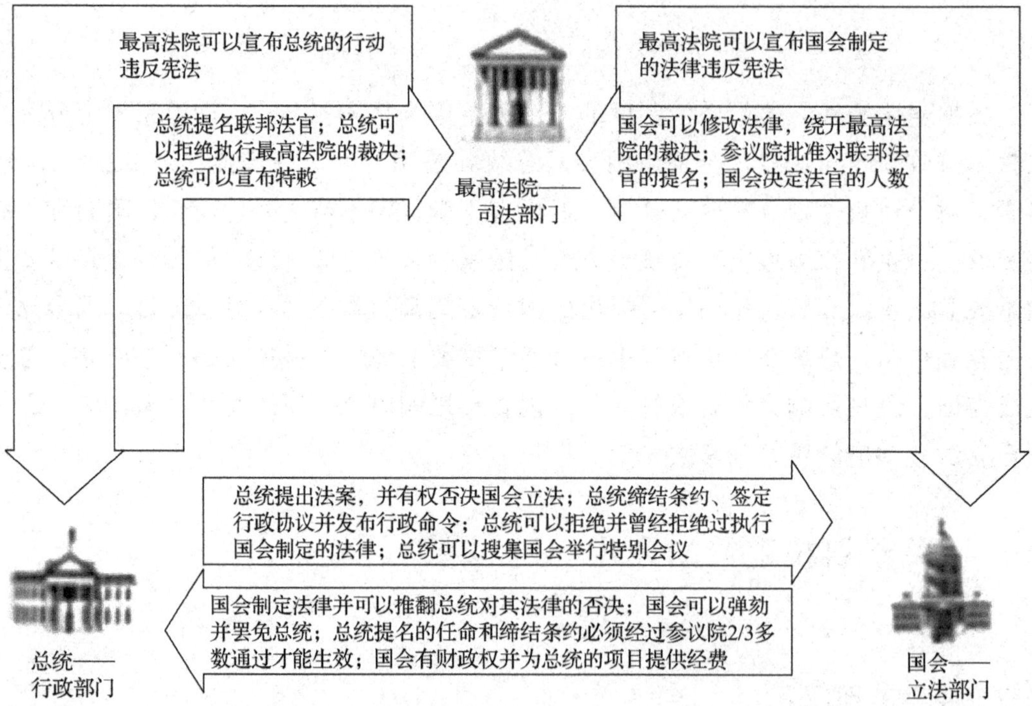

图10-1 牵制与平衡体系

与传统意义上的分权理念有所不同，詹姆斯·麦迪逊没有把权力分立原则的重点放在各种权力之间的截然划分上，相反，他强调现实政治中技术层面的“相互制衡”，即后来确立为美国政体原则的国会采取两院制，总统与国会分别由不同选民选举产生、给予总统否决立法的权力，司法独立等。尤其是对于居于主导地位的立法部门，为了防止专权，有必要对最高机构一分为二，各由不同选举方式产生，各

① 伯恩斯，2007. 民治政府：美国政府与政治［M］. 吴爱明，李亚梅，译. 北京：中国人民大学出版社：33-35。

有不同活动原则，相互制衡。同时赋予总统行政特别权力，包括给予总统的否决立法的权力[①]。

国会每年制定大量的法律，国会承担主要责任，是主要立法机构。但是，国会不是唯一的立法机构，总统和行政机关也都具有立法权。总统除了可以否决他认为是违宪或者不明智的国会议案，阻止立法侵犯其他机构的权力或实现不正当的政策。更为重要的是，总统还可以颁布行政命令，只要不和宪法或其他法律冲突，这些行政法规具有正式法律效力。由于他们在数量上绝对超过国会立法，因此在现实生活中影响很大。行政当局特别是总统常常提出立法建议，在立法过程中表现的非常重要。所以“立法监督”是国会拒绝或消弭行政影响或行政霸权的一种重要手段。如参议院审核批准条约的权力；总统设想的法律法案也要经过国会的批准或同意；监督行政当局执法的情况[②]。

国会具有掌握钱袋的权力，这种对国家预算和“钱袋”的牢牢控制，常常使得总统陷入“巧妇难为无米之炊”的窘境。控制预算不仅能造成钱财的转移，更能影响权力的分配。对于科技预算的影响、行政部门与立法部门之间的协调问题将在后面章节做具体阐释。

总统和国会之间的矛盾和分歧

很多妨碍立法的障碍都来自美国宪法本身，它把权力分给总统与国会，在国会的众议院与参议院之间又进行再分配。当这些机构分别由不同党派控制的时候，权力还会进一步分化，矛盾和分歧也会增加，进而增加法案被否决的可能性。

首先是宪法带来的歧义。美国宪法第一条赋予国会“全部立法权”，但又将其限于“本宪法赋予”的范围内，宪法详尽地描述了赋予国会的权力，相反，第二条赋予总统以“行政权”，仅以一般性词语做说明，没有声明要限于“本宪法赋予”的范围[③]。例如，宪法并没有赋予总统行使行政命令的权力，但是行政命令已经变

---

① 孙哲，2012. 左右未来：美国国会的制度创新与决策行为［M］. 上海：上海人民出版社：56-60.

② 孙哲，2012. 左右未来：美国国会的制度创新与决策行为［M］. 上海：上海人民出版社：61-63.

③ 伯恩斯，2007. 民治政府：美国政府与政治［M］. 吴爱明，李亚梅，译. 北京：中国人民大学出版社：380-381。

成一个被普遍接受的总统惯例。行政命令是总统或政府发布的具有法律效力的指令，是具有法律效力的总统指示[①]。大部分行政命令是对过去法律的合理修改或者具体实施。但是某些总统的行政命令引起国会议员反对，他们可以控诉总统侵占本应属于国会制定法律的权力。根据以往最高法院的决议，行政命令一般都作为国家最高法律而被接受，除非它们与宪法和联邦法律相抵触[②]。

其次，总统和国会议员的选民基础不一样。国会议员代表州和本地的选民，因此他们反映的是特殊地区、种族和经济阶层的利益，比如参议院必须对一个州的利益加以维护，而众议院就必须维护更为狭隘的选区利益，因为这直接牵涉到他们的政治前途[③]。总统是在全国范围内推选出来的，拥有更加广泛的选民基础，因而具有较大的回旋余地，通常会从全国的角度来考虑问题[④]。因此，国会议员即使是那些来自和总统同一个党派和同一个地区的议员们，在看待问题和解决问题时或多或少会与总统不同。

还有就是部门利益存在分歧，总统掌握更多的信息来源渠道。总统为首的行政部门是等级制架构，部门机构庞大，专业工作人员众多，总统处于顶尖处，可以在最短的时间里获取尽可能多的信息，做出各种重大决定。国会权力高度松散，内在机构设置也分散，国会议员的主要精力都放在特定的领域，对于其他领域问题知之不多，更多是从自己政治收益来看待、考虑问题，缺乏通盘视角。国会议员的信息来源也相对狭窄，除了从行政部门获得外，主要依赖于国会研究服务中心等下属部门和有关利益集团提供的资料。

科技政策的分歧

总统和国会议员看待问题的角度经常不同，立场和观点也不尽相同。而国会并不甘于总统的主导，力图发挥自身应有的作用。于是，总统和国会之间自然会产生一些分歧，科技政策领域也不例外。下面就根据第二次世界大战以来几个重要事件

---

① CRS Report 20846. Executive order. issuance, modification, and revocation, by Todd Garvey, April 16, 2014.

② 伯恩斯，2007. 民治政府：美国政府与政治［M］. 吴爱明，李亚梅，译. 北京：中国人民大学出版社：388-389.

③ 伯恩斯，2007. 民治政府：美国政府与政治［M］. 吴爱明，李亚梅，译. 北京：中国人民大学出版社：380-381.

④ 袁征，2001. 总统游说与国会决策［J］. 美国研究，3：62-83.

上的争议来看政府与国会之间的分歧，以期能有更形象的理解。

政府资助科研项目的监管争议

从第二次世界大战到20世纪60年代，联邦政府的科研经费不断增加。国会越来越担心，其对政府主导的科技项目究竟有多大的评估能力。如果缺乏这种专业能力，国会对这些项目的监控力就会减弱，最终沦为一个橡皮图章，不假思索地通过总统的决定。由于国会有加强科技政策监管的意图，立法部门和行政部门之间的矛盾不可避免[①]。

艾森豪威尔总统设立了总统科学顾问委员会（PSAC），任命了总统科学技术特别助理，在1958年7月29日签署了P.L.85-568，即《国家航空航天法案(1958)》(National Aeronautics and Space Act of 1958)，成立了国家航空航天局。这一系列举动，表明美国在后“斯普尼克”时代，进入政府中的科学和科学家的黄金时期。随着联邦研发的规模继续快速膨胀，围绕美国科学政策控制权的争斗注定会日趋激烈。政府与国会之间的矛盾也进一步加剧。因此，国会开始评估，联邦政府如此大规模的研发项目能否高效协调，国会自身的组织和技术能力是否足以监督这些项目。

众议院在1958年7月21号建立了科学与航天委员会，参议院也在7月24日建立了自己的委员会。众议院委员会在1963年设立科学、研究与发展小组委员会，该委员会主席、民主党人乔治·米勒（George Miller），确立了小组委员会的目标，并指出小组委员会不仅是为了监督国家科学基金会，全面评估美国国内的科学研发活动，也是为了使国会能在科技领域中更好地提供信息、建言献策。乔治·米勒还要求小组委员会对政府资助研究中的25%设立专门的国会管辖权，出于太空计划的原因，该管辖权被授予科学与航天委员会。乔治·米勒任命康涅狄格州民主党参议员埃米利奥·奥达里奥为小组委员会主席，目的在于调查科学研发和联邦政府之间的关系。

太空计划是一个新的政府项目，资金、设施、人力投入都很巨大。这引起了国会的担忧。1958年8月，国会对有关国家航空航天局的一项拨款法案展开辩论，

① U.S. Congress, House Subcommittee on Science, Research, and Development of the Committee on Science and Astronautics, "Government and Science No. 3, Scientific and Technical Advice for the Congress: Needs and Sources," U.S. 88th Congress, 2nd Session (Washington: GPO, 1964), 1.

议员们都感到疑惧，立法部门能否高效监督国家航空航天局呢？参议院多数党领袖林登·贝恩斯·约翰逊建议修订法案，规定“除非拨款法案得到国会的批准，否则不得对国家航空航天局拨款”，他指出：“我担任过6届众议院议员，在参议院也待了10年左右的时间，现在我意识到立法就是一个取和舍的问题。我意识到我们不是总能得到想要的一切。我认为国会迫切需要对新的政府机构进行持续监督，至少得知悉政府的花费情况。政府机构在寻求拨款之前应告知国会，这样公众意见才能被考虑进来[①]。”

有些人反对约翰逊的修订意见，密歇根州的杰拉尔德·福特（Gerald Ford）是其中的代表，他认为该举措会耽误太空计划，使美国在与苏联的太空竞赛中处于不利地位。一些议员则赞成约翰逊的观点，包括众议员艾伯特·托马斯（Albert Thomas），他认为：“在拨款法案中，众议院的立法委员会在过去是很好的，是政治体系中最好的机构，但它却将众议院的权利让给了别人。让给谁了？是委员会，众议院，还是参议院，国会？不。是让给了政府……他们把权力让给了行政部门，相信我，先生们，夺回一些权力的唯一方法就是下面这些话，众议院每年都对行政机构说，‘提交你的项目。你想要多少资金？’然后我们就把资金拨给他们。你们对这些行政部门的人不会过分严厉。他们来到这里，征求国会的同意，有什么问题吗？毕竟我们是立法部门……国会立法有什么异议吗？立法责任在谁？是行政部门还是立法部门。”[②]

约翰逊的提议还是被否决了，但达成了一个折中方案，即约翰逊提出的举措仅出台一年，尽管如此，行政和立法部门在科技政策方面的矛盾仍然存在。

参议院政府运营委员会（Senate Committee On Government Operations）在1961年设立了国家政策机制小组委员会（Subcommittee on National Policy Machinary），委员会认为行政部门和立法部门矛盾的焦点在于如何有效管理政府资助的科技项目。于是召集研究科学政策的各类学者、科学家、政府官员，举行了一系列听证会，发布报告提议强化国家安全和现有的科学咨询体系。报告提到，“现有的政策安排使行政部门和立法部门之间的关系陷入麻烦”，行政部门通过总统特别科学助理这一机制实现了对科学咨询的排他性控制，亨利·杰克逊（Henry Jackson）领导的小组委员会对此表示担忧。作为总统顾问，这位特别助理不会在国会委员会

---

① Congressional Record, Senate, August 21, 1958, 18929.

② Congressional Record, House, August 20, 1958, 18773-18774.

上供证。但是，他又是唯一一个业务范围涵盖政府科技项目方方面面的政府官员。因此，国会就很难从一个全面的视角去审视政府的科学活动[①]。

因此，小组委员会提议，应通过“法定基础”厘清科学顾问的角色，并拓展其职能，使新的科学技术政策办公室的主管和员工能够和国会建立联系。科学技术政策办公室的主任和副主任作为总统行政办公室的成员，能够在国会委员会上供证。从预算办公室主任和经济顾问委员会主席的做法就能看出，行政办公室的官员也可以出席国会听证会，并且不会影响其优先服务于总统[②]。基于这些建议，国会在1962年建立了科学技术局，暂时缓解了这个矛盾。

1961年5月25日，肯尼迪总统宣布，美国将于60年代末派航天员登陆月球并保证其安全返回。自此，对太空计划的监督成为更加重要的任务。众议院科学与航天委员会迅速回应，加大了监督力度，即使面对国家航空航天局的反对，仍然坚持对科技项目进行评估。有一个典型的例子，1960年1月，委员会要求国家航空航天局出示文件，以审查其对北美航空公司火箭动力部门授予的有关重推型引擎开发的合同。国家航空航天局没有按照要求提交相关文件，包括对麦克唐纳飞行器公司授予的有关水星太空胶囊的合同。尽管民主党众议员伯尼斯·西斯克（Bernice Sisk）和奥弗顿·布鲁克斯主席又多次提出该要求，国家航空航天局局长吉斯·格兰南（Keith Glennan）仍然拒绝了。他搬出“行政优先”的规则，并认为这些文件包含“个人评判”，未来可能阻碍国家航空航天局对合同签订方的评估。他的话激怒了科学与航天委员会未来的主席，得克萨斯州民主党人奥林·蒂格及加利福尼亚州的乔治·米勒，他们坦言，“我认为他们在藐视国会的意志”。在这个例子中，吉斯·格兰南有艾森豪威尔总统撑腰，处于优势地位，致使在国会对科技活动的监督过程中，不断产生新的矛盾，迫使国会完善其咨询功能。

在1963年举办的“第五届科学技术委员会年会”上，委员会成员再次表示担忧，其监督功能因复杂的科技项目变得困难。时任爱荷华州立大学物理学教授的詹姆斯·A. 范艾伦博士（James A. Van Allen）在向国会供证时，拒绝回答众议员

---

① U.S. Congress，Sena te Subcommittee on National Policy Machinery of the Senate Committee on Government Operations，“Organizing for National Security，Vol. III：Staff Reports and Recommendations，” U.S. 87th Congress，1st Session（Washington：GPO，1961）.

② U.S. Congress，Senate Subcommittee on National Policy Machinery of the Senate Committee on Government Operations，“Organizing for National Security，Vol. III：Staff Reports and Recommendations，” U.S. 87th Congress，1st Session（Washington：GPO，1961）.

奥林·蒂格提出的问题，他说，奥林·蒂格所指的决定基本上应该是国家航空航天局的内部决定[①]。委员会主席乔治·米勒对委员会做了如下发言："我们关心的是那些草率的决定是否会交给我们处理，但对我们而言，评估这些决定才是一大困难。我们必须无条件相信。我们不是科学家，但是我们关心这些项目，因为它们的成败和我们密切相关。我们得说服那些顽固的人，告诉他们合理假设不止一个，但这是我们尽最大努力得到的最好结果。我告诉你们，结论就是，如果各位知道该如何评测行政部门决定，我洗耳恭听，我相信整个委员会都愿听其详。这就是我们正在做的事情。这就是我让各位来这儿的原因。我们应该怎样评估？尽管我们知识有限，研究设施有限，但如果你有想法，请大胆举手。他们（行政部门）确实有优秀的员工协助……这也是我们想请你们帮的忙，帮我们解决这些问题，我们公开向大家征集好的建议。"[②]

众议员詹姆斯·富尔顿（James Fulton）同意乔治·米勒的观点，他指出："存在一个缺陷……对不同的项目或某个特定项目的价值缺乏科学的评估和判断。"他进一步强调："我们确实需要向你们征集好的意见。"[③] 加利福尼亚理工学院物理学教授李·杜·布里奇（Lee Du Bridge）对此表示同意："过去的20年，我参加过许多诸如此类的委员会……你身处政府部门，面临的任务是建立一套合适的科学咨询体系，这就是个截然不同的问题了。要为国会献策，仅一位科学家显然不够。为任何一个机构献策，一位科学家都不够。必须得建立团队，且这些团队分布在体系中的各个层级……科学委员会不仅要有科学资源投入还要有财政投入……一个由科学家和工程师组成的团队要尽量考虑到科学、财政、经济等各方面的因素，它就各类问题为白宫提供咨询，技术投入非常大……而现在就我所知，除了这个委员会之外，国会没有这样一个体系……行政部门确实神通广大，这是事实，因此从某种程度上来说，你似乎都能无条件接受他们的技术项目……但是我认为国会仍然需要储备一些自己的科学实力。有一个方式能实现……这个新的科学技术办公室是法定机

① Miller, as the next ranking Democrat, assumed Chairmanship of the Committee after Brooks's death on September 16, 1961.

② U. S. Congress, House Committee on Science and Astronautics, "Panel on Science and Technology, Fifth Annual Meeting, January 22 and 23, 1963," U. S. 88th Congress, 1st Session (Washington: GPO, 1963), 37.

③ U. S. Congress, House Committee on Science and Astronautics, "Panel on Science and Technology, Fifth Annual Meeting, January 22 and 23, 1963," U. S. 88th Congress, 1st Session (Washington: GPO, 1963), 38.

构，会向国会报告。所以一旦科学技术办公室组建起来，就能成为国会的最高科学咨询机构。”[①]

内务部部长的科学顾问，斯克里普斯海洋研究所（Scripps Institute of Oceanography，SIO）的罗杰·雷维尔（Roger Revelle）博士也强调了立法和行政部门的资源失衡：“我认为，在制定政策时，国会应享有独立裁判权，这是最基本的……我认为，对所有事务，你们委员会都应进行咨询，并且独立于行政部门，为了实现这个目的，你们也许得借助专业的工作团队，获得他们的帮助。”[②] 乔治·米勒主席对此番交流总结道：“我非常欣赏你们的建议。我想说我们在政府系统中有我们自己的责任。我们不是行政部门的橡皮图章。但是我们将被引导，我们愿意采纳贤能的政府官员提出的建议，在这里就是指我们的政府管理人员，但尽管如此，我们也应意识到，我们要对人民负责，我们需要独立评判的能力。这就是我们正在争取的东西，尽管政府部门拥有的设施和资源我们还没有。”[③]

为了加强国会对联邦政府科技项目的监督，更加高效地选择和执行研发政策，科学与航天委员会设立了科学、研究和发展小组委员会，主席为埃米利奥·达达里奥，以此确定“为了高效监管项目，科学立法，国会需要什么样的建议？国会所需的科学建议有什么可靠来源？如何高效利用这些资源？”埃米利奥·达达里奥主席说，这个小组委员会“能够成为这一功能的焦点”，但是“它也必须有一个决策机制，在专家意见不合时，寻求最好的解决方法”。[④]

1963 年 8 月 27 日，埃米利奥·达达里奥领导的小组委员会开始就政府和科学之间的关系举行听证，并由此提出了两大主要议题。第一，第二次世界大战之后，苏联的军事和科技实力增强，行政部门进一步扩张[⑤]。所以小组委员会担心，立法部门是否有足够的科技知识储备和实力来和行政部门竞争。第二，埃米利奥·达达

① U. S. Congress, House Committee on Science and Astronautics, “Panel on Science and Technology, Fifth Annual Meeting, January 22 and 23, 1963,” U. S. 88th Congress, 1st Session (Washington: GPO, 1963), 38.

② U. S. Congress, House Committee on Science and Astronautics, “Panel on Science and Technology, Fifth Annual Meeting, January 22 and 23, 1963,” U. S. 88th Congress, 1st Session (Washington: GPO, 1963), 41.

③ 同②。

④ Press release of Committee on Science and Astronautics, August 27, 1963.

⑤ Arthur B. Tourtellot, The Presidents and the Presidency (New York: Doubleday, 1964), 74-75. See James B. Sundquist, The Decline and Resurgence of Congress (Washington, D. C.: Brookings, 1981), 151-159.

里奥开始关心，我们能做些什么来避免或控制科技的负面影响。

自1963年10月始，科学、研究与发展小组委员会举行了一系列听证，一些杰出科学家和政府官员出席听证会。国家科学院院长弗雷德里克·塞茨（Frederick Seitz）博士第一个发言，而后，埃米利奥·达达里奥指出，他感觉国会中有关立法的科技资源十分缺乏："我想到的第一个问题是，国家科学院从一开始就和行政部门联系紧密，而与国会的关系却并非如此。"[①] 当肯尼迪政府计划借助国家航空航天局发射侦察卫星，而总统科学顾问杰罗姆·韦斯纳（Jerome Weisner）博士拒绝回答有关该计划的问题时，立法和行政部门之间的矛盾就凸显出来了。杰罗姆·韦斯纳回应道："我的立场有些模棱两可，我试图将我担任总统顾问和自由向国会提供建议的角色区分开。"他的回应一定程度上回答了为什么这种矛盾是分权体制下的普遍现象。[②]

冷战期间，与苏联的军备竞赛加剧了立法与行政部门在科技问题上的矛盾[③]。国会开始提倡立法部门增强科技问题的应对能力，试图和行政部门之间建立平等的关系。

国会寻求专家建议的努力

1963年8月，民主党参议员爱德华·巴特利特（Edward Bartlett）提出议案，建议在立法部门建立国会科技办公室，该议案虽未通过，但表达出对1963财年高达145亿美元的财政负担的担忧，认为政府承担大型科技项目，同时制定相关科学政策，是在科学技术政策办公室和总统科学技术顾问委员会的引领下实现的。总统能够以合理有序的方式，全面了解科技发展状况，而国会孤立无援，缺乏独立的科学咨询机构和智力支持。通常国会获取科学建议是毫无计划的。

随着政府资助研究的增加，国会感到心神不宁。国会必须确定，那些需要资金

---

① U. S. Congress, House Subcommittee on Science, Research and Development of the Committee on Science and Astronautics, "Government and Science, No. 8, 1963, U. S. 88th Congress, 1st Session (Washington: GPO, 1963), 32.

② U. S. Congress, House Subcommittee on Science, Research and Development of the Committee on Science and Astronautics, "Government and Science, No. 8, 1963, U. S. 88th Congress, 1st Session (Washington: GPO, 1963), 156.

③ Walter McDougall. NASA: The Heavens and the Earth: A Political History of the SpaceAge (New York: Basic Books, 1985).

的研究项目是否真的有必要开展；哪些项目应得到优先支持等。没有独立的科学咨询机构，国会很难回应这些问题。国会在科学问题立法时必须确保法律的一致性和对问题的全面理解。这是国会应尽的职责。[①]

洪特·杜普里（Hunter Dupree）解释了为何科技问题尤能影响国会和行政部门间的矛盾；"科学政策的后'斯普尼克'时代……倾向总统，从总统那里获得权力"[②] 当行政部门获得更多专业技能并对某些问题加强控制时，矛盾就会加剧。道格拉斯·凯特（Douglas Cater）表示同意，她说"行政部门对其专业技术自信满满，而国会则表现自卑的情绪"。[③]"科技和环境变化……已经把总统变成一个权力综合体，这是我们从未想到的……政治现实就是，总统高居宝座，而国会、法院和公司退居后台。"[④] 到20世纪60年代中期，国会的组织结构及其在科技问题上与总交涉时的权威本身就已经成为一个问题。

民主党众议员约瑟芬·卡尔斯（Joseph Karth）在听证会问询时态度强硬、精明善辩。1963年3月，他询问国家航空航天局太空科学办公室的荷马·纽厄尔（Homer Newell）博士和约翰·霍洛维（John Holloway）博士，做出了以下评论："和国会其他委员会相比，这个委员会真的是处于劣势，而且是极度的劣势。因此，如果我们在搜集信息的过程中偶尔表现出批判的态度，或者是问问题的方式更加尖锐，会不会更好呢？这仅仅是因为我常感到沮丧，我们缺乏信息，没有这些信息，我们难以和对手充分竞争。也许正是出于这个原因，除证人提供的信息外，我们还想要更多信息。"[⑤] 1966年他向美国航空航天学会（AIAA）提起同一问题："技术变革的浪潮就在我们周围，应该怎样应对这一问题？国会一直在潜心寻找答案。稳步增加专门处理科学和技术问题的委员会数量，这是否正确，我不会去判断。当然，国会必须进行职责划分，但是我一直担心可能会分得太琐碎。然而，国会之所

---

① Congressional Record, Senate, August 13, 1963, 14809-14810.

② A. Hunter Dupree, "Central Scientific Organisation in the U. S. Government," Minerva 2 (Spring 1964), 460.

③ Douglas Cater, Power in Washington (New York: Vantage, 1964), 126-31, cited in Wells, 126.

④ Robert A. Listorn, Presidential Power: How Much is Too Much? (New York: McGraw Hill, 1971).

⑤ U. S. Congress, House Committee on Science and Astronautics, "1964 NASA Authorization Hearing," March 12, 1963, U. S. 88th Congress, 1st Session (Washington: GPO, 1963), 1662-1663.

以做出如此举动是源于其深深的挫折感和在人类新领域行使宪法权力的坚定决心。”[①]

《科学》杂志上的另一篇关于民主党参议员克林顿·安德森（Clinton Anderson）在《科学》杂志上撰文建议，国会应该通过独立于行政机构之外的信息渠道，获得与行政机构同等的信息。[②] 这也成为科学、研究与发展小组委员会所追求的中心目标。《科学》杂志顾问杰罗姆·威斯纳在小组委员会举行的首次听证会上说："如果国会能够形成一个机制，我们就可以决定哪项计划应该调整……我认为我们完全有能力处理行政机构所做的事情，这也可能是你们在研究时可能所想要的。"[③] 埃米利奥·达达里奥主席表示同意："威斯纳博士说得很对。该委员会将研究是否需要一种机制来协调你们在行政部门所做的工作，但是显然，我们应该研究一下你的想法。"[④] 科技界也认为国会需要成立自己的机构来制定科学和技术领域的政策。杜邦公司的塞缪尔（Samuel Lenher）建议国会成立自己的研究与发展（R&D）政策和咨询小组，要具备足够的知识和能力，对行政部门的建议进行评估并采取行动。[⑤] 强斯·沃特（Chance Vought ）集团的海塞（W. J. Hesse）和史密森天体物理天文台主任弗雷德·惠普尔（Fred Whipple）也建议强化国会在科学和技术事务方面的信息渠道，提供一些便于获取和分析信息的手段。[⑥]

1964 年，科学、研究与发展小组委员会的工作人员编写了题为《国会的科学和技术咨询：需求和来源》(Scientific and Technical Advice for the Cogress：Needs

① Joseph E. Karth，"Planning the Technological Revolution，" speech before American Astronautical Society，Sheraton Park Hotel，Washington，D. C.，March 3，1966，3-4，quoted in Wells，Science Advice and The Presidency，133.

② Clinton P. Anderson，"Scientific Advice for the Congress，" Science 144 (April 3，1964)：29-33.

③ U. S. Congress，House Subcommittee on Science，Research and Development of the Committee on Science and Astronautics，"Government and Science，No. 8，1963，U. S. 88th Congress，1st Session (Washington：GPO，1963)，190.

④ U. S. Congress，House Subcommittee on Science，Research and Development of the Committee on Science and Astronautics，"Government and Science，No. 8，1963，U. S. 88th Congress，1st Session (Washington：GPO，1963)，192.

⑤ U. S. Congress，House Subcommittee on Science，Research and Development of the Committee on Science and Astronautics，"Government and Science，No. 8，1963，U. S. 88th Congress，1st Session (Washington：GPO，1963)，363.

⑥ U. S. Congress，House Subcommittee on Science，Research and Development of the Committee on Science and Astronautics，"Government and Science，No. 8，1963，U. S. 88th Congress，1st Session (Washington：GPO，1963)，422-424.

and Sources）的研究报告，总结了国会提高自身科学技术能力的必要性，愈加关心在科学或技术性问题上获得充分信息和咨询这一问题。[①] 该报告指出了这一担忧背后的两个原因：①联邦的研发预算比例越来越大；②在科学和技术问题上立法部门和行政部门的矛盾。报告总结了国会此前做出的努力，认为有必要成立由高素质科学家或技术人员组成的机构，主要应对科学技术问题。该研究没有就需要何种能力做出结论；然而，它的确证实了“从行政部门获得的科学咨询可能存在偏见”这一观点。[②] 国会和总统之间的矛盾在该研究的最后一段体现得更为明显：人们普遍认为，近年来科学和技术知识的迅猛发展使国会难以在引导科学方面的公共政策方面独立发挥强有力的作用……许多情况下，接受行政部门关于研究与发展计划的授权和适当性的建议已成为一种趋势……立法部门普遍不信任行政部门提供科学和技术信息，用于证明其支出合理性。[③]

但是，研究并未建议成立新机构，而是建议采取临时措施，包括利用好像美国国家科学院和国家工程院那样的现有资源，在委员会和立法参考服务部引进更多技术人员，研究国会委员会的咨询需求等。

10.2 总统向国会反映的立法计划

在现代民主政治条件下，国会有任期、会期、时间和精力等限制，因此每届国会必须根据需要与可能、条件与语境，区别轻重缓急，按照各自影响力和自身能力大小开展立法活动，必须有步骤、有计划地进行[④]。总统与国会的争议一直存在，但是总统代表的行政部门还是会根据治理需求，提出自己的立法主张。所谓立法计划或立法规划，就是有权的主体，在自己的职权范围内，为达到一定目的，按照一定规则，通过一定程序，运用一定技术，所编制的准备用以实施的关于立法工作的

① U.S. Congress, House Subcommittee on Science, Research, and Development of the Committee on Science and Astronautics, “Government and Science, No. 3, Scientific and Technical Advice for the Congress: Needs and Sources,” U.S. 88th Congress, 2nd Session (Washington: GPO, 1964).

② 同①。

③ REEVES R, 1993. President kennedy: profile of power [M]. New York: Simon and Schuster: 277-278.

④ 于兆波，2017. 非垄断性和非命令式的美国总统立法计划权 [J]. 北京理工大学学报（社会科学版），1: 132-137.

设想和部署[①]。美国宪法第二条第三款规定："总统应不定期向国会报告国情，并将他认为必要和适宜的议案提交国会审议"。尽管依据宪法，总统仅仅拥有权力向国会提出政策建议，但实际上总统早已成为立法的一个主要发起者。据估计，国会通过的法律约有80％最初是由总统或行政机关提议的，可以说，整个国会的立法活动主要是以总统咨文或行政机关其他立法创议为中心进行的[②]。可见，总统的立法建议不仅总是受到国会的重视，给留下日程空间，而且总统立法项目的范围和内容总会成为全国政策辩论的要点[③]。

国情咨文的历史

国情咨文（State of the Union Address）是美国总统每年年初在国会大厦所做的阐述政府施政方针的年度报告，主要内容是说明国家面临的情况和政府将要采取的政策措施[④]。总统在国会发表国情咨文，是美国的惯例，也是其宪法职责。历史学家阿瑟·施莱辛格（Arthur Schlesinger）在《总统的国情咨文》一书引言中写道，"针对美国总统的平常的文字，随着时代的变迁，如今变成总统处理国会事宜的一个基本手段和发挥国家领导作用的有力方式"。[⑤]

国情咨文的形式始于美国开国初期，20世纪之前称为"总统年度演讲"，20世纪后才有了"国情咨文"这一名称。1790年1月8日，美国首任总统乔治·华盛顿（George Washington）按宪法要求亲自到国会发表了当时被称作"年度咨文"（Annual Message）的报告，其继任者约翰·亚当斯（John Adams）也是照此办理。但到了1801年，美国第三任总统托马斯·杰斐逊（Thomas Jefferson）对国会那种盛大礼仪和排场感到厌烦，改为以呈送书面年度讲话形式取代亲自演说。至此后100多年时间里，年度咨文都以书面形式送交国会，而不是由总统宣读。直到

① 周旺生，1993. 关于立法规划的几个理论问题［J］. 北京大学学报（哲学社会科学版），3：49-57.

② 沈仁道，1985. 美国国会的立法程序及其主要特点［J］. 政治学研究，(1)：59-61.

③ RUDALEVIGE A. 2002. Managing the president's program (presidential leadership and legislative policy formulation)［M］. Princeton and Oxford：Princeton University Press：3.

④ 洪迎春，2012. 美国总统年度国情咨文：一个长达222年的传统［J］. 中国人大，(9)：52-53.

⑤ Arthur M. Schlesinger，1966. Introduction//Fred L. Israel. The State of the Union messages of the Presidents，1790-1966. New York：Chelsea House.

1913 年，伍德罗·威尔逊（Woodrow Wilson）总统又决定恢复亲自到国会发表演讲的做法，这一传统一直延续到现在。1935 年，富兰克林·德拉诺·罗斯福总统首次使用“国情咨文演说”一词，并在 1945 年杜鲁门总统时期成为正式名称沿用至今。总统逐渐在立法进程中发挥着日趋重要的作用。他们向国会提出议事日程，确立立法重点，并努力提高对国会的影响力，以获得他们所需的立法，或者阻止他们反对的法案在国会通过。经过两百年的演变，“国情咨文”已经变成总统驾驭国会关系的一个基本手段和发挥国家领导作用的有力方式，特别是电视直播的出现，使国情咨文从空洞的政策演说变成一项重大的游说宣传。

从国会的角度来说，国情咨文可以被认为是总统一年中最重要的演讲。尽管总统可能要求在两院联席会议这种特别场合发表演讲，但国情咨文是总统定期发布施政优先计划，为下年定调的重要形式。尽管现在的总统一直与国会和公众保持紧密联系，国情咨文为总统提供了在一次演讲中介绍政策平台的特别机会。

如何起草国情咨文

咨文演讲稿的撰写过程很复杂，首先是把国家面临的各种问题梳理清楚，确定重点，然后制定出可行的解决方案。这是项难度很大的工作，需要白宫各部门之间的协调与合作。国情咨文的写作由总统讲话撰稿室负责。撰稿室主任，也就是总撰稿人由总统任命并主持这项工作。能胜任这项工作的人，必须工作勤奋，能够读懂总统的思想。撰写小组成员既有撰稿室主任、副主任、助理演讲撰稿人，也有总统高级顾问和政府相关部门的人员。

国情咨文是每届美国总统都非常重视的一件事，因为总统希望通过这个演讲，体现出他与国会和美国人民进行着成熟和理智的对话，并能够肩负起国家和时代赋予的重任。按照美国总统的理念，他的演说所针对的不仅是国会议员和全体国民，而且也是整个世界，有时是历史时代。演讲稿的撰写工作通常要在总统的亲自主导和推动下进行，总统从演讲的思路到起草工作的进展都全程参与。

撰稿小组根据总统提出的想法进行讨论并提出补充意见，动笔前，需要征求各方政策专家的看法，专门请教经济、对外政策和国家安全方面等部门，并找研究机构对演讲所涉及的所有数据进行核实，形成初稿后交由总统修改。撰稿小组的任务是尽可能通过生动的文字表述，让总统的意思明确化，把这些想法会对实际生活产生的具体影响明确化。一篇成稿要几经重写、修改和调整。

除了文字稿外，还要由新兴媒体专家制作出图文并茂的演讲网络版，这样做的目的是让演讲中涉及的各项政策建议具有真实感和人情味，使演讲能够和社会具体联系起来，能够充分代表美国。总统国情咨文演讲稿，可以说是团队的共同智慧[①]。

国情咨文内容反映的立法诉求

作为演讲，国情咨文不得不考虑听众，包括议员、立法助理、普通民众、社会组织等，要尽量通俗化；作为报告，国情咨文要体现民意，要考虑行文逻辑清晰、层次分明等要求，力求概要性、理论性；作为1小时左右的“演讲式报告”和“报告式演讲”，国情咨文涉及静态的立法项目，也可呈现出动态的、轻重缓急式的立法计划，甚至还有更具体的立法目的、必要性、可行性等内容[②]。图10-2列出了1790—2010年总统国情咨文的长度。

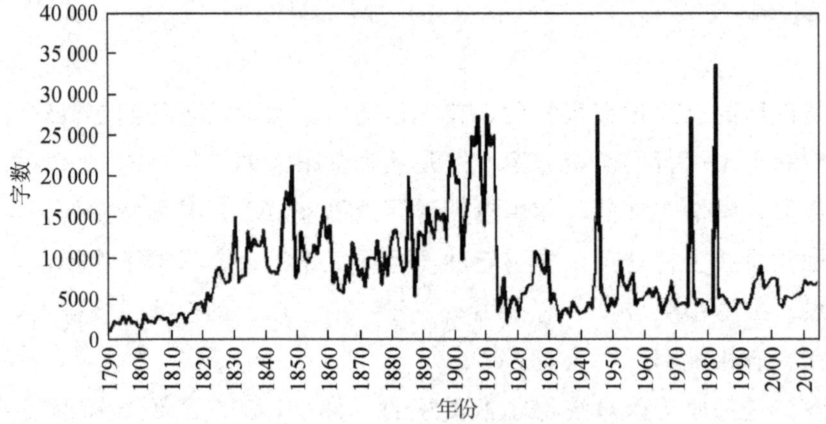

图10-2　总统国情咨文的长度

（资料来源：Data provided by John Woolley and Gerhard Peters，“The American Presidency Project”，http：//www. presidency. ucsb. edu/sou _ words. php. accessed December 29,2011）

图10-2表明，1913年，当威尔逊总统开始以口头形式发布国情咨文，内容字数有个开始急剧下降。威尔逊总统之后，有几个例外，1945年的富兰克林·德拉诺·罗斯福总统和1981年的卡特总统在任期内印发了他们的国情咨文。1973年尼

① 陈浩，高洪山，2014. 美国国情咨文是怎样炼成的［J］. 秘书工作，5.

② 于兆波，2017. 非垄断性和非命令式的美国总统立法计划权［J］. 北京理工大学学报（社会科学版），19（1）：132-137.

克松总统印发了一系列书面国情咨文替代整体阐述。根据1965—2003年的数据，平均有41.6%的政策建议在接下来的国会会期立法中体现。其间，立法建议的成功率变化很大（图10-3）。

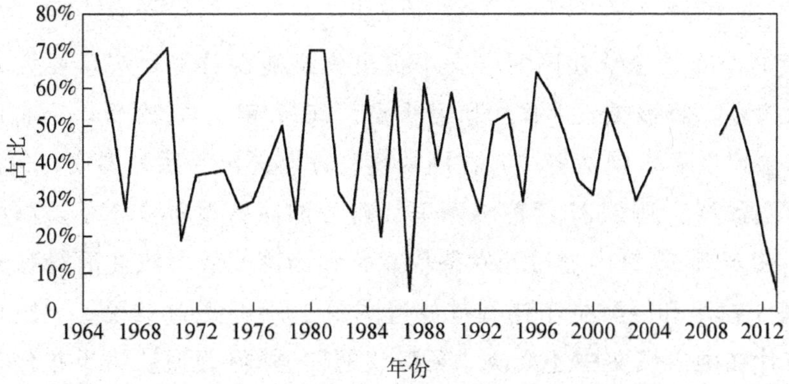

图10-3 立法建议成功比率

（资料来源：Legislative Proposal Success Rate data provided by Hoffman and Howard，Addressing the State of the Union，p. 144；data post 2002 provided by authors；the years 2005—2008 are not yet available）

从图10-3中可以看出，总统刚选举上任后的立法建议成功率明显较高。1965年以来的6任总统在第一个任期内的立法建议成功率评价为46.1%，高于整体平均值4.5个百分点，而在第二个任期则跌至27.6%[①]。

克林顿总统重视技术创新

以克林顿总统任期为例，2000年1月27日，克林顿总统向国会发表国情咨文，文中表现出了对科学技术前所未有的重视和热忱，直接涉及科学和技术的部分达到全文篇幅的12%以上。科学（science）出现了7次，技术（technology）出现了11次，创新（innovation）出现了3次。文中确认，新世纪，在科学和技术上的创新，是极大提升我们的生活质量和促进经济进步的钥匙，这个基调的奠定，把科学技术摆在了美国新千年国家战略的至关重要的地位。国情咨文用大量篇幅谈论了信息技术（占科技内容的40%）、生物技术（17%）及新能源技术（20%）等，一定程度上推动了接下来几年中的科技提案的数量增长。科技委员会提出议案数量从

① CRS Report R40312，The President's State of the Union Address：Tradition，Function，and Policy Implications，Colleen J. Shogan.

106届国会（1999—2000年）的81项增加到110届国会的257项。

小布什推动先进能源计划

2006年，小布什总统在国情咨文中提出先进能源计划，表示要大力开发插电式混合动力汽车，将该类汽车作为研发重点。2007年1月23日，小布什总统在参众两院联席会议上发表国情咨文，在国内政策方面提出一系列倡议，包括在5年内平衡国家财政预算、到2027年前将国家战略石油储备量提高1倍，减少对进口石油的依赖，在未来10年内通过开发替代能源和提高能效将汽油消费减少20%，在2017年前将小汽车和轻型货车尾气排放量减少10%，通过减税扩大医疗保险覆盖面等。小布什在国情咨文中还大谈“环保议题”，外界普遍认为小布什是以此作为一个“亮点”来减缓其在伊拉克等问题上的压力。由于两党在替代能源问题上都有类似主张，因此，小布什的能源新战略容易得到国会的认可。新能源政策预示着美国替代能源将迎来一个高速发展时期，并将对未来美国和世界能源格局产生深远影响。但一些美国环保和反对派人士也指出，小布什提议的措施仍不够到位，并不能确保美国的能源安全。

《能源独立和安全法案（2007）》（Energy Independence and Security Act of 2007）由小布什总统签署生效，2007年12月，新能源法案旨在推动美国减少能源依赖性和实现供应安全。它所牵涉的内容十分广泛，涵盖从轿车和轻型卡车的燃料经济性标准到可再生燃料和电力资源，再到“绿领”劳动力的培训计划等诸多内容，该法案还为电器及照明产品制定了第一个强制性联邦能效标准。

奥巴马凸显科学重要性

美国总统贝拉克·奥巴马在2011年1月25日国会发表国情咨文时指出，当前世界已发生深刻变革，美国正在同其他国家竞争，美国需要保持竞争力，首先是要鼓励创新。没有人能够预计下一个巨大产业是什么，或者新的工作岗位会来自哪里。30年前，大家不知道互联网会带来一场产业革命。大家能够做的是鼓励美国人的创新。在数周后提交给国会的预算中，增加了在生物医疗、信息技术，特别是清洁能源技术方面的投资。奥巴马总统还为美国的清洁能源发展提出了新目标：到2035年，美国80%的电力将来自清洁能源；到2015年美国将成为全球第一个电动车数量过百万的国家。同时指出，保持美国在研究和技术领域的领先地位对美国的成功至关重要，因此必须增加对教育的投资。

2013 年 2 月 12 日，奥巴马总统发表的国情咨文，呼吁加大而不是削减研发投入，他特别提出要加强制造业创新。他宣布继 2012 年在俄亥俄州扬斯顿成立首家制造业创新中心之后，再新建 3 个制造业创新中心，未来的目标是使这样的中心达到 15 个。奥巴马还指出，能源投资比任何领域都更有前景。他提出一项资助能源研究的新机制，即利用石油和天然气收入设立能源安全信托基金，以促进新技术发展。他还承诺要为应对气候变化做更多努力。奥巴马还提出要继续加强科技教育，奖励那些与大学和雇主建立伙伴关系，并设置科学、技术、工程与数学课程的学校。在移民改革方向上，提出要吸引高技术人才、工程师和创业者，以利于创造更多就业岗位和发展经济。

美国东部时间 2014 年 1 月 28 日晚，美国总统奥巴马在美国国会发表年度国情咨文演讲，整个咨文演讲在“促进就业”和“恢复经济”的语调中展开，提出促进经济和就业回暖的关键在于鼓励发展制造业和推动创新；特别提到了《创新法案（2013）》（Innovation Act of 2013）的重大意义。他说：“我们知道，今天在创新领域锐意进取的国家将在明天主宰世界经济——这是一条美国不能放弃的战线。联邦政府资助的科学研究扶持了谷歌和智能手机背后的发明和创意。因此，国会应该尽力弥补由去年削减基础研究资金所带来的伤害，这样我们就能解放美国人的下一个伟大发现——不论是具有抗药性的疫苗，还是像纸一样纤薄和像钢一样强硬的材料。同样重要的还有，让我们通过一项新的专利改革法案，使我们的企业能够长期专注于创新，再不用为了毫无必要却花销巨大的诉讼而分神。”这是奥巴马总统对《创新法案（2013）》发出的最为直接的呼吁。美国众议院通过《创新法案（2013）》2 个月后，白宫又公布了旨在鼓励创新和完善专利制度的 3 项新措施：①通过“众包”模式检索现有技术，让企业、专家和公众帮助专利审查员、专利权人和申请人更好地检索现有技术，以确保专利质量；②强化技术培训，将这种技术培训项目从专利审查员扩展到技术专家、工程师和其他领域专业人士；③提供专门的教育和实践服务，为缺乏法律支援的发明人提供帮助，并将《美国发明法案（2011）》（American Invents Act of 2011）提及的免费服务项目覆盖至全美 50 个州。

一般来说，科学很少在美国总统年度国情咨文讲话中占主角。美国总统巴拉克·奥巴马也保持了传统，但在 2015 年 1 月 20 日晚为时 60 分钟的演讲中，还是花了几分钟为当局科学政策作强烈辩护，包括抵抗气候变化的政策、旨在把基因组学和其他信息相结合提高人类疾病治疗的“精准医学”倡议等。“我希望这个消灭了天花、绘制出人类基因组图谱的国家可以引领一个新时代—— 一个在恰当时机提出正确治疗方法的时代。”奥巴马说，“在一些囊胞性纤维症患者中，这种治疗方法已经颠覆了过去认为不可挽回的疾病。今晚，我将发起一项新‘精准医疗’倡议，让我们向治愈癌症与糖尿病等疾病更靠近一步——使每个人都可以得到让我们与家人保持健康所需要的个性化信息。”

10.3 总统“说服的力量”

不过，总统和国会之间还是相互独立的，根据宪法的规定总统不能左右国会的工作，国会也没有义务听从总统的建议。国情咨文也仅是总统向国会表明的立法建议而已。总统要获得一项立法，就必须取得国会多数议员的支持。为了赢得国会的支持，总统必须向议员解释他所提出建议的具体细节，阐明立法的实际效果，并积极参与同国会的沟通和谈判，以便在国会中构筑一个联合阵线。但这一联合阵线并不是固定不变的，而是随着时间的不同和问题的变迁而发生转换。总统和国会之间的矛盾和分歧是常态。

在这种情况下，总统的施政方案要想能有效地落实，就必须赢得国会的支持与合作。而国会又不受总统控制，议员日趋独立，总统要获得想要得到的结果，就必须对国会大力进行游说，说服议员们支持自己的方案或者建议。总统的游说手段包括：邀请重要的国会领导人到白宫交换意见；邀请支持者来白宫参加法案签字仪式；邀请议员来参加国宴、庆典或授奖仪式；邀请重要国会议员的朋友和政治支持者出任政府部门职务；在竞选期间，以出席资金筹集会的方式或以总统访问的方式来回报立法者等。总统执政成功与否，在很大程度上要看他们能否通过组合拳，成功地劝说国会支持他的施政方案。没有成为立法进程中的重要推动力量，就算不上是一个领导得力的总统。或者说，总统的成就如何在很大程度上取决于他们能否成功地劝说国会通过他们的立法建议，实现总统的施政方针。美国学者理查德·诺伊塔特（Richard Neustadt）指出，总统的力量是“说服的力量”[①]。

① NEUSTADT R E，1990. Presidential power and the modern presidents：the politics of leadership from roosevelt to reagan［M］. New York：New York Free Press：29.

近年来，政党作用在不断下降，国会议员独立性增强，国会中立法的实际运作要比原来复杂得多，已经成为各种政治力量的角逐地。政治环境的变化也使得总统的游说更为重要。总统要把握好方向，确保自己的立法日程能得以顺利推进，就必须同来自其他方面的压力相抗争，对国会议员施加更多的影响，以赢得他们的支持，或至少使他们不会站在总统对立面。

以投票为中心的游说和以议程为中心的游说

总统对于国会的立法游说会通过一系列组合拳来实现推动立法的战术选择。

策略 1：以投票为中心的游说

大量的文献表明，记名投票对于决定总统的立法命运至关重要，以投票为中心的策略是白宫游说攻势不可或缺的一部分。总统真正需要国会通过的只是投票，因此，投票是总统与国会关系的基本价值[①]。总统对国会影响通常围绕获得或维持对美国总统立法立场的支持而展开[②]。

大卫·布拉迪（David Brady）与克雷格·伏尔登（Graig Volden）将这些理论实证结果形式化，提出了美国立法政治模型[③]。假设国会议员的偏好是单峰对称的；政策空间是一维的；国会议员享有充分的信息。[④] 该政治模型包含了国会的两个多数主义规则：需要 2/3 多数才能推翻总统在每个议院的否决权，而需要 3/5 多数才能在参议院行使终结辩论。

鉴于关键选民最终决定了总统的立法命运，对于一个希望通过总统提议的政府来说，首要任务就是游说关键选民。假设总统的提案试图将现状向总统的设想推进，政府应该游说多数派议院中的中位选民和充斥着冗长演说的参议院的第 60 名

---

① BOND J R，RICHARD F，1990. The president in the legislative arena [M]. Chicago：University of Chicago Press：8.

② EDWARDSG C Ⅲ，1989. At the margins：presidential leadership of congress [M]. New Haven：Yale University Press：4.

③ BRADY D W，GRAIG V，1998. Revolving gridlock：politics and policy from Carter to Clinton [M]. Boulder：Westview Press.

④ BLACK D，1948. On the rationale of group decision-making [J]. Journal of political economy，56 (1)：23-34.

选民，目的是让他们都转向总统的立场①。

策略 2：以议程为中心的游说

考虑到投票对决定总统立法建议的关键作用，以投票为中心的策略就成为总统游说攻势的核心。可以肯定的是，立法过程会影响投票时通过的内容。特别是，不少学者研究已经证明议程制定者可能通过操纵投票的过程来显著地改变政策结果②③。美国立法过程中，这种操纵议程的企图司空见惯。这是国会领导人经常性使用的策略，也是他们施展和显示影响力的主要机制。国会领导人在起草议案并将其纳入国会日程方面享有众多优势。议院的规则允许多数党领袖以制定议程方面的优势阻止竞争对手的法案审议，而且在参议院，领袖在议程制定方面也发挥着重要作用④。埃文斯·劳伦斯（Evans Lawrence）对参议院委员会的研究表明主席和少数派高级成员，他们获得信息的机会和对审议哪些政策方案的控制是不均衡的⑤。

如果领导人设定了他们的同僚可以通过投票获得支持的议案，那么白宫可以通过 4 个“动因”来影响国会：既存现状、总统政党领导人的提议、反对党领导人的提议，以及他们的偏好分布。鉴于现状是由外部决定的，并且以投票为中心的游说解释了政府旨在改变偏好分布的方式，对白宫工作人员来说，剩下的战略问题是一个议程操纵问题：如何才能让国会领导人支持总统的立场，而反对派领导人不挑战总统的立场，或者至少是尽可能接近总统的立场？

设定总统的提议

尽管有着“首席立法者”这个众所周知的标签，但总统将提案直接提交国会议

---

① MATTHEW N B，2008. The president's playbook：white house strategies for lobbying congress [J]. The journal of politics，70 (2)：407-419.

② GROFMAN B，2004. Downs and two-party convergence [J]. Annual review of political science，2001，7 (1)：25-46.

③ MCKELVEY R D，1976. Intransitivities in multidimensional voting models and some implications for agenda control [J]. Journal of economic theory，12 (3)：472-482.

④ COX G W，MATHEW D M，2005. Setting the agenda：responsible party government in the U. S. house of representatives [M]. Cambridge：Cambridge University Press.

⑤ EVANS C L，1991. Leadership in committee：a comparative analysis of leadership behavior in the U. S. senate [M]. AnnArbor：The University of Michigan Press：156.

程的直接渠道是有限的。因此，在总统通过一项政策提议之前，他首先需要他在国会大厦的主要盟友来提出和推动这一动议。因为只有当国会领导人利用他们制定议程的特权，将总统的提案纳入立法者的提案选项中时，总统的议案才有机会通过。

对总统们来说，他们政党的国会领袖们通常有强烈的动机来迎合总统。不仅总统作为领导人倾向于分享他的政策观点，而且作为他所在政党的成员，他们通常也想要提高他的公众声誉[①]。总统和国会领导人首先就他们将倡导什么政策进行磋商，然后就如何推动这项政策进行协调——如何在战略上定位这项法案，以及如何获得关键选民的支持。

避免对手的提议

但是，有主要盟友支持总统的政策，并不能保证审议通过该法案，这只是白宫最终通过该法案的中间步骤。另一个方面是说服主要对手不要挑战总统的立场，或者尽可能接近总统的立场。如果成功，那么只要关键选民认为总统计划比现状更可取，总统的计划就可以获胜。要说服主要反对者不要挑战总统的计划，一个方法就是说服他们相信他们的努力不会带来任何影响。

为了克服可能存在的任何分歧，总统可以去说服主要反对者，除了在手头的政策上做出让步外，还可以通过各种策略的组合来做到这一点，这些策略可以是私下施压、公开恫吓，或是提供各种由总统控制的选择性激励措施。

直接游说和间接游说

总统有时候会亲自出面游说国会议员；也会通过行政部门的特定机构和人员进行游说活动。这些都是总统直接游说的表现形式。

总统亲自游说国会议员

如前面所说，国情咨文是总统与国会沟通的重要渠道，总统可以通过国情咨文

① COX G W，MATHEW D M，1993. Legislative leviathan：party government in the house［M］. Berkeley：University of California Press.

将自己的要求一并“打包”，引起国会议员对总统所关注问题的重视，这已经成为美国政府运作机制的一个有机组成部分①。除了发表国情咨文之外，总统可以通过面对面的交谈，阐述自己的立场，解释其中的利害关系，晓之以理，尽量争取议员的支持；或者亲自前往国会会见议员，也可以邀请国会领导人或者关键议员来白宫会面协商。总统遇到一些紧急事件或需要就预算和重要内政政策寻求国会支持时，会在国会发表演说，这与国情咨文演说不同，往往针对性强，重点突出，比较容易引起国会议员的重视。在提出立法建议之前，总统也会邀请有关议员进行协商，征求他们的意见。在国会审议的关键时刻，总统还通过打电话或者私下会晤，争取一些还在摇摆的议员的支持。约翰逊和里根总统的游说颇为成功。约翰逊曾经担任过国会的领导人，对于国会的运作了如指掌，同国会其他领导人也非常熟悉。他定期在星期二同国会中的民主党领袖一道共进早餐，手下的官员也密切地同这些领导人交往，从而使得约翰逊能够有效地对国会施加影响。里根上台后，也极具巧妙地处理与国会的关系，与立法者开会、协商及交往，还包括邀请时任众议院议长的马萨诸塞州民主党人托马斯·奥尼尔（Thomas O'Neill）夫妇出席私人晚宴。里根总统的友好姿态和富有说服力的游说，且善于适时妥协，经常使得没打定主意的国会议员倾向总统一边，支持总统的立场。

总统和国会议员由于在选民基础及所代表的部门利益的不一致，信息渠道及掌握程度也不一样，使得经常会在许多问题上出现分歧，总统的提议有时会遇到国会大多数议员的反对，在这种情况下，总统要获得国会的支持，需在某些方面对其做出妥协。总统可以适时就议案中的内容做出调整、让步，以便赢得更多议员特别是关键议员的支持。这主要体现在几个方面：一是缓和议案的措辞，适当降低新措施的力度，避免刺激国会议员；二是去掉某些条款，以便赢得更多议员的支持；三是增加某些条款，以满足一些关键议员的要求，或至少使他们不反对议案。这些做法的主要目的是在一些次要的细节问题上做出让步，确保议案的核心内容得以通过②。

总统还可以利用职务之便，满足一些国会议员的要求，为他们提供一些服务，包括在选举时总统亲自出席本党议员的竞选活动，为议员筹集竞选资金，或者许诺在竞选时为议员拉选票或筹款，这是赢得本党议员的一个重要方式。总统与议员接

---

① 赵可金，2005. 营造未来：美国国会游说的制度解读［M］. 上海：复旦大学出版社：302.

② 袁征，2001. 总统游说与国会决策［J］. 美国研究，15（3）：62-82.

触，和议员交换意见及在一些重要的场合显示对国会议员的尊重和善意，会对他们产生潜移默化的作用，或者至少可以缓和他们的反对立场。约翰逊总统在他的回忆录中说："如果要我指出一个帮助我处理国会关系首要因素的话，我将说它是我同大多数众议员和参议院之间的友谊和亲善关系。"[①]

克林顿总统推动中美永久正常贸易关系（Permanent Normal Trade Relations，PNTR）就是一个非常典型的例子。克林顿在位期间，一直在千方百计地寻求各方对中美贸易条约的支持，并同其外交政策高级顾问制定了一系列旨在说服国会议员通过同中国实现永久正常贸易关系的策略。克林顿指出，通过同中国实现永久正常贸易关系对美国国家安全至关重要，而反对该条约只会使美国的国家安全自食恶果。2000 年 3 月 9 日，美国总统克林顿向国会提交了给予中国永久正常贸易关系的议案，白宫希望能在 6 月获得国会通过。如果新法案获得通过，美国国会将不再需要每年讨论与中国的正常贸易伙伴地位。3 月 29 日，克林顿再向国会议员进行多次游说，并在记者招待会中说明他希望国会在最短的时间内同意与中国建立永久的正常贸易关系。4 月 4 日，克林顿总统在美国硅谷表示，中国加入世界贸易组织对美国"有百利而无一害"。他还公布了 42 位地方行政长官（其中包括 39 位州长）和 197 家高科技企业的主管支持对华永久正常贸易关系的联名信，信中包括英特尔、微软和 IBM 等高科技企业主管们的签名。联名信对美国国会的议员们强调："对华永久正常贸易关系议案的表决，将是今年你们对高科技产业做出的最重要表决"。4 月 11 日，美国商务部部长威廉·戴利（William Daley）在参议院商务、科学和交通委员会作证，再次呼吁国会批准对华永久正常贸易关系议案。威廉·戴利说："对华永久正常贸易关系议案的投票是美国今年乃至今后几年里最为重要的经济和政治问题之一。"对于这一问题的投票不是决定中国能否加入世贸组织，而是"决定美国能否从中国加入世贸组织中得到经济利益"。5 月 5 日，美国贸易代表查琳·巴尔舍夫斯基（Charlene Barshefsky）、财政部部长劳伦斯·萨默斯（Lawrence Summers）、农业部部长丹·格利克曼（Dan Glickman）和商务部部长威廉·戴利等 4 名克林顿政府内阁成员在出席美国众议院筹款委员会就永久正常贸易关系问题举行的听证会时呼吁国会，批准中国永久正常贸易关系地位。5 月 10 日，克林顿总统在白宫邀集 200 多位政要，包括美国两位前总统福特与卡特，共同推动

① WOLPE B C，LEVINE B J，1996. Lobbying Congress：how the system works [M]. Washington：Congressional Quarterly Inc.：163.

国会批准与中国建立永久正常贸易关系议案，克林顿总统及戈尔副总统都认为这项表决直接关系到两岸的稳定与繁荣。5 月 16 日，克林顿总统把美中贸易协议问题带到美国中西部展开游说。白宫发言人乔伊·洛克哈特（Joe Lockhart）对记者说，克林顿会在俄亥俄州和明尼苏达州会见当地商人和工人，向他们推荐美中贸易协议。5 月 23 日，白宫游说国会审议对华永久正常贸易关系进入白热化。由于形势十分紧迫，克林顿总统希望白宫竭力争取任何一位有可能争取过来的议员支持议案，这天下午，美国众议院开始就对华永久正常贸易关系议案展开辩论。克林顿致函全体议员，说："如果为了美国人民的繁荣，为了美国乃至整个世界的和平和安全，我认为选择是明确的：我们必须批准对华永久正常贸易关系。"5 月 24 日，美国众议院投票表决结果公布，以 237∶197 压倒性的票数通过对华永久正常贸易关系议案。这项议案将移交美国参议院审议。[①] 9 月 19 日，美国参议院通过该法案，美国总统克林顿表示这项议案将推动两国的繁荣，减少两国之间的摩擦。2000 年 10 月 10 日，美国总统克林顿在白宫南草坪举行仪式，签署了《美国—中国关系法案（2000）》（U. S. -China Relations Act of 2000），批准中国永久正常贸易关系地位。由此，这项已在国会众议院、参议院通过的法案成为法律，正式生效。

通过国会联络办公室和其他相关机构的工作人员来对国会进行游说

国会联络办公室（OCR）及其他相关机构主要处理有关国会的两大事务：一是游说国会，推销总统提出的立法建议；二是进行立法管理工作，对于立法法案的提交、要求，以及预算案进行监督和协调[②]。

白宫内部的国会联络办公室定期每周五下午召开各部局处国会联络人共商游说事宜。1921 年成立预算局，这是与国会沟通机制化的一个起点。1939 年成立总统办公厅，其中就有一些处理同国会关系的机构。但一直到艾森豪威尔政府，专门处理国会关系的办公室才正式建立起来。第二次世界大战期间，富兰克林·德拉诺·罗斯福派遣自己的 3 名高级助手专门负责对国会议员的游说。从艾森豪威尔总统开始，白宫正式建立国会联络办公室，从而使国会游说活动规范化和制度化。联络办公室负责协调总统的立法努力，在总统和国会之间起着沟通的桥梁作用。

---

① 理智战胜偏见：美国政府谋求对华永久正常贸易关系大事记［N］. 国际金融报，2000-05-31，4.

② 袁征，2001. 总统游说与国会决策［J］. 美国研究，15（3）：62-82.

国会联络办公室官员大多都是具有同国会打交道经验丰富的人士，专门负责跟踪国会动向，为总统制定和实施游说策略。一般来说，办公室包括 1 名主任和 1～2 名助理及若干工作人员。主任主要负责协调办公室整体运作，经常与总统就有关问题会晤，倾听面授机宜。当代历届总统对于国会的游说在很大程度上依赖他们的帮助。

肯尼迪总统执政期间，通过任命强有力的官员、提高办公室地位及扩大办公室职能等途径加强国会联络办公室作用。如任命前国会工作人员劳伦斯·奥布莱恩（Lawrence O'Brien）负责对国会的工作，代表总统同参众两院领袖打交道。约翰逊总统熟悉国会的运作，也非常重视同国会的关系，同国会联络办公室保持着密切的关系，直接过问他们所采取的游说策略。在他上任早期，国会联络办公室的工作人员允许直接面见总统。尼克松总统反对与国会讨价还价，在制定政策上更注重政治幕僚和顾问的建议，办公室地位有所下降。

卡特总统刚刚上台时，缺乏执掌国家政权的政治经验，标榜自己置身于华盛顿“肮脏的政治”之外，不屑同国会民主党领袖建立良好的关系。他认为立法只要说服议员了解其施政计划的正确性即可，不接受则可以通过大众媒体，呼吁公众支持，迫使国会议员就范。他的许多决定事先都没有同本党议员进行协商，而且同众议院议长托马斯·奥尼尔关系闹得很僵，以至于托马斯·奥尼尔一度禁止卡特国会联络办公室人员进入他的办公室，其结果是卡特政府向国会推销施政方案时遇到巨大阻力。1978 年 4 月，卡特班子对游说策略重新评估，将游说班子从 4 人扩增到 7 人，一些富有游说经验的人士被吸收进来，但效果不是很好[①]。

里根总统上台伊始，吸取卡特总统的教训，组建了强大的游说班子。马克斯·弗里德斯多夫（Max L. Friedersdorf）成为游说国会的负责人，其他的主要游说者如鲍威尔·穆尔（Powell Moore）和肯尼斯·杜伯斯坦（Kenneth Duberstein）等都有过国会议员助手的经历，游说国会的经验非常丰富。这些得力干将为里根政府成功地开展国会游说工作发挥了重要的作用。

游说国会的任务主要由国会联络办公室来具体操作，而立法管理的任务则主要是由行政管理与预算办公室来协调完成的。行政管理与预算办公室成立于 1970 年的尼克松政府时期，是负责协调总统立法侧重点的一个重要机构，所有内阁机构提

① HREBENAR R J，1997. Interest group politics in America［M］. New York and London：M. E. Sharp：251.

出的立法建议都必须经过该办公室过滤才能送交国会审议，确保行政部门游说活动协调一致，保证总统关注的重点问题得到优先保障。除此而外，每一个内阁部门都有一个国会关系办公室，主管为助理部长，多数内阁级的机构也专门有人员负责同国会的联系和沟通。在重大问题上，白宫国会联络办公室居中协调，主任定期同各个部门负责国会关系的官员进行商讨，协调行动，以便有效地对国会加以游说。可以说，许多游说工作最终是由行政机构的这些工作人员具体实施的①。

奥巴马政府比较重视科技创新，力主发展新能源，上台之初就将发展新能源上升至关系到国家安全和民族未来的战略高度，他经常在各种场合强调新能源战略的重要意义，动用自己的政治资源游说国会，并大力推进在新能源领域的国际合作。政府不断组织学术研讨分析规划发展前景，出台各种鼓励能源创新和竞赛的机制。奥巴马还很注意平衡各种利益集团的诉求，协调新能源与传统能源行业的内在竞争关系，避免因树敌过多而功亏一篑。

奥巴马政府上台后迅速促成了《美国复苏与再投资法案（2009）》（American Recovery Reinvestment Act of 2009）的通过，规定将划拨约 500 亿美元用来开发绿色能源和提高能效，其中 140 亿美元用于可再生能源项目，45 亿美元用于改造智能电网，64 亿美元用于清洁能源项目，63 亿美元用于对提高州一级能效的拨款，50 亿美元用于改造家庭住房的越冬防寒性能，45 亿美元用于帮助提高联邦政府的建筑能效，1890 万美元用于打造“绿色交通”。2009 年 6 月，众议院通过了《美国清洁能源安全法（2009）》（American Clean Energy and Security Act of 2009），虽然参议院对其内容存在很大争议，但该法案中的可再生能源部分通过审议，表明国会在新能源的议题上具有基本共识。奥巴马在 2010 年年初发表的首次国情咨文中，提出从 2011 年起，除国家安全、医疗和社会保障以外的政府开支将被冻结 3 年，但将继续在新能源、教育和基础设施等方面增加投资。

间接游说

总统对国会施加压力的主要手段之一是抓住选民的影响。总统可以利用传播媒介，越过国会，直接向公众发表演说，向选民宣传总统立场及对所提议案的重要性，动员选民利用各类途径对议员们施加压力。由于国会议员的政治生命往往依赖

① 袁征，2001. 总统游说与国会决策 [J]. 美国研究，15 (3)：62-82.

于选民的选票，这种方式往往会取得较好的效果。

第二次世界大战期间，富兰克林·德拉诺·罗斯福总统执政147个月里就开了998次记者招待会。他通过无线电广播“炉边谈话”的形式，对公众发表讲话，阐述施政计划，呼吁民众给予支持，间接地对国会产生了巨大的舆论压力。第二次世界大战后的科技发展，尤其是电视的普及及现代通信和交通技术的发展，使总统通过媒体向大众营销的手段愈加丰富。20世纪60年代，约翰逊总统为促使民权法案得以通过，在送交国会审议的同时，向全国发表电视讲话，阐述通过民权法案的重要性，呼吁民众给予支持。卡特总统上台后不久，就着手推动国会通过他提出的能源法案。为了使民众意识到能源短缺的严重性以支持自己的能源法案，他在上台执政后的4个月内，先后举行了6次新闻发布会，并不断通过电视媒体阐述其观点和立场，以对公众施加影响①。

演员出身的里根总统被公认为最善于利用媒体诉诸民意策略的总统之一。在他任内，始终有个困扰的问题就是府会分治，意见分歧较大，但在总统的努力下，许多政策通过民众游说这一策略得以通过。第一任期期间，他屡次向全国观众发表电视讲话，寻求民众对他的财政预算、减税等计划的支持。总统的演员经历，具有良好的屏幕形象，演讲起来颇能打动人心，这就使得“走向公众”的策略非常有效。演讲过后往往会有选民对自己选区内的国会议员带来压力，支持总统的提议。1981年，里根总统深知由民主党主导的众议院将会阻挠新的削减预算及减税法案，于是，在2月5日和18日两次在电视黄金时段发表全国演说宣传自己的主张，一开始并不奏效，之后借着未遂的总统刺杀事件的“东风”，4月28日，对国会两院发表演讲，敦促国会通过该项法案。10天之后，众议院以253对176票通过总统提案，尤其是有1/4的民主党议员投票支持总统。

当然，并不是所有的总统游说活动都能起到相同的效果，其好坏在一定程度上依赖总统的个人魅力和说服力及总统本人的声誉。通常，一个充满个人魅力，演说富有激情，论证充分，能够打动公众的总统，会给公众留下深刻的影响。总体上看，肯尼迪、里根和克林顿都具备很好的个人魅力，能够充分利用媒体影响公众，相对而言，尼克松、小布什等总统与公众和国会的沟通能力要弱一些。

美国总统的游说活动，由于受到人力、资金、法律等因素限制，总统本人及其白宫助手不能直接就某项议题展开宣传，往往由白宫与政党或特殊利益集团共同商

① 袁征，2001. 总统游说与国会决策 [J]. 美国研究，(3)：62-82.

议，再由他们去做议员的工作，对国会施加压力。

总统通过利益集团进行围绕特定议题的民众动员互动由来已久。总统经常利用利益集团去游说国会议员，向国会施加压力。如在克林顿执政时期，为了使总统的经济计划得到国会通过，公众联络办公室（Office of Public Liaison）主任和艾伯特·戈尔（Albert Gore）副总统经常性地邀请关键的利益集团领导及部分关键议员选区的重要人物共进早餐，如果有必要，总统有时候也会亲自出席。之后，这些重要客人会聚集在白宫北草坪上，面对全国各地的媒体表达出支持总统的言论。总统或其他白宫官员也会经常性地暗示这些重要人物发动公众向国会施压。在利益集团的活动下，克林顿总统的经济计划最终在国会通过。

通过多种渠道同相关利益集团进行沟通，协调行动，可以避免总统直接游说可能出现的曲高和寡局面，无法形成有效的国会施压。事先和利益集团协商，考虑到利益集团的反应和利用利益集团对于国会施加影响力是总统时常采用的一种游说技巧。

10.4 绕不开的话题

国会尽可以扮演牛虻的角色时时刻刻"叮"住总统，总统也的确需要国会的支持才能有效地治理国家。但是，总统也可以反过来挥舞自己手里的"大棒"，对着挥之不去的国会"群虻"大砍一番[①]。总统有时因其在国会决策中的密切介入而被称为首席立法者，所以立法研究中的总统角色问题便是一个绕不开的话题。

19世纪的总统仅视其功能为执行国会提出和通过的法律，而今天的行政首脑却经常自备立法计划和综合性方案来寻求立法部门的通过。总统参与立法的行动在第二次世界大战以后不断增加，很多重大的全国性成文法都是由白宫行政部门提出。白宫大多利用主动提案、建立联盟、说服议员支持或反对及最后的杀手锏——否决等方式来影响立法进程。总统每年在国会联席会议上发表国情咨文，就自己的大政方针对国会和全国选民做一个详尽的说明，国会基于来自总统要求的信息进行立法。事实上，对于一些复杂的、专业性较强的议案，国会时常将权力转交给总统，很多立法议案由行政部门决定，因为国会欣赏白宫的强大权力，如协调能力，

① 孙哲，2012. 左右未来：美国国会的制度创新和决策行为［M］. 上海：上海人民出版社：67-68.

并认识到自己的不足，如其分权化委员会结构会抑制快速而复杂的科技立法决策程序。

总统可以提出立法，国会却未必通过。那么总统如何将这些建议变成法律？这就需要发挥总统作为说客所起的作用，总统写信、打电话给国会领导人，甚至与他们面谈；总统公开发表声明，迫使国会考虑民意压力；作为党魁，总统还可以通过属于本党的国会议员行使立法权。当然，总统所属党在参众两院都属于多数党的情况下，总统的法律更容易通过。总之，总统的权力就是说服的权力[①]。

国会议事程序烦琐，未能针对人民请求作迅速的决策，而且容易阻碍施政也是不争的事实。国会的程序有利于那些期望阻挠立法的人，不利于落实许多人公认急迫的改革措施。要想通过一个好的法案，往往耗时多年，费尽周折，不如让总统摆脱这种控制直接更有效地代理立法业务，这在讯息万变的科技领域尤为如此。克林顿、小布什、奥巴马等几任总统都通过国情咨文形式，积极推动科技领域立法工作，推荐自己认为有必要的法律，并通过或直接或间接的各类游说手段，促使国会通过他们建议的法律。

当然，总统作为立法者的角色，也会因为不同的总统会有不同的效果，这与总统自身性格特征、行为方式有密切关系，也与总统政党是否控制国会有关。总统与国会任何一方在某一时间段内可能在某一议题上占据主动，而在另一个时间段则处于被动。包括向总统提供科技建议的总统科学技术政策办公室、代表多元科技活动的利益集团等，都会影响总统与国会在立法过程中的角色。

---

① NEUSTADT R E，1960. Presidential Power ［M］，New York：John Wily：23.

第 11 章 总统科学技术政策办公室的角色

总统科学技术政策办公室通过协调形成科技预算建议，向国会提交国会报告等途径影响立法。实际上，直到 20 世纪 90 年代初，美国联邦政府科技投入的决策机制才基本成型。这就是以总统科学技术顾问委员会、国家科学技术委员会、总统科学技术政策办公室、行政管理与预算办公室为核心的行政决策与协调机构和以众议院科学、空间和技术委员会，参议院商务、科学和运输委员会为核心的立法决策与协调机构之间既合作又对抗的模式。

尽管总统科学技术政策办公室和行政管理与预算办公室在科技投入政策和预算协调方面具有法定的责任，但由于科技投入管理传统上的分散性和科学技术领域专业性很强，仅仅依靠这两个办公室难以对优先领域做出各方都认可的决策建议，因此进行跨部门协调在操作上存在一定困难。为此，总统以行政令的方式从内部和外部设立了两个制度化的信息沟通和制衡机制，这就是建立和完善总统科学技术顾问委员会和国家科学技术委员会。

总统科学技术政策办公室负责结合国家科学技术委员会和总统科学技术顾问委员会提供给总统的内外部信息和建议，从国家目标和总统执政意图监督和协调国家科技政策的制定；国家科学技术委员会根据国家目标和战略将其明确到各个职能部门，并以此协调各部门的科技预算形成国家研发总预算建议方案；行政管理与预算办公室根据国家科学技术委员会提交的研发总预算建议方案、各部门呈报的预算方案等进行进一步的协调形成总统也就是联邦政府的科技预算方案；在这一过程中，总统科学技术顾问委员会作为非政府组织为总统、科学技术政策办公室、国家科学技术委员会等提供的“第三方”意见建议可以为总统决策起到甄别、补充和制衡内部信息的作用，使决策信息基础更加广泛和牢靠。

11.1 总统获取科技建议的途径

如果科技政策涉及多个部门，或者需要大量预算涉及经济、国家安全及外交政策，抑或有高度争议（特别是当科技与价值、伦理、道德交织在一起时）或在公众中曝光度高时，这类科技政策问题往往会上升到总统层面。面对这些问题，历届总统都会有不同的渠道寻求科技知识与建议。

历史上的科技建议渠道

纵观美国历史，总统们或多或少都会通过正式或非正式的渠道从联邦的科学家和工程师那里获取关于科技的建议。19 世纪 30 年代早期，总统们曾试图将科技建议的来源扩充至顾问委员会。由于缺乏法律基础，这些委员会往往难以维持而被总统解散。但当再次需要科技建议时，总统们又会从新的顾问委员会那里寻求帮助，有时候甚至是将之前解散的委员会进行重组。

在领导第二次世界大战的那些年，研发对于国家经济和军事实力的重要性与日俱增。其结果是，富兰克林·德拉诺·罗斯福总统在 1941 年建立了科学研究与发展局（OSRD）[①]。历史学界高度称赞了美国的研发事业为同盟国在第二次世界大战中取得胜利所提供的巨大贡献，以及对后来美国工业发展的重要作用。1944 年 11 月，富兰克林·德拉诺·罗斯福总统写信给时任科学研究与发展局局长的范内瓦·布什寻求建议，信中问到，科研和已建立的科研基础设施如何能使美国在战争中的工作转化成“在和平年代获利”。范内瓦·布什在《科学——无尽的前沿》中搭建了一个框架，认为科学发展在国家经济、安全及社会需求方面具有十分重要的作用。专家们普遍将范内瓦·布什的报告看作美国科技政策的基础。报告中提到：联邦政府应该承担起新的责任来推动科学知识的创新及在年轻人中培养科技人才。

之后的几任总统建立多种机构包括总统行政办公室来获取科技方面的建议，以加强跨部门间的协作并接收来自外界的意见。总统行政办公室中的机构包括：总统科学技术助理办公室（艾森豪威尔），科学技术局（肯尼迪、约翰逊）。专注于跨部

---

① Excutive Order 8807, Establishing the Office of Scientific Research and Development in the Executive Office of the President and Defining Its Functions and Duties, 6 Federal Register 3207, July 2, 1941.

门合作的机构包括科学顾问委员会（SAC；杜鲁门），联邦科学技术委员会（FCST；艾森豪威尔、肯尼迪、约翰逊、尼克松）及联邦科学、工程和技术协调委员会（福特、卡特、里根、老布什）。外部的咨询委员会包括科学顾问委员会（杜鲁门、艾森豪威尔）及总统科学顾问委员会（艾森豪威尔、肯尼迪、约翰逊）。

尼克松总统所废除的科学技术局以科学技术政策办公室的形式在总统行政办公室中运作。国家科学基金会承担了它的民用功能，国家安全委员会承担了它的安全功能。此外，尼克松总统决定在收到前成员的正式辞职后不再任命新的成员到总统科学顾问委员会。而福特总统则支持科学顾问机制回归白宫，但他希望通过立法实现而不是行政执行①。他于 1976 年 5 月 11 日签署生效《国家科学技术政策、组织和优先法案（1976）》（P. L. 94-282）。这一法案的颁布建立了总统科学技术政策办公室，并确立了总统科学技术政策办公室主任的地位。

总统科学技术政策办公室的争议

总统科学技术政策办公室与总统行政办公室其他部门，以及政府与科学界间政策的紧张关系和权力的斗争并不是什么新鲜事。例如，卡特政府的科学技术政策办公室主任弗兰克·普雷斯（Frank Press）就曾与环境质量委员会（CEQ）进行过较量。主要是反对环境质量委员会所主张的将联邦政府支持新兴太阳能产业的补贴用于支持平衡市场需求与科学发现之间的步调②。1981 年 7 月，乔治·凯沃斯（George Keyworth），里根政府的科学技术政策办公室主任，在美国科学促进会的初次讲话中提出“科学技术政策办公室及其主任并不代表科学家的利益”的说法在科学界引发争议。随后他补充道，作为一个政府在科学界的“说客”将削弱他在白宫的影响力，从而对抗科学界的利益③。乔治·凯沃斯对总统科学顾问所扮演角色的看法和当时科学界的多数观点是不一致的。在老布什执政时期，这种紧张局势还存在于科学技术政策办公室主任艾伦·布罗姆利（Allan Bromley）和其他白宫高

① Jeffrey K. Stine，1986. A History of Science Policy in the United States，1940—1985，Report for the House Committee on Science and Technology Task Force on Science Policy，99th Cong.，2nd sess.，Committee Print，Washington DC：GPO. http：//ia341018. us. archive. org/2/items/historyofscience00unit/historyofscience00unit. pdf.

② DICKSON D，1984. The new politics of science［M］. New York：Pantheon Books/Random House，Inc.：37-38.

③ CULLITON B J，1981. Keyworth gives first policy speech［J］. Science，213（4504）：183-184.

级官员之间，主要是关于政府应该在何种程度上用联邦资金支持商业技术的发展[1][2]。艾伦·布罗姆利试图推进一项产业政策“衡量技术成败”，之后，这种紧张关系被公开了。艾伦·布罗姆利的行为招致了经济顾问委员会主席迈克尔·博希金（Michael Boskin），白宫办公厅主任约翰·苏努努（John Sununu）及白宫行政管理与预算办公室主任理查德·达曼（Richard Darman）的批评。而艾伦·布罗姆利则发表了一项声明解释说，“在推行此项产业政策以支持指定的特殊产业或使特定技术商业化方面”，政府的“原则往往是不一致的”[3]。

福特总统的后继者们不断改进着科学技术政策办公室及相关组织以适应他们的需要。例如，P. L. 94-282 建立了总统科学技术委员会（PCST），并将科学技术政策办公室的主任纳入其中。而总统科学技术顾问委员会则通过联合主席加一两个非联邦的总统科学技术顾问委员会成员的形式，极大地承担了科学技术政策办公室主任在总统科技委员会中所扮演的角色。最近的 P. L. 112-282 包括了科学技术政策办公室主任主管政府间的科学工程技术咨询小组（ISETAP）的各项规定。国家科学技术委员会作为一个由总统行政命令成立的行政部门、内阁级别的委员会，由总统直属，由科学技术政策办公室主任管理，并由政府间科学工程技术咨询小组负责。

11.2 科学技术政策办公室

国会通过法案成立科学技术政策办公室作为总统行政办公室中的一个部门，“并作为一种科技分析和判断的资源，为总统在重要的政府政策、计划、方案等方面提供帮助”[4]。科学技术政策办公室将其的职责定义为 3 个部分：为总统及他的幕僚们提供关于一切事件的精准、中肯、及时的科技建议；确保行政部门的政策科学合理；确保行政部门的科技工作协调一致，以使社会获益最大化[5]。

为此，科学技术政策办公室制定了以下战略目标：确保联邦在科技方面的投入

---

① DAVIS B，1991-05-13. White House，reversing policy under pressure，begins to pick high-tech winners and losers［N］. Wall Street Journal，16.

② DAVIS B，1991-04-26. White House tries to distance itself from panel report［N］. Wall Street Journal，16.

③ 1991-05-17. Bush science aide issues a statement to quell criticism［N］. Wall Street Journal，11.

④ P.L. 94-282.

⑤ 美国总统科学技术政策办公室介绍，http：//www. whitehouse. gov/ostp/.

能最大限度地贡献于经济繁荣、公共卫生、环境质量和国家安全；使政府在对科技制订计划的过程中有足够的资源，合理的评估和充分的协作；与政府官员、学者及各行业代表保持紧密的、专业又科学的关系，而这需要理解国家科技事业的深度和广度，评价科技进步，以及发掘潜在的政策建议；培养一支具有世界级专业知识的团队，能够为总统及其幕僚在重要的政府政策、计划、方案等方面提供相关政策建议、分析和判断①。

在这些正式声明外，科学技术政策办公室通常还具有其他作用，包括作为各机构领导者，获得关于理解科技，形成科技相关政策的目标和优先事项等信息的一种宣传媒介和渠道；协调各机构间的合作，促进整合科技战略、行动；帮助解决跨部门间科技责任、管辖权方面的争端。

科学技术政策办公室、国家科学技术委员会、总统科学技术顾问委员会及它们的前身组织在各届政府中的角色和影响力有所不同，这取决于总统、科学技术政策办公室主任及二者之间的融洽关系。

P. L. 94-282 的规定

P. L. 94-282 确立了科学技术政策办公室主任的地位，其主要职能是“在总统行政办公室内，针对科学、工程、技术等方面需要政府高度关注的问题，提供建议”。此外，科学技术政策办公室主任还需要：使总统对科技的考量推行至国家的相关领域，包括但不局限于这些方面，即经济、国家与国土安全、卫生事业、外交关系、环境、资源的回收与利用技术等；对联邦在科技方面的工作进行规模、质量和有效性方面的评估，并为其提出更适当的工作建议；就科技政策方面的预算为总统出谋划策，协助行政管理与预算办公室对联邦各机构在研发方面的预算进行年审，帮助行政管理与预算办公室及其他机构进行预算编制；以及帮助总统在联邦政府的研发计划中获得主导权，并确保总统与联邦政府合作融洽②。

按照该法令，科学技术政策办公室主任由总统直接任命，通常还同时担任总统的科技顾问。该职位需受到参议院的批准并享受美国政府行政部门最高雇员二级津贴。

除了明确科学技术政策办公室主任的地位，P. L. 94-282 还允许总统任命 4 名以

① 美国总统科学技术政策办公室介绍，http：//www. whitehouse. gov/ostp/.

② P. L. 94-282.

内的（常务）副主任，同样受参议院批准并享受不超过三级的美国政府行政部门最高雇员津贴。不同的总统政府，其任内的（常务）副主任人数有所不同。例如，小布什政府有两位（常务）副主任——一位主管科学，另一位则主管技术——每位都配有一位（代理）副主任。到了克林顿政府，有4位（常务）副主任，分管科学、技术、环境及国家安全和国际事务。奥巴马政府确立了4名（常务）副主任的职务分管不同的领域，包括：环境与能源、国家安全与国际事务、科学及技术（图11-1）。

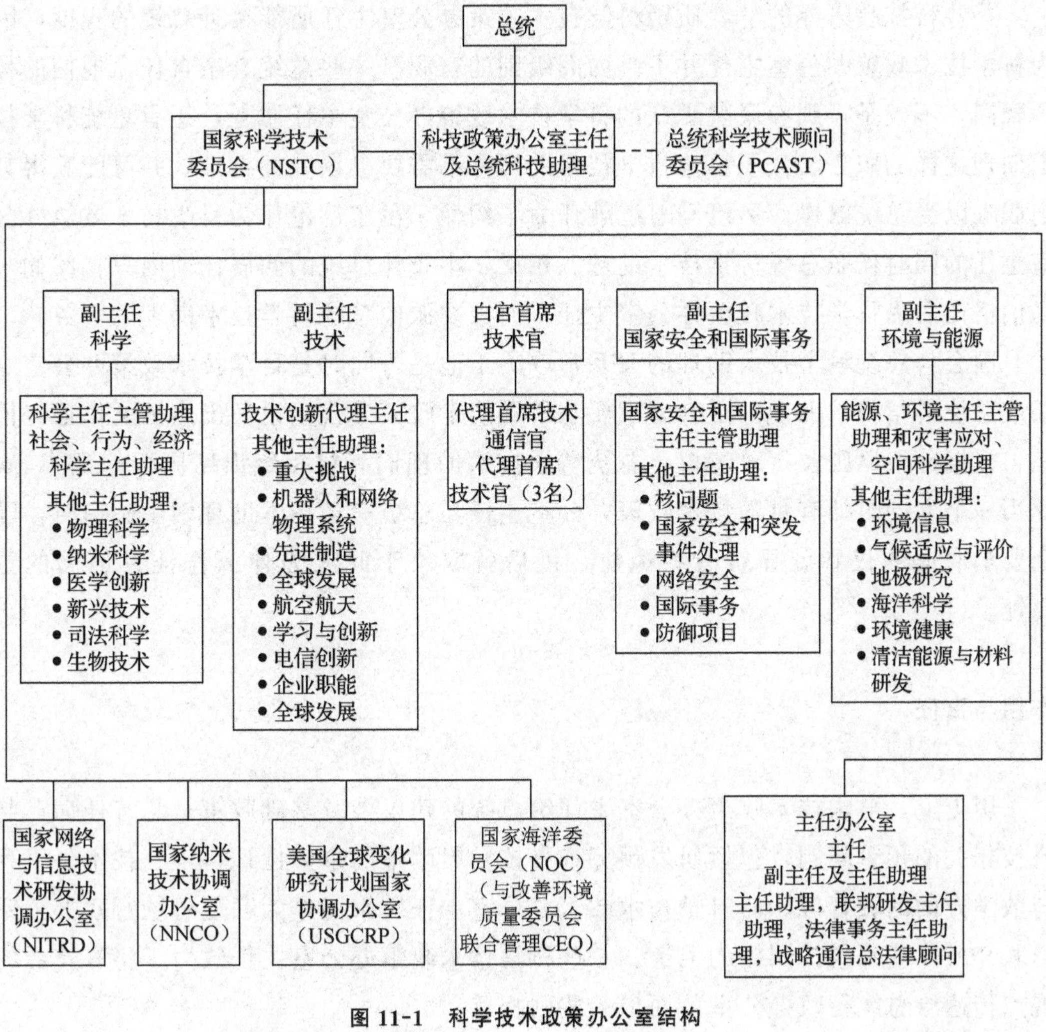

图 11-1 科学技术政策办公室结构

任命及与国会的关系

总统的科学顾问们所具有的正式任职将影响其能够接近总统或其他总统行政办公室决策者们的程度。尽管各届总统对他们的行政办公室有不同的职权安排，但内阁成员及其助理们通常是白宫员工中最能接近总统的人了。

一些科技政策界的学者质疑科学技术政策办公室主任所能接近总统的程度，因为科学技术政策办公室主任并不是内阁级别的官职。一些总统会亲自任命他们的科学顾问，不仅是得到参议院承认的科学技术政策办公室主任职务，还有总统科学技术助理这样的职务。任职总统科学技术助理并不需要参议院的批准，并可能获得其他职务以受总统派遣。奥巴马总统就任命了约翰·霍尔德伦作为科学技术政策办公室主任的同时任职总统科学技术助理。相反，小布什总统的两届任期内只将约翰·马伯格任命为科学技术政策办公室主任，而未委派他总统科学技术助理的职务。

国会与总统科学技术助理的关系常取决于他是否同时是科学技术政策办公室主任或总统科学技术助理。国会有权要求科学技术政策办公室主任出席国会作证。但是，根据分权原则及行政特权，总统科学技术助理们有权拒绝出席国会作证[①]。因此当一个人同时拥有科学技术政策办公室主任与总统科学技术助理两个头衔时，国会要求取证的权利就显得有些尴尬，最后就取决于此人为什么作证及证词的重要性。

作用与责任

历史上，科学技术政策办公室主任给总统的建议涉及基础政策；总统任命；与科技相关的预算问题，包括研发预算；科技发展政策的重要性；科学、技术、工程与数学方面的教育等。而科学技术政策办公室主任历来还作为联通总统行政办公室与联邦或非联邦科技团体的渠道。一些科学技术政策办公室主任致力于将科技界的观点传达给总统行政办公室，而另一些则相反。

同时任职总统科学技术助理的科学技术政策办公室主任还需管理国家科学技术

---

① CRS Report RL31351, Presidential Advisers' Testimony Before Congressional Committees: An Overview, By Todd Garvey, Alissa M. Dolan, and Henry B. Hogue.

委员会。该委员会通过 12881 号行政命令成立[①]，承担着与联邦政府协调科技政策，确立联邦科技投资的国家战略目标，以及协调研发战略等功能。当一些重大事件，尤其是国家突发事件、灾害或科技相关的国际谈判发生时，作为国家科学技术委员会的管理者，总统科学技术助理需要为联邦机构提供必要的信息和指导，并协调各机构间的合作。

此外，总统科学技术助理参与管理总统科学技术顾问委员会，该委员会通过 13226 号行政命令成立[②]。作为总统科学技术顾问委员会的联合主席，总统科学技术助理需协调科技界与政府的利益争端。

科学技术政策办公室主任在国家安全与应急准备（NS/EP）通信政策、程序和功能方面扮演着特殊角色。按照 12472 号行政命令[③]，科学技术政策办公室主任应就优先使用射电谱和有线通信为总统提供建议以支持国家安全与应急备用通信功能，并提供必要信息的评估报告，这些信息包括现有的及已计划的国家安全与应急备用通信能力的测试、演习、评估和准备情况。此外，科学技术政策办公室主任每年需提出与国家安全与应急备用通信相关的亟待解决的问题，以供国家安全与应急备用执行委员会进行分析、考察、研究和开发。

与行政管理与预算办公室的关系

科学技术政策办公室主任并没有高于联邦机构或行政管理与预算办公室的权威。其参与预算计划的过程包括 4 个步骤：①由科学技术政策办公室及行政管理与预算办公室敲定所有需要优先考虑的事项；②各机构将准备好的预算提案呈交行政管理与预算办公室；③各机构同行政管理与预算办公室协商；④最后由总统和行政管理与预算办公室主任决定预算。

---

① Excutive Order 12881, "Establishment of the National Science and Technology Council", 58 Federal Register 62491-62492, November 23, 1993, http: //www. archives. gov/federal-register/excutive-order/pdf/12881. pdf.

② Executive Order 13226, "President's Council of Advisors on Science and Technology", 66 Federal Register 50523-52524, October 3, 2001, http: //frwebgate. access. gpo. gov/cgi-bin/getdoc. cgi? dbname=2001 _ register&docid=fr03oc01-141. pdf.

③ Executive Order 12472, "Assignment of National Security and Emergency Preparedness Telecommunications Functions", 49 Federal Register 13471; April 5, 1984; http: //www. ncs. gov/library/policy _ docs/eo _ 12472. html.

优先事项的敲定。科学技术政策办公室向联邦部门提出的关于研发的优先项目是第 1 步的关键。此外，当多个部门承担涉及较多领域的议题时，跨部门的合作需要明确各部门在具体行动上应承担的责任。科学技术政策办公室及行政管理与预算办公室正是利用这一点就明确政府研发优先项目及投资研发的准则方面形成一个联合备忘录。各机构借助此备忘录进行第 2 步，准备他们的预算提案。

机构的预算准备工作。在第 2 步中，科学技术政策办公室根据优先事项继续与各机构合作，完善他们的预算，并提供建议。一般来说，科学技术政策办公室会对有较大研发预算及需要跨部门的项目为各机构提供更多的指导。之后，联邦机构呈交他们已完成的预算提案至行政管理与预算办公室。而科学技术政策办公室不得在预算提案送至行政管理与预算办公室前单独对其进行复核。

各机构与行政管理与预算办公室的协商。在第 3 步中，科学技术政策办公室和行政管理与预算办公室共同对已呈交的提案进行复核以确保这些提案确实符合政府的计划和优先事项。科学技术政策办公室还需参与行政管理与预算办公室（OMB）预算审核员给行政管理与预算办公室主任的报告，同时就优先事项提供建议。此外，科学技术政策办公室需要及时给各部门反馈意见，以帮助他们就使用资金的等级和项目所属资金类型与行政管理与预算办公室进行协商。

预算的最终决议。科学技术政策办公室在第 4 步中的首要职责是就提案的质量提供意见，并调整总统先前制定的优先事项。最后，由总统、行政管理与预算办公室主任和内阁做出决定。

国家科学技术委员会

1993 年 11 月 23 日，克林顿总统通过 12881 号行政命令成立了国家科学技术委员会[①]。委员会由各机构和部门的首脑及被挑选出来的总统助理和顾问组成。12881 号行政法令指定总统科学技术助理为委员会的成员；而科学技术政策办公室主任不能加入委员会。国家科学技术委员会旨在与联邦政府协调科技政策。

---

① Executive Order 12881, "Establishment of the National Science and Technology Council", 58 Federal Register 62491-62492, November 23, 1993. The executive order also states that NSTC oversees the duties of the Federal Coordinating Council for Science, Engineering, and Technology (FCCSET), the National Space Council, and the National Critical Materials Council, none of which have met since creation of the NSTC.

除了协调科技政策制定过程等这些主要的功能外，国家科学技术委员会还要协助行政管理与预算办公室主任推荐反映国家目标的研发预算拨款及对机构的研发提案提供建议。

国家科学技术委员会由总统担任主席；总统缺席时由副主席或总统科学技术助理主持。实际情况是，国家科学技术委员会鲜少能接触到总统或现任的内阁级官员。总之，科学技术政策办公室的员工、借调人员与联邦机构的员工一起组织国家科学技术委员会的活动。

国家科学技术委员会有5个常设委员会：科学，技术，环境、自然资源与可持续发展，国家与国土安全，科学、技术、工程与数学教育。如表11-1所示，每个常设委员会都有下属委员会、跨部门工作小组，或有专注于特定课题的小组。这些常设委员会及下属委员会的成员一般都不是内阁官员，而是更低级别的员工。

表11-1　国家科学技术委员会

环境、自然资源与可持续发展常设委员会（CENRS）		
AQRS：空气质量研究（SC）	SDR：减灾（SC）	SOST：海洋科技（SC）
CSMSC：关键矿产供应链（SC）	SES：生态服务（SC）	SWAQ：水资源的可用性与质量（SC）
IARPC：跨部门研究北极政策委员会（IWG）	SGCR：全球变化研究（SC）	T&R：有毒物与危险品（SC）
ISTS：科技整合与可持续发展（TF）		USGEO：美国地球观察组（SC）
国家与国土安全常设委员会（CHNS）		
BDRD：生态防御研发（SC）	ISC：基础设施（SC）	SOS-CBRNE：标准（SC）
CDRD：化学防御研发（SC）	NDRD：核防御研发（SC）	TISTI：国际科技创新课题（SC）
D-IED：本土的简易爆炸装置（SC）	FSLFI：联邦实验室设施与基础社会安全（IWG）	
科学常设委员会（CoS）		
IWGN：神经科学（IWG）	PSSC：物理科学（SC）	LSSC：生命科学（SC）
SBE：社会、行为、经济科学（SC）		
科学、技术、工程与数学教育常设委员会（CoSTEM）		
FC-STEM：联邦科学、技术、工程与数学教育协作（TF）		

续表

技术常设委员会（CoT）		
ASTS：航空科技（SC）	AMS：先进制造（SC）	P2I：隐私（SC）
BidM：生物特征识别与身份管理（SC）	DGT：数码游戏技术（IWG）	SG：智能电网（SC）
GIG：全球互联网治理（SC）	NITRD：网络信息技术研发（SC）	SMGI：材料基因组计划（SC）
H2FC：氢燃料电池（IWG）	NSET：纳米科学工程和技术（SC）	SoS：标准（SC）

SC：下属委员会；IWG：跨部门合作小组；TF：专门工作组。

某些情况下，国会批准国家科学技术委员会特定的法律职责。国会指导委员会监督计划、管理人员及国家纳米技术项目的协调，并每年提交这些活动的报告。此外，国会还指导科学技术政策办公室主任成立一个国家科学技术常设委员会，负责协调联邦的项目与活动，以支持科学、技术、工程与数学教育；成立一个国家科学技术常设委员会，负责在先进制造的研发方面，计划和协调联邦的项目与活动；成立一个工作小组，负责协调联邦科学机构研究与政策相关的宣传，以及长期的对未分类研究结果的管理工作；借助委员会每年对联邦研究的设施和主要仪器的缺陷进行甄别，划分优先处理的顺序。

在其他情况下，国家科学技术委员会可能会被指派非特定的国会命令。例如，《美国竞争法案（2007）》（P. L. 110-69）指导了一个总统创新与竞争力顾问委员会（President's Council on Innovation and Competitivenecs）的成立。这一法案规定该委员会成员需要包括多个联邦机构、科学技术政策办公室、行政管理与预算办公室的秘书或首脑。国会给总统提供了两种选择，成立一个新的组织以执行创新与竞争力顾问委员会的职权，或指派一个已有的委员会来行使这一职权。相较于成立一个新的、独立的委员会，小布什总统选择将这一职权委派给了国家科学技术委员会技术常设委员会。

总统科学技术顾问委员会

总统科学技术顾问委员会主要由来自联邦政府外的具有多种观点及专业知识的个人和代表所组成。委员会通过总统科学技术助理，在科学、技术和创新政策方面，直接为总统提供建议。此外，委员会也为国家科学技术委员会提供建议。老布什总统于1990年成立了总统科学技术顾问委员会[①]。随后克林顿、小布什及奥巴马总统在任期内对其进行了些许调整[②]。

目前的行政法令赋予了总统科学技术顾问委员会一个较为宽泛的职权范围，规定其建议“应当包括但不局限于：科学、技术、创新相关的政策；经济、能源、环境、公共卫生、国家与国土安全及其他相关的国家政策所需的科技信息”。总统科学技术顾问委员会同时还服务于另两个法定顾问委员会：总统创新与技术顾问委员会（President's Innovation and Technology Advisory Committee），由《高性能计算法案（1991）》（High Performance Computing Act of 1991）确立；国家纳米技术咨询小组（National Nanotechnology Advisory Pannel），由《21世纪纳米技术研究开发法案（2003）》确立。

总统科学技术顾问委员会的成员包括20～25名卓越个人，他们来自联邦政府以外的工业、教育和研究机构，及其他组织。委员会由总统科学技术助理与1～2名其他委员会的成员共同管理。近几年主要由科学技术政策办公室为总统科学技术顾问委员会提供资金支持。但在2011年，总统奥巴马要求能源部为委员会提供资金、行政和技术支持[③]。尽管这些职能被转移到了能源部，科学技术政策办公室依然声称他们将继续服务政策，并通过联合主席约翰·霍尔德伦（John Holdren）及其他总统科学技术顾问委员会委员对委员会进行纲领性的监督，这些委员的实体办公场所仍留在科学技术政策办公室。科学技术政策办公室表示，虽然委员会期望从能源部获得的资金规模能比得上从前在科学技术政策办公室时的规模，但国会并不会给能源部额外的拨款，尤其是用于支持总统科学技术顾问委员会。

① Executive Order 12700，“President's Council of Advisors on Science and Technology”，55 Federal Register 2219，January 23，1990.

② Clinton Administration：Executive Order 12882，“President's Committee of Advisors on Science and Technology”，58 Federal Register 62492-62493，November 26，2003；George W. Bush Administration：Executive Order 13226，“President's Council of Advisors on Science and Technology”，66 Federal Register 50523-50524，October 3，2001；Obama Administration：Executive Order 13539，“President's Council of Advisors on Science and Technology”，75 Federal Register 21973-21975，April 27，2010.

③ Executive Order 13596，“Amendments to Executive Orders 12131 and 13539”，76 Federal Register 80725-80726，December 27，2011.

11.3 面临的问题和立法选择

国会针对科学技术政策办公室相关的问题，有一系列的立法选择。包括：总统行政办公室内对科学建议的需求；科学技术政策办公室主任的头衔、等级、作用与职责；科学技术政策办公室副主任的人数与其所司的方向；提供给科学技术政策办公室的资金和人员配置的水平；科学技术政策办公室对资金的使用是否符合法律规范；在确保联邦资助的科学诚信，支持科学研究包括联邦机构中科学家和工程师们之间科技信息的交流等方面，科学技术政策办公室所扮演的角色；为使公众了解联邦资助下的研发成果，科学技术政策办公室在影响联邦政策的修改方面所做出的努力；科学技术政策办公室在加强联邦科学、技术、工程与数学教育计划的尝试；其在总统科学技术顾问委员会中的声望和影响力。

总统行政办公室对科学建议的需求

一个基本的问题是，总统是否需要科技决策咨询建议，如果需要，是否应该以一个全职的顾问或总统顾问委员会的形式提供建议。进一步地说，如果总统确实需要委员会提供建议，是应该依附于总统行政办公室、联邦部门或机构，还是建立一个独立的机构来承担这一角色和功能。

历届总统和他们的高级顾问或许会认为，他们的大多数决策都是基于其他因素，自己只需要基础性的科技知识就可以，而不是详细的科学知识。他们可能认为，科技顾问或相关的总统顾问委员会的意见是多余的，也没有必要为白宫的决策建立这样的组织。总统或许认为，如果科技顾问或总统顾问委员会并不致力于总统的议程或代表政府的观点，这类科技建议将弊大于利。相反地，科技界则担心，科技顾问和总统的关系太过紧密会致使科技建议政治化，同时也会破坏科技顾问的独立性和客观性。纵观总统的科技活动历史，自富兰克林·德拉诺·罗斯福政府时期，总统与大多数科技界的观点相左，就已将总统科学技术助理或顾问委员会置于一个具有挑战性的位置。白宫的核心集团或许已经产生了排斥科技的想法。另外，政府是可以从那些洞察政府关注点的科技顾问那里受益的，只要这名科技顾问提供建议，并公开地为政府在科技相关问题上发声。这样的科技顾问可以帮助评估科技相关部门和机构，解决这些机构间要求相抵触的问题，协调研发机构与外部科技界在国家突发事件上的努力，以及预见新兴科技问题。此外，当总统有从外部获得建议的需要时，总统顾问委员会具有持续从科学界推举人才的能力。

考虑科学技术政策办公室的组织地位

在创立科学技术政策办公室时，国会为向总统行政办公室提供科技建议制定了一套机制。在评估科学技术政策办公室提供的科技建议类型成功与否后，国会可以选择通过改变科学技术政策办公室的授权和组织地位，来改变这一机制。

也有一些国会议员要求取消科学技术政策办公室，认为他的作用是多余和模棱两可[①]。这样做可能会导致总统行政办公室只能依靠外界团体获取科技建议，降低政策制定过程中科技考量的全面性。如果国会选择取消科学技术政策办公室，总统就只能依靠内阁部长或其他联邦机构的官员在其机构的专业领域寻求科技建议；国会就只能制定条款将各机构首脑提供建议规定成一种义务行为。在评估是否要取消科学技术政策办公室时，国会可能会希望注意到，他们已经依据科技政策取消了其他一些由法律和行政命令设立的机构，尤其是1995年取消的国会技术评估办公室和2007年取消的商务技术管理部及其技术政策办公室。目前，科学技术政策办公室是仅存的、主要职责广泛覆盖联邦科技政策的联邦机构。一些科技政策专家断言，其他科技政策机构的取消使行政机构与国会在很多科技政策的考虑方面更具挑战性。

另一个选项是将科学技术政策办公室搬离总统行政办公室。国会可以将科学技术政策办公室设置成现存的部门或机构的一部分，或设置成一个新的独立机构。将科学技术政策办公室移出总统行政办公室可以增加它的独立性。如果科学技术政策办公室变成了一个单独的机构，国会或许更能控制科学技术政策办公室的跨部门合作及其他活动，并从中获益。然而，如果国会将科学技术政策办公室从总统行政办公室移除，科学技术政策办公室离总统决策将更远，这意味着无论是政府还是联邦机构都不能及时地对办公室的建议或请求做出回应。科技界就曾反对过尼克松总统将科学技术政策办公室的前身从总统行政办公室移往国家科学基金会。

如果国会选择去维持科学技术政策办公室的功能，并依旧将其放在总统行政办

① CRS Report, John F. Sargent Jr and Dana A. Shea, The President's Office of Science and Technology Policy (OSTP): Issues for Congress, April 12, 2013.

公室，相应地，就要考虑科学技术政策办公室的自主权。国会关于科学技术政策办公室自主权的选择包括，继续为科学技术政策办公室提供立法指导，增加其指导的力度，提高科学技术政策办公室中的地位等。

继续目前的科学技术政策办公室立法指导途径

一些国会议员可能认为科学技术政策办公室的运作无须改变。另一些则认为就科学技术政策办公室采取立法行动，既无效率，也不能对其在总统行政办公室中的存在、活动性质及其自己进行操作更改的能力，起到实质性的作用。科学技术政策办公室及其附属机构响应政府和社会不断改变的需求及新的科技挑战与机遇，也在不断地进行改变。

目前，总统具有科学技术政策办公室、国家科学技术委员会及总统科学技术顾问委员会的政策、结构和人事的决定权。而国会通过每年定期的授权、拨款流程，以及引入特定问题的法案以明确国会成员认为科学技术政策办公室所需要关注的问题、行动和功能，以此来监督科学技术政策办公室。这可能是使美国联邦固有的立法与行政部门两权分立的较为合适的途径。

国会目前在部分总统任命确认过程、部分拨款过程及既定委员会的利益问题上掌控着听证会。通过听证过程和其他立法行为，如引入法案、通过立法及书写相关报告的表述，国会为科学技术政策办公室提供指导。国会还可以授权特定的活动和事务的优先级。在这种情况下，科学技术政策办公室需要在其法定职能，以及由国会授权的特定活动和事务优先级中做出选择。

加大科学技术政策办公室监督机制的力度

国会希望在科学技术政策办公室的活动中扮演更重要的角色，会考虑掌握对科学技术政策办公室特定的监管听证，或修改科学技术政策办公室的有关立法，以提升目前的国会地位。例如，国会可以通过立法，规定科学技术政策办公室的员工任免，或使其在某个热点问题上进行活动。如此的立法表述将使其付出的努力更适合于提升国会地位。在条例中设立明确的优先顺序和人事关系，会限制机构的自由裁量权，潜在地削弱其集中精力在某些特定议题上处理其他法定义务的能力。此外，这种做法会大大消耗科学技术政策办公室的人力物力，约束其对新兴科技挑战议题的反应力。

允许总统的自主权在科学技术政策办公室之上

为了赋予科学技术政策办公室在总统行政办公室中的一席之地，国会需要允许总统如其所希望的来管理科技办公室。这样一来，国会可能会减少为科学技术政策办公室提供指导的数量，这些指导是通过监管听证会、立法和报告表述来实现的。总统有了参议院的批准，可以继续任命科学技术政策办公室的主任和副主任；决定科学技术政策办公室的政策议程；组织办公室的管理层。同时，总统还能继续使用行政命令来管理其他活动，诸如国家科学技术委员会和总统科学技术顾问委员会的构成。

参与联邦机构的协调、优先次序的制定及预算分配

如上文所述，科学技术政策办公室，科学技术政策办公室主任和副主任们，以及国家科学技术委员会，都会参与到联邦科技活动的协调、优先次序的制定及预算分配。

科学技术政策办公室主任的作用建议

总统科学技术政策办公室负责为总统和总统行政办公室提供科学技术对国内和国际影响方面的建议，与行政管理与预算办公室一起负责向总统提交联邦研发预算以及划定研发优先权的建议，范围包括在科技方面有权限的联邦行政机构负责的相关预算和优先权。一般来说，总统科学技术政策办公室主任还担任许多重要决策委员会的成员，为总统及联邦政府高级官员在所有涉及科技议题上提供准确、及时的建议，保证联邦政府的所有政策得到科技角度的专业支持。一些来自科技界的报告认为，科学技术政策办公室主任应该在联邦研发预算[①]，能源[②]，科学、技术、工

① Henry Kelly, Ivan Oelrich, Steven Aftergood, and Benn H. Tannenbaum, Flying Blind: The Rise, Fall and Possible Resurrection of Science Policy Advice in the United States (Washington, DC: Federation of American Scientists, 2004), http://www.fas.org/pubs/_docs/flying_blind.pdf.

② Senator Jeff Bingaman, "The Energy Challenge We Face and The Strategies We Need", The Karl Taylor Compton Lecture, Massachusetts Institute of Technology, April 25, 2008, http://energy.senate.gov/public/_files/ComptonLectureJFB.pdf.

程与数学教育[①]，国际科技政策[②]，以及联邦科技政策方面[③]的协调、优先次序的制定、分配过程中扮演更重要的角色。另外，一些科技政策界的人士建议，如同行政管理与预算办公室、国家科学基金会、环境质量委员会、对内政策委员会及国家安全委员一样，科学技术政策办公室主任应当在总统行政办公室政策主体中涉及优先次序的制定和预算分配方面扮演更重要的角色。例如，国会可以要求科学技术政策办公室主任在联邦机构，特别是多机构和跨机构的活动中，以及制定优先次序的过程中扮演更重要的角色（如检定优先级或预算）。

国家科学技术委员会的作用

另一些来自科技界报告的建议是，让国家科学技术委员会拥有和国家安全委员会同等的权力[④]。他们认为，国家科学技术委员会不如国家安全委员会有影响力。法定权限、人员配置和预算的差异是导致这种不平等的原因。

国家科学技术委员会参与总统决策程序的方式，在不同的政府时期有所不同。例如，在克林顿政府时期，国家科学技术委员会发布了多项总统评议指令（Presidential Review Directives，PRDs）。总统评议指令是总统收集信息和政策选择的基础，支持出台新的政策。而和小布什政府一样，奥巴马政府下，国家科学技术委员

① National Science Board，National Action Plan for Addressing the Critical Needs of the U. S. Science，Technology，and Mathematics Education System（Ballston，VA：National Science Foundation，2007），http：//www. nsf. gov/nsb/documents/2007/stem _ action. pdf.

② National Science Board，International Science and Engineering Partnerships：A Priority for U. S. Foreign Policy and Our Nation' s Innovation Enterprise，NSB 08-4（Arlington，VA：National Science Foundation，2008），http：//www. nsf. gov/nsb/publications/2008/nsb084. pdf. Jennifer Sue Bond，Mark Schaefer，David Rejeski，Rodney W. Nichols，OSTP 2. 0：Critical Upgrade：Enhancing Capacity for White House Science and Technology Policymaking：Recommendations for the Next President（Washington，DC：Woodrow Wilson International Center for Scholars，June2008），http：//wilsoncenter. org/news/docs/OSTP%20Paper1. pdf.

③ Jennifer Sue Bond，Mark Schaefer，David Rejeski，Rodney W. Nichols，OSTP 2. 0：Critical Upgrade：Enhancing Capacity for White House Science and Technology Policymaking：Recommendations for the Next President（Washington，DC：Woodrow Wilson International Center for Scholars，June 2008），http：//wilsoncenter. org/news/docs/OSTP%20Paper1. pdf.

④ Henry Kelly，Ivan Oelrich，Steven Aftergood，and Benn H. Tannenbaum，Flying Blind：The Rise，Fall and Possible Resurrection of Science Policy Advice in the United States（Washington，DC：Federation of American Scientists，2004）at http：//www. fas. org/pubs/ _ docs/flying _ blind. pdf.

会并没有发展总统评议指令或他们的同等权力。

一些科技界专家认为，将国家科学技术委员会的评议意见加入政策文件，要比让政策文件基于正式指令，更能使科学和国家科学技术委员会扮演一个支持性的角色①。

在一次约翰·霍尔德伦（John Holdren）博士参加的参议院听证会上，他讨论了他对国家科学技术委员会的展望："有这样一个叫作国家科学技术委员会的机构，它出自白宫，由科学技术政策办公室组织，但却要将所有行政部门集合在一起，代表性地属于附属部门，并在科技方面起到一些作用。这样一个地方，在过去就已能有效地穿越司法权去处理问题。但是在过去的8年里，它已失去了活力。在上一个政府中它并没有充分地被利用，而我们的目的——确切地说是我的目的——是恢复它的活力，并充分利用它来减少那些诸位在这里指明的问题。"②

就这一点而言，奥巴马政府声称，他们已经着手于努力恢复并合理化国家科学技术委员会的工作。其政府借用了拥有1/5的国家科学技术委员会委员的机构——科学、技术、工程与数学教育常设委员会——以协调联邦在支持科学、技术、工程与数学教育方面的程序和活动。政府声明，奥巴马执政期间各国家科技常务委员会每年会晤2～3次，各附属委员会至少一年4次。政府还声称，其通过按照政府优先顺序及（或）国会指令所指示的，消除跨部门工作，适当地开展新工作，以监督原来国家科学技术委员会常设委员会的重组。

国会对于科学技术政策办公室有不少立法选择项。国会可以选择让科学技术政策办公室主任及国家科学技术委员会在预算程序中所扮演的角色保持不变，可以选择提升他们的权力，也可以选择增加对其角色的监管。

国会可以授权科学技术政策办公室在提交至行政管理与预算办公室前对机构科技预算进行复核，并允许科学技术政策办公室基于相关重要性，变更科技优先事项之间的资金分配。这样的权力会增加科学技术政策办公室协调整合联邦机构开支的能力。联邦机构可能会反对这一权力变更，并进一步地使预算复杂化，制造科学技

① Henry Kelly, Ivan Oelrich, Steven Aftergood, and Benn H. Tannenbaum, Flying Blind: The Rise, Fall and Possible Resurrection of Science Policy Advice in the United States (Washington, DC: Federation of American Scientists, 2004) at http://www.fas.org/pubs/_docs/flying_blind.pdf.

② U.S. Congress, Senate Committee on Commerce, Science, and Transportation, Nominations to the Executive Officeof the President and the Department of Commerce, committee print, prepared by U.S. Government Printing Office, 110th Cong., 1st sess., February 12, 2009, S. Hrg. 111-408 (Washington: GPO, 2009), pp. 51-471.

术政策办公室和行政管理与预算办公室指令间对抗。

国会可能会要求国家科学技术委员会或科学技术政策办公室复核机构科技预算，以评估国家科学技术委员会多机构研发战略和已提议的联邦投资之间是否一致。多机构研发投资的一个特点是，需要协调投资量级和机构投资任务的目标，以达到更大的联邦研发目标。这样的复核或许可以增加联邦研发目标进程的透明度，但同时可能会增加开支。要辨别跨部门资金和工作，可能需要专门的办公室和员工，以追踪汇报多机构活动。

国会或许还会选择正式化国家科学技术委员会的结构和组织，提供额外的资金和人员以稳固这一复核过程，为国家科学技术委员会提供法律基础，能使国会通过申报义务和监督活动，获得对国家科学技术委员会更深刻的观察。或者，国会可以命令科学技术政策办公室主任定期提交关于国家科学技术委员会活动的报告。

在确保科学诚信方面的作用

科学技术政策办公室在确保由联邦政府指导和支持的科研诚信方面，以及在有联邦科学家和工程师发展分析的科技信息交流方面，起到了重要作用。例如，作为行政管理与预算办公室管理程序的一部分，科学技术政策办公室复核给国会的科技相关证词①。

小布什政府

在小布什政府，一些游说团体指出，政治化不利于科学诚信，主要反映在环境、公共卫生、国家安全方面。这些团体认为，政府官员限制了联邦科学家和工程师们提供信息的能力，指示他们更改研究报告，修改关于反政府观点的联邦科技机构领导阶层的国会证词。

政策制定者有几种回应这些担心的方法。在《美国竞争法案（2007）》（P. L. 110-69）中，国会指示科学技术政策办公室设计一套首要原则以确保联邦科学家和工程师们的交流，以及数据开发交换。2008 年 5 月 28 日，为了回应这一要

① CRS Report，John F. Sargent Jr and Dana A. Shea，The President's Office of Science and Technology Policy（OSTP）：Issues for Congress，April 12，2013.

求，科学技术政策办公室给资助研究的联邦政府递送了一份备忘录，明确了科学技术政策办公室对“联邦民用机构雇用的科学家进行科研成果交流的核心原则”的定义。它主张：健康和公开的科学信息交流有决定性的作用，不仅促进科学发展，还能保障社会被告知以客观真实的信息来做正确的决定。相应地，联邦政府被托付以一种开放的科学文化，这种文化促进和保护科学界、政策制定者和公众间，创意、数据和信息的公开交换[①]。

该备忘录还指出，美国国家航空航天局的科学交流政策应该成为其他联邦机构的榜样[②]。美国国家航空航天局的政策声明指出，“为了满足开放性的文化需求，美国国家航空航天局的员工们应该，与这一政策保持一致，向公众和新闻界交代自己的工作”，除了被给予特权的例外情况和其他管制信息以外[③]。

小布什—奥巴马过渡时期

奥巴马总统就职以前，一些科技政策游说组织提议行政部门改变它们的科学交流政策。其中一个提议是发布一项行政命令，要求联邦机构领导阶层在他们的机构内监督科学诚信，并每年向科学技术政策办公室提交关于他们的观察和行动的报告。

其他提议包括，撤销13422号行政命令，阻止行政管理与预算办公室对科学文件进行政治复核[④]；加强对检举者的保护，包括强化美国特别检察官办公室职能[⑤]；要求在决策程序之前，披露和记录用于指导监督政策的科学研究；改进机构交流和传媒政策[⑥]；并为公众提供用于决策的科学的结果和分析，以及如果有任何值得注意的科学证据和意见的异议，也可以形成“少数派报告”。

---

① OSTP, “Principles for the Release of Scientific Research Results,” Memorandum, May 28, 2008, http://www.ostp.gov/galleries/default-file/Research%20Results.pdf.

② NASA的相关信息可参见 http://www.nasa.gov/pdf/145687main_information_policy.pdf.

③ 参见美国联邦法规14部分第5章第1213部分102款（CFR 1213.102）.

④ On January 30, 2009, President Obama rescinded orders, rules, regulations, guidelines, and policies implementing or enforcing Executive Order 13422 (Executive Order 13497, “Revocation of Certain Executive Orders Concerning Regulatory Planning and Review,” 74 Federal Register 6113, February 4, 2009)

⑤ CRS Report RL33918, The Whistleblower Protection Act: An Overview, by L. Paige Whitaker.

⑥ Union of Concerned Scientists, Freedom to speak? a report card on federal agency media policies, 2008, http://www.ucsusa.org/assets/documents/scientific_integrity/Freedom-to-Speak.pdf.

一些组织建议，奥巴马政府还应该强调科学使用监管政策，包括明确地区分涉及科学判断的问题和涉及经济、伦理等政策判断的问题，并提出指导方针[①]。

奥巴马政府

奥巴马总统就任后不久，就科学诚信的问题，向行政部门和机构的首脑们发布了一个备忘录。总统在备忘录中明确表达了其对确保科学诚信的重要性的看法；明确了几项首要原则的区别；命令科学技术政策办公室主任确保“科学诚信在行政部门的科技事务中保持高级别”；要求办公室主任关于计划的进展同行政部门和机构、行政管理与预算办公室，以及总统行政办公室内其他部门的首脑进行交换意见；指导科学技术政策办公室主任提出对总统行动的建议，以保证全部行政部门的科学诚信。

科学技术政策办公室主任约翰·霍尔德伦随后发布了一个备忘录给各行政部门和机构的首脑，贯彻政府关于科学诚信政策的要求，并提供进一步的指导。约翰·霍尔德伦主任的备忘录为4个领域提供准则：科学诚信的基础、大众传播、联邦顾问委员会的作用，以及政府科学家和工程师的职业发展。在一个独立的落实方案中，约翰·霍尔德伦主任规定，行政管理与预算办公室应该在应用于为向国会陈述准备的科学问题的证词复核的标准方面，为其员工提供指导。他还强调一个机构的科学工作范围和其与每个部门或机构的任务之间的关系，可能需要一些明确的备忘录实施指导。

当然也有一些决策者认为，奥巴马政府没能很好地贯彻科学诚信议题。比如，在一封给科学技术政策办公室主任的信中，几位国会议员宣称，在内政部、环境保护署、能源部、核管理委员会中存在科学不端行为。由这封信引起的关注点包括数据质量、信息搜集和方法论诚信问题，机构虚报所声称的科学事实的重要性，联邦法院中科学结论的虚报，以及科学方法的严谨应用等。

从国会来讲，国会可能会选择能够影响现有行政部门活动方面，对其执行情况进行监督，或建立与科学诚信有关问题的报告机制。国会可以就机构应该如何制定和实施科学诚信政策提供指导。或者，国会也可以让机构自由选择设立和执行这些

---

① Bipartisan Policy Center, Science for Policy Project, Interim Report, March 10, 2009, http://www.bipartisanpolicy.org/ht/a/GetDocumentAction/i/9982.

政策，并要求机构定期报告关于科学诚信问题及政策执行的有效性。最后，国会可以进一步授权处理科学诚信问题，或建立可供选择的报告机制，如设立联邦观察员，以接收来自科学诚信方面的投诉。

11.4　新举措与新趋势

自 2009 年奥巴马政府上台以来，总统科学技术政策办公室在知名物理学家与公共政策专家约翰·霍尔德伦（John Holdren）的领导下，受到总统高度重视，积极参与政府顶层重大决策，制定美国科技创新战略，推动联邦研发预算增长，发起并协调各项跨部门重大研发计划，加强政府与科技界的广泛联系，在美国创新体系中发挥显著作用①。

总统科学技术政策办公室根据国家科技和创新目标提出指导性意见，供各相关联邦机构在制定研发预算时参考，比如 2013 年 4 月和 2014 年 3 月，总统科学技术政策办公室主任约翰·霍尔德伦与白宫行政管理与预算办公室主任彼特·奥萨格（Peter Orszag）联合以备忘录的形式向各行政部门发布 2013 年和 2014 年研发预算优先领域。在各相关联邦机构提交研发预算后，总统科学技术政策办公室与白宫行政管理与预算办公室一起协商总统年度研发预算，确定重点研发领域。在国会围绕联邦研发预算举行的听证会上，总统科学技术政策办公室主任代表行政部门对总统研发预算进行说明并回答议员的问题。

2009 年奥巴马政府上台后，总统科学技术政策办公室牵头与经济顾问委员会和国家经济委员会（NEC）共同制定了具有历史性意义的《美国创新战略》，成为指导美国科技创新的纲领性文件，作为美国科技创新的总体政策指导文件，并于 2011 年、2015 年两次修订。在进行某项科技政策研究时，总统下达咨询议题，由总统科学技术政策办公室向总统科学技术顾问委员会提供所需经费，总统科学技术顾问委员会负责组织专家对该问题研究商讨，最终撰写研究报告呈报给总统②。在总统科学技术政策办公室的支持下，国家科学技术委员会和总统科学技术顾问委员会向总统提交了《发挥美国先进制造业领域的竞争优势》《先进制造国家战略》《推

① 乔健，2015. 美国白宫科学技术政策办公室作用显著增强［J］. 全球科技经济瞭望，(11)：9-13.

② 李宏，马梧桐，2016. 美国总统科技顾问委员会的运行机制及对我国的启示［J］. 智库理论与实践，(2)：108-113.

进药物发现、开发和评价的创新》《高等教育技术机会》等报告，很多建议被总统采纳。2013年1月，总统科学技术顾问委员会在网络和信息研发计划评估报告中建议成立新的研发机构，促进高性能计算、人机交互、计算机学习方面的研发创新，加强计算机技术的人才培养等。同时，总统科学技术政策办公室还负责具有共性的科技工作，主要有科研诚信、创新奖励、政府公开和数据公开、联邦资助的科研成果共享、科学节等。在关键技术和公共技术领域，总统科学技术政策办公室也牵头制定了多项专项政策和计划，如《面向21世纪电网的政策框架》《联邦网络空间研究与发展计划》等政策。总统科学技术政策办公室还有个突出的作用表现在协调实施重大科技计划。总统科学技术政策办公室主任担任国家科学技术委员会执行主席，该委员会由与科技工作相关的各联邦机构的负责人或副手组成，每年举行2～3次全体会议。围绕涉及多个领域的重大研发，美国先后设立了跨部门的国家纳米技术计划（NNP，2013年预算申请18亿美元）、美国全球变化研究计划（2013年预算申请26亿美元）和网络和信息技术研发计划（NITRD，2013年预算申请38亿美元），总统科学技术政策办公室具体管理这三大计划的国家协调办公室（NCO），任命国家协调办公室的主任和副主任，负责各计划实施情况的汇总、分析、协调、评估等，组织制订计划的战略规划和目标。同时，总统科学技术政策办公室还负责"先进制造伙伴计划""大数据计划""国家机器人计划""材料基因计划""脑科学计划""神经科学计划""开放数据计划"等专项行动的协调。总统科学技术政策办公室作为白宫科技的主要行政部门，负责配合国家综合计划中有关科技部分的具体实施和监管工作[①]。总统科学技术政策办公室还是政府数据信息公开坚定的支持者，要求政府机构采取进一步措施以实现信息透明、信息公开和共享。总统科学技术政策办公室还设立了专门国家安全和国际事务办公室，以保障科技政策制定中国家安全的首要位置，负责推动联邦政府在维护国家网络、生物、核安全方面的研发。

美国第45任总统特朗普自2017年1月20日就职一年来，给美国国家各政策领域带来极大的变化。在科技政策方面，特朗普政府一改往届政府对科学技术大力支持的立场，力图大幅削减科研经费，冷落政府中的科学家，否认国际科学界公认的气候变化，并于6月1日退出《巴黎协定》，引起美国及其他国家科学界的不满和抗议。特朗普政府的科技政策不仅对美国科技界产生了很大的消极影响，而且也

---

① 王佳存，崔圣君，2014-07-07. 美国科技创新管理的新举［N］. 学习时报，7.

对世界其他国家科技界产生很大的影响。

特朗普政府时期总统科学技术政策办公室主任岗位空缺时间超过以往任何一届政府。但不管怎样，特朗普政府还是做了一些重要的事情。特朗普更新了国家科学技术委员会的章程，重新授权其大部分工作组开始工作，负责推进政府科学计划举措的日常工作，如国家纳米技术计划。政府也有意重建总统科学技术顾问委员会。特朗普也保留了负责监管政府经费的纳米、信息技术研究和气候变化3个项目。在联系私营企业界方面，特朗普上任不久就于2月27日成立美国创新办公室，由其高级顾问、女婿贾里德·库什纳牵头，以期通过汇集工商界领袖，特别是高技术企业领军人物的理念和建议，对政府进行改革。

第12章　利益集团的力量

美国各级政府制定的有关科技政策的立法、监管和行政决策对美国社会公私部门的个人和组织都会产生直接且深远的影响。同时，这些个人和组织也影响着美国公共政策的制定和实施。由公私部门这种双向互动关系所制定的决策尤其影响到美国经济商品和价值的分配；军事、经济和文化力量的国外投射；以及所有科技活动的公共和私人资金分配。由于上述原因，自美国成立以来，许多利益集团，无论是公共部门还是私营部门，无论是个人还是组织，公共政策的制定都必须将其考虑在内。利益集团之所以能在美国政治中发挥重要作用是由多方面因素决定的，如美国独特的历史背景、自由主义政治哲学、多元化社会利益等。更为重要的是，美国的政治制度允许和鼓励各种社会力量参与政治过程，保证各种利益都能反映到政府的决策层。多元化的权力结构使得多种力量在决策过程中起作用。从20世纪60年代开始，参与科学技术活动的这类利益集团的数量、多样性和政治影响力显著增加，现在有大量说客及其支持者正在为自身利益而努力影响政府的决策。

12.1　利益集团为什么存在

公共政策问题受到利益集团与美国政府之间关系的影响，主要是为了平衡自独立战争前就统治美国政治理论的两大政治传统。或与托马斯·杰斐逊（Thomas Jefferson）有关，或与亚历山大·汉密尔顿（Alexander Hamilton）有关，前者主张建立以农业为主、以自耕农为代表的有限而分权的政府，后者主张建立以商业为主、统治精英为代表的强大的中央集权政府，这两种传统在很大程度上秉持着两种互相对抗和竞争性的理念。其矛盾在于，一方面尽可能以最好的方式调和这种对立；另一方面为了维持和强化其在决策过程中不可或缺的对立性。这种矛盾是美国政府、各利益集团和广大公众间所固有的。任何时候，无论哪一种政治传统占主导地位，有一点很清楚，即当选的政治家在很大程度上依赖于利益集团提供的资源，包括选举开支，以及制定公共政策所需的技术和政治信息。

美国宪法第一修正案明确了公民组织向政府请愿的权利，因此美国选民和政治理论家都认可利益集团是美国政策制定过程的基本组成部分。詹姆斯·麦迪逊(James Madison)在《联邦党人文集》第10篇和第51篇中解释了联邦主义者的“派系”问题，随后的政治理论家都对这种认可做出了解释。从詹姆斯·麦迪逊开始，也有理论家认为利益集团至少可能通过选择政府决策者和控制政策议程来腐化民主，也有理论家认为，多元制度确保所有群体至少有可能在决策过程中具有代表性，从而还是保障民主最有效的手段。

公共部门和私营部门的决策者相互竞争，以保证其获取“特殊”利益，确保公众无论何时都相信其是在支持对整个国家而言最好的事情，换句话说，是在保护公共利益。

利益集团和多元理论

社会上有两种观点支配了现代社会政治思想，此两种观点都源于自由民主理论。一方面，亚当·斯密(Adam Smith)把社会形容为一个由个体经营者的利己主义决策组织和驱动的开放市场。从这个角度来看，商业界和政治保守派经常吹捧的观点是美国是“自由市场”经济体，在政府干预最小或没有政府干预的情况下运行效率最高。另一方面，亚历西斯·德·托克维尔(Alexis de Tocqueville)把社会形容为自治组织之间的相互作用，由合作组织的非正式文化所维系，调和自由与平等。后一种观点，由詹姆斯·麦迪逊发展为“派系”，演变成利益集团理论。利益集团定义为个人、公司或其他组织组成的个人或非政府组织，这些组织影响公共政策以促进特定的社会、经济或政治议程。随后这种观点延伸为多元论，即一种有组织的利益集团和政府协调机构的混合体，提供了确保民主规则的最佳策略。

20世纪40年代末50年代初，多元论作为一个政治理论应运而生，把公共政策和公共利益界定为利益集团竞争的结果，政府官员作为裁判，调和利益集团之间的竞争，决策便是调和的结果。多元主义理论中隐含有几个观点。首先，多元论假定社会是由各利益集团组成的一个复杂网络，各个利益集团都有自己的权力基础，在特定问题上独立于政府运作。其次，多元论还假设所有的利益集团都在公平竞争环境中运作（或至少应该如此）。这种观点可能忽略了这些利益集团实际运作中的现实政治环境，但是却强调了《独立宣言》和宪法保证的个人权利的哲学基础。最后，多元论假定，资金最多的利益集团主导政策制定的进程，特别是在特定的部门。国会议员、行政部门和利益集团，他们通常会就特定问题，如科学和技术，进行合谋而制定基本政策，并为自身利益和公共利益采取行动。

多元论的支持者认为美国的政策制定过程比较开放，不会受到一小部分特殊利益群体的支配。而且，这些理论家坚持决策过程对于集权而言太混乱，因为新事件发生、新想法产生、新群体加入政治斗争时，问题就会改变。这种权力分散部分解释了詹姆斯·麦迪逊的基本原则，即派系数量越多对社会越有利，但是其影响要受控制，以削弱其影响政府和将公共利益置于次要位置的权力。然而，自20世纪60年代始，派系（或利益集团）的数量大幅增加，派系（或者说利益集团）之间存在混乱和竞争，准备充分的集团之间也往往会就一些高关注度问题进行权力合谋。

无论如何，多元论认为利益集团“好”，因为他们为竞争财富和权力的公民提供有影响力的发言权，减弱人们因软弱而产生的苦闷和不安，为社会提供一种稳定的因素。然而，利益集团，尽管意义上关心的是民众的利益，其实是在保护已有精英的价值，以及他们自己的领导地位。与其说他们是加快社会改革，不如说是在帮他们维持现状。他们的影响力大部分以调动经济资源的能力为基础，因此不是所有集团竞争能力都是均等的。最后，如政治寡头铁律提醒我们一样，所有集团都是由精英来操控的。①

20世纪60年代后，声称代表公众和“政治穷人”，参与科学和技术决策的“公共利益”集团数量在增加，但是私营企业的利益依然主导决策过程，而且往往牺牲穷人、其他群体和普通大众的利益。大企业有资金联合专门的公共事务企业和政治行动委员会（PACs）增加内部游说者。总体而言，企业支出比工会多，比其他利益集团多，尤其是那些关注消费者、环境和公共利益问题的企业。例如，自1984年始，在华盛顿的某种类型的所有利益集团中，50%以上与商业有关，5%以下则代表“政治穷人”，只有4%是“公共利益”集团。这不足为奇，就如埃尔默·谢茨施耐德（Elmer Schattschneider）说，“多元论世界里的缺陷是天堂合唱

---

① 戴伊，齐格勒，舒伯特，2016. 民主的反讽、美国精英政治是如何运作的［M］. 林朝晖，译. 北京：新华出版社：202-203.

团用上流社会的腔调唱歌”[①]。

利益集团的角色

华盛顿游说行业仍然是美国利益集团运作的矛头，也是美国政治体系中最显著、最独特、最有争议的特征之一。游说通常会提出一些问题，特别是公共事务方面的问题，比如说，当选政治家要向谁负责，权力要分配给谁等。美国宪法故意将联邦政府权力分散，各机构之间相互竞争。宪法提供了无数个杠杆点，各利益集团可以进行博弈。此外，一方面主要政党分散且无纪律；另一方面自 20 世纪 60 年代起，美国人民思想和阶级急剧分化。美国国内外环境动荡，形成了更加开放、灵活的政治环境，在这样的环境下，为了占据更有利的优势，个人及组织之间就想法和问题解决方面相互竞争。

在《联邦党人文集》第 10 篇中，詹姆斯·麦迪逊根据对历史的分析，描述了一个理想的共和政体。他基于人性的理念，得出结论，即人的本性是自私的，而且，各派系的形成是为了无节制地获得权力，共和国最终沦为寡头政治和君主制。他将派系定义为“一些公民，多数或少数，在某种共同的激情或利益驱动下，聚集在一起，反对其他公民的权力，或者永久的社会整体利益”。由此，他认为，社会上由一小部分人组成的团体，在共同激情（或者利益）驱动下，不满于其他公民的权利或者社会永久利益或整体利益。换句话说，派系代表人们想要的非理性欲望及他们对政府的要求。詹姆斯·麦迪逊认为，说服各派别限制要求是不可能的。而且，即使是最开明的政治家也不能调整这些利益冲突，让各派系全部屈从于公共利益。在许多情况下，如果没有考虑到间接利益和长远利益，根本不可能进行这样的调整。

詹姆斯·麦迪逊分析了两个“控制派系造成伤害的方法：一个是通过消除其原因，另一个是通过控制其效果”。他进一步总结说：“派系的形成原因是无法消除的，只能通过控制其效果来减轻。”此外，他指出，美国宪法中提出的共和制政府形式，就是控制这种影响的机制。增加派别的数量，做到任何一个派别都难以主导，或者形成多数派。最后，他认为，这样的派别将不得不在一个永无止境的政策

① SCHATTSCHNEIDER E E，1960. The semisovereigh people：a realist's view of democracy in American［M］. New York：Holt，Rinehart and Winston：35.

环境中运作，并且随着具体问题的变化，联盟本身也会发生变化，没有一个组织可以控制政策议程或政策制定过程。这是多元化的基础。

詹姆斯·麦迪逊进一步争辩说，民选代表不应该仅仅代表人民，而是应该通过自己最好的判断来做出符合人民利益的决策，这样做就像过滤器一样，消除了社会的不良冲动，保证了共同利益。最后，詹姆斯·麦迪逊在《联邦党人文集》第51篇表示，我们可能不愿意承认人们滥用权力，但是由于政府本身需要，他们就是这样做的。如果人们是天使，那么就不需要政府了。不幸的是，人无完人，无论是统治者还是被统治者。因此，构成政府最关键的问题是必须能够控制人民，但是同样重要的是，也必须控制自己。政府对人民意志的依赖无疑是最好的控制，但经验告诉我们，也必须采取其他控制手段。

詹姆斯·麦迪逊的解决方案不仅依赖于可以设计的正式制度，而且依赖于美国社会的特殊结构，这是他作为新宪法制定者的出发点。

20世纪50年代多元主义的核心假设是，利益集团应被视为决策过程的核心要素，而不是政治过程和制度之外的因素。杜鲁门总统说，无论任何时候，决策公共利益过程中，政府都是竞争团体中最后的仲裁者。然而，在他做出这一结论的时候，他和弗拉基米尔·奥兰多·凯伊（Valdimer Orlando Key）就两个看似与美国民主精神相矛盾的要点达成了一致，那就是只有“负责监督的精英阶层能够保护‘游戏规则’，因为普通公民无力回应对民主制度的威胁”。[①] 弗拉基米尔·奥兰多·凯伊担心如果精英阶层不了解现代政治制度的性质及其在这个制度中的作用，那么精英阶层将会分崩离析。[②] 通过实证研究来分析如何将政党和利益集团联系在一起。托马斯·杰斐逊将民主定义为一群生活在一小块土地的公民士兵，思考民主思想和公共利益。基不赞同这种观点，他认为，主要政党的真正作用“不是在民意调查中为选民提供其他选择，而是在竞争团体的主张之间进行调解，并为了公共利益谋求政治行动的共同点”。[③]

之后利益集团多元主义认为，在现代国家，没有主导统治集团，因为任何一个

---

① SEIDELMAN R，HARPHAM E J，1985. Disenchanted realists：political science and the American Crisis，1884－1894［M］. Albany：State University of New York Press：184.

② SEIDELMAN R，HARPHAM E J，1985. Disenchanted realists：political science and the American Crisis，1884－1894［M］. Albany：State University of New York Press：152.

③ SEIDELMAN R，HARPHAM E J，1985. Disenchanted realists：political science and the American Crisis，1884－1894［M］. Albany：State University of New York Press：165.

集团中都有太多团体能够获得控制权。詹姆斯·麦迪逊在《联邦党人文集》第51篇中表示，希望每个美国人都不被统治者及所属团体压迫。然而，加布里埃尔·科尔科（Gabriel Kolko）表示，随着多元主义的发展，私法以公法形式运作，或者相反，公共实体被迫在私法中寻求唯一支持，这份希望早已破灭。换句话说，他认为，没有人应该超越法律。正如他所说："早期的多元主义理论家依靠组织，维护个人，反对统一政府，这些组织现在已经变成寡头等级制度，现在对宪政政府施加不合理的限制"。然而，"在正义的强权政治世界之外，还应该存在一个真理和正义的秩序，一个人类有足够的理由去理解，不断接近的秩序；一个支持政治制度的秩序"。[①] 从这里可以看出，加布里埃尔·科尔科是主张政府必须拒绝将公共权力下放给私人团体的，防止私人参与公共政策的制定，利益集团参与行政法规的制定，通过这些方式，支持任何保持社会多元主义的制度。加布里埃尔·科尔科还认为，美国主要企业不但不反对1900—1916年的许多监管行为，而且积极支持许多改革和规定。政府和大企业行为创造了"政治资本主义……利用政治获得稳定的，可预测和安全的条件，以实现经济合理化"。因此，"大企业倡导的具体措施往往是机会主义的……从来不是监管不监管的问题，不是国家控制或放任的问题，而是什么样的监管和由谁监管的问题。"[②]

格兰特·麦康奈尔（Grant McConnel）批评了私人利益集团在美国政治中的主导作用，特别是公共权力为私人目的服务的倾向。对他来说，没有什么可以支持多元主义的幻想，即权力中心的存在会自动形成一个反权力中心。他强调，真正危及民主的是狭隘的利益集团产生的私人权力，只有公共权力才能控制。最终，他认为，解决多元困境的办法是有一个强大的总统，同时总统必须是一个专家。格兰特·麦康奈尔认为，狭隘的利益集团选择了美国，是因为政府失去了区分公共和私人利益的能力，因此不再能够担当仲裁者或调解人的角色，"深谋远虑的人有时认为公共利益就是一个神话，完全包容的利益是不存在的，亦或者说这个概念太过规范，没有任何经验可以借鉴"[③]。他继续说，最糟糕的是，美国政府滥用公共利益来掩盖狭隘集团的自私目的。他引用了众议院筹款委员会（House Committee on Ways and Means）一位委员的评论进行说明。1963年，公众支持税制改革失败后，

① KOLKO G，1967. Triumph of conservatism：a reinterpretation of American history，1900－1916 [M]. Chicago：Quadrangle Books：3-4.

② 同①。

③ MCCONNELL G，1966. Private power & American democracy [M]. New York：Knopf：31.

这位委员评论道："美国普通公民并不考虑其他人有自己的难处，他们只关心怎样得到自己的利益。"最好的办法是，政府找到一个办法，得到一些团体和利益集团的认同。[①]

同一时期，游说成为政治体系中普遍存在的一部分。尽管联邦议员和州议员被选为代表人民，但他们大部分时间都和游说者待在一起。有时，他们对利益集团的回应跟其给选民的一样多，甚至有些情况下，他们会更注意响应利益集团。1946年《联邦游说法案（1946）》（The Federal Lobbying Act of 1946）是一项基本的联邦法律，该法规定所有试图影响立法的个人和代理人都需进行登记，并定期提供财务报告。1995年，国会通过了一项旨在加强登记和披露要求的新法案，《游说披露法案（1995）》（The Lobbying Disclosure Act of 1995），在"游说者"的定义中增加了一些以前没有包括在内的人，比如说律师。

埃尔默·沙茨施奈德（Elmer Schattschneider）认为，美国社会存在许多分歧，其中一些小团体就会选择联合起来形成联盟，以寻求途径接触政府官员。美国人只享有一半主权，因为是政治家而非人民，重组公共利益来赢得选票及获取权力。他承认人民并不知晓一切，但指出人民有关于公共利益的集体共识，即知道什么是对的，什么是最好的。埃尔默·沙茨施奈德还指出："民主是为人民服务的，而非人民为民主服务。民主是为普通民众服务的……无论学究们赞成与否。"[②] 因此，关于治理的真正问题是该信任普通民众还是精英。埃尔默·沙茨施奈德的主张认为，政治党派而非利益集团，才是组织和领导力的核心部分，而这使得民主成为可能。

政策制定应该建立在公共利益冲突而不是特殊利益冲突的基础之上。在美国，科学技术的公共利益是什么，利益集团和多元主义的理论如何影响这种公共利益？民主一词来源于希腊语"demos"，意思是"人"。自由民主国家的公共利益还包括一套保护自由的原则制度和实践。治理是所有公民直接或通过当选代表行使权力和公民责任的过程。这种治理把政府和人民都置于法治管辖之下，并保证所有公民在法律中都享有同等保护。确保公民不仅享有权利，而且有机会参与政治体系，而这反过来会保护他们的权利和自由。公民应该享有这样的机会，能参与到美国政府对科学技术政策的制定和执行过程中，在这期间，利益集团也在试图影响公共政策。

---

① MCCONNELL G，1966. Private power & American democracy [M] . New York：Knopf：31.

② SCHATTSCHNEIDER E E，1960. The semisovereign people：a realist's view of democracy in America [M] . New York：Holt，Rinehart and Winston：132.

12.2 利益集团游说

许多大企业于20世纪初在州和联邦一级进行了有效的游说，游说项目数目之多，参差不齐，以至于在那几十年里，引发了联邦和州的各种监管工作。

多元化体制需要利益集团渠道

美国尽管设立了联邦贸易委员会和其他各种国家监管机构，但是直到20世纪30年代，企业一直处于和气、自由放任的政府环境。经济大萧条改变了企业与政府之间的关系。高失业率及许多民众饱受苦难，引发了公众对企业的批评，所以，联邦政府制定了许多前所未有的商业限制和规定。在政界人士和媒体的抨击下，企业从积极的政治参与中退出来，并开始“低调行事”。

现代游说的发展有赖于一些条件的成熟，如劳工团体日益强大，1976年通过允许非营利组织游说政府当局的法律等。受推进工会组织发展的法规影响，工会对政府的影响力越来越大，与此形成鲜明对比的是，企业的政治活动渐渐减少。因为大多数商业企业意识到这种被动政治是徒劳的，因此他们的游说活动并没有持续下去。许多商界领袖错误地认为，艾森豪威尔总统会精简政府项目和预算，恢复企业在制定国家经济政策方面的卓越作用。然而，艾森豪威尔总统执政期间让他们失望，大多数商界领袖已经把联邦政府视为一位新的“沉默伙伴”。

20世纪60—70年代，利益集团的游说活动大幅增长。公共事务委员会和世界大型企业联合会的数据显示，70年代，正式游说项目的数量可能翻了一番(1970—1980年，该委员会中企业成员的数量几乎翻了一番)，该委员会中专业人员的数量增加了两倍。相比之下，20世纪80年代和90年代对游说者来说充满挑战。企业合并、竞争压力和严重的经济衰退引发了美国数百家公司的裁员计划。尽管大多数游说部门避免被撤除，但它们仍没有发展到足以应付其企业所面临的挑战。

游说者被认为是非政府组织雇来保护自己，使其免受自己选举的政府人员的伤害。尽管随着时间的推移，游说的艺术并没有发生太大的改变，但是部分游说技巧已经有所变化。及时、有重点的基层游说，以及现代通信（尤其是互联网）技术手段和巨额私人资金流入政治金库等，使基层游说成为可能。全国各地各组织成员的基层反应，都可能左右立法过程。如今，立法者们知道，不是游说者，而是他（她）背后的整个组织拥有政治影响力，这种影响力在选举国会议员的投票区尤其如此。加上电话、信函、公众活动出席率、委员会会议，以及其他相关社会活动，不难看出游说活动影响着华盛顿特区和全国各州议会大厦的决策。

大体而言，现代游说活动已经变得更公开化，更注重策略性。由于任期限制和政治人事变更，成功的游说者对新当选官员来说，是宝贵的信息来源。这种价值不仅来源于他长久以来对游戏规则和主要玩家的了解，也因为他了解特定问题的对立面。即使他的确会为自己所属组织谋取优先地位，但作为一名出色的游说者，他会为政府官员提供各种各样的意见。至少以此让他们觉得，他们的决策就算没有整体符合公众利益，但确实是有利于其选民的。

科学技术议题也不例外，在美国多元化体制内易变得对抗和分裂，需要各组织不断发展战略联盟，培育私人渠道，向政治过程中直接或间接的利益相关方和思想领袖提供及时准确的信息。一般而言，公共政策，特别是科学技术政策，将在相互关联的“铁三角”结构中持续发展，“铁三角”包含 3 个主要接入点，利益集团可以通过其影响公共政策：①国会（特别是拨款委员会、监督委员会、科学委员会及小组委员会）；②行政部门（特别是被指定执行某一政策或规定的部门）；③所有其他（包括州和地方政府）不仅可能受联邦政府的决定影响，还会受公共政策制定过程中利益相关方的所有行动影响的人。

利益集团决策者的标准操作程序是，与美国各级政府的当选者、任命者及职业官员，还有众多其他处于各种“铁三角”结构内的公共和私人组织，积极主动地展开密切合作。这些组织之间既积极协作又相互竞争，以影响公共政策决策，获取政府支持和资金。

信息、政治权力和公共政策

接下来的重点是，弄清信息、集团联盟和政治权力之间的关系，以及这些不断变化着的关系如何影响科学技术政策。任何答案都必须始于一个简单事实，那就是美国政府每天都被极多的信息和问题所包围，以至于任何人或组织都几乎不可能在政策制定过程中能够充分理解并有效使用它。

针对国会山政策环境里过量的信息和意见，布鲁斯·宾伯做了一个简洁、准确的描述：对政策问题的分析以书籍、文件、文章、备忘录、报告和电子邮件的形式涌现，在听证会、募捐、电话交谈等过程中及网络上，随处可以听到这些分析。这种疯狂背后是一支庞大的政策专家队伍。这些专家有许多称呼——研究员、分析家、科学家、经济学家、教授、顾问、工作人员等。许多专家不直接为国会工作，而是分布在各智库里，游说各个组织，最重要的是，他们还在行政部门的各个机构里工作。最近几十年来，这些外部专家的数量急剧增加。第二次世界大战结束时，华盛顿只有少数几个私人政策智库；冷战结束时，这些智库高达一百多个，最大的智库每年花费数千万美元分析政策问题。数千个专家咨询委员会不断涌现，被称作政府的“第五个部门”。利益集团的爆炸式增长超过了智库和咨询委员会。20 世纪 70 年代中期以来，利益集团数量增长了 7 倍，这不仅使选举筹资和筹备方式发生了历史性变化，而且为立法者获取关于政策的专家信息提供了新的渠道。一些专家向国会提供了自己的分析信息，以帮立法者看清局势。国会 3 个分析部门（国会研究服务中心、国会预算办公室和政府问责办公室）的委员会工作人员和专家是国会信息收集系统的支柱，并使国会因此成为世界上人员配备最精良的立法机构。工作人员的壮大是现代国会最常提到的特点之一。即使是在 1995 年整合各委员会和小组委员会、削减工作人员之后，国会工作人员数量仍是第二次世界大战结束时的 5 倍。[①]

更重要的一点是，尽管“各项参数存在短期波动，仍可以预见政治机构内部的专家信息来源正在变得更加政治化。其结果是政治化建议逐渐成为主流，明里暗里得到各种拥护”。[②] 换句话说，充斥国会山的信息和分析不仅存在过量的问题，其主要问题是各种公共或私人特殊利益集团的政策立场，使立法者和工作人员几乎没有考虑公共利益的余地。

与这种观点相反，一些观察家认为，理想的情况是，专家应该客观地向政治决策者提供信息和分析，而不是说明或暗示其党派立场。[③] 同样，中立的非政治组织应该单纯只处理政策问题，而不考虑政治影响。无论如何，在制定和实施公共政策的“现实世界”中，技术专家的角色全然不同于政治顾问，因为政治顾问更重视就政策如何可能在政治上影响其上级或客户提出建议，技术专家则更关注技术发展

---

① BIMBER B，1996. The politics of expertise in Congress：The rise and fall of the Office of Technology Assessment［Z］，1-2.

② 同①。

③ HECLO H，1975. OMB and the presidency：the problem of “neutral competence”［J］. The public interest，(38)：81.

本身。

12.3 科技利益集团游说及影响

20世纪90年代互联网迅速蔓延，以个人计算机和网络技术为核心的信息技术迅猛发展，渗透到经济社会活动的各个领域，成为美国国民经济的重要组成部分。一批世界级的大企业涌现并发展壮大，如苹果、微软、甲骨文、谷歌等，同时，以特斯拉等为代表的一批以先进技术和商业模式试图颠覆传统产业的公司也脱颖而出。这些公司的诞生和发展高度依赖信息技术和互联网经济，多源于硅谷等美国创业创新摇篮，利益和价值观趋近，逐渐在高科技领域形成利益同盟。

不可忽视的力量

“硅谷”对“华盛顿”历来是敬而远之的。科技行业领袖们往往奉行“西海岸自由主义”，对卷入政治不感兴趣。这类高科技企业及其创始人有个共同的特点是年轻，崇尚技术，并不热衷传统的政治活动。企业高管多成长于越战后，有着浓厚的理想主义色彩，内心排斥府外游说为核心的利益集团政治。同时，高科技企业并没有特殊的政治、经济利益诉求，其发展总体受益于美国当时的政策和法律制度，没有感到建立利益集团的必要性。然而，现实往往催人警醒——1998年起微软接连遭遇反垄断诉讼，可谓成为美国科技行业从“对政治漠不关心”到“开始重视游说”的分水岭。

20世纪90年代，当联邦反垄断官员呼吁拆分这家软件巨头时，微软的游说活动寥寥无几，令其措手不及。谷歌在欧洲和美国，接连受到数十亿美元罚款的打击。这些互联网巨头从微软的惨痛教训中吸取了教训。尤其是在2013年，非政府组织“前进吧，美国”（Forward US）[①] 的成立，标志着美国高科技产业部门形成利益集团。这和美国整个内外环境的变化密切相关。外部环境方面，20世纪末互联网泡沫以来，以互联网、智能终端、新能源技术等为代表的新兴技术在全球范围内快速扩散，美国的技术垄断能力已大不如前。日本、欧洲等其他主要经济体与美

① Forward US：前进吧美国白宫游说组织是由美国Facebook创始人马克·扎克伯格（Mark Zuckerberg）创建的白宫游说组织。宗旨是为美国高科技企业代言，目前的重点宣传项目是促进移民改革，放宽海外工科技术人员的移民条件。

国竞争日趋激烈，中国的高技术产品在全球的竞争力持续增强。这些美国企业巨头为巩固其领先优势，希望美国政府、立法机构能推出一些适时有效的创新政策，重点解决在劳动力、投融资、知识产权保护等领域的具体诉求。内部环境方面，新兴技术的快速发展带来经济、社会、国家安全挑战，突出表现为出现了一些新的立法盲点和司法困难。尤其是以人工智能、无人驾驶、干细胞、基因编辑等技术的发展，带来伦理、司法、立法上的诸多挑战。美国高科技产业迫切希望立法部门能够反映这一新趋势、新需求、新挑战。这里除了“前进吧，美国”以外，其他一些代表高科技企业的行业协会组织也快速发展，如经常代表美国科技产业向国会、总统提交诉求的技术服务行业协会（Technology Service Industry Association，TSIA）和代表中小科技企业和从业人员利益的计算技术工业联合会（Computing Technology Industry Association，CompTIA），后者在2014年合并了游说组织科技美国后开始向政治游说机构转型[①]。

凭借积累的经济实力，信息技术社会带来的社会影响力，以及高超的政治传播技巧，美国高科技利益集团虽然发展历史并不长，但已经成为美国政治生态中举足轻重的力量。总统、国会议员越来越重视与高科技利益集团的合作，对其利益诉求加强沟通协商。高科技利益集团的一些诉求已通过各种渠道在美国立法中有所体现。

对政府科技政策与国会科技立法的影响

美国高科技集团兴起于奥巴马总统执政时期。当时的金融危机席卷而来，使得美国高层逐渐认识到实体产业的发展趋缓加上金融产业的过度发展带来严重隐患，大家都在寻找重振美国的新路。美国政府迫切希望借助产业界的智慧，为美国经济的升级转型提供可行方案。高科技利益集团的崛起虽然时间不长，但正在缓慢改变美国国内的利益集团图谱，成为支持保护自由选择生活方式和经济上“小政府”的重要力量，并将随着美国经济升级转型而扮演更加重要的角色。

奥巴马任内，白宫新建并扩大了一系列与科技相关的政策咨询机构，高科技企业的高管和技术专家成为这些机构的重要成员，对美国的科技创新和经济社会发展提供有建设性的看法和主张，供以决策参考。奥巴马扩大了总统科学技术政策办公

① 李峥．美国高科技利益集团及其政治影响［J］．现代国际关系，2016（12）：32-39.

室规模，从原来的60名左右，增加到约120名，并新增了白宫首席技术官的职位，该职位是政府各项经济战略的总技术官，其职责是将最新技术和科研成果融入具体的经济政策中。白宫首席技术官是美国政府与硅谷的技术公司之间联系的纽带。任职者能够并且应当向政府提供关于如何更好地使用技术的建议。奥巴马任命谷歌前高管梅根·史密斯（Megan Smith）为白宫首席技术官，同时还任命了Twitter的亚历山大·麦吉利夫雷（Alexander Macgillivray）为她的副手。奥巴马在2009年组阁的时候，任命的第一位白宫首席技术官是阿尼什·乔普拉（Aneesh Chopra），之前曾是美国一家医疗行业机构的执行主管，同时也是一名天使投资者。

2009年4月27日，美国白宫宣布，总统奥巴马组建了一个新的科技委员会，全称为“总统科学技术顾问委员会”。该委员会的主要任务是向总统提供科技方面的建议和意见，如全国的科技战略，如何支持科技创新等，其中部分转化为美国推动经济转型的政策和计划。以往，美国总统的这类顾问委员会成员大多来自院校或学术机构，但在奥巴马执政时期，不少企业界代表人物加入其中。如谷歌首席执行官艾里克·施密特（Eric Schmidt）。事实上，艾里克·施密特一直是奥巴马竞选运动的强力支持者和重要捐助者。另外，微软首席研发与战略官克莱格·穆迪亚（Craig Mundie）也榜上有名。奥巴马政府任内提出一系列有前瞻性、符合美国高科技产业发展趋势的战略和计划，如“先进制造业计划”“美国创新战略”“国家纳米技术计划”“脑科学计划”“国家机器人计划”等，都离不开高科技利益集团的推波助澜。

企业的诉求与政府的管理之间总会存在博弈的空间。随着高科技利益集团的崛起，其利益诉求开始冲击政府已有的政策与法律，并在一些法律监管的空白地带与政府争夺制定规则的主导权[①]。在新兴技术领域，大数据产业方心未艾，一些新的商业模式和商业公司层出不穷，给传统经济社会带来便捷和巨大利益，但事物都有两面性。大数据公司希望政府尽可能地开放公共数据，为其收集处理数据、转让数据处理成果提供法律依据。但是缺少监管的大数据公司容易对公民个人信息造成侵害，政府需要在数据使用监督和行业发展之间寻求平衡。人工智能、干细胞等领域企业希望政府减少这类新兴技术初创企业的监管，使其能够得到充分发展。但政府需要高度重视新兴技术可能带来的经济、社会风险，要求企业遵守政府制定的使用限制规则。2014—2015年，美国政府与互联网企业在网络安全立法上发生分歧。

① 李峥．美国高科技利益集团及其政治影响［J］．现代国际关系，2016（12）：32-39.

政府强调企业要分享关于网络安全威胁情报信息，企业担心分享情报会影响企业信誉，进而影响海外业务拓展。高科技利益集团一方面顶住来自相关立法倡议带来的间接施压；另一方面积极开展游说，并通过缺席会面等形式来表示抗议。最终国会通过的《网络安全法（2015）》（The Cybersecurity Act of 2015）是双方妥协的成果，照顾了科技企业的多数关切，未强制企业与政府分享情报。

12.4 新形势下的新议题

一直以来，硅谷的科技公司往往会在美国首都华盛顿设立分支机构，专门进行公共政策的游说工作，以便为硅谷实际研发业务奠定政策基础。因此，各大科技公司都会招募一些前政府官员，在国会立法、政府行政等领域展开积极游说。近些年，由于科技公司在个人隐私保护、政府数据请求、网络中立等领域面临政策障碍，游说开支也逐步增长。尤其是唐纳德·特朗普（Donald Trump）从竞选伊始，到正式就任美国总统期间，与硅谷这些科技巨头的恩怨一直难了断。特朗普政府上台后，硅谷科技企业与特朗普政府"互看不对眼"，用于游说政府的资金直线上升。据美国《大西洋月刊》2015 年的统计，美国企业每年在游说上的支出高达 26 亿美元，甚至超过了美国国会每年的预算（众议院 12 亿美元、参议院 8.6 亿美元）。而大企业进行游说的支出回报比甚至高达 220 倍。

游说机构的数据显示，在一众硅谷科技巨头中，谷歌花费的游说资金最多。研究机构 Statista 的数据统计显示，2015 年谷歌的游说方面支出高达 1666 万美元，远远高于其他同行；Facebook、亚马逊和微软位列 2～4 位，游说支出分别为 985 万、907 万和 849 万美元。而苹果以 448 万美元排名第 5 位。随后则是 Netflix（132 万美元）、Twitter（50 万美元）和 Uber（47 万美元）。在华盛顿，谷歌的游说办公室占地超过 5100 m^2，面积甚至接近白宫办公用地大小。该部门负责人是谷歌的公共政策和政府关系副总裁苏珊·莫里纳利（Susan Molinari），她曾经连续 3 届出任纽约州的联邦众议员。

在某些政策方面，这些科技巨头都有着共同的利益，如技术人才引进和互联网安全等方面。但各家公司也有自己独有的诉求所在，希望通过政策的微妙倾斜，推进自己的业务发展。谷歌主要游说的政策包括反垄断、网络隐私、网络安全、无人驾驶、风力发电、无线频谱、无人机等。Facebook 的主要游说领域包括：网络安全、数据隐私、技术人才引进、政府接入数据。亚马逊的游说主要涉及：网络带宽、网络视频、网络中立性、IP 地址、网络管制、顶级域名、知识产权、企业所得税、网络支付。微软主要关心领域包括：网络安全、隐私、政府采购。而苹果游说活动则主要聚焦：专利改革、企业所得税改革、数字化学习、国际贸易、移动支付。

第13章 《拜杜法案（1980）》的评价

1980年12月12日，美国国会复会的最后一天表决通过了由民主党议员伯奇·拜尔（Birch Bayh）和罗伯特·杜尔（Robert Dole）提议的《拜杜法案（1980）》（P. L. 96-517）。这一法案被英国《经济学家》杂志评价为“美国国会在过去半个世纪中通过的最具鼓舞力的法案”，开创了美国技术和风险基金产业进行合作的新境界。该法案旨在通过赋予大学和非营利研究机构对于联邦政府资助的发明创造享有专利申请权和专利权，鼓励大学展开学术研究并积极转移专利技术，促进小企业的发展，推动产业创新。《拜杜法案（1980）》是美国“制造经济”转向“知识经济”时代的产物。过去30年，美国大学借着《拜杜法案（1980）》这一专利制度，在科学研究方面取得了重大成就，美国大学的专利申请和授予的数量有了显著增长。但与此同时，《拜杜法案（1980）》也将作为公共物品提供方的大学进一步推向了商业化，大学学术呈现的专利异化及异化的大学学术专利的态势成了美国社会各界关注的焦点。[①] 人们诘问《拜杜法案（1980）》是否导致大学成为新的“专利怪客”？伴随美国专利法50年来颠覆性的修改，2009年专利法修改案对于《拜杜法案（1980）》在成熟的知识经济时代所存在的缺陷和“失灵”进行了回应，其变革之根本理念在于充分注重作为专利权人的大学和其他社会公众的利益平衡，实现激励创新、增进社会福祉的终极目标。

13.1 拜杜法背景及内容

美国国会对促进技术创新的重视推动了《专利和商标法修正法案（1980）》的

---

① 李晓秋，2009. 美国《拜杜法案》的重思与变革［J］. 知识产权，19（3）：90-96.

通过，也就是常说的《拜杜法案（1980）》。根据这项 1980 年修订的法案，如果承担人是小型企业、大学或其他非营利组织，那么由政府支持获得的发明权应该提供给他们。该法案希望通过专利所有权来激励私营企业的发展，促进政府资助研发项目的商业化。国会希望提出和政府资助的发明相关的统一的专利政策，《拜杜法案（1980）》积极响应，促进学术界、小企业和产业界的合作，为市场带来新产品和新工艺。

支持者认为《拜杜法案（1980）》成功实现了目标。然而，有些专家则认为鉴于当前的研发环境，应该重新考虑与专利政策相关的问题。多数是因为立法对生物技术和制药业产生了影响，大众利益受损。还有些分析家认为政府现在拥有的权力很有限，导致产业无法满足美国国内需求。

在 1980 年以前，美国并没有《拜杜法案（1980）》，当时美国资助给研究单位的研究成果，几乎都倾向于归属政府所有，且免费或非专属方式授权让民众使用；或直接放弃权利，纳入公共所有。但是由于这些研究成果，被商业应用的数量很低，有人称之为“由死者控制（dead hand control）”，大量研究成果被埋没，所以才催生了《拜杜法案（1980）》。[①]

20 世纪 70 年代末，美国国会就如何促进私营企业发展和政府资助研发项目的使用展开了一系列立法辩论。在最初的辩论中，有两种立场：一种是“授权政策”，认为应该由受资助方申请专利，但政府可以无偿取得授权使用；另一种是“权利政策”，认为应由政府自己享有专利，而不该让私人享有专利，政府再以非专属授权的方式授予私人使用。但这两种立场的前提，都认为政府资助的研发成果，应该申请专利，没有主张政府资助的研发成果不该申请专利。[②] 实际情况是，1980 年以前都是交给各政府机关自己选择，通过合同形式与受资助方签约，约定权利归属。如美国国防部都是倾向于将权利让与受资助企业，而能源部、农业部则倾向由政府保留权利。美国政府对政府资助研发成果该采取什么样政策，一直有很多争议。直到 1978 年后，卡特总统组成的委员会建议，应该将全国的政府资助研发政策统一，并制定法律。这才催生 1980 年《拜杜法案（1980）》。

《拜杜法案（1980）》的催生，就是想要让这些政府资助的研究成果，能够移转并获得更多的商业化应用，也就是希望这些成果有更多人愿意取得授权使用。另

---

① EISENBERG R S，1996. Public research and private development：patents and technology transfer in government-sponsored research ［J］. Virginia law review，82（8）：1663-1727.

② 同①。

外一项考量，则是怕政府补助的研发成果，若不申请专利，就会被外国人拿去使用。[①]

20 世纪 80—90 年代，各种各样的倡议要求制定法案来鼓励企业日渐增加的创新活动，并为技术进步扫除障碍[②]。这些法案包括促进共同研发，促进联邦政府、产业界和学术界在内的合资企业发展的法案等，还包括从政府实验室到私营企业转移技术的法律。1980 年之前，即使有不少知识产权组合有继续发展、应用和进入市场的潜力，政府拥有的专利也只有 5%用于私营企业。在某种程度上，《拜杜法案（1980）》的实施就是解决专利的低利用率问题。

和 H. R. 6933 议案（参议院提交并最终成为《拜杜法案（1980）》）一起递交的众议院报告指出，法案审查期间，关于使用政府资助研发项目存在 26 种不同的代理政策。通常情况下，不论这些研究是在联邦实验室、大学或者私营企业进行，政府保留那些受其资助的发明的所有权。政府与公司进行协商，可以非独家（其他公司也可以使用该技术）使用政府专利的许可，或者由一家公司独家使用。人们普遍认为，如果没有发明所有权的保护，公司将不会投入额外的、充足的时间和必要的金钱让产品和工艺商业化。

1980 年，联邦政府为研发活动共投入 555 亿美元[③]。这些钱用于支持研发活动来满足政府部门和机构（国防部、能源部等）的任务要求。虽然政府研发投资产生了很多新发明，对我们的生活带来深刻的影响，但是国会也表示，如果适当鼓励私营企业，他们能带来额外的收获。

新法案的目的是改变目前的局面，运用统一的国家法律扫除科技成果商业化障碍，鼓励私营企业利用政府资助的发明，利用风险资本支持转化，将其投入商业化运营[④]。

---

① RAI A K，1999. Regulating scientific research：intellectual property rights and the norms of science［J］. Northwestern university law review，94（1）：77，96.

② CRS Report RL33528，Industrial competitiveness and technological advancement：debate over government policy，by Wendy H. Schacht.

③ National Science Board，2006. Science and Engineering indicators－2006［Z］. Washington：National Science Foundation：A4-5.

④ House Committee on the Judiciary，Report to accompany H. R. 6933，96th Congress，2d Session H. Rept. 96-1307，Part，1，3.

专利体系的简单回顾

专利体系的目的就是促进发明创新。美国宪法第1章第8节第8款写道“国会有权利保障著作家和发明家对其著作和发明在限定期间内的专利权，以促进科学与实用技艺的发展”。大家都认同专利权能鼓励创新，同时也能保护发明者，促进竞争。专利权允许发明者拥有的独占权，其他人无法使用该发明，除非他们提供补偿。专利拥有者享有20年（从提出之日起）的独占权，用以进一步完善想法，将产品和工艺商业化，还可能收回起初的投资。同时，专利的获得过程也使得人们理解了专利这个概念。作为一个公开的系统，专利能经常激励其他企业或个人进行与现存专利相似的发明，促进类似技术的发展或者满足相似市场的需求[①]。

并不是所有的人都认为专利体系能促进创新。一些批评家认为专利权会产生垄断，带来额外的社会费用。也有人认为专利体系可有可无，因为市场有能力带来较令人满意的创新。企业在市场上的竞争意识都提供了足够的诱因激励企业进行发明，再无须其他因素[②]。还有批评家认为专利体系鼓励企业集中，造成进入市场的障碍，他们还认为公司之间的交叉许可会导致对其他市场的剥削。还有一些观察者认为专利体系经常吸引投机者的目光，他们喜欢获得并使用专利权，而并不参与社会生产活动[③]。

专利权在不同的行业其重要性也不同。专利在药品和部分化学行业的使用经常是有争议的，因为复制这些已经生产的产品很容易。虽然重建一架飞机价格昂贵，程序复杂，耗时较长，但是对一枚药片进行化学分析并且进行再生产却相对容易[④]。在航天和半导体制造业，专利并不是最好的获得投资收益的体制，反而是开

---

① CRS Report，RL32324，Federal R&D，Drug discovery，and pricing：insights from the NIH－University-Industry relationship，by Wendy H. Schacht.

② SHEER F M，1970. Industrial market structure and economic performance［M］. Rand Mcnally & Co：384-387.

③ THOMAS J R，2001. Collusion and collective action in the patent system：a proposal for patent bounties［J］. University of Illinois law review：305.

④ SCHERER F M，2002. The economics of human gene patents［J］. Academic medicine，（11）：1350.

发周期和学习积累过程更重要[①]。

校企合作

体现在《拜杜法案（1980）》里的专利法修订旨在促进学术界、企业和政府之间的合作。1980年，学校承担着美国的14%的研发项目，其中多数是基础性前沿研究[②]。这些工作被当作教育过程完成，同时也为科学家、工程师和私营企业培养合适的人才。

然而，大学通常无法将研究结果运用到生产中，生产可供销售的产品。这些活动只能在工厂中进行。因此，《拜杜法案（1980）》重点强调促进学术界和企业之间的合作。给予大学提供知识产权的所有权，让其可以有机会与企业合作，该法案的目的就是鼓励两者一起努力，为市场提供新产品、工艺和服务。共同合作就需要共享成本，共担风险，共用设施和共享专门技术。

第二次世界大战之前，企业是大学基础研究的主要资金来源。战后，联邦政府代替私营企业成为主要的财政资助者，决定学术机构研究的方向。这种情况经常导致大学和企业之间的分离，因为通常是私营企业而不是政府和产品的商业化有关联。《拜杜法案（1980）》有望鼓励各部门之间加强合作，促进各部门对技术进步做出贡献。

小型企业

在专利所有权方面，应该特别关注小型企业，因为这些企业在创造就业机会，促进技术进步方面发挥了重要作用。研究显示，小型企业和高技术企业是重大创新的主要来源。正如经常被引用的由小型企业管理局资助的一项研究显示，小型企业

---

① LEVIN R C，KLEVORICK A K，NELSON R R，et al，1993. Appropriating the returns for industrial research and development ［C］ //MANSFIELD E，MANSFIELD E. The economics of technical change，Vermont：Edward Elgar Publishing Co.：253.

② National Science Board，Science and Engineering Indicators—2002（Washington，National Science Foundation，2002），A4-9.

每位员工的创新力是大企业的2.4倍[①]。1953—1966年，调查发现，员工少于1000人的公司比大公司做出的贡献更大，而在1967—1973年，二者持平[②]。最新的调查认为小型企业对经济增长的贡献可以用就业机会的净增长来衡量。国家科学基金会研究表明，“在许多科技产业，美国小型企业与新技术的发展息息相关，对未来经济增长会产生非常重要的作用”。[③]

小型企业扮演着企业家和变革推动者的角色，推动新兴和传统产业的发展[④]。因为小型企业涉及“前沿技术的商机”，所以对创新的贡献“在新技术方面是最强的”。[⑤] 专家称，小型企业创新者在创造具有重要技术性的发明方面极为有效，重要的技术性发明数量是大公司的两倍多。因此，小型企业在一些高技术产业占据主导地位，包括生物技术、新型材料、信息技术和通信产业[⑥]。

在过去几年里，也有专家认为小企业对经济的贡献被夸大了。佐尔坦·阿克斯（Zoltan Acs）和戴维·奥德斯（David Audretsch）教授认为公司规模和创新能力在不同行业的联系也并不相同，大型企业的创新能力更强。[⑦] 因此，认为小企业更具创新性是因为它们引进了比就业更多的创造，这种说法是不正确的[⑧]。还有观点

---

① National Science Board，Science and Engineering Indicators—1993（Washington，National Science Foundation，1993：185.

② National Science Board，Science Indicators—1976（Washington，National Science Foundation，1976），116.

③ National Science Foundation，“Indicators of U.S. Small Business’s Role in R&D，” InfoBrief，NSF 10-304，March 2010，1，available at http：//www.nsf.gov/statistics/infbrief/nsf10304/nsf10304.pdf.

④ CARREE M A，THURIK A R，2003. Entrepreneurship，economic growth and policy［C］//ACS Z J，AUDRETSCH D B. Handbook of entrepreneurship research. New York：Springer Press：439.

⑤ CHI Research，Inc，Small Serial Innovators：The Small Firm Contribution to Technological Change，Small Business Administration，Office of Advocacy，February 2003，3，available at http：//www.sba.gov/advo/research/rs225tot.pdf.

⑥ CHI Research，Inc.，Small Firms and Technology：Acquisitions，Inventor Movement，and Technology Transfer，Small Business Administration，Office of Advocacy，January 2004，4，available at http：//www.sba.gov/advo/research/rs233tot.pdf.

⑦ ACS Z J，AUDRETSCH D B，1990. Innovation and small firms［M］. Cambridge：The MIT Press：50-51.

⑧ ETHER B S，1998. Small and large firms：sources of unequal innovation［J］. Research policy，（12）：742.

认为并没有决定性的证据证明企业规模会影响研发的成败[1]。影响小企业对技术进步产生作用的一个重要因素是小企业和大企业之间的关系，这个观念也体现在了《拜杜法案（1980）》中。企业的贡献和企业家的贡献彼此差异巨大，两者有典型的互补作用。联合产生的结果大于他们的个人贡献的总和[2]。小企业向大企业寻求更多的资源，大企业也寻找小企业作为合作伙伴，因为小企业开发的新技术看起来更可行。小企业往往比大企业愿意承担技术风险，就可能抓住机会，迅速开发市场。然而，他们可能需要依靠大企业，以满足大规模的制造和（或）市场需求。在有些情况下，“大企业的一个创新的缺点会是小企业的创新的优势，反之亦然，这就使这两种不同规模的企业更乐于开展合作”。[3]

《拜杜法案（1980）》和相关法律条款

《拜杜法案（1980）》规定：国会的政策和目的是利用专利制度来促进联邦政府资助的发明的利用……促进商业领域与非营利组织（包括大学）之间的合作……促进美国工业和劳动力创造的发明的商业化和公共可用性；确保政府在联邦支持的发明中获得足够的权利，以满足政府的需要，并防止公众不使用或不合理使用发明。[4] 每个非营利组织（包括大学）或小型企业都可以选择（在合理的时间内）保留联邦资助研发下的任何发明的所有权[5]。根据最高法院在斯坦福大学诉罗氏分子系统公司的裁决，《拜杜法案（1980）》不会自动将联邦资助发明的所有权授予联邦承包商，也不会认可承包商单方面取得的发明所有权。该法案只澄清了“联邦政府和承包商在已经属于承包商的联邦资助发明中的权利优先顺序”，并且说明在发明属于承包商之前必须满足某些条件。机构必须在预定的，商定的时间框架内承诺商业化。然而，政府可以在特殊情况下，依然要求让与权利。此外，如果承包商“不在美国或者在美国没有企业或受外国政府控制”，与国家安全相关，或者他们的

---

① BROWN C，HAMILTON J，MEDOFF J，1990. Employers large and small [M] . Cambridge：Harvard University Press：10.

② BAUMOL W，2004. Education for innovation：entrepreneurial breakthroughs vs. corporate incremental improvements [J/OL] . NBER，(6)：2-3 [2018-05-20] . http：//www. nber. org/papers/10578.

③ KING D R，COVIN J G，HEGARTY W H，2003. Complementary resources and the exploitation of technological innovations [J] . Journal of management，(8)：595.

④ 35 U. S. C. §200.

⑤ 35 U. S. C. §202.

工作与能源部的海军核推进器或武装项目有关时，政府可以保留专利所有权。[①]

政府还保留了一些其他权利以保护公众的利益。政府保留“即将运用的非独占，不可转让，不可撤销，已付的许可证，或者已经代表美国应用在了世界各地的发明”。政府还保留“介入权”，允许联邦机构要求承包商（无论该组织是否拥有所有权或拥有独家许可）“允许负责人的申请者使用任一领域的非独占、部分排他或独家许可证明……”（给予适当的赔偿）或在某些情况下授予许可证。引发“介入权”所需的特殊情况包括确定承包商没有在商定的时间范围内努力实现商业化，或者确定“承包商、受让人或者被许可人没有适当满足缓解健康与安全的需要”。[②]

在专利应用之前，政府有权在合理时间内不向大众披露信息。根据该法案，承包商拥有所有权的许可仅限于在美国境内公司。最初，大学可以将从政府资助的研发项目中获得的专利授予大公司，但是有时间限制。但是，《商标法案（1984）》（P.L. 98-620）废除了该限制，认为延长大公司的许可期限特别重要，“尤其是制药业等特别注重技术的大公司，因为在商业化之前产品通常需要很长的开发时间和大量的投资”。[③]

大多数专家仍然认为专利排他性对大公司和小公司都很重要。在1983年2月关于授予在联邦资助下发明所有权的备忘录中，里根总统下令，不管承包商公司规模大小，所有机构都应该根据法律并且按照《拜杜法案（1980）》规定的内容对公司一视同仁。然而，该命令并没有法律依据。如上所述，《商标法案（1984）》进一步修正了《拜杜法案（1980）》，放宽向政府机构披露发明的时间限制。

1980年通过《拜杜法案（1980）》时，美国同时通过了《史蒂文森-威德勒技术创新法案（1980）》，针对政府持有技术转移而来。由于政府持有的技术，在技术转移或授权上受到官僚式组织的阻碍，往往效率很低，所以授权的量非常少。因而通过该法，要求政府必须想办法将联邦政府持有或创造的技术转移给州政府、地方政府和私人团体，并从研发经费中提拨预算来进行技术转移。1986年，通过了《联邦技术转移法案（1986）》，修正了《史蒂文森-威德勒技术创新法案（1980）》，允许联邦的实验室跟私人实验室合作，而合作出来的研发成果可归属于私人，只让联邦政府保留免费授权即可，联邦政府放弃其他权利。此外，也允许联

---

① 35 U.S.C. §202.

② 35 U.S.C. §203.

③ Senate Committee on the Judiciary, Report to Accompany S. 2171, 98th Cong., 2d Sess. S. Rept. 98-662, 1984, 3.

邦政府所属研究机构的职员，只要其研发出某项成果，可以分享专利授权金，甚至允许其享有专利。1989 年又通过《国家竞争力技术转移法（1989）》（National Competitiveness Technology Transfer Act of 1989），修正了《史蒂文森-威德勒技术创新法案（1980）》，范围进一步扩大。1995 年又通过《国家技术移转和促进法（1995）》（National Technology Transfer and Advancement Act of 1995），将政府与私人实验室合作的成果，让私人享有专属授权，并且将联邦的授权金分配给政府的研究人员，并明确规定当政府对研发成果不申请专利时，可由研发人员取得权利。①

13.2 实施及影响

但这样的政策是否正确，也引起一些争议。杨智杰教授分析了《拜杜法案（1980）》存在的逻辑矛盾。② 一是双重课税问题。既然公民已经通过税收，交税给政府，让政府资助给这些私人研发机构，为何现在这些私人研究机构又可以通过专利，索取高价？这些无疑是两次抽税。二是研发诱因问题。专利权是为了鼓励大家投入研发活动。但既然政府已经花钱资助，鼓励这些受资助团体进行研发，为何在研发完成后，还要赋予专利。三是公共物品是否需要财政资助。如果政府资助的研究项目，私营企业有兴趣，就不需要政府资助，也愿意进行研发，商品化。政府之所以要资助某些研究，就是因为这些研究的商业应用性不高，私人不会或难以获利，所以不会投资，类似公共产品性质，必须由政府出面资助。但既然政府资助还可以申请专利并商业化，就不具备公共产品性质，为什么还需要政府资助。四是在一定程度上，阻碍后续研究。受资助的研究机构，很多是大学，往往从事基础研究，如果允许研发成果申请专利，后续研发会受限于前者的专利，可能会阻碍后续在该领域的研发。

积极效果评价

无论如何，《拜杜法案（1980）》似乎已经实现了其想表达的目的，即使用

---

① 杨智杰，2009. 反省美国拜杜法的理论与经验［J］. 科技法学评论，6（1）：207-240.

② 同①。

“专利制度来促进联邦支持研发所产生的发明的使用；……并促进商业领域与包括大学在内的非营利组织之间的合作……”① 在最早的一项立法研究中，美国审计总署（现在的国会政府问责办公室，发现大学管理人员和小企业代表都认为《拜杜法案（1980）》“对他们的研究和创新有重大影响”。② 产业资金对大学科研项目的支持从1980年的3.9%增加到了2000年的7.2%，2009财年，产业资金对学术科研的支持有所下降，为5.8%。1980年，政府资金占大学科研资金的67.5%，到2000年，政府对大学的资金支持下降到58.2%，然而在2009年又提高到了59.3%。③ 需要指出的是联邦政府仍然是学术研究资金的主要来源。

参与审计总署研究的多数大学表示，产业对大学研究资助的增加应归功于《拜杜法案（1980）》和《商标法案（1984）》的对专利权规定变化。审计总署在对学术教师访谈时发现，由于企业知道大学可以获得联邦资助发明的所有权，他们不再担心联邦机构声称拥有发明的所有权，而使他们的研究工作受联邦资助影响。所有受访者都认为，通过《商标法案（1984）》取消对非营利机构（包括大学）的许可限制，对促进校企之间的合作至关重要。《拜杜法案（1980）》成为企业资助学术研发项目的重要因素。④ 审计总署在1998年5月发表的一份研究报告指出，由于该法案的实施，联邦资助研究的商业化程度不断增加，这些都对联邦政府和美国人民产生了积极影响。⑤ 其他专家也同意这个观点，耶鲁大学校长理查德·莱文（Richard Levin）认为《拜杜法案（1980）》的目的就是用最低的成本将政府资助的研究结果“运用到实践中以造福人民”，研究结果表明这种影响是积极的，即《拜杜

① 35 U.S.C. §200.

② U.S. General Accounting Office, Patent Policy: Recent Changes in Federal Law Considered Beneficial, RCED-87-44, April 1987, 3.

③ National Science Foundation, “Changes in Federal and Non-Federal Support for Academic R&D Over the Past Three Decades”, InfoBrief, June 2002, available at http://www.nsf.gov, National Science Foundation, National Patterns of R&D Resources: 2003, Special Report, available at http://www.nsf.gov/statistics/nsf05308/pdfstart.htm, and National Science Foundation, “Universities Report $55 Billion in Science and Engineering R&D Spending for FY2009; Redesigned Survey to Launch in 2010.” InfoBrief, NSF 10-329, 1, available at http://www.nsf.gov/statistics/infbrief/nsf10329/nsf10329.pdf.

④ Patent Policy: Recent Changes in Federal Law Considered Beneficial, 16-23.

⑤ U.S. General Accounting Office, Technology Transfer: Administration of the Bayh-Dole Act by Research Universities, RCED-98-126, May 1998, 2.

法案（1980）》为公众创造了利益。[①] 正如《经济学家》的一篇文章所述，《拜杜法案（1980）》“可能是美国过去半个世纪里最鼓舞人心的法案”。[②]

《拜杜法案（1980）》成功的一个主要因素是它传达的知识产权所有权的确定性。斯坦福大学技术许可办公室主任凯瑟琳·古（Katherine Ku）指出，排他性是企业将财务和人力资源投入技术开发的动力[③]。它鼓励大学花费时间和精力追求专利，并在其投资组合中授权这些专利。这推动了学术专利的显著增加。1980 年，大学授予了 390 项专利；到 2009 年，这一数字增加到了 3088 项。[④]

学术界成为地方和区域经济发展的主要创新来源。在由美国大学技术管理者协会（AUTM）进行的一项调查表明，超过 671 家公司想将大学研究推向市场，有 6051 个新的许可证/特权主要授予小企业。[⑤]

大量企业因为一些大学研发项目的成功转化而涌现，这些大学包括麻省理工学院、加利福尼亚大学、加州理工大学、明尼苏达大学、约翰斯·霍普金斯大学、犹他州立大学及弗吉尼亚大学[⑥]。部分大学从授权许可中获得了大量回报，如加利福尼亚大学系统的许可每年产生 9100 万美元的净许可收入，哥伦比亚大学约 8000 万美元，佛罗里达州立大学约 4500 万美元。[⑦] 在不考虑产品替代效应的情况下，1996—2007 年，基于产品销售的大学许可协议对美国国内生产总值贡献了至少 470

---

① National Academy of Sciences，Board on Science，Technology，and Economic Policy，Workshop on Academic IP：Effects of University Patenting and Licensing on Commercialization and Research，April 17，2001 [transcript]，261-262，available at http：//www. nas. edu.

② Innovation's Golden Goose，The Economist Technology Quarterly，December 140，2002

③ Workshop on Academic IP：Effects of University Patenting and Licensing on Commercialization and Research，9.

④ National Science Board，Science and Engineering Indicators，2012（Washington，National Science Foundation，2010），Appendix table 5-48，available at http：//www. nsf. gov/statistics/seind12/append/c5/at05-48. pdf.

⑤ Association of University Technology Managers，AUTM U. S. Licensing Activity Survey Highlights：FY2011，available at http：//www. autm. net/AM/Template. cfm? Section＝FY_2011_Licensing_Activity_Survey&Template＝/. CM/ContentDisplay. cfm&ContentID＝8731.

⑥ BLUMENSTYK G，2022. Income from university licenses on patents exceeded ＄1-billion［Z］. The chronicle of higher education.

⑦ SOBOLSKI G K，BARTON J H，EMANUEL E J，2005. Technology licensing，lessons from the US experience［J］. Journal of the American medical association，(11)：3138.

亿美元，甚至高达1870亿美元。[①]

不同的声音

然而，一些分析家认为，《拜杜法案（1980）》只是大学专利和许可活动崛起的许多重要因素之一。在对加利福尼亚大学、斯坦福大学、哥伦比亚大学的技术转让和专利活动的研究中，戴维·莫维利（David Mowery）教授及其同事得出结论，增加对基础生物医学研究的联邦资助、强化生物技术研发、政府专利政策等，这些都促进了学术知识产权活动的兴起。根据他们的评估，《拜杜法案（1980）》"对学术研究的内容没有什么影响"。大学对专利和许可的追求不断增长，是由于生物医学和生物技术研发的变化，而不是受法案的影响。[②]

一些专家批评这种评价，认为该法案对那些在法案未通过之前没有积极参与专利工作的大学产生了巨大的影响。[③] 这一立场的支持者认为，在某种程度上，正是由于《拜杜法案（1980）》的出台，大学专利申请在20世纪80年代后半期和90年代初期迅速增长。专利申请的增长集中在"中间"学校，而不仅仅是顶尖的研究型大学。[④] 站在这一立场的研究人员认为，戴维·莫维利等人的研究只集中在以前参与专利权和许可的大学，可能没有充分考虑到立法实施之前存在的专利问题。[⑤]

也有一些研究质疑增加大学专利许可会对美国创新造成的影响。伯哈旺·桑帕特（Bhavan Sampat）的一项研究表明，虽然《拜杜法案（1980）》增加了大学的专利和专利许可，但这些活动只是大学为经济做贡献的一个渠道，没有证据表明增

---

① David Roessner, Jennifer Bond, Sumiye Okubo, and Mark Planting, "The Economic Impact of Licensed Commercialized Inventions Originating in University Research, 1996—2007", Final Report to the Biotechnology Industry Organization, September 3, 2009, 32, available at http://www.bio.org/ip/techtransfer/BIO_final_report_9_3_09_rev_2.pdf.

② MOWERY D C, NELSON R R, SAMPAT B N, et al, 2001. The growth of patenting and licensing by U.S. universities: an assessment of the effects of the Bayh-Dole act of 1980 [J]. Research policy, 30: 99-100.

③ Workshop on Academic IP: Effects of University Patenting and Licensing on Commercialization and Research, 17.61.

④ Science and engineering indicators—1993, 152.

⑤ Ashley J. Stevens, "Is Bayh-Dole Under Siege Again?" Technology Access Report, July 2001. See also Lori TurkBicakci and Steven Brint, "University-Industry Collaboration: Patterns of Growth for Low- and Middle-Level Performers", Higher Education, January 2005, 61-89.

加大学专利和许可促进了技术转让，也没有使大学的经济贡献出现任何有意义的增长。① 同样，也有学者认可《拜杜法案（1980）》的贡献，认为法案条款鼓励将大学的发明形成产品并引入市场。② 大学技术一般处于早期阶段，尚未做好商业化的准备，这就需要额外的资金和教师的参与，来把想法付诸实践，使其转换成可销售的产品。确保这种转化机制是商业化的一个重要因素，不论这些机制是否包括大学的专利许可。③ 此外，斯科特·谢恩（Scott Shane）教授指出，大学主要通过技术许可来搞活所拥有的研发成果，但许可并不是在所有技术上都有相同的作用，应将专利集中通过专利许可有效转让的领域。④

虽然《拜杜法案（1980）》对小型企业的影响尚未得到广泛研究，但结果看来相似。美国审计总署在1987年的一项研究中，采访了8个小企业主，他们都表示，法案出台为公司的研究、开发和创新带来了深刻而有益的影响。在生物技术行业最能表明《拜杜法案（1980）》给小企业带来的影响。根据国家卫生研究院前主任伯纳迪恩·希利（Bernadine Healy）博士的说法，《拜杜法案（1980）》有力促进了生物技术部门的发展和增长。⑤ 生物技术产业主要由一些小公司组成，这些小公司正在开发由国家卫生研究院资助的研发技术，其中许多公司由国家卫生研究院校友或以前由国家卫生研究院资助的大学教授建立。在2001年8月1日提交的参议院证词中，美国国家卫生研究院技术转移办公室主任马里亚·弗莱雷（Marie Freire）博士认为，《拜杜法案（1980）》和《联邦技术转移法案（1986）》助力美国在生物医药企业的领导。截至2009年年底，1699家生物技术公司的年销售额总共达到482亿美元。⑥ 美国生物技术专利授权数量从1985年的619件增加到2010年的

---

① SAMPAT B N，2006. Patenting and US academic research in the 20th century：the world before and after Bayh-Dole [J] . Research policy，(7)：773.

② Marie Thursby，Jerry Thursby，and Emmanuel Dechenaux，"Shirking，Shelving，and Sharing Risk：The Role of University License Contracts"，April 9，2004，National Bureau of Economic Research，available at http：//www. nber. org/～confer/2004/entf04/thursby. pdf.

③ Jerry G. Thursby and Marie C. Thursby，"University Licensing Under Bayh-Dole：What are the Issues and Evidence?"，May 2003，available at http：//opensource. mit. edu/papers/Thursby. pdf.

④ SHANE S，2004. Encouraging university entrepreneurship? the effect of the Bayh-Dole Act on university patenting in the United States [J] . Journal of business venturing，19 (1)：128.

⑤ House Committee on the Judiciary，Biotechnology Development and Patent Law，102d Cong.，1st Sess.，November 20，1991，48.

⑥ Ernst & Young，Beyond Borders，"Global Biotechnology Report 2010"，59，available at http：//www. ey. com/Publication/vwLUAssets/Beyond_borders_2010/ $ FILE/Beyond_borders_2010. pdf.

4853件。[①]

13.3 当前的问题和担忧

虽然《拜杜法案（1980）》为促进政府资助研发项目的成果利用构建法律机制，但也存在制度设计不充分的问题。大多数专家认为，政府、行业和学术界之间更密切的合作可以增加资金来源（在私营和公共部门），促进技术转让，刺激更多创新（超越发明），带来新产品和新工艺，进而扩大市场。然而，也有人指出，合作可能会导致更多利益冲突，研究方向重新定向，科学发现共享性欠缺，导致更加注重应用研究而不是基础研究。《拜杜法案（1980）》的成功及其实施结果的可见性引起了人们的关注，其中许多与大学在研究方面、生物医学和生物技术研发的作用有关，特别是和研究的实用性和药品成本相关。《拜杜法案（1980）》带来的影响需放在特定的环境中来评价。该法案是扩大产业、大学、小企业间合作的重要因素，但不是唯一的因素。因此，可能很难评估《拜杜法案（1980）》带来的直接结果及对整体研究环境引起的变化。研发成果带来的高成本，风险资本的可用性，大公司研发外包的增加，以及政府增加对生物医学研究的资助，都促进了各部门之间的互动。其他立法举措包括研究和试行税收抵免政策，实施《国家合作研究法（1984）》，制定小企业技术转让方案，以及采用由《史蒂文森-威德勒技术创新法案（1980）》建立的合作研发协议，这些都推动了联合研发活动，促进新技术在市场上的商业化。[②]

求偿权

多年来，有立法者建议，在受联邦政府资助的公司产生效益后，政府就应该收

---

① Science and Engineering Indicators，2010，Appendix table 6-58，available at http：//www. nsf. gov/statistics/seind10/appendix. htm and Science and Engineering Indicators，2012，Appendix table 6-60，available at http：//www. nsf. gov/statistics/seind12/append/c6/at06-60. pdf.

② CRS Report RL33526，Cooperative R&D：Federal Efforts to Promote Industrial Competitiveness，by Wendy H. Schacht，and CRS Report RL33528，Industrial Competitiveness and Technological Advancement：Debate Over Government Policy，by Wendy H. Schacht.

回对其的投资，尤其是对医药领域的投资[①]。这是一种求偿权，意思是，如果产品进入市场并产生利润，承包商就该归还政府当时提供的研发费用。这种方法的支持者还认为，通过分配专利权，根据政府资助研发项目的结果，承包商获得了有限时间的垄断，在这种情况下，政府应该收到对初始投资的补偿。在 1980 年 4 月 23 日的立法辩论中，参议员罗伯特·多尔（Robert Dole）在发言时指出，偿还的条款是为了确保由该国纳税人负担的政府投资，应该回归国库，同时，参议员博区·拜（Birch Bayh）认为，回收条款意味着，归根结底，纳税人不会承担研究的费用，他们将受益于产品的利益。[②]

这些建议的提出主要考虑了几个因素。除了资助个别公司进行研究外，在某些情况下，政府还为私营企业提供由这种公共投资产生的知识产权。专利保护使企业在特定时间内拥有这些创新的垄断权。通过为联邦资助的研究成果提供专利保护，公司可以获得基于大众投资的个体福利。因此，求偿权的支持者断言，专利的垄断权应该由“公共补贴”来改进。他们认为公众有收回投资的权利。然而，也有人认为专利制度中并没有这一权利，该权利应来源于专利持有人拥有的所有权和从专利产品或工艺中获得的利益。[③]

国会权衡了这些因素，认为在专利和技术政策中，创新的增加给国家带来的益处是最重要的。《拜杜法案（1980）》的通过代表了一种决心，对某些类型组织给予经济方面的激励是必要的，让他们意识到将联邦资助的研发成果转变为可销售的技术，投资的专利会有回报。这种决心的确立表明国会已经充分认识到联邦支持基础研究的重要性，技术进步对经济增长的支持作用，以及促进商业化应用对技术创新的关键作用。

政府支持基础研究反映了一种共识，即基础研究是许多创新的基础，但是私营企业不愿进行投资，因为用于研发的费用经常面临无法收回的风险。基础研究的回报通常是长期的，有时不可市场化，回报也不明显。有学者研究认为，美国三分之一到一半的经济增长都来自技术进步，它是经济长期增长和现代工业社会生活水平

---

① CRS Report RL32324，Federal R&D，Drug Discovery，and Pricing：Insights from the NIH－University-Industry Relationship，by Wendy H. Schacht.

② U. S. Congress，Congressional Record，April 23，1980，S739，S743.

③ SALBU S R，1993. Aids and drug pricing：in search of a policy ［J］. Washington University law quarterly，（3）：5-20.

提高的主要推动力。[1] 当发明与经济结合，使得创造的知识能产生可销售的、新的、改进的商品或服务，或者将其应用于生产来提高生产率和质量。那么该发明就是一种创新，通过商业化，显著刺激经济增长。因此，国会才通过《拜杜法案（1980）》和其他立法来加快私营部门的发展和商业化活动。

国会在立法听证会上讨论了求偿权这一想法，但将其视为不必要的障碍，会成为与政府合作部门的额外负担，也特别难管理[2]。国会对这些可预见的回报还是很满意的，如税收增加、就业机会增多、生产率提高、经济增长等。

政府权力

对于提供研发经费的联邦政府相关部门而言，如果学研机构选择获取专利权，而且相关合同没有规范其他额外的许可或权益，则政府相关部门应至少取得对该专利权在全球的非独占性、非转让性、非撤销性及无偿性的许可（nonexclusive，nontransferable，irrevocable，paid-up license）。政府相关部门也有权要求定期汇报关于专利权的使用或运用情形[3]。

《拜杜法案（1980）》设置了介入权条款，指政府资助机构在项目承担者或许可人获得专利权后，怠于将发明专利商业化时，强制其将专利权许可给第三方实施的权力。这种强制许可是介入权条款的核心，在下列 4 种情形适用：因原研发机构或其受让人未在合理期间内或不预期在合理期间内采取有效步骤来对其发明从事实际的应用；因原研发机构、其受让人或被许可人无法合理满足缓和健康或安全的需求；因原研发机构、其受让人或被许可人无法合理满足依联邦法所规定的公共使用

---

① Gregory Tassey，The Economics of R&D Policy (Connecticut，Quorum Books，1997)，54. See also：Edwin Mansfield，"Intellectual Property Rights，Technological Change，and Economic Growth，" in：Intellectual Property Rights and Capital Formation in the Next Decade，eds. Charls E. Walker and Mark A. Bloomfield (New York，University Press of America，1988)，5.

② U. S. House of Representatives，Committee on Science and Technology，Government Patent Policy，Hearings，September 23，27，28，29，and October 1，1976，94th Cong. 2nd sess.，1976；United States Senate，Select Committee on Small Business，Government Patent Policies，Hearings，December 19，20，and 21，1977，95th Cong. 1st sess.，1978；and U. S. Senate，Committee on Commerce，Science，and Transportation，Patent Policy，Hearings，July 23 and 27，and October 25，1979，96th Cong. 1st sess.，1979.

③ CRS Report RL32076，The Bayh－Dole Act：selected issues in patent policy and the commercialization of technology，by Wendy H. Schacht，Dec. 3，2012.

需求；或是因违反合同中依《专利法》第204条（由《拜杜法案（1980）》所新增）所定关于“相当程度在（美国）国内制造”的规定或未取得对该条管制的豁免。

该权利由研发资助机构行使。如果出现前3种情况，资助机构会强制执行成果的转让；出现第4种情况，资助机构会禁止该成果的转让，扣留该成果的所有权。在接到企业转让成果的请求后，研发资助机构会通知成果持有单位提供相关信息，并在调查后决定是否要求成果持有单位进行成果转让。

介入权相关规定一方面缓和了公众对政府资助机构的批评，公众认为政府资助机构通过授予项目承担者专利权，将财富转移到了私营企业，而赋予政府介入权可先发制人地回击财富转移的批评；另一方面，介入权也给政府某种政策工具，以此平衡发明专利的商业化和对公共利益的保护①。

目前，已经发生了4宗关于“介入权”的申请案。作为成果资助部门，美国联邦政府的相关部门（皆为国家卫生研究院）在调查后认为这些案例不符合强制成果转让的条件，最终都没有接受第三（申请）方的主张②，认为兹事体大，不宜贸然行使“介入权”，干预既有的合同关系③。

《拜杜法案（1980）》在开始时只适用于关于学研机构等非营利的事业和中小企业。但随着后来的法律修改，其适用范围也逐渐扩展，到目前也适用于大型企业。而对于联邦实验室或隶属于联邦政府的研究机构而言，其中的相关规则是适用《史蒂文森-威德勒技术创新法案（1980）》与相关的行政规则。随着产学研的研发合作日益开展，后者原来属于严格“中央集权式”管理的建构也越来越放宽，更加接近《拜杜法案（1980）》的做法④。

大学研究

《拜杜法案（1980）》所确认的“权利保留”，也就是说遵循合同法和专利法一

① 陈迎新，李施奇，周玥，2017. 美国《拜杜法案（1980）》介入权改革及其对中国的启示［J］. 中国科技论坛，(7)：169-175.

② 王佳存，2014. 美国未行使成果转化“介入权”的四个案例［J］. 全球科技经济瞭望，(9)：55-59.

③ 孙远钊，2015. 论科技成果转化与产学研合作：美国《拜杜法》35周年的回顾与展望［J］. 科技与法律，(5)：1008-1037.

④ 同③。

般原理，取消合同中特定承担方让与义务的合同松绑规则，是否妨碍了学术界的传统操作程序，这一问题引起了大家的注意。令人担心的是，私营部门资助大学研发工作，导致了参与研究的科学家的利益冲突，特别是当学者在相关公司有股权的情况下，而且利益获取会扭曲或取代学术界的基础研究和教育责任。还有人抱怨，由于大学和商界都想保持自己的竞争优势，导致观点和科学发现的自由交流受到限制。

米尔德里德·丘（Mildred Cho）和她的合作者声称，《拜杜法案（1980）》容易造成大学教师间的利益冲突，因为校企合作伙伴关系可以以咨询费、版税和股权的形式为个别教师提供直接的财务奖励，同时也资助他们的研究，可能对“研究的质量、结果和传播”产生不利影响。① 一些评论家认为，私营部门资助的研究倾向于产生有利于产业的结论；然而，科学家将他的研究通过产品而不是产业融资的形式推向市场，这导致了信息的闭塞或延迟。②

戴维·布鲁门撒尔（David Blumenthal）教授等研究认为，商业化活动的参与一定程度上导致了延迟出版。这项研究表明，大约20%的生命科学研究人员将研究成果的出版时间拖延6个多月，至少一次的原因与专利和商业化有关。根据1994年的调查研究，在之前3年里，将近9%的教师拒绝与其他大学科学家分享研究成果或材料。③ 韦斯利·科恩（Wesley Cohen）教授对产业大学研究中心的调查发现，超过一半的研究中心允许公司出版延迟，35%的机构允许研究人员在出版前删除信息。在致力于改善工业产品和工艺的研究中心，63%的允许发布延迟，54%允许删除信息。④

根据理查德·佛罗里达（Richard Florida）教授的观点，延迟出版和学术界信息的自由流动，可能会阻碍知识的进步，这将阻碍对科学进步的有效追求，从而减

① CHO M K，SHOHARA C R，SCHISSEL A，et al，2000. Policies on faculty conflicts of interest at U. S. universities [J]. Journal of the American medical association，284（17）：2203-2208.

② BEKELMAN J E，LI Y，GROSS C P，2003. Scope and impact of financial conflicts of interest in biomedical research：a systematic review [J]. Journal of the American medical association.

③ BLUMENTHAL D，CAMPBELL E G，ANDERSON M S，et al，1997. Withholding research results in academic life [J]. Journal of the American medical association，(4)：1224.

④ COHEN W M，FLORIDA R，RANDAZZESE L，et al，1998. Industry and the academy：uneasy partners in the cause of technological advance [C] //COHEN L R，COHEN W，NOLL R，et al. Challenges to research universities. Washington：The Brookings Press：188-189.

慢工业创新。[①] 结论是，由于实施《拜杜法案（1980）》，研究过程中的出版延迟和更大的保密性已经使大学不再追求传统的目标。

当然也有部分专家持不同观点，罗伯特·巴奇（Robert Barchi）认为《拜杜法案（1980）》没有产生一系列重要的利益冲突和出版延迟问题，主要是因为教师比较重视学术自由。出版物的传播和占有，已经建立了尊重合理的知识产权保护的方法。同样，正如帕姆·萨缪尔森（Pam Samuelson）教授所指出的，利益冲突会危及权属，因此制定了规范来指导教师需要什么。[②] 皮埃尔·阿祖卢（Pierre Azoulay）、韦弗利·丁（Waverly Ding）和托比·斯图尔特（Toby Stuart）教授进行的研究表明，专利往往伴随着一系列出版活动。虽然一些学术型专家的专利数量比较多，但是与其他类型科学家相比，出版质量却相似。[③]

针对这些问题，许多大学聘请了专业技术人员与教授合作并解决专利问题。一些研究实力雄厚、资源广泛的大学首先创建了负责技术转移的办事处；在《拜杜法案（1980）》通过后，这类机构越来越多。[④] 这些大学技术转移办事处编制了校企合作关系指南，但是教育和出版物仍然是学术的重点。从专利获得的财务回报往往只是学术机构研发经费总额的一小部分，通常是重大的发明结果带来的收入进入个别机构。专利许可的主要原因是商业化，而不是利润，专利成本太高。[⑤] 尽管《拜杜法案（1980）》关注大学里技术商业化，研究与技术发展之间的关系，但专利的成本如此高，导致多数大学技术转移办事处很难做到盈亏平衡。[⑥]

批评者认为《拜杜法案（1980）》歪曲了大学的传统作用，损害了未来的技术

① FLORIDA R，1999. The role of the university：leveraging talent，not technology［J］. Issues in science and technology，15（4）：67-73.

② Workshop on Academic IP：Effects of University Patenting and Licensing on Commercialization and Research，19-20.

③ Pierre Axoulay，Waverly Ding，and Toby Stuart，“The Impact of Academic Patenting on the Rate，Quality，and Direction of (Public) Research，National Bureau of Economic Research”，January 2006，available at http：//www. nber. org/papers/w11917. pdf.

④ Everett Rogers，Jing Yin，and Joern Hoffmann，“Assessing the Effectiveness of Technology Transfer Offices at U. S. Research Universities”，Journal of the Association of University Technology Managers，v. XII，2000，available at http：//www. autm. net.

⑤ Ann M. Thayer，“University Technology Moves to Market via Patenting，Licensing，：Chemical and Engineering News”，August 24，1992，17-18. See also：Jerry G. Thursby and Marie C. Thursby，“Intellectual Property：University Licensing and the Bayh-Dole Act”，Science，August 22，2003，1052.

⑥ Lita Nelson，“Increase of Intellectual Property Licensing at Universities Stems from Changes in Funding and Legislation”，MIT Tech Talk，August 26，1998，available at http：//web. mit. edu.

发展。理查德·佛罗里达教授认为，大学被视作经济增长“引擎”，他们因此专注于应用研究而不是基础研究。这导致了一些不切实际的政策和实践，鼓励学术研究商业化，忽视了大学作为国家知识和人才主要来源的真正价值。[①] 米尔德里德·丘（Mildred Cho）还声称，大学研究正向可销售产品而不是基础研究“倾斜”。[②] 戴安娜·拉姆（Dianne Rahm）和罗伯特·P. 摩根（Robert P. Morgan）等人的研究表明教师与企业的互动增多，带来更多的应用研究。[③]《财富》杂志的一篇文章称，《拜杜法案（1980）》带来的“意想不到的后果”，那就是“大学已经从一个公众信任的地方变成了和风险投资公司类似的场所。以前是一个自由和公开辩论的科学社群，现在却似乎成了充斥着数据囤积和怀疑的诉讼场”。[④]

有专家不同意这种观点。杰里·瑟斯比（Jerry Thursby）和马里亚·瑟斯比（Marie Thursby）教授对 6 个主要研究机构的 3400 名教师进行调查，发现 1983—1999 年，虽然专利许可增长了 10 倍多，但是研究的基本/应用分歧没有改变。[⑤] 国家科学基金会收集的数据也证实了这种说法。根据国家科学基金会 1980 年的调查，基础研究占学术研究活动的 66.6%，而应用研究与开发只占总数的 33.4%。2009 年，用于基础研究的学术研究费用的百分比增加到 74.6%，而应用研究和发展则下降到 25.4%。[⑥]

生物技术和制药研究领域的影响

自《拜杜法案（1980）》通过以来，政府对生物和医学方面的支持力度显著增加。对大学的生命科学研究，特别是生物和医学科学的资金支持，是政府对学术研究投入的最大部分。2008 年，学术机构的研发支出总额中有 52.1%用于医药和生

① FLORIDA R，1999. The role of the university：leveraging talent，not technology [J]. Issues in science and technology，15 (4)：67-73.

② NILLER E，[2001-08-06]. Biotech & health：report fails to address the downside of academic：industry collaborations [N]. Wall Street Journal (Europe)，17.

③ Industry and the Academy：Uneasy Partners in the Cause of Technological Advance，186.

④ CLIFTON L，2005. The law of unintended consequences [J]. Fortune，(9)：252.

⑤ University Licensing Under Bayh-Dole：What are the Issues and Evidence? See also Jerry G. Thursby and Marie C. Thursby，“Has the Bayh-Dole Act Compromised Basic Research?” Research Policy，Vol. 40，Issue 8，October 2011，1077-1084.

⑥ Universities Report $55 Billion in Science and Engineering R&D Spending for FY2009；Redesigned Survey to Launch in 2010，1.

物技术领域。1980年通过《拜杜法案（1980）》后，40.5%的大学研究支出投入了这些领域。[①] 埃德温·曼斯菲尔德（Edwin Mansfield）教授的研究表明学术研究对制药和医疗器械行业新产品和新工艺的开发特别重要。[②] 根据波士顿咨询公司提供的信息，1990—1999年，授予的新基因专利从约400件增加到2800件，而授予大学的数量从55%增加到73%[③]。另一项研究预计，在美国自1998年以来每年都发布3000多个与DNA相关的新专利，并且已经授予了4万多个此类专利[④]。生物技术与医药研究占了大学专利的多数，授权收益也有很大一部分来自生物医学研究。大部分的研究经费都来自政府资助，企业在大学生命科学领域的研究中只是赞助少部分的经费。不少大学拥有的专利不是在商业产品上的专利，而是在基础发现和研究工具上的专利，有调查显示在研究工具上的专利超过50%。[⑤] 一些学者批评《拜杜法案（1980）》鼓励了基础研究的专利，却反过来阻止进一步的生物医学创新。《拜杜法案（1980）》没有对直接带来商业产品的发明和促使进一步科学研究的工具创新做出区分。

丽贝卡·艾森伯格（Rebecca Eisenberg）和理查德·纳尔逊（Richard Nelson）教授认为研究工具的所有权可能“带来重大的交易成本”导致创新延迟和引起以后的诉讼，它也可能阻碍他人的研究。[⑥]

由于生物科技的研究应用价值越来越高，学术和商业研究的间隔也越来越小，因此商业公司和大学彼此间开始成为竞争对手[⑦]。最明显的例子，就是大学和私营企业间关于研究工具的授权，开始出现越来越多的限制。当大学向私营企业授权研究工具，他们可以选择收取使用费，或是采用延展性权利金（reach-through royal-

---

① Science and Engineering Indicators，2010，Appendix table 5-6，available at http://www.nsf.gov/statistics/seind10/append/c5/at05-06.pdf.

② MANSFIELD E，1998. Academic research and industrial innovation：an update of empirical findings [J]. Research policy，26 (7)：773-776.

③ MOSES III H，MARTIN J B，2001. Academic relationships with industry [J]. Journal of the American medical association，(21)：933.

④ Timothy Caulfield，Robert M. Cook-Deegan，F. Scott Kieff，John P. Walsh，2006. Evidence and Anecdotes：An Analysis of Human Gene Patenting Controversies. Nature Biotechnology，available at http://www.ncbi.nlm.nih.gov/pmc/articles/PMC2701726/.

⑤ RAI A K，EISENBERG R S，2003. Bayh-Dole reform and the progress of biomedicine [J]. American scientist，91 (1)：52-59.

⑥ EISENBERG R S，NELSON R R，2002. Public vs. proprietary science：a fruitful tension [M]. Daedalus：Spring.

⑦ 杨智杰，2009. 反省美国拜杜法的理论与经验 [J]. 科技法学评论，(1)：207-240.

ties)，要求未来研发成果收益的部分比例作为授权费用。相对地，私营企业授权给大学研究工具专利时，比较少要求授权费用，但会要求大学和其研究者签署一份转让同意书（material transfer agreement，MTA），要求给予一项反馈权利（grant-back），也就是说，如果大学使用私营企业的研究工具研发出专利时，私营企业有权选择得到其授权。而这类转让同意书，会禁止被授权者和其他机构分享这些工具，而且要求在研究成果公开前事先知道研究结果。甚至现在在学术机构间彼此纯学术的对非专利的研究工具做授权，也会有类似的条款。这些条款不断拖延整个授权谈判，最后甚至会使得谈判破裂①。

因为不少原因，使得这些专利权开始阻碍生物技术和医学研究。最明显的就是上游的专利权人借由对下游的研发者收取授权金，使得下游研发者的研发成本增加。若是下游研发者付不出授权金，可能就会放弃相关研究。这已经严重地影响生物技术和医学领域研究，因为某些非营利机构的研究者只有少数有限的资源能支付专利授权金。

对于这项问题，有人指出，市场会自动形成专利联盟和其联合授权的机构，而降低交易成本。但这种说法在生物技术和医学领域似乎尚未出现②。也有学者指出，大学专利不但对美国境内的后续研发造成阻碍，对美国以外其他发展中国家的研究，也已造成阻碍③。

13.4 不是最终的评论

由于《拜杜法案（1980）》实施后产生了几乎立竿见影的效果，再加上经济合作与发展组织等国际组织的推波助澜，许多国家和地区便开始注意到这个发展，并争相效仿。必须指出，许多国家在借鉴或师法《拜杜法案（1980）》时，其中的具体内容和做法其实未必完全与科技法律政策有直接的关系，也没有如《拜杜法案（1980）》所采取的宽松、开放政策，配套性地对权益归属、管理原则和利益分配三者制定出规范，却只是狭义地在涉及职务创作或发明的权益归属上去做调整。而

---

① RAI A K，EISENBERG R S，2003. Bayh-Dole reform and the progress of biomedicine [J]. American scientist，91 (1)：52-59.

② 同①。

③ BOETTIGER S，BENNETT A，2006. The Bayh-Dole act：implications for developing countries [J]. IDEA，261：262-265.

更重要的是，这些法律、政策的修改往往忽略了促使《拜杜法案（1980）》的关键原因，就是由政府来主导或控制权利的运用，反而在相当程度上阻碍了技术的成果转化或商品化①。

《拜杜法案（1980）》的出台和实施产生明显的效果，对于政府出资给学研机构的研发项目成果制定了一个明确的原则，“政府放权”在立法层面上松绑了向特定承担方转让发明的合同义务，同时限制联邦政府通过约定获得发明的合同权利，让实际从事研发的机构可以选择获取相关的权益。

然而《拜杜法案（1980）》也留下了很多争议和问题，《拜杜法案（1980）》将作为公共物品的大学进一步推向了商业化，大学学术呈现的专利异化及异化的大学学术专利的态势成了美国社会各界关注的焦点。特别是在生物医学领域，许多公司根据《拜杜法案（1980）》可能以牺牲公众利益为代价获得大量收益。《拜杜法案（1980）》不是促进美国经济与科技发展的唯一因素，更不是可供其他国家打开产学研合作瓶颈的特效药。伴随美国专利法50年来颠覆性的修改，2009年专利法修改案对于《拜杜法案（1980）》在成熟的知识经济时代所存在的缺陷和“失灵”进行了回应，其变革之根本理念在于充分注重作为专利权人的大学和其他社会公众的利益平衡，实现激励创新、增进社会福祉的终极目标②。

---

① 孙远钊，2015. 论科技成果转化与产学研合作：美国《拜杜法》35周年的回顾与展望［J］. 科技与法律，(5)：1008-1037.

② 李晓秋，2009. 美国《拜杜法案（1980）》的重思与变革［J］. 知识产权，(3)：90-96.

第 14 章　进行中的适应性调整

20 世纪的科技进步是巨大的。许多成就都源于人们对运用科学技术能力改善我们的生活、健康和国家安全的普遍意愿，而所有的这一切都离不开一个好的制度安排，突出表现就是立法保障。像第二次世界大战或“斯普尼克”那样的事件，国家迅速做出反应并塑造面向未来的政策，可以极大地改变世界。我们也知道，科学政策的质量，与制定这类政策的决策者有关。但是，作为立法部门的国会似乎并没有很好地准备来应对未来的科学挑战。科学聚焦创造新的知识，政策则创立社会运行的规则，去追求大多数人的最大利益，伴随着也会导致解决方案的低效率。任何新的政策制定、科学计划的出台，都受制于太多相互竞争的监督组织，而且每一个都有不同的议程。如果想持续推动科学和技术研究，获得创新回报，那么就需要立法部门进行适应性的调整，解决如何制定好、实施好科学政策的问题。

14.1　因应科技发展的立法演化

一直以来，美国都是一个奉行自由主义的国家，市场作为经济有效竞争和资源优化配置的主要手段长期占据着美国社会意识形态的主流地位。因此，直到第二次世界大战结束之前，美国联邦政府对于科技研究开发活动的支持都是零散和不成体系的，科技创新活动的开展主要存在于私人工业部门之中，而政府研究活动和研究型大学的大规模兴起和迅速发展则是在第二次世界大战之后。因而，第二次世界大战后，美国科技创新立法是因应科技发展，根据由此引发的经济社会问题而进行，不仅有应付国内外危机之急，而且立法所涉内容日趋专业化和复杂化。到如今，美国的科技法律制度十分健全，内容广泛，形成了完备的法律体系，包括科技研发及技术转移法律制度、创新激励制度及高科技法律制度等。

美国是分散型立法模式的代表国家之一。这种立法模式以外围立法为主，相关法律法规内容零散，没有统一的目标指向，以技术转移相关立法为例，立法的出发点并不一定是推进技术转移，但是通过外围立法对技术转移过程中各种社会关系的调整仍然能够达到间接促进及技术转移的目的。美国通过了一系列与技术转移有关的法律、法案，如《拜杜法案（1980）》及其修正案，《史蒂文森-威德勒技术创新法案（1980）》及一系列修正案，《国家合作研究法（1984）》及其修正案，《综合贸易和竞争法（1988）》，《国家标准与技术研究院授权法（1989）》，《建立美国技术信息库法案（1991）》，《小企业技术转移法（1992）》，《减税法（1992）》，《美国发明人保护法（1999）》等。这些法律法规强化了联邦政府及研究机构对科技成果转化的责任，加速了联邦资助的研发成果转化，推进了产学研结合创新。尽管美国采用分散型立法模式，但有关促进产学研结合创新的立法修改却越来越突出和具体，可以认为促进产学研结合已逐渐成为其立法目标之一。如《史蒂文森-威德勒技术创新法案（1980）》的一系列修正案中逐渐增加并强化对产学研共同合作研发协议的规定，1992 年修订《小企业技术创新进步法（1992）》中专门加入了产学研合作研发项目的规定等。

科技计划则以立法形式给予明确规定。从科技计划的管理程序到相关机构，美国都设有相关的法律法规或制度约束，保证了科技计划实施管理的规范性。通过科技计划资助支持研发项目，属于公共财政的范畴。为保证政府资助项目获得预期效果、提高资助效率，在美国，每个计划都通过国会立法的形式明确规定了计划的目标、扶持的重点、管理部门的权利与义务、具体的管理运作程序等，面向社会公开，给予参与者平等竞争的机会。计划执行中还有严格的项目评估和审计制度，使得科技计划从立项到实施管理有法可依，有章可循，大大提高了计划执行的严肃性。

从历史上看，大规模的科学计划往往强调由各联邦机构支持的任务导向的研究。例如，20 世纪 60 年代，政府投入巨资在国家航空航天局的太空研发中。随着 20 世纪 70 年代石油价格的上涨和天然气管线的增加，资金流向能源研发领域，其中许多研究由能源部组织开展。20 世纪 80 年代出于国家安全的考虑，对国防部的研究资助的支持显著增加。20 世纪 90 年代，国会划拨给国家卫生研究院的预算增加了一倍，健康研究经费大幅增加。2003 年国会通过的《21 世纪纳米技术研究开发法案（2003）》是在既考虑了纳米科技研发跨学科特点，投入管理模式分散且总体目标不明确，以及实现新目标需要跨部门、区域和学科的支持等特点，又吸纳 20 世纪 90 年代初形成的联邦政府科技投入决策协调体制机制的有效性的基础上，以法律形式确定了国家纳米技术计划的组织协调与管理体系，其典型特征是做好顶层设计、分部门组织实施。但是，即使是计划导向的立法，也会与授权特定联邦机构的法律相冲突，如国家卫生研究院和国家科学基金会。随着机构合作机会的增加，国会监督和授权将变得更加复杂。立法者未来如何处理这一挑战，令人关注。

14.2 双重国会的制度特性

美国保守主义、自由主义及后物质主义文化长期对峙的文化生态决定了美国国会议员的构成将更加复杂。出于对不同观点与利益的相互协调，国会的程序具有天然的冗繁性。有些人曾主张，美国并不是一个“总统制国家”，而是一个以政府各决策分支权力起伏消长为标志的分权体系。时任众议院议长的纽特·金里奇指出，立法过程就是通过独立而自由的选举产生的人们聚集在一起相互迁就、情感与思想相互碰撞从而努力创造更好政策的过程。纽特·金里奇所形容的立法过程的“相互迁就”不可避免地需要耗费时间。对于公众来说，需要明白美国的政府体制是一种多机构分支间充分商榷的互相作用。公民对于民意分支所持有的摇摆且矛盾的心态是议员个体和国会整体这种国会双重特性的重要表现，而双重特性的主题贯穿于国会及其议员行为分析过程的始终。

公众在看待议员个体和国会整体时采取了不同的预期。对于机构化的国会而言，公众期待其以公开且公平的决策过程来为国家问题找出答案，但对于国会议员个体的评价仅部分取决于其在国家议题上的立场，更多地会考量议员为州或选区的服务情况，与选民的沟通情况及他们的个人风格等。立法者需要通过在重要国家议题与选民形成共识来建立纽带。对于国会的科技创新立法过程，党团、立法者意识形态、利益群体等多种因素，都会产生不同的影响，影响的大小程度或者正反方向是不一样的。民主党更强调政府对社会经济干预，当其成为国会多数党时，科技创新相关提案会显著增加。议员在议题上立法行为与党派的政策立场的一致性对科技创新相关议案的通过率有显著的正向促进作用。如果议员所秉持的政治立场分歧越明显，越不利于科技创新议案的通过。

立法机构主要就是被设计用来进行审慎审议的。大多数重要的众议院议案都是在允许极少修正案或不允许修正案的限制或封闭规则下得以审议的。委员会依然是立法程序的核心，立法的起点虽然是小组委员会，但委员会可以要求直接拿到委员会审议。一般情况下，一项议案的成败在很大程度上取决于委员会。因此，小组委员会毕竟只是一个工作机构，充其量在一些技术性和专业性的问题上发挥“专家”和“工作人员”的作用，不会再决策上起“拍板定论”的作用。但从目前的趋势看来，委员会的审慎审议同样被削弱了。委员会会议的出席率很低，通常其审议结果也都是主席及其多数党同事安排决定的。领袖经常直接绕开委员会审议环节，将未被委员会报告的议案直接安排进入院会。国会参众两院委员会的助理群体也在1979—2005年被削减了1/3。委员会预算仍旧面临被压缩的压力。国会众议院在2012年强制进行了进一步的预算削减，被削减最多的是科学、空间和技术委员会(10.1%)，对科技创新相关立法工作的影响可能会在今后一段时间显现。

14.3　多渠道的立法信息资源支撑

尽管美国宪法赋予国会立法权力，但在很大程度上国会是一个被动的机构。国会议程的形成主要取决于总统和国家利益集团感兴趣的议题。在科学技术立法方面尤其如此——国会的制度结构、科学的不确定性、科学政策问题的复杂性及支持联邦科研投入的长期共识，都常常制约国会的自主性，使得真正的科学政策问题迷失在公共讨论的表象之下。国会固有的结构特点分散了对科学政策的管辖权。但是，实践证明，这种分散、重叠并且有些随意的管辖权部署，在很多方面很好地服务了科学发展。它支撑了联邦研究机构的多样性，不同的研究机构对科学问题采取不同方式，并且用不同方法评估。

技术评估办公室的兴起并非偶然，它开启了科学与政治的新阶段。技术评估办公室推动了对技术的社会影响评价，作为政策分析的佼佼者，其研究报告本身为各种政策问题提供了高质量的学术参考。但技术评估办公室出现和终结的过程，也揭示出科学与政治、科学家与政治家之间密切而复杂的关系。政治家们希望技术评估办公室的专业知识支持他们的政策主张的政治正当性，而不会愿意专业知识损害他们的立场。政治家对技术评估办公室专家的需求，取决于专家的专业能力是否有助于加强政治家制定政策的权力。政治家征求专家意见并不是简单地为了更好地决策，而是因为他们要控制整个政策过程。另一方面，专家能否保持政治中立也是一个问题。人们希望政策制定者能够从中立而可靠的专家那里获得现有的最好的知识，而不仅仅是一些倾向性主张或者是与政策结果有重大利益关系的“垃圾科学”。技术评估办公室的实践也为如何在一个具有多元利益的制度设置里，以客观性与中立性的态度来集合多元专家意见，提供了一定的经验。在政治冲突的环境下获得较为中立的专家意见是可能的，关键不在于专家个人的职业行为或政治家动机，而在于科技咨询的制度结构。

实际上，直到20世纪90年代初，美国联邦政府科技投入的决策和协调机制才基本成型。这就是以总统科学技术顾问委员会、国家科学技术委员会、总统科学技术政策办公室、行政管理与预算办公室为核心的行政决策与协调机构与以众议院科学、空间和技术委员会，参议院商务、科学和运输委员会为核心的立法决策与协调机构之间既合作又对抗的模式。上述参与联邦政府科技投入行政、立法决策与协调的机构，都经历了长期的发展演变。从上述4个关键机构的首要职责来看，总统科学技术政策办公室负责结合国家科学技术委员会和总统科学技术顾问委员会提供给总统的内外部信息和建议，从国家目标和总统执政意图出发监督和协调国家科技政策的制定；国家科学技术委员会根据国家目标和战略将其明确到各个职能部门，并以此协调各部门的科技预算形成国家研发总预算建议方案；行政管理与预算办公室根据国家科学技术委员会提交的研发总预算建议方案、各部门呈报的预算方案等进行进一步的协调形成总统也就是联邦政府的科技预算方案；在这一过程中，总统科学技术顾问委员会作为非政府组织为总统、科学技术政策办公室、国家科学技术委员会等提供的“第三方”意见建议，可以为总统决策起到甄别、补充和制衡内部信息的作用，使决策信息基础更加广泛和牢靠。但是，总统的科技预算只是“建议”方案，必须得到国会的批准后才能正式生效实施。因此，总统科技预算的合理性还必须经过国会的辩论和质询。国会作为社会公众利益的代表对总统科技预算的对抗质询是确保总统施政目标、国家利益与公众利益相互统一的关键环节。国会为了让各委员会或小组在审查总统预算时有充分的依据以独立做出相关决策，设立了国会研究服务中心、政府问责办公室和国会预算办公室等机构为其提供信息、咨询等服务。

14.4 多元利益的充分表达

美国国会的权力结构如一座庞大的立法迷宫，任何法案要走出这个迷宫都需要层层过关斩将，极为繁杂，而其中委员会、党团、相关利益集团及总统等机构、程序的设置和存在皆为走出迷宫创造了路线图。本质上讲，国会权力运行的复杂，即委员会、党团等一系列相关机构各自复杂的规则交叉与互动的必然结果。通过对美国科技创新立法过程的研究分析，可以大致对美国科技立法机制有基本的了解和把握，展现出一幅美国科技创新立法过程中立法机构内部、行政机构与立法机构之间相互博弈的政治图景。

在美国国会科技立法过程中，两院议员都能够以参与各委员会、全会讨论与修正案及全会投票等法定方式来表达对科技立法决策的不同看法。与此同时，参众两院在程序上、政治风格上的差异，充分代表选民意愿进行立法的同时，也较为充分地反映着各州利益、政党利益及一些利益群体诉求。美国国会作为多元利益表达的论坛这一定位，在科技立法过程中能得到淋漓尽致的反映。在美国国会的科技创新立法过程中，国会相关规则设置了相当复杂的立法程序，安排了多次深思熟虑、在不同层次和范围内审议立法的程序环节，维持立法产出的顺利、合理与公正，同时，面对科技立法这一专业性程度较强的政策领域时，则需要专业性较强的立法者或辅助机构才能保证立法效果。对此，美国国会在委员会、议员个人及辅助机构等方面都体现出专业性的导向。在美国立法机构中，整合利益、统一立法议程的枢纽就是具有强有力的党团组织。国会两院内的两党党团在分配委员会、确定议程、审议与修正及立法投票等环节都在不同程度上扮演着关键角色，有力地缓解了因多元性而导致的立法机构“碎片化”倾向，顺利地完成立法与监督，关键在于整合利益，确保立法议程秩序。最后，总统在科技议题上通过国情咨文、提交报告等途径影响国会立法，抑或使用否决权来反对立法，充分表现了一种有效的制衡。立法机构在机构内部建立相应规则程序以使少数利益得以对多数利益实现一定程度制衡的同时，应该在其包括总统在内的行政机构等其他政府分支的关系上实现一种有效的制衡。

附录　缩略语表

缩略语	英文全称	中文翻译
AAAS	American Association for the Advancement of Science	美国科学促进会
AAC&U	Association of American Colleges & Universities	美国高等院校联合会
AAMC	American Association of Medical Colleges	美国医学院协会
AAU	Association of American Universities	美国大学联合会
ACD	Advisory Committee Director	国家卫生研究院主任顾问委员会
ACE	American Council on Education	美国教育委员会
ACS	American Chemical Society	美国化学学会
AEA	American Engineering Association	美国工程学协会
AEC	Atomic Energy Council	原子能委员会
AEI	American Enterprise Institute	美国企业研究所
AFL-CIO	American Federation of Labor-Congress of Industrial Organizations	美国劳工联合会一产业公会联合会
AGU	American Geophysical Union	美国地球物理联合会
AIAA	American Institute of Aeronautics and Astronautics	美国航空航天学会
AMS	American Mathematics Society	美国数学学会
AMS	Advanced Manufacturing Science	先进制造科学
API	American Petroleum Institute	美国石油学会
APS	American Physical Society	美国物理学会
APST	Assistant President of Science and Technology	总统科学技术助理
AQRS	Air Quality Research	空气质量研究

续表

缩略语	英文全称	中文翻译
ARPA	Advanced Research Projects Agency	高级研究项目局
ASCE	American Society of Civil Engineers	美国土木工程师协会
ASFR	Assistant Secretary for Financial Resources	财政资源局长助理
ASME	American Society of Mechanical Engineers	美国机械工程师协会
ASTS	Aerospace Technology and Science	航空科技
ATSDR	Agency for Toxic Substances and Disease Registry	有毒物质和疾病登记局
AUTM	Association of University Technology Managers	美国大学技术管理者协会
AWIS	Association for Women in Science	女性科学协会
BDRD	Biology Defense Research and Development	生态防御研发
BEA	Bureau of Economic Analysis	美国经济分析局
BI	Brookings Institution	布鲁金斯学会
BidM	Biometrics and Identity Management	生物特征识别与身份管理
BIO	Biotechnology Industry Organization	生物科技产业组织
CAHSEE	Center of Advance Hispanic Science and Engineering Education	西班牙裔科学及工程学教育促进中心
CAP	Center for American Progress	美国进步中心
CBO	Congressional Budget Office	国会预算办公室
CDC	Centers for Disease Control	疾病防治中心
CDRD	Chemical Defense Research and Development	化学防御研发
CEA	Council of Economic Advisers	经济顾问委员会
CENRS	Committee on Environment，Natural Resources and Sustainable Development	环境、自然资源与可持续发展常设委员会
CEQ	Council on Environmental Quality	环境质量委员会
CFR	Council on Foreign Relations	外交关系协会
CGS	Council of Graduate Schools	研究生院委员会
CHNS	Committee on Homeland and National Security	国家与国土安全常设委员会
CI	Cato Institute	卡托研究所
CoC	The American Chamber of Commerce	美国商会
COGR	Council of Government Relations	政府公关委员会
CompTIA	Computing Technology Industry Association	计算技术工业联合会

续表

缩略语	英文全称	中文翻译
COPEP	Committee of Public Engineering Policy	公共工程政策委员会
COPUOS	Committee on the Peaceful Uses of Outer Space	和平利用外层空间委员会
CoS	Committee of Science	科学常设委员会
COSPUP	Committee on Science and Public Policy	科学与公共政策学术委员会
CoSTEM	Committee of Science，Technology，Engineering and Mathematics	科学、技术、工程与数学教育常设委员会
CoT	Committee of Technology	技术常设委员会
CPSC	Consumer Product Safety Committee	消费品安全委员会
CRS	Congressional Research Sevice	国会研究服务中心
CSMSC	Crucial Strategic Minerals Supply Chain	关键矿产供应链
CSPI	Center for Science in the Public Interest	公共利益科学中心
CWA	Communications Workers of America	美国通信工作者协会
DGT	Digital Game Technology	数码游戏技术
DHEW	Department of Health，Education and Welfare	卫生、教育和福利部
DHS	Department of Homeland Security	国土安全部
D-IED	Domestic-Improvised Explosive Device	本土的简易爆炸装置
DOC	Department of Commerce	商务部
DOD	Department of Defense	国防部
DOE	Department of Energy	能源部
DOI	Department of the Interior	内务部
DOJ	Department of Justice	司法部
DOL	Department of Labor	劳工部
DOT	Department of Transport	运输部
DPC	Domestic Policy Council	对内政策委员会
DSB	Defense Science Board	国防部国防科学委员会
ED	Department of Education	教育部
EIA	Electronic Industry Alliance	电子工业联盟
EOP	Executive Office of the President	总统行政办公室
EPA	Environmental Protection Department	环境保护署
FAS	Federation of America Scientists	美国科学家联合会

续表

缩略语	英文全称	中文翻译
FCCSET	Federal Coordinating Council for Science，Engineering and Technology	联邦科学、工程和技术协调委员会
FC-STEM	Federal Collaboration in Science，Technology，Engineering and Mathematics Education	联邦科学、技术、工程与数学教育协作
FDA	Food and Drug Administration	食品和药品管理局
FFRDCs	Federal Funded Research and Development Center	美国联邦资助研发中心
GAO	Congressional Audit Office	国会审计总署
GAO	Government Accountability Office	国会政府问责办公室
GIG	Global Internet Governance	全球互联网治理
GPO	Government Printing Office	政府印刷办公室
H2FC	Hydrogen Fuel Cell	氢燃料电池
HF	Heritage Foundation	遗产基金会
HHS	Department of Health and Human Services	卫生与公共服务部
HUD	Department of Housing and Urban Development	住房与城市发展部
IARPC	Interagency Arctic Research Policy Committee	跨部门研究北极政策委员会
IBM	International Business Machines	国际商用机器
IDA	The Institute for Defense Analysis	防御分析研究所
IEEE	Institute of Electrical and Electronic Engineers	电气与电子工程师协会
IPCC	Intergovernmental Panel on Climate Change	政府间气候变化委员会
ISC	Infrastructure	基础设施
ISETAP	Intergovernment Science，Engineering and Technology Advisory Pannel	政府间科学工程技术咨询小组
ISTS	Integration and Sustainable of Technology and Science	科技整合与可持续发展
LANL	Los Alamous National Laboratory	洛斯阿拉莫斯国家实验室
LOC	Library of Congress	国会图书馆
LRS	Legislative Reference Service	立法参考服务部
MEP	Manufacturing Extension Partnership	制造业扩展伙伴关系
MIT	Massachusetts Institute of Technology	麻省理工学院
NACA	National Advisory Committee for Aeronautic	国家航空咨询委员会

续表

缩略语	英文全称	中文翻译
NACME	National Action Council for Minorities in Engineering	工程学少数民族国家行动委员会
NAE	National Academy of Engineering	国家工程院
NAM	National Association of Manufacturers	全国制造商协会
NAM	National Academy of Medicine	国家医学科学院
NAPA	National Institute of Public Administration	国家公共管理研究院
NAS	National Academy of Sciences	国家科学院
NASA	National Aeronautics and Space Administration	国家航空航天局
NASC	National Aeronautics and Space Council	国家航空航天委员会
NASULGC	National Federation of State Universities and Land Grant Colleges	国家州立大学及赠地大学联合会
NBS	National Bureau of Standards	国家标准局
NCAR	National Center for Atmospheric Research	国家大气研究中心
NCO	National Coordination Office	国家协调办公室
NDRD	Nuclear Defense Research and Development	核防御研发
NEC	National Economic Council	国家经济委员会
NEHRP	National Earthquake Hazards Reduction Program	国家地震减灾计划
NIH	National Institutes of Health	国家卫生研究院
NIST	National Institute of Standards and Technology	国家标准与技术研究院
NITRD	Networking and Information Technology Research and Development	网络和信息技术研发计划
NITRD	Networking and Information Technology Research and Development	网络信息技术研发
NITRD	Networking and Information Technology Research and Development	国家网络与信息技术研发协调办公室
NNCO	National Nanotechnology Coordination Office	国家纳米技术协调办公室
NNI	National Nanotechnology Initiative	国家纳米技术倡议
NNN	National Nanomanufacturing Network	国家纳米制造网络
NOAA	National Oceanic and Atmospheric Administration	国家海洋与大气管理局
NOC	National Oceanic Commission	国家海洋委员会
NRC	Nuclear Regulation Commission	核管理委员会

续表

缩略语	英文全称	中文翻译
NRC	National Research Council	国家研究委员会
NS/EP	National Security and Emergency Preparedness	国家安全与应急准备
NSB	National Science Board	国家科学理事会
NSC	National Security Council	国家安全委员会
NSET	Nanoscale Science, Engineering and Technology	纳米科学工程和技术
NSF	National Science Foundation	国家科学基金会
NSPE	National Society of Professional Engineers	国家专业工程师学会
NSTA	National Science Teachers Association	国家科学教师协会
NSTC	National Science and Technology Council	国家科学技术委员会
NCTM	National Council of Teachers of Mathematics	国家数学教师协会
OCR	Office of Cogressional Relations	国会联络办公室
ODM	Office of Defense Mobilization	国防动员办公厅
OECD	Organization for Economic Cooperation and Development	经济合作与发展组织
OMB	Office of Management and Budget	行政管理与预算办公室
ONR	Office of Naval Research	海军研究署
OPEC	Organization of the Petroleum Exporting Countries	石油输出国组织
OSRD	Office for Scientific Research and Development	科学研究与发展局
OST	Office of Science and Technology	科学技术局
OSTP	Office of Science and Technology Policy	总统科学技术政策办公室
OTA	Office of Technology Assessment	技术评估办公室
PCAST	President's Council of Advisors on Science and Technology	总统科学技术顾问委员会
PG	Programmers Association	程序员协会
PNTR	Permanent Normal Trade Relations	永久正常贸易关系
PSAC	President's Science Advisory Council	总统科学顾问委员会
PTO	Patent and Trademark Office	专利商标局
SAB	Science Advisory Board	科学顾问委员会
SBE	Social, Behavioral and Economic Sciences	社会、行为、经济科学
SDR	Subcommittee on Disaster Reduction	减灾小组委员会

续表

缩略语	英文全称	中文翻译
SES	Social-Ecological Services	生态服务
SG	Smart Grid	智能电网
SGCR	Subcommittee on Global Change Research	全球变化研究小组委员会
SI	Smithsonian Institution	史密森学会
SMGI	Materials Genome Initiative	材料基因组计划
SOST	Subcommittee on Ocean Science and Technology	海洋科学和技术小组委员会
SRD	Subcommittee on Science，Research and Development	科学研究与发展小组委员会
SSA	Social Security Department	社会保障总署
STEM	Science，Technology，Engineering and Mathematics	科学、技术、工程与数学
STPI	Science and Technology Policy Institute	科技政策研究所
SWAQ	Subcommittee on Water Availability and Quality	水资源供应与质量小组委员会
SWE	Society of Women Engineers	女性工程师学会
TISTI	Topic of International Scientific and Technological Innovation	国际科技创新课题
TSIA	Technology Service Industry Association	技术服务行业协会
UAW	United Auto Workers	汽车工人联合会
UCS	Union of Concerned Scientists	忧思科学家联盟
UNEP	United Nations Environment Programme	联合国环境规划署
UNESCO	United Nations Educational，Scientific and Cultural Organization	联合国教育、科学及文化组织
UNOOSA	United Nations Office for Foreign Space Affairs	联合国外太空事务办公室
USAID	United States Agency for International Development	美国国际开发署
USCB	United States Census Bureau	美国人口调查局
USDA	U. S. Department of Agriculture	美国农业部
USGCRP	United States Global Change Research Program	美国全球变化研究计划
USGEO	U. S. Group on Earth Observations	美国地球观察组
USGS	U. S. Geological Survey	美国地质调查局

续表

缩略语	英文全称	中文翻译
VA	Department of Veterans Affairs	退伍军人事务部
WATW	Washington Alliance of Technology Workers	华盛顿技术工作者联盟
WMO	World Meteorological Organization	世界气象组织